中青年法律科学文库

中南财经政法大学"互联网金融犯罪治理"项目（编号：31712210702）阶段性成果

环境污染犯罪疑难问题研究

Research on
Difficult Problems of
Environmental Pollution Crime

韦春发 著

http://press.hust.edu.cn
中国·武汉

图书在版编目（CIP）数据

环境污染犯罪疑难问题研究/韦春发著. —武汉：华中科技大学出版社，2022.12
ISBN 978-7-5680-9014-8

Ⅰ. ①环⋯　Ⅱ. ①韦⋯　Ⅲ. ①破坏环境资源保护罪-研究-中国
Ⅳ. ①D924.364

中国版本图书馆CIP数据核字（2022）第229444号

环境污染犯罪疑难问题研究

韦春发　著

Huanjing Wuran Fanzui Yi'nan Wenti Yanjiu

策划编辑：郭善珊	
责任编辑：董　晗	
封面设计：傅瑞学	
责任监印：朱　玢	
出版发行：华中科技大学出版社（中国·武汉）	电话：(027) 81321913
武汉市东湖新技术开发区华工科技园	邮编：430223
录　　排：华中科技大学出版社美编室	
印　　刷：湖北新华印务有限公司	
开　　本：710mm×1000mm　1/16	
印　　张：30	
字　　数：404千字	
版　　次：2022年12月第1版第1次印刷	
定　　价：89.00元	

本书若有印装质量问题，请向出版社营销中心调换
全国免费服务热线：400-6679-118　竭诚为您服务
版权所有　侵权必究

序

生态环境是国家发展之基、人民快乐之源，它影响着国民经济能否可持续发展，不仅直接关系到当下人类的福祉，而且成为决定我们子孙后代能不能在这个星球存续的生命之舟。然而，科技快速进步在给我们带来生活便利和物质满足的同时，也在日渐侵蚀着我们赖以生存的生态环境，工业废水超标排放，矿山乱采乱挖，有害固体废物随意丢弃……一些青山保绕、杨柳依依、溪水潺潺的美丽山河因滥采滥挖变得千疮百孔、污浊不堪，大面积的基本农田因重金属污染不再适合耕种，冰川在快速融化，臭氧层被破坏，地球上每天有75种生物灭绝……草长莺飞的景象离我们越来越远，"阡陌交通，鸡犬相闻"的生活似乎愈来愈成为一种奢望。

为了拯救地球，为了保护人类自身，生态环境保护已经上升为国家乃至全人类的头等大事。习近平总书记指出："生态文明建设是'五位一体'总体布局和'四个全面'战略布局的重要内容"[1]，因此只有实行最严格的制度、最严密的法治，才能为生态文明建设提供可靠保障。"[2] 这成为建设中国特色社会主义法治体系，实现社会治理体系和治理能力现代化的重要组成部分，也是

---

[1] 习近平：《习近平谈治国理政（第二卷）》，外文出版社2018年版，第393页。

[2] 习近平：《习近平谈治国理政（第一卷）》，外文出版社2014年版，第210页。

美丽中国建设的必然要求。然而，在环境保护的其他领域，如中国新能源产业日新月异甚至引领世界的同时，我国环境法治保障特别是刑事法治保障方面却不是那么尽如人意，更遑论贡献出充满东方智慧的中国方案。这一方面是因为环境治理问题的复杂性和法律制度的滞后性，另一方面可能也是由于我们法学研究者使命感不强或者说缺乏只争朝夕的精神，因而未能早日形成符合中国国情、具有中国式现代化特征的完善的环境法治话语体系，更没有为司法实务工作提供强有力的理论指导。值得庆幸的是，越来越多的法学理论工作者开始意识到这一问题，并在认真学习习近平生态文明思想基础上开展相关专题研究，青年学子韦春发的作品《环境污染犯罪疑难问题研究》即是其中一个有价值的尝试。本书以"环境污染犯罪的刑事治理"为主线，在环境刑法学的宏大论域中重点选取了法益内涵、要件解释、"行刑"衔接以及监管失职等若干疑难问题展开具体研讨。在本书即将付梓之际应作者邀请为之作序，因而有幸先阅读了书稿，在领悟书中真知灼见的同时我也为文字中所体现出的年轻作者的责任担当感到特别欣慰。

　　众所周知，文章著述的生命力在于特色，而本书在我看来至少有两大特色。第一，理论与实务并重。环境污染的刑事法治理作为极具现实性的问题尤忌纯粹的学理分析而不接地气，作者特别注意避免陷入这一窠臼。例如，在运用客观归属的方法判断污染环境罪结果归属时作者先就其理论可行性进行详细论证，然后结合具体案例演绎出阻却归属的下位规则。再如，在讨论环境监管失职罪适用中的特别关系时，作者通过学说评述得出处置方案后，再以现实案例阐明该罪在实践中需要改进的问题。理论与实务并重的分析风格在书中他处亦多有体现，这与我历来倡导中国刑法学研究转型的实践路径①是十分吻合的。第二，实体与程序兼顾。中国不少刑法学人只专注于自己的"专业槽"，"各人自扫门前雪，休管他人瓦上霜"，不注重关联学科的一体化研究，以致实体与程序、行政与刑事脱节，提出的方案难以转化应用于实践。具体到环境刑事治理领域，行政执法和刑事司法存在某些脱节就是一个老大难问题。直面问题并提出切实可行的解决方案是科研工作者的职责，作者辟出专章就"行刑"衔接中的行为裁量、事实审查、证据的转化等问题逐一作了回应。例如，就环境行政与刑事证据的转化问题，作者主张"建构类型性的转化规则"，并强调"主观证据以排除非法为侧重，客观证据以补强转化为核心"。作者还结合地方经验探索建立证据转化的双向咨询制度，进而提出强化证据审查力度等具有现实可行性的建议。此外，关于"两法"适用中的程序性衔接工作机制搭建，书中着重从健全案件移送、试行联合调查、推动信息共享和完善检察监督四个方面做了相对中肯的分析。就我的阅读面来讲，在环境刑事治理的专著中在实体法分析之外还对程序性关联问题给予相应关照的著作较少，而本书实体与程序兼顾，对关联问题进行一体化研究的做法无疑值得充分肯定。

学术只有创新才能推动理论发展，环境治理只有制度革新才能重现青山绿水。环境污染的刑事治理作为近年来的热门话题已有诸多学界和实务贤达做出了不少创造性的工作，如何在具体问题中再进一步"出新"确属不小的挑战。就此而言，作者于书中做了不少值得赞许的尝试，具体而言至少有三大创新值得称道。其一，发展了疫学因果关系理论。在环境污染领域因果关系的判

---

① 齐文远：《中国刑法学该转向教义主义还是实践主义》，载《法学研究》2011年第6期。

断是一个难题,直接照搬从日本"泊来"的疫学因果关系理论是一些学者的惯常做法。但本书作者没有简单化地如法炮制或者说人云亦云,而是深入剖析疫学因果关系理论的优势与存在的问题,在经典的四要素之外提出附加适用顺序的补充性、适用范围的有限性、推定方法的有效性和反证许可等四重限制。作者的这一贡献降低了适用疫学因果关系理论潜在的风险,将这一因果关系理论向前推进了一大步。其二,用"去中心化"破解人类中心主义和生态中心主义两个极端立场的难题。人类中心主义曾经是我们对待环境问题一直以来的立场,而生态中心主义的见解现在似乎成为了一种时尚。在我看来,人类中心主义和生态中心主义是两种极端的生态伦理观,都可能将环境治理引向误区。无数事例证明,在社会治理中,极端主义的危害比中庸式的折中更大①,本书没有因循守旧的沿袭人类中心主义,也没有"赶时髦"地追随生态中心主义,而是旗帜鲜明地主张"去中心化",认为只有跳脱出以往中心论者所制造的人与环境之间的人为对立,才能处理好两者间的辩证关系,进而指导环境法治实践,特别是环境刑事法治的建设。本书作者提出的这一主张化解了"选边站"的紧张关系,与"天人合一"传统理念一脉相承,尽管这一观点还需进一步圆融自洽,但敢于大胆地提出创新性的方案这一点就值得赞赏。其三,就污染环境罪的罪过形式阐明了自己的立场。诺思指出:"在设计良好的制度下,智力水准低或拥有资讯少的经济个体也能有好的表现;而在'坏'制度下,智力水准高的个体也达不到好的均衡。"②污染环境罪的罪过形式到底是故意还是过失,抑或是混

---

① 参见《丹麦刑事法典》的代译序。[丹麦]梅兰妮·弗里斯·詹森等编:《丹麦刑事法典》,魏汉涛译,武汉大学出版社2011年版,"代译序"。
② 卢现祥、朱巧玲主编:《新制度经济学》,北京大学出版社2007年版,第415页。

合罪过,从刑法规范文本上往往难以判断,根据最高司法机关发布的司法解释也难以得出一致的结论,这一含混但重要的问题只能通过教义学研究解决。本书在梳理出从"一边倒"到"多边争鸣"的学说史脉络后,通过对当下的过失说、混合说以及严格责任说的各种论据的详细回应,以客观的超过要素为分析工具论证故意说贯通了从重大环境污染事故罪到污染环境罪的两个立法时期。这种在传统论题中力图提出新观点或推出新论据的努力尝试既令人印象深刻,也符合科研创新的基本精神。

诚然,本书还存在一些不足。首先,某些具体观点的设想仍需要进一步求证。比如书中所倡导的"共同体利益",如作者所述在某种程度上受到德国环境刑法的影响,而"德国的折中说在本质上所坚持的仍旧是生态中心的法益观。"① 其次,书中提出以数理逻辑的方法判断环境监管失职罪中"严重不负责任",对这种规范性构成要素进行数理运算虽说比较新颖,但在实务中是否可行还值得再观察再讨论。再次,环境污染的刑事法治理作为世界性难题,国外有无值得借鉴的经验和需要引以为戒的教训需要研究者认真加以关注,本书在这方面资料支撑有待进一步加强。最后要指出的是本书篇幅还略显单薄,如前所述,环境污染问题的原因复杂,涉及的利益追逐者肯定也不可能一下子悬崖勒马、金盆洗手,故减少环境污染的对策也需要与时俱进、多管齐下,特别是采用市场手段来加以引导和鼓励的效果日益彰显的情况下,除了对直接破坏环境法益的犯罪进行刑事制裁外,对破坏碳排放、碳交易市场秩序法益的犯罪行为如何规制也需要进行关联性、系统性探讨,但这方面作者似乎着墨不多,希望以后能进一步深入研究。

---

① 齐文远、吴霞:《对环境刑法的象征性标签的质疑》,载《安徽大学学报(哲学社会科学版)》,2019年第5期。

本书作者韦春发是我指导的博士研究生，他性格沉稳，敏而好学，自硕士阶段即在中南财经政法大学刑法学科求学，几年来刻苦攻读，打下了较为扎实的专业基础。他能在攻读博士学位期间就取得本书这样的成果的确是一件非常令人高兴的事，我也期盼他在今后的生活、学习和工作中取得更大的进步。此外还要指出的是，本书出版还得到中南财经政法大学"互联网金融犯罪治理"项目（31712210702）的支持，在此向项目建设管理单位对青年一辈的学术成长所给予的帮助表示衷心的感谢。

　　是为序。

齐文远[①]

2022 年 11 月于武汉南湖

---

① 作者系中南财经政法大学教授，博士生导师。

目 录

第一章 污染环境罪的保护法益：共同体利益前思 /1
  第一节 共同体利益哲思：由人与环境的辩证关系说开去 /1
    一、人类与生态中心主义对立的环境哲学缘起 /1
    二、去中心化：新时代背景下人与环境的共同体利益辩证 /8
  第二节 我国环境犯罪共同体利益生成的历史脉络 /17
    一、由先秦到近代的中国环境犯罪史概览 /18
    二、新中国环境犯罪立法再起步：跨越两个三十年 /24
  第三节 环境污染犯罪共同体利益的具象化界说 /33
    一、共同体利益的抽象化解构与自由主义立场坚守 /33
    二、环境犯罪共同体利益的刑事法解说 /37

第二章 污染环境罪的行为构成、因果关系与主观归属 /55
  第一节 污染环境罪的构成行为解析 /56
    一、行为模式：排放、倾倒与处置的构成行为释疑 /56
    二、行为客体：污染物的准确厘定 /66
    三、行为结果：严重污染环境的罪量要素衡定 /79
  第二节 污染环境罪的因果关系与结果归属 /91
    一、污染环境罪流行病学的因果关系适用与限制 /92
    二、污染环境罪结果归属的规范考量 /119
  第三节 污染环境罪主观归属的再审视 /149
    一、污染环境罪罪过形式的论争与述评 /150
    二、污染环境罪故意说的再提倡 /191

第三章　环境污染犯罪治理中的刑行衔接　/207
第一节　行为裁量：环境违法与环境犯罪的区分认定　/208
一、环境治理二元化模式下的问题呈现　/208
二、规范保护目的作为区分认定的实质基准　/225
第二节　事实审查：环境行政与刑事证据的转化路径　/239
一、二元治理模式下环境行政证据转化的规范分析　/239
二、"两法"衔接中证据转化运用的现实图景　/259
第三节　衔接机制：证据鸿沟与刑行对接的有效畅通　/271
一、跨越环境行政与刑事证据的鸿沟　/271
二、环境治理刑行衔接的工作机制搭建　/280

第四章　环境监管失职犯罪的立论基点：监管过失理论　/292
第一节　过失犯的本体构造论纲　/292
一、例外处罚原则生成的社会史线索　/293
二、过失犯构造论的学说演进　/295
三、科技时代与风险社会下新过失论的立场抉择　/303
第二节　监管过失的基础理论铺陈　/315
一、监管过失的内涵外延与理论渊源　/315
二、监管过失的实行行为探查　/325
三、监管过失之注意义务违反：内容与来源、对象与
　　程度、判准与限制　/342
四、监管过失的因果关系与结果归属　/359
第三节　环境监管失职罪的立法流变、司法现状与
　　　　　　困境突围　/377
一、环境监管失职罪的立法沿革回顾　/378
二、环境监管失职罪的司法现状揭示　/381
三、环境监管失职罪的司法困境突围　/384

第五章　环境监管失职罪的规范构造与适用逻辑　/400
第一节　真正身份犯的主体范围框定　/401
一、国家机关工作人员圈定的三重维度　/401
二、负有环保监管职责的"权责统一"之提倡　/405
三、本罪主体范围的具体展开　/410
第二节　"严重不负责任"的规范解读　/416
一、部分既有方案与规范目的纠偏　/416
二、性质与方法：主客观相统一的规范要素及其数理演绎　/425
第三节　适用逻辑的外部衔接与内部竞合　/438
一、质量相区分的刑行衔接：基于规范目的之不法二元论　/438
二、基础与例解：特别关系的处置方案抉择　/446

后记　/463

第一章　污染环境罪的保护法益：共同体利益前思

树立正确的观念是解决具体问题的基本前提，哲学语境中的世界观和方法论的关系即如是。在环境污染领域中，不论是行政管理或是刑事追责，首先被追问的便是诸多治理策略的目标为何，由此引申出处在原点地位的行为动机。《中华人民共和国刑法》（以下简称《刑法》）第三百三十八条的污染环境罪作为环境污染刑事治理的基础性条款，明确其所保护法益的具体内容，无疑成为后续各种具体问题研究中必须予以关照的基本遵循。

第一节　共同体利益哲思：由人与环境的辩证关系说开去

一、人类与生态中心主义对立的环境哲学缘起

人与环境在一般意义上是什么关系，这可以说是人类有史以来长期思考和探索的环境哲学领域的基本问题。此一问题的产生绝非偶然，乃有其历史的必然性。须知人类从自然界索取生存资料伊始，人与环境的互动关系便无可避免地产生了。其后，在漫长的社会历史演化过程中有一点是清楚的，即人类在影响各种环境过程中必然会起到愈来愈大的作用。及至20世纪末，科学界甚至倡导将对这种关系的研究作为一门专门的学科对待，他们所关注的问题是通过分析关键问题来完成环境进程的科学。"而这些关

键问题则在于，是什么力量驱使人类做出导致环境退化的行为的，这些驱动力是怎样作用的，这些驱动力将引发的未来趋势将会如何，在考虑了人类的适应性以后，那些环境退化的特别情况将如何影响人类生活，哪种干预措施最能有效地改变那些环境危害的行为。"① 这种科学研究的基本思路在于描述现象、发掘原因以及做出干预，是人类自觉探索其自身与环境关系的高级阶段，然而这种高级阶段的形成并不是一蹴而就的，乃是历经了漫长历史时期不断反思而成的。迄今为止，在认识和处理人与自然关系的过程中，集中形成了几种具有代表性的环境哲学观念，比如人类中心论、动物权利解放论、生物或者生态中心论，等等，这些也成为环境法哲学的基本理论来源，而其中最具争议和对立性的当属人类和生态中心论这对范畴，这种对立深刻地影响了刑法学中对环境污染犯罪的保护法益的差异化认知，因此有必要先期做出适当的了解。

　　人类中心主义的环境哲学观最早可以追溯至古希腊时期，"集中体现智者运动的基本哲学取向的普罗泰戈拉的那句名言：人是万物的尺度，是存在者如何存在的尺度，也是非存在者如何不存在的尺度"②，可以视作这种观念的重要渊源，黑格尔指出："人是万物的尺度，人因此也就是一般的主体，因此事物的存在并不是孤立的，而是对我们的认识而存在的。主体是能动的，是规定者，产生内容。"③ 不过其并未局限在人与环境的关系层面，而是从更为宏观的世界本源意义上做的讨论。较早倡导人类中心主义的哲

---

　　① 杨沈蓉、张奇：《环境科学的又一门新学科——人与环境相互关系学》，载《国外科技动态》，1994 年第 10 期，第 16 页。

　　② 姚介厚：《西方哲学史：古代希腊与罗马哲学（下）》，江苏人民出版社 2005 年版，第 413 页。

　　③ [德] 黑格尔：《哲学史讲演录（第二卷）》，贺麟、王太庆译，商务印书馆 1983 年版，第 28 页。

学先贤还包括西塞罗和托马斯·阿奎那等人,他们主张人因为拥有理性而高于其他动物,人应当征服自然,让自然为人类的一切需求服务。在康德提出"人是目的"之命题的基础上,有关人与环境的伦理关系之人类中心主义立场在理论上得以完成。"康德法哲学的基本出发点是这样一个基本的先验问题:自由地追求实现其各自目的的人们之间的共存,其条件是什么;表面上看,康德是以非常抽象的方式追问基本的法哲学问题的,但不难看出,其在许多方面是对自由以及必然对自由施加限制的国家和法律制度之间如何协调等问题的回答。"① 这对于理解由其完成的人类中心主义环境哲学观提供了一定的线索。康德的人类中心主义究其实质,乃是理性至上主义,他指出:"那些其实存不以我们的意志为依据,而以自然的意志为依据的东西,如若它们是无理性的东西,就叫作物件。与此相反,有理性的东西,叫作人身,因为,他们的本性表明自身自在地就是目的,是种不可被当作手段使用的东西,从而限制了一切任性,并且是一个受尊重的对象。"②

以三种历史形态即宇宙人类中心主义、神学人类中心主义和理性人类中心主义而存在的此种观念在具体观点上则有所不同。最早的"宇宙观"的核心主张是人类在空间方位的意义上是宇宙的中心,"在西方,这种古代的人类中心主义是以古罗马天文学家托勒密为代表的'地球中心论'为依托的。"③ 应当说,这与我们今天所讨论的人类中心主义存在重大的语境差异。而"神学观"带有非常浓厚的欧洲中世纪的宗教色彩;"理性观"则是在文艺复

---

① [挪] G·希尔贝克,N·伊耶:《西方哲学史:从古希腊到二十世纪》,童世俊等译,上海译文出版社2004年版,第380页。
② [德] 康德:《道德形而上学原理》,苗力田译,上海人民出版社1986年版,第80页。
③ 陈映霞、李佑新:《从类哲学的观点看人类中心主义》,载《湘潭大学社会科学学报》,2002年第1期,第92页。

兴以后，人们开始发现自身作为生物进化的产物，不可能是宇宙的中心，而只能是自然界的组成部分后形成的；但是为了摆脱宗教神学对人的束缚，在西方，人的主体性和独立性得到了不断的张扬，这为人类早期对于自然的索取提供了理论依据。"总之，西方的理性主义和基督教神学传统共同塑造的以人为中心、主客二分结构的文化原型，使人与环境的关系带有了敌对的性质。这是西方文化在其历史发展中不断向自然界征服、向异族文明扩张的内在基因。它埋下了现代文明危机的种子。"①

历史地形成的三种观念，虽然存在差别，但在基本立场上还是能够贯通的，都在不同的侧面强调人类的主体地位。应当承认，这种观念在激发人类的创造力、变革生产力进而推动整个人类社会进步方面曾经起到了重大的推动作用。然而，醉心于高速的近现代化步伐，当西方社会将这种纯粹的人类中心主义的观念推演到极致之时，他们发现以此处理人与环境的关系，给自然资源和生态环境造成了深重的破坏，而且由于环境要素的关联性，这种破坏性作用逐渐会形成全球性的危机。如果不及时做出反思和改变，那么纯粹的人类中心主义的环境哲学观最终可能会反噬人类自身，由此西方诸国先后走上了先污染后治理的道路。

面对环境的持续污染和资源的肆意发掘，过去那种纯粹人类中心主义地将人类视作万物主宰的观点已经广受批判，而受到理性主义浸淫良久的西方哲学界并不愿意完全放弃人类面对环境的主体地位，因此在立场不变的情况下对其具体观点也做出了一定的修正。如出现了美国哲学家诺顿的"弱人类中心主义"以缓和传统观点过于刚性的问题，再比如莫迪的"现代人类中心主义"，这些经过改良的人类中心主义立场，作为治理生态环境恶化、协

---

① 何中华：《人与环境的关系：反思的历史和历史的反思》，载《中国海洋大学学报（社会科学版）》，1999年第4期，第2页。

调人与环境关系的伦理价值观,只有在用于指导人们的实践时才有实际意义,而可持续发展观在某种意义上即可被视为这种改良的人类中心主义立场的实践指南。然而,我们可以轻易发觉的是,这些试图调整人与环境关系的改良式主张,毋宁说已经改变了传统的人类中心主义基本立场,由极端的人类中心主义开始向非人类中心主义过渡。此外,近年来,哲学界还有论者从维护康德理性人类中心主义的立场出发,认为"由于康德坚定地将人作为目的,所以他同时主张对人的直接义务和对生态的间接义务;为了人类有良好的生存环境,我们必须对生态加以保护,只不过这种保护最终还是以人类为中心的。可见,康德以人类中心主义为基础的间接义务论不仅可以避免直接义务论的困难,而且可以容纳自然中心主义关于保护生态环境的合理诉求。"① 我国刑法学界目前在污染环境罪保护法益的问题上依旧坚持人类中心地位观点的主张,可以说在一定程度上受到以上哲学观点的影响。

生态中心主义的环境哲学观,亦可称为自然中心主义。不断恶化的全球生态环境促使人类对过往以自我为中心的观念做出调整,由此催生出了生态中心主义的环境伦理学说。除却对工业文明进行反思的社会背景之外,生态中心论也有其自身的发展演变过程。大体说来,生态中心论走过了孕育期、创立期和发展期三个阶段,每个时期均有其各自的代表性思想家。"孕育期的主要代表人物有回归浪漫的卢梭、对瓦尔登湖进行召唤的梭罗、国家公园之父谬尔、现实批判大师哈代、里程碑式的人物摩尔以及敬畏生命的史怀泽。他们的思想都为生态中心主义的确立提供了必要的基础。创立期的主要代表人物是对土地伦理提出应对的利奥波德和仿佛看到寂静春天的卡逊。到了发展继承时期,主要代表人

---

① 双修海、尹维坤:《从康德的间接义务论看动物权利问题》,载《自然辩证法研究》,2020年第11期,第104页。

物则有罗尔斯顿、阿恩·内斯、科里考特等一系列的杰出学者，罗尔斯顿的自然价值论和内斯的深层生态学更是成为仅次于利奥波德大地伦理学的生态中心主义核心思想。"① 我国学者对生态中心论的三大核心主张做了解读："生态中心论把道德义务的范围扩展到了整个地球（包括由生物和无生物组成的生态系统）。利奥波德的大地伦理学把维护地球生态系统的完整、稳定和美丽（多样化）视为判断人的行为道德价值的重要标准之一；以内斯为代表的深层生态学把生态环境视为人的自我的一部分，并把保护环境理解为自我实现的内在要求；以罗尔斯顿为代表的自然价值论则把人对自然存在物的客观义务建立在后者所具有的客观的内在价值和系统价值的基础之上。"② 在生态中心论者看来，人类无休止的生产活动是导致生态环境破坏的罪魁祸首，因而应当反对以人为万物的尺度去对待自然界，反之应当把保护生态环境作为人类的第一性义务，把实现自然资源和生态环境的完整稳定与健康持续作为人类行为的终极目标。

近代以来，我国为谋求经济社会的快速发展，对自然界进行了长期肆意的开发，所造成环境污染的速率也在增加。为了扭转这种现象，我国哲学界在环境伦理问题上开始集中关注与人类中心论相对而言的生态中心论。主要的研究方向包括以下内容："一是深度挖掘生态中心主义产生的渊源及其哲学内涵。二是将生态中心主义与人类中心主义作比较研究，着力从哲学理论、生态现实等方面批判人类中心主义，认为要解决目前生态恶化的困境，需要采纳生态中心主义的理论。三是将马克思主义生态观与生态中心主义作比较研究，强调马克思生态观与生态中心主义的相似

---

① 刘墅懿：《生态中心主义思想研究述评》，内蒙古大学 2014 年硕士学位论文，第 26 页。

② 杨通进：《多元化的环境伦理剖析》，载《哲学动态》，2000 年第 2 期，第 22 页。

之处，企图调和、统一两者的观点。四是以生态中心主义为理论基础，研究其对我国生态建设实践的指导价值，并反思过去在人类中心主义伦理价值观指导下的生态建设的一些错误做法。五是尝试在生态中心主义和人类中心主义两种生态伦理思想之间折衷，以期消弭两者之间的冲突，寻找一种各方都可以接受的和谐共生的生态观。"① 这些研究趋向可以简单地归结为在理论上寻求生态中心论的正当化根据和价值，在实践中则试图以此为据引导和改变人们的现代生产生活方式。

生态中心论作为对以往人类中心观点的纠正自有其相当程度的意义，其"否定的是工业文明的哲学世界观、自然观、发展方式和生存方式，肯定的是工业文明的积极成果和技术成就，追求的则是以维系人类与自然和谐共生关系为目的的可持续发展。"② 然而不得不提出的是，以自然生态为本位的主张依旧存在陷入人类中心论已经犯过的错误当中去的风险，即从一个极端走向另一个极端。正如论者所说的："自然生态美成为标志生态文明时代人与自然平等相处、和谐自洽的社会审美理想范畴，重树自然尊严，确立自然生态美的价值，保护自然的独立自存性。这样，自然才能闪烁出其本有的光辉，从而使生存于其中的所有生命以美的方式而存在。"③ 肯定自然生态的价值本身的立场值得再次肯定，但是在人类与环境的关系中，我们应当努力做到的是"与所有生物共处一体，有这种整体感，不应去征服、奴役、剥削、强迫和毁

---

① 陈瑜华、王建明：《生态中心主义思想研究述评》，载《长春理工大学学报（社会科学版）》，2015年第2期，第74页。
② 王雨辰：《论生态文明的本质与价值归宿》，载《东岳论丛》，2020年第8期，第28页。
③ 张子程：《批判"人类中心主义"确立自然生态美价值》，载《理论界》，2020年第8期，第13页。

坏自然界，而应去理解它和与它合作。"① 人类受限于自身生存和发展的需求，对环境的干预必然存在，而如果将环境生态作为凌驾于人类之上的第一位价值，那么只能选择放弃人类自身，如此只会最终彻底消解自然生态美的意义。至为关键的是，学界部分论者选择以生态中心论为指导生态实践建设的理论基础，但未能发现该理论的局限性所在，如果自然生态是第一位的，那么最为妥当和安全的做法便是将人类行为完全束缚。"应该说，生态中心论对于当前的环境管理策略具有重要的借鉴意义，然而，它的实践体系也存在着自身的张力。生态中心论以自然本底为参照的实践判据过于单薄，它无法肯定实践主体的道德性存在，也难以为物种保护提供坚实的伦理学依据。"② 据此，我们将视角转换到刑法学论域中来，有关环境犯罪保护法益的纯粹生态学的观点恐怕也会导致我们在刑事治理实践活动中受到相当程度的限制，因而形成与生态中心论保护环境的目标取向相悖的尴尬局面。

二、去中心化：新时代背景下人与环境的共同体利益辩证

在人与环境关系这个伦理学问题的长期探讨过程中，各种学说在不同程度上受到思维定式的影响，纷纷选择了人类中心或者生态中心，陷入了一种"本位论"的窠臼之中；所争论的核心也长期被局限在人与环境两者间，即何者是第一位的，是人决定环境还是环境决定人。这与我国法学界曾经发生的权利本位论和义务本位论的激烈争论在逻辑上有异曲同工之处。

---

① ［美］埃里希·弗洛姆：《占有还是生存：一个新社会的精神基础》，关山译，生活·读书·新知三联书店1989年版，第180页。
② 孙亚君：《论生态中心主义的实践局限》，载《云南师范大学学报（哲学社会科学版）》，2016年第5期，第129页。

在中心论者的逻辑中,如果以人为中心来界定两者的关系,那么环境便属于人类周遭的各种事物的总和;反之,如果以环境为中心,则人类要么单向地成为环境的组成要素,要么成为环境之外的存在物。这种分析问题的思路,显然是将人与环境割裂开来进行讨论的。"把事物的整体分解为许多部分的方法,叫作分析。一谈到分析,人们往往把它归结为经典分析,认为它是一种追求事物的质量的精确性的条分缕析的科学方法。因此,定性分析,定量分析,因果分析,元过程分析等等,便成为这种分析的主要品类。"① 这种分析式的方法在帮助我们发现事物性质等方面当然能够发挥相当重要的作用,但是在哲学社会科学的方法论上,正如季羡林教授所说:"这种分析是有限度的,是有极限的,它受到许多限制,不能认为西方的分析方法是通向真理的唯一或者最可靠道路。作为东方文化基础的综合思维,所考察的不再是事物的某一要素,而是全部要素,更重要的,它还要考察各个要素之间的联系,把握一切联系中总的纽带,从总体上去解释事物的本质及其运动规律。"② "西方伦理学强调人与自然、科学与价值的分离,在事实与价值之间具有不可逾越的界限,西方人要突破这种界限在观念上存在极大的困难。与此相反,东方思想却不存在人与自然、科学与价值之间的不可逾越的界限,它尊重生命的思想可能对实现这种突破有所帮助。"③ 对人类与环境关系的讨论在笔者看来,同样应当采纳这种基本思路。过去只偏重于割裂两者的分析路径应当被纠正,而在分析基础上实现二者的综合,或能发现两者间真正的关系。这种方法,其实就是辩证思维的具体体现。

---

① 王明居:《审美中的模糊思维》,载《文艺研究》,1991年第2期,第39页。
② 季羡林:《季羡林谈读书治学》,当代中国出版社2006年版,第75—76页。
③ 雷毅:《深层生态学思想研究》,清华大学出版社2001年版,第75—76页。

刑法学研究的基本方法普遍强调应当坚持辩证唯物主义,但是在具体问题的讨论中,却难免不自觉地会发生偏离。

事物的矛盾法则,即对立统一法则,是唯物辩证法的最根本法则;人与环境这对范畴同样因循着此种法则性关系,即对立统一关系。此前的人类中心主义或者生态中心主义,重点关注的只是他们的对立面,而且是较为狭义的对立关系,即何为第一位的问题。人与环境的对立性实际上体现在两者间的互相影响和制约上,生态环境的质量,如空气和水资源等都影响着其向人类生存发展的物质供给,而人类意图延续,又必须对生态环境实施干预,因此一定程度的生态环境质量的改变又是不可避免的。由此,人与环境之矛盾的对立性一面即呈现出来,但是这种对立性并非两者关系的主流,就其本质而言,在笔者看来,乃是两者的统一性,这种统一性具体体现在,人类本身就其起源来看都是环境的产物,但是人类作为有意识的物种自产生时起却又开始影响和制约着环境。"人和环境的辩证关系,首先表现在它们的互相依存和互为存在条件上。地球环境孕育了人类,并为人类的生存发展奠定了物质基础;环境作为指定阶段的特定概念和范畴却是依人而定的,从这个意义上说,环境之所以成为环境,环境内容的丰富、环境空间范围的扩展、环境的演化发展都离不开人的开发、认识、改造活动;环境离开了人,就不成其为环境,也就失去了它存在的价值和意义。"[①] 这也正是矛盾着的事物,离开了一方,另一方也将不复存在的体现:没有人类,地球将彻底回归初始状态,即无所谓环境;而没有环境,则人类即无从产生和发展。由是观之,在分析思维的指导下,我们可较为明显地将人类与环境这两个要素之间的对立性揭示出来,但仅此并不足够,还应当在综合思维

[①] 郦桂芬:《论人与环境的辩证关系》,载《环境保护》,1991年第4期,第12页。

的基础上，再次将人类与环境统一起来；通过这样的分析综合过程发现两者之间对立统一的辩证关系。人类作为生态环境孕育的产物，取得相对独立性之后，在与环境的互动过程中形成矛盾的两个方面，而"一切矛盾着的东西，互相联系着，不但在一定条件之下共处于一个统一体中，而且在一定条件之下互相转换，这就是矛盾的同一性的全部意义。"① 所以，人与环境的关系，绝非是彼此孤立静止的，而是联系和发展的，在二者的矛盾运动过程中形成统一体。从辩证唯物主义的哲学观点来看，人与环境便形成了共同体利益，而不是再以往的中心论者所主张的片面的人类或者生态利益。人与环境的共同体利益科学地揭示了两者之间全面的关系。

中国特色社会主义建设进入新时代，面临着各种新的阶段性矛盾，作为执政党的中国共产党对社会主义建设事业的规律性认识也同样在不断深化。毋庸讳言，过去一个时期，我们在深化改革、推进建设、促进发展的过程中对人与环境关系的把握上曾经也存在一定的偏差，体现了对生态环境重要性认识不够的问题。

自党的十八大以来，以习近平同志为核心的党中央在带领全党全国各族人民继续推进伟大事业的进程中，不断地深化了在我国现有国情之下如何科学认识和正确实践人与环境的关系问题，为推动这一环境伦理学基本问题的解决做出了卓越的历史性贡献。"党的十八大报告强调，人类只有一个地球，各国共处一个世界，要倡导'人类命运共同体'意识。"② 作为人类命运共同体的一个重要组成部分，有关生态环境问题，习近平总书记2017年1月18日在联合国总部日内瓦的演讲中做了集中阐释："坚持绿色低碳，建设一个清洁美丽的世界。人与自然共生共存，伤害自然最

---

① 毛泽东：《毛泽东选集》，人民出版社1991年版，第330页。
② 曲星：《人类命运共同体的价值观基础》，载《求是》，2013年第4期，第53页。

终将伤及人类。空气、水、土壤、蓝天等自然资源用之不觉、失之难续。工业化创造了前所未有的物质财富，也产生了难以弥补的生态创伤。我们不能吃祖宗饭、断子孙路，用破坏性方式搞发展。绿水青山就是金山银山。我们应该遵循天人合一、道法自然的理念，寻求永续发展之路。"① 从这些重要论述中可以发现，我们已经将生态环境的重要性提升到一个相当的程度，尤其是在涉及人类的持续健康发展方面，涉及我们人类切身利益方面。正如有学者所分析的："唯有以关注'人类命运共同体'利益的生态文明去超越仅追求个体经济利益的工业文明，人类世代赖以生存传承的自然生态系统的持续性才有可能得以维护。中国致力于生态文明建设，是从'人类命运共同体'视野对全球工业化阶段累积问题和未竟问题的积极因应。"② 而到了党的十九大，有关人与环境关系的认识，再次被向前推进，习近平总书记在党的十九大报告中明确提出：人与自然是生命共同体。③ 这一充满着当代马克思主义光辉的科学论断"在实践唯物主义视野下蕴含着人与自然、人与自身、人与社会和谐共生的三重内涵，借助于人作为自然存在物与对象性存在物的统一完成了其伦理合理性的证成，从根本上超越了人类中心主义和生态中心主义的抽象对立，打破了西方生态伦理学的话语霸权，有助于形成中国生态伦理学的话语权。"④ 从"人类命运共同体"到"生命共同体"，所改变的不单单是表

---

① 习近平：《共同构建人类命运共同体——在联合国日内瓦总部的演讲》，载《人民日报》，2017年1月20日，第002版。

② 钟茂初：《"人类命运共同体"视野下的生态文明》，载《河北学刊》，2017年第3期，第112页。

③ 习近平：《决胜全面建成小康社会 夺取新时代中国特色社会主义伟大胜利——在中国共产党第十九次全国代表大会上的报告》，人民出版社2017年版，第50页。

④ 吴国林、曾云珍：《生态伦理的证明难题及其超越》，载《哈尔滨工业大学学报（社会科学版）》，2021年第2期，第130页。

述，而是认识到人与自然休戚与共、命运相连，这种生命共同体的定位直接即能推导出人与环境已经结成了利益共同体，我们所推行的各种政策措施包括刑事手段的干预在内，在终极意义上都是为了二者的共同体利益。

以上关于人与环境之间对立统一的辩证关系在新时代背景下实现了人类命运共同体到生命共同体的全新定位转变，而这一切的哲学基础都是马克思主义的环境伦理观念，新的表述和论断都是马克思主义中国化最新成果的体现。"习近平的'生命共同体'思想以辩证的思维、实践的精神、自由的精神、人民中心论的理念实现了对马克思主义实践自然观中人与自然是辩证统一的关系及相互生成的实践关系等理论的继承和发展，变革了人与自然二元对立、不同政治体之间相互对立的思维方式，系统地论证了人与自然之间的内在统一性。"① 然而，对于建立在马克思主义科学理论基础上的全新成果，部分西方学者基于其片面的理解，却指摘马克思的自然观是狭隘的人类中心主义，对此我们必须从学理上做出有力的科学回应。

美国环境史学家唐纳德·沃斯特认为："在马克思恩格斯身上无法找到多少对包含任何古老的自然观的关心以及对环境保护的任何关注。"② 还有环境经济学者如艾伦·科特雷批评"马克思在一般考虑经济发展过程时，很大程度上忽视自然环境，把地球一直看作丰富的储藏库和无底垃圾堆。"③ 还有西方学者认为："马克思对待人类与自然关系的'普罗米修斯主义态度'贯穿了其所有的作品，这表明马克思对改变阶级制度中人类社会的剥削关系的

---

① 杜茹、纪明：《马克思主义自然观视域下的生命共同体》，载《东北师大学报（哲学社会科学版）》，2021年第1期，第100页。
② [美]唐纳德·沃斯特：《自然的经济体系》，侯文蕙译，商务印书馆1999年版，第491页。
③ 刘思华：《生态马克思主义经济学原理》，人民出版社2006年版，第9页。

关注并没有延伸到对自然的剥削。"① 对马克思主义的自然观形成上述错误见解的根本原因在于"生态哲学范式经历了从人类中心主义到生态中心主义的第一次飞越性转变，但是还是没有摆脱西方哲学主客二分的思维框架，也就无法改变人与自然界的对立关系"②，然而一众西方学者基于其自身所不能摆脱的狭隘的对立式思维却反过来指摘马克思同样为人类中心主义者，这在笔者看来无疑是对马克思主义基本原理学术品位的贬低，这是我们所难以接受的。实际上，马克思的自然观在生态哲学层面已经实现了"由中心主义到无中心主义"的第二次历史性飞跃，真正科学解释了人与环境的辩证关系，对此，其在《1844年经济学哲学手稿》《关于费尔巴哈的提纲》以及《德意志意识形态》等经典著作中均有一系列的深刻论证，从原典中客观解读其思想乃是回应这些西方学者狭隘批判意见的有力做法。

在马克思和恩格斯所创立的历史唯物主义哲学原理当中是否存在生态文明的思想，这是国外学术界所长期研究争论的问题，不少资产阶级学者认为历史唯物主义是经济决定论和技术决定论，是单纯的生产力主义，这也是他们所以将马克思的自然观批评为狭隘的人类中心的原因之一。固然谈及马克思有关自然的论述，经常为人们所关注的便是其对黑格尔的批判性表述："被抽象地理解的、自为的、被确定为与人分隔开来的自然界，对人来说也是无。"③ 应当认为，马克思的自然观作为对以往唯心主义和机械唯物论的扬弃，呈现出较为明显的"人的相关性"，然而并不能将这

---

① ［美］约翰·贝拉米·福斯特：《马克思的生态学》，刘仁胜、肖峰译，高等教育出版社2006年版，第149—150页。
② 夏文利、刘松涛：《生态哲学的范式转换：从生态中心主义到无中心主义》，载《民族学刊》，2019年第5期，第24页。
③ 马克思、恩格斯：《马克思恩格斯文集（第1卷）》，人民出版社2009年版，第220页。

种人类相关性狭隘地解读为西方学者所熟知的主客二分基础上的人类中心主义。《1844 年经济学哲学手稿》中马克思对人类与自然界的关系做了重点分析,"自然界,就他自身不是人的身体而言,是人的无机的身体。"① 在《关于费尔巴哈的提纲》中,马克思又谈道:"环境的改变和人的活动或自我改变的一致,只能被看作是并合理地理解为革命的实践。"② 这里马克思又引入实践的观点来解读人与环境的关系。《德意志意识形态》中马克思写道:"人对自然以及个人之间历史地形成的关系,都遇到前一代传给后一代的大量生产力、资金和环境。"③ 亦即人与环境的关系乃是历史的形成的动态发展中的关系。"虽然生态问题不是马克思、恩格斯所处时代面临的主要问题,但马克思、恩格斯在《1844 年经济学哲学手稿》《德意志意识形态》《共产党宣言》《乌培河谷来信》《自然辩证法》《资本论》等著作中系统论述了人和自然的辩证统一关系、历史观和自然观的辩证统一、资本主义制度和生产方式、资本的空间生产所造成的环境问题、人的解放和自然的解放的统一等思想,包含着丰富的生态文明思想。"④ 认为马克思的历史唯物主义中没有生态文明的思想,甚至将现代社会深重的环境污染问题归咎于他,这无疑是西方学者推卸自身责任的错误行径。

从马克思主义经典著作来看,马克思恩格斯对人与环境的辩证关系大致是从三个方面加以说明的:一是环境同时构筑了人类实践活动的对象与前提;二是人类实践活动的目的性使之区别于

---

① 马克思:《1844 年经济学哲学手稿》,人民出版社 2008 年版,第 116 页。
② 马克思、恩格斯:《马克思恩格斯选集(第 1 卷)》,人民出版社 1995 年版,第 16 页。
③ 马克思、恩格斯:《马克思恩格斯选集(第 1 卷)》,人民出版社 1995 年版,第 92 页。
④ 王雨辰:《论马克思、恩格斯的生态文明理论及其当代价值》,载《武汉科技大学学报(社会科学版)》,2018 年第 1 期,第 52 页。

动物,形成了自然人化;三是自然人化与人化自然的有机统一,所谓"自然人化"是指自然要素通过人类实践成为人类自身的一部分,所谓"人化自然"是指自然伴随着人类实践也会打上人类的烙印。由此可以发现,实践成为沟通人类与环境关系的重要桥梁,"一些人之所以会产生马克思恩格斯不关心自然或认为他们是人类中心主义者的误解,其原因在于没有正确理解马克思恩格斯环境伦理思想的实践观点。具体来说,第一,从人的实践入手,将人与自然的关系和人与人的关系勾连起来;第二,在作为社会的人的意义上理解自然,提出了'人化自然'的观点;第三,强调自然问题的社会属性,深刻揭露了资本逻辑是生态危机的经济社会根源。"[1] 总而言之,按照马克思主义的基本原理,人与环境的关系秉承着实践性、受动性与能动性的统一以及社会历史性等原则,其中必然蕴含着极为深刻的生态文明思想。但也必须附带指出,虽然马克思的思想中存在与生态学相同之处,但其也并不是所谓的生态中心主义者,从其实践观点看即能说明这一点。换言之,马克思的唯物史观中包含着生态文明思想,因此他不是所谓人类中心主义者,但基于实践的观点其也不是所谓的生态中心主义者。也正是因此,作为马克思主义中国化最新成果的习近平生态文明思想才能被科学而又符合历史逻辑地孕育出来。"习近平生态文明思想从四个方面,即提出了人与自然和谐共生的自然观、统筹山水林田湖草系统治理的联系观、'绿水青山就是金山银山'的发展观、推动形成绿色发展方式和生活方式的生活实践观对马克思主义自然观和历史观作出了重大的原创性贡献。"[2] 这可以说

---

[1] 杨志华、张翰玉:《对马克思恩格斯环境伦理思想误解的几点澄清》,载《南京林业大学学报(人文社会科学版)》,2021年第2期,第34—36页。

[2] 孙熙国:《习近平生态文明思想对马克思主义的原创性贡献——兼论习近平生态文明思想对人类中心论和自然中心论的超越》,载《环境与可持续发展》,2020年第6期,第49页。

是当代中国背景下对人与环境辩证关系最为生动的图景描绘,也从学理上解决了20世纪末以来哲学界有关中心论的争论。

概言之,从马克思主义的原典到新时代背景下的中国特色环境伦理和实践都在持续地表明,纯粹的人类中心主义或者生态中心主义在处理人与环境的关系问题上都有失妥当。"实际上,人类中心主义和生态中心主义虽然表面对立,但本质上是一样的。它们都是偏执一端,从人与自然的对立来看待二者的关系,都属于机械的二元论的思维方式。而马克思注重的是人与自然的统一,其理论的出发点和落脚点在于对立的统一体。这种思维方式必然决定了他对人类中心主义和生态中心主义对立的超越。他既不主张以人为中心,也不主张以自然为中心,而是提倡人与自然的和谐发展。"[①] 所以,在环境伦理学中,笔者认为,当前首先要旗帜鲜明地实现"去中心化",如此才能跳脱以往中心论者所制造的人与环境之间的人为对立,科学把握两者间的辩证关系,进而指导环境法治实践,特别是环境刑事法治的建设。

第二节　我国环境犯罪共同体利益生成的历史脉络

毛泽东同志在《反对本本主义》中针对调查研究的方法谈道:"你对于那个问题不能解决吗?那末,你就去调查那个问题的现状和它的历史吧!你完完全全调查明白了,你对那个问题就有解决的办法了。"[②] 在法学研究领域,这一方法同样应当得到运用,因为借助于法律手段以实现环境保护的做法在我国具有较为悠久的历史传统,纵向梳理由古至今中国环境污染犯罪的立法史对于准

---

① 李富君:《超越人类中心主义与生态中心主义的对立——对"马克思是狭隘的人类中心主义者"的批判》,载《中州学刊》,2010年第3期,第148页。

② 毛泽东:《毛泽东选集》,人民出版社1991年版,第110页。

确全面地理解现代刑事立法颇有参考价值。总体上来说，我国环境刑法经历了由简朴到不断发展完善的不同历史阶段，大体而言可以将其划分为三个历史时期，即古代、近代及至新中国成立以来的污染环境犯罪刑事立法实践。当然，由于法律性质的根本差异，也可以以新中国成立为界，分为两个阶段。可以说，中国环境犯罪的立法史就是我国人与环境共同体利益的生成史，这是确定我国环境犯罪保护法益的重要历史线索。

一、由先秦到近代的中国环境犯罪史概览

我国古代有关环境保护的刑事立法可以追溯到夏朝甚至更早，根据现有的史料，如《全上古三代秦汉三国六朝文》记载："春三月，山林不登斧，以成草木之长；三月湓，川泽不入网罟，以成鱼鳖之长。"[①] 其基本要义在于实现山林草木与鱼类资源的可持续发展。在此以后，公元前17世纪的商朝同样颁布了有关保护环境的法令，而且规定了较为严苛的肉刑，如《韩非子·内储说上》载"殷之法，弃灰于道者断其手"。到公元前11世纪，西周在《礼记·王制》《礼记·月令》中关于四季打猎和不同月份的禁令中也存在不少环境保护的规定。根据《周礼·地官司徒》的记载，在官吏的设置上存在管理山林的山虞和管理河流的川衡等，其中山虞的职责即为"掌山林之政令，物之为厉，而为之守禁。仲冬，斩阳木；仲夏，斩阴木，凡服耜；斩季材，以时入之，令万民时斩材，有期日。"而川衡则掌"巡川泽之禁令而平其守。以时舍其守，犯禁者，执而诛罚之"。秦王朝建立以后，当时的统治者在《田律》中也反映了其保护环境的思想，而且也承继了此前有关生物资源保护的政令，对此我国有学者认为"这些规定体现了'以

[①] 汪劲：《论现代环境法的演变与形成》，载《法学评论》，1998年第5期，第9页。

时禁发'的原则；而且先秦萌芽状态的生态学思想与各种保护生物资源的理论，对这些规定有着深刻的影响。"① 对于秦王朝存在保护环境与生态资源的政令本身，笔者予以认可，但是此处意欲提出我国不少研究者长期主张的一个观点的疑问，即关于《睡虎地秦墓竹简法律答问》所记载"或盗采人桑叶，赃不盈一钱，可何论？赀徭三旬"，有学者指出："因为当时桑叶是重要的养蚕植物，蚕丝也是非常珍贵的织物原料，所以在当时特别对桑叶这种植物加以保护，这一规定从客观上给予了树木以充分的再生环境。"② 但是在我看来，《睡虎地秦墓竹简》的这一规定更多立法考量并非出于保护环境，而是正如论者所说是为了将桑叶这种较为珍贵的植物原料作为财产加以保护的，所以不应以该竹简为例论证秦朝的环境保护立法。西汉时期，《淮南子》中的《主术训》（卷九）中还专门总结了先秦关于生产与保护、开发与抚育的基本观念。《后汉刑法志》中便明确的有"禁民采石""宽农时"等规定："永建四年，二月，戊戌，诏以民入山凿石，发泄藏气，敕有司检察所当禁绝，如建武、永平故事。""建元初年，春正月。诏三州郡国，'方春东作，恐人稍受廪，往来烦剧，或妨耕农。其各实核尤贫者，计所贷并与之。流人欲归本者，郡县其实廪令足，还到听过止官亭，无雇舍宿。长吏亲躬，无使贫弱遗脱，小吏毫右得容奸。诏书既下，勿得稽留。刺史明加督察，尤无状者'。"③ 这些规定表明，先秦到秦汉的统治者已经开始有意识地对生态环境加以保护，当然必须指出的是，由于阶级局限性，这些规定最为主要的目标还是维护封建统治者的阶级利益，这也是我国早期

---

① 袁清林：《中国环境保护史话》，中国环境科学出版社1990年版，第170页。

② 金晶：《我国环境保护刑事立法的完善》，知识产权出版社2017年版，第62页。

③ 邱汉平：《历代刑法志》，商务印书馆2017年版，第36、43页。

环境犯罪立法的一个显著特点。

　　唐朝是我国法律文化与制度发展的繁盛时期,这一时期有关保护环境的刑事立法涉及诸多领域,如对于保护堤防和兴修水利等有单独的制度安排。《唐律疏议·杂律》中规定:"诸不修堤防及修而失时者,主司杖七十,毁害人家漂失财物者坐赃论减五等处罚,以故杀伤人者,减斗杀伤罪三等。"① 唐律中延续了前朝的传统,继续对林木资源加以保护,在《杂律》中规定:"诸失火及非时烧田野者笞五十。""诸弃毁官私器物及毁伐树木、稼穑者准盗论。"② 对不按时烧野火以及胡乱砍伐林木的行为都加以刑事处罚。尤为值得关注的是,唐律中还有城镇环境的保护性规定:"其穿垣出秽污者,杖六十;出水者勿论;主司不禁,与同罪。"③ 大意是穿越墙壁,将污染物排放于街巷的,处杖刑六十;如果排放的是清水的则不作为犯罪处理,主管官员不加以禁止的,对其与行为人以同等处罚。可以说,唐朝的这些环保刑事法规定的立法理念与结构对此后各朝代的立法实践产生了深远影响。公元963年,宋朝颁布了《宋刑统》,其中很多条文以不同方式对自然环境加以保护,而且还存在对过失破坏自然环境的行为加以处罚的立法例,这理应视作立法实践中的一大进步。此外《宋刑统·杂律》中也有类似于唐律保护山林以及水利方面的律令,总体而言,宋朝的环保立法基本是对唐朝的沿袭,这主要还是由于《唐律》在其时的进步性与实用性较强,延续到宋朝客观上也起到了保护环境的效果。元世祖忽必烈公元1271年统一中国建立元朝,颁布了《至元新格》,其中存在部分环境保护的刑事法规定,基本上延续了前面几个朝代的传统,另外,元朝的统治者还通过诏令的方式

---

① 长孙无忌等撰:《唐律疏议》,中华书局1983年版,第504页。
② 长孙无忌等撰:《唐律疏议》,中华书局1983年版,第509、517页。
③ 长孙无忌等撰:《唐律疏议》,中华书局1983年版,第489页。

直接保护环境,这在当时也起到了一定的效果。

明清两朝,《明律》与《清律》虽然沿袭了《唐律》,但也有其各自新的发展特色。突出的特征就是随着立法技术的日益进步,封建君主对环境要素的关注更加全面,而且愈发多地使用刑罚的方法保护环境,明朝的《大明律·刑律杂犯》《大明律·河防》以及《大有律·杂律》中对此都有所体现。与元朝一样,明朝同样在环境刑法的成文法之外,单独通过诏令来处置突发环境事件。如公元1414年,由于各地虫灾现象愈发严重,明成祖永乐十年秋七月诏:"自今郡县官每岁春行视境内,蝗蝻害稼即捕绝之,不如诏者二司并罪"。此外,明朝统治者还以诏令形式对破坏树木、鱼、鸟兽等环境要素的行为规定了刑事罚则。清朝设立了相应的机关专司环境保护,除了与此前各朝代一样保护林木、水利以及城镇环境以外,其在环境犯罪的刑事立法中创新性地针对破坏矿产资源的行为设立了罚则,《大清律例》记载:"凡盗掘金、银、铜、锡、水银等矿砂,俱计赃准窃盗论"。由是观之,清朝除了借鉴前朝立法经验,其时的生产和制造业的起步发展也促使统治者开始着眼于矿产资源的刑事法保护。更为值得关注的是,"清朝还加强了对黄河、淮河、海河和各省水利的开发整治利用,并订立了惩治失职官员的法令。"[①] 此种对环境监管失职行为的法律规制颇具创新意义。

总结而言,从夏朝逐渐演变到清朝的我国古代环境刑事立法实践呈现出以下几个特点。第一,在对环境的保护范围上,古代环境刑事立法是建立在对生物资源保护的基础之上逐步涉及其他领域而缓慢发展起来的,在前面的梳理中即可发现历朝都十分重视对林木、水利等资源的保护,此外兼及城镇环境等其他要素。

---

① 严足仁:《中国历代环境保护法制》,中国环境科学出版社1989年版,第47页。

第二，从对环境要素的发展观点上看，古代有关生态环境保护的制度建设较为明显地受到生产力发展水平的影响。早期生产力水平低下时，所关注的环境要素集中在土地和林木等自然资源，因为这些构成了当时最为核心的生产要素。而随着时代的进步，生产力发展进入新的阶段时，统治阶级即开始将其他的环境要素如矿产资源纳入环境法令的规制范围。这也是经济基础决定上层建筑的基本规律在我国古代环境立法中的具体体现。第三，从有关环境立法的内容体例等规范性上看，以《唐律》为分水岭，在《唐律》之前关于环境保护的刑事法具有规范性较差、散在性严重、苛厉性深重等形式特征；在唐以后，各封建王朝沿袭《唐律》并渐进性地有所发展，日益向规范、全面、系统和仁政等方向迈进。第四，从我国古代环境立法的核心价值追求看，有关环境保护的刑事法律令在诸多场合并非出于保护环境的初衷，而是更侧重于维护封建统治秩序，欠缺环境刑事法治的自觉性。客观而言，囿于历史的阶段性，我国古代的生产力发展水平尚停留于生存需求的解决层面，来自自然的力量远胜于改造自然的能力，在这种现实之中，当时并不存在像今天这样保护环境的急切需求。历朝的封建统治阶级所颁布的律令乃至诏令并非完全出于保护环境资源本身，更多的是为了保护其自身对资源的持续占有和利用。如当时对林木、水利和城镇环境的保护不过是从维护其统治秩序出发而自发进行的一种规定，而且如前所述，有许多涉及环境的刑事法，统治者并非将其视为我们当前所谓的环境犯罪，而是将其作为财产加以保护的。类似的这种规定还有对堤坝等的保护也都是为了实现在农业社会背景下，统治者对其封建政权的有效维护而已。

固然现在看古代环境立法在规范性和价值目标以及对环境要素的有限性认知等方面存在各种问题，但也应当承认，古代的这些规定在客观上对环境资源的保护起到了一定程度的促进作用。特别是在我国自然哲学相对发达的古代，一直又有所谓"天人合一"思想，这种农业文明所衍生出的自然观。其根本精神是与自然界及其万物之间建立内在的价值关系，是以亲近、爱护自然为职责，在这种自然观指导下所形成的"持续利用"的观念可以说是构成了我国早期环境刑事立法的基本理念，这一理念对当前具体解释相关环境资源犯罪仍具有极为重要的启发意义。所谓持续利用虽然将更主要的关注点放在了人类对自然的持续索取上，但这势必建立在对生态环境的有效保护之上才能实现，一定程度上甚至可以认为这种"持续利用"的理念乃是当下"可持续发展观"的早期思想渊源。基于天人合一的思想，为着持续利用而保护生态环境的古代立法，为人与环境的共同体利益观念的生成埋下了一脉相承的历史线索。

大致以第一次鸦片战争为界，我国开始迈入近代社会，当然这里的近代只是从历史断代意义上说的，而不是从社会发展角度，毕竟自此之后，我国便逐步沦入了半殖民地半封建社会。令人深感遗憾的是自19世纪末到20世纪中叶的整个中国处于动荡不安、政权更迭的大变局之中，中国人民为争取民族独立和自由进行了半个多世纪的英勇斗争。在战火连天的时代背景之下，法治建设成为奢望，更遑论专门性的立法来保护环境，诚所谓"枪炮作响法无声"，此种社会现实之下几乎难以发现有关环境资源保护的专门刑事立法。但即便如此，我们仍注意到在中华民国时期，因为沿海城市的工业发展带来了部分区域的环境污染与资源破坏，在彼时反动的国民党政权颁布的《六法全书》中仍然可以发现涉及有关环境保护的法律规范，例如《渔业法》《森林法》《矿业法》《狩猎法》《堤防造林及限制倾斜地垦执法》等，在这些法规范中也有些许涉及环境保护的刑事罚则。此外，在当时的《刑法》"公共危险罪"一章中也能找寻到部分环境刑罚的踪迹。[1] 与延绵数千

---

[1] 郭卫辑校：《袖珍六法全书》，上海法学编译社1932年版，第389—394页。

年的封建社会相比,在这数十年的历史一瞬中,我们可以发现国民党政权统治时期的环保刑事立法局限在林木、鸟兽、鱼类以及河川等环境要素,尽管这是不甚全面的,但基于历史的视角观察,在农业生产力水平低下且规模化的工业生产刚刚起步的特定时期,自觉地对特定环境资源开展法律保护已经较封建时期迈出了重要的一步。甚至可以认为,也正是从这个时期开始,我国开始正式进入系统自觉的环保立法时期,这在整个环保刑事立法上具有跨时代的意义。当然,由于这一时期动荡的社会环境和复杂的社会结构,再辅之以国民党统治者的阶级和历史局限性,其对工业发展、城市污染、海洋污染以及资源破坏等问题的认识不可避免地存在缺漏,这也是该历史阶段环保刑事立法的固有瑕疵。但是承袭自我国古代立法和借鉴国外立法资料的此一阶段,还是为人与环境的共同体关系奠定了近代法制基础。

二、新中国环境犯罪立法再起步:跨越两个三十年

1949年新中国成立以来是我国环保立法的第三个历史阶段,但是毋庸讳言,我国现当代环保立法起步较晚,污染环境和破坏资源的违法犯罪行为直至20世纪70年代才开始为人们所重视,在此之前的调控力度较小而且在方式上以行政手段为主。这主要是出于两方面的原因:第一,新中国刚刚成立的前30年左右,国内社会的主要问题仍然是恢复多年战乱造成的创伤,维护国内政治和经济秩序的稳定,环境问题在此时应当说只能算作次要矛盾。第二,当时的生产力发展水平不高,工农业整体上处于后发时期,环境资源的破坏不甚明显,当然也不会引起各界的关注。所以在早期的如《刑法大纲草案》《刑法指导原则草案》等立法文献中都没有涉及环境保护的专门规定。按照高铭暄教授的意见,"严格意

义上说，我国刑法对于环境的保护开始于 1979 年制定的《刑法》。"① 究其原因，自 20 世纪 70 年代末开始的改革开放使得我国工业生产力水平快速提高，在解放生产力以加快经济发展的初期，开始并未注意到对环境的充分保护，甚至可以在一定程度上说是为了发展经济而放弃了环境，所以导致环境污染等问题急剧恶化。

根据中国社科院环境与发展研究中心后来对环境污染问题的大致总结，主要表现为以下几个方面："第一，中国是世界上水污染程度最严重的国家之一，且仍在恶化；第二，中国土地荒漠化程度一直没有降低；第三，固体废弃物污染由于城市生活垃圾迅速增加而日益严重；第四，生物多样性遭到破坏的势头在加剧；第五，工业化和城市化进程的推进以及汽车使用的增加使得大气污染十分严重；第六，森林覆盖率虽然有所上升，但是由于天然林受到破坏，森林质量呈持续下降趋势。"② 面临这种局势，新中国的立法者不可能无所作为，所以在1979年《刑法》中开始以各种方式规定有关环境污染类的犯罪行为，大致包括以下几类：第一，在分则第二章危害公共安全犯罪中，第 105,106 条规定了以危险方法破坏河流、水源、森林等危害公共安全的犯罪，第一百一十五条对危险物品在生产、储存、运输和使用中造成重大环境污染或破坏事故的犯罪做了规定。第二，在分则第三章的第一百二十八条、一百二十九条和第一百三十条分别规定了盗伐、滥伐林木罪、非法捕捞水产品罪与非法狩猎罪。第三，在分则第九章中的第一百八十七条规定了关于国家工作人员玩忽职守，造成重大环境污染事故或者破坏，致使公私财产、国家和人民利益遭受重大损失的行为。除此之外，我国各地区的立法机关也在 20 世纪

---

① 高铭暄、赵秉志编：《中国刑法立法文献资料精选》，法律出版社 2007 年版，第 198 页。

② 《中国环境与发展评估》（第一卷），社会科学文献出版社 2001 年版，第 4 页。

70年代之后颁布了多达300余项的地方性环境保护法规，其中亦有许多关于严重污染环境的行为依法追究刑事责任的条款。整体来看，1979年《刑法》对环境犯罪的规定比较分散且归类模糊，罪名设置的科学性不强，此外也存在刑罚处罚力度较轻等各种问题。

显而易见，这种立法是无法满足前述环境污染行为处置的现实需求的。所以在进入20世纪80年代以后，环境污染问题更加突出，但是"由于79年《刑法》中对这些严重环境违法行为大多缺乏刑事制裁的规定，所以一些本应当追究刑事责任的行为被代之以行政处罚。"① 为解决司法实践中无法可依的尴尬局面以满足现实需要，立法机关选择了颁布单行刑法和制定附属刑法的方式，在其中设置有关环境犯罪的罪刑规范。如1988年11月8日，全国人大常委会通过了《关于惩治捕杀国家重点保护的珍贵、濒危野生动物犯罪的补充规定》；在附属刑法方面，自1984年起，立法机关先后颁布了《海洋环境保护法》《森林法》《渔业法》《矿产资源法》《水污染防治法》《大气污染防治法》《固体废物污染环境防治法》等，在这些法律中都设置了相关的刑事责任条款。在1979年《刑法》颁布后的旧刑法时代，这些补充性的环境犯罪条款在实践中取得了一定的效果，应当予以积极肯定。然而，也应当注意以下问题：第一，我国附属刑法立法质量较低的现实，许多附属环境刑法的刑事责任条款仅仅采取了形式性的规定，比如"构成犯罪的，依法追究刑事责任"，所以这些附属罪刑条款在执行力上存在不小的问题，其可操作性的缺乏反而存在纵容本应严厉制裁的环境犯罪行为的嫌疑。比如"颇具轰动性的曹某某将含氰废物抛入水体造成严重水污染的案件，即按照投毒罪加以处

---

① 王灿发：《论新刑法关于环境犯罪的规定及其实施》，载《政法论坛》，1998年第1期，第36页。

理,而不是按照《水污染防治法》规定的污染水体罪给予制裁。"①第二,旧刑法时代,我国经济社会处于飞速发展时期,即便面对环境问题也无暇顾及,甚至于思想观念上将环境的破坏视作经济发展的必要代价,宁要金山银山不要绿水青山可以说是这个时期的生动写照,反映到立法之中,就是高度重视刑法的政治和经济功能,而忽略其生态维护功能,所以出现这一时期我国环境资源犯罪的规定过于简略分散,"而且也不是基于环境保护的角度,不足以从根本上体现对生态平衡和生态环境的保护。"② 第三,这一时期,我国还存在着立法经验不足的现实问题,对各种类型的环境污染行为还无法全面总结归纳予以类型化,"因而对环境资源的保护在第一部刑法典中不可能得到充分和全面的体现。"③ 尽管存在上述问题,我们仍应当理性地承认"这部刑法典还是较为全面地体现了当时中国社会朴素的环保意识,同时也凝结着新中国诸多刑法学前辈诚挚的思考与探索,构成了新中国环境刑事立法成长的基石。"④

在对1979年《刑法》进行全面系统梳理和修订的基础上,我国于1997年正式颁布了现行《刑法》。总结旧刑法时代的立法经验和司法实践,参考其他国家先进的立法例并充分吸收我国学者在环境刑法领域多年的研究成果,现行《刑法》设置了专节规定"破坏环境资源保护罪",并将其置于妨害社会管理秩序的类罪名

---

① 解振华:《中国环境典型案件与执法提要》,中国环境科学出版社1994年版,第66页。
② 王秀梅:《破坏环境资源保护罪的定罪与量刑》,人民法院出版社1999年版,第7—8页。
③ 马长生、刘润发:《中国环境刑法要论——兼论环境权的刑法保护》,载《长沙航空职业技术学院学报》,2003年第4期,第69页。
④ 高铭暄、徐宏:《改革开放以来我国环境刑事立法的回顾与前瞻》,载《法学杂志》,2009年第8期,第24—28页。

之下，从第三百三十八条至第三百四十六条共 9 条 15 个罪名，构筑了我国环境刑法的基本罪名体系。本节罪名可以分为两大类：环境污染型犯罪和资源破坏型犯罪（其中又可细分为动物资源、植物资源和国土资源等）。另外在第三百四十六条设置了单位犯本节之罪的规定，明确了单位可以成为环境犯罪的行为主体，除却立法史的意义外，这在现代社会具有重要价值，因为在许多场合，相比自然人，环境犯罪更多是由从事生产和开发经营活动的单位只顾经济利益而不顾行为后果造成的；对环境犯罪规定"单位犯罪的两罚制来处罚法人反映了人们法人犯罪认识的飞跃。"[①] 除却分则第六章第六节的基本罪名体系，在现行《刑法》中还分散着其他有关环境资源类的犯罪，如第一百五十一条第二款和第三款走私珍贵动物、珍贵动物制品罪，走私珍贵植物、珍贵植物制品罪；第一百五十五条第三款走私固体废物罪；第 228 条非法转让、倒卖土地使用权罪；第 407 条违法发放林木采伐许可证罪；第 408 条环境监管失职罪等；这些罪刑规范也应当成为环境刑法的研究论题。此后，立法机关又通过立法解释和《刑法修正案（二）》《刑法修正案（四）》《刑法修正案（八）》《刑法修正案（十一）》等多次修订，形成我们今天看到的破坏环境资源保护罪的罪名和罪状表述更加规范，罪名体系更加完善的立法成果。在成文刑法规范之外，近些年来，最高司法机关还先后颁布了若干重要的司法解释来指导《刑法》相关环境犯罪的统一适用。以上共同成为我们当下环境刑法规范的全部内容。

新中国成立以来，以新旧两部成文刑法为标志而构筑起来的我国当代环境刑事法正在不断地走向成熟，特别是 2020 年，立法机关在间隔 10 年之后，再次对我国环境刑法中最为重要的污染环

[①] 王蕴哲、翟子羽：《环境犯罪的刑罚配置与完善》，载《人民论坛》，2013 年第 5 期，第 123 页。

境罪作了尺度较大的修订。以污染环境罪来说，两次修订形成的三个条文，在立法取向上呈现出从报应到预防的基本诉求。为了后续研究的便利，这里有必要分别予以简单列举以便对比参照。

最初的1997年《刑法》第三百三十八条原条文：违反国家规定，排放、倾倒，或者处置有放射性的废物、含传染病病原体的废物、有毒物质或者其他危险废物，造成重大环境污染事故，致使公私财产遭受重大损失或者人身伤亡的严重后果的，处三年以下有期徒刑或者拘役，并处或者单处罚金；后果特别严重的，处三年以上七年以下有期徒刑，并处罚金。基于条文表述和规范构造，最高司法机关将此罪命名为"重大环境污染事故罪"。

2011年《刑法修正案（八）》第46条将《刑法》第三百三十八条修订为：违反国家规定，排放、倾倒或者处置有放射性的废物、含传染病病原体的废物、有毒物质，或者其他有害物质，严重污染环境的，处三年以下有期徒刑或者拘役，并处或者单处罚金；后果特别严重的，处三年以上七年以下有期徒刑，并处罚金。这次修改涉及两处：第一，将原来的"其他危险废物"改为"其他有害物质"；第二，将原来的"造成重大环境污染事故，致使公私财产遭受重大损失或者人身伤亡的严重后果"的罪状表述改为"严重污染环境"。由于构成要件本身发生了重要改变，司法机关随后将此罪名也变更为"污染环境罪"。

2020年12月26日通过的《中华人民共和国刑法修正案（十一）》第四十条将本罪再次修订为：违反国家规定，排放、倾倒或者处置有放射性的废物、含传染病病原体的废物、有毒物质或者其他有害物质，严重污染环境的，处三年以下有期徒刑或者拘役，并处或者单处罚金；情节严重的，处三年以上七年以下有期徒刑，并处罚金；有下列情形之一的，处七年以上有期徒刑，并处罚金：（一）在饮用水水源保护区、自然保护地核心保护区等依法确定的重点保护区域排放、倾倒、处置有放射性的废物、含传染病病原体的废物、有毒物质,情节特别严重的;(二)向国家确定的重要江河、湖泊水域排放、倾倒、处置有放射性的废物、含传染病病原体的废物、有毒物质,情节特别严重的;(三)致使大量永久基本农田基本功能丧失或者遭受永久性破坏的;(四)致使多人重伤、严重疾病,或者致人严重残疾、死亡的。有前款行为,同时构成其他犯罪的,依照处罚较重的规定定罪处罚。

本次修正共涉及三个方面:第一,将此前的"后果特别严重"修改为"情节严重";第二,增加了四项新的加重构成要件;第三,新增了第二款处理竞合问题。按照立法机关的意见:"这样修改,主要是贯彻习近平总书记关于'用最严格的制度最严密的法治保护生态环境'的指示,进一步提高污染环境罪犯罪的惩罚力度,生态文明建设是关系中华民族永续发展的根本大计,是亿万中国人民的福祉所在。这次修订根据有关方面意见,将后果特别严重改为情节严重,以实现与水污染防治法等其他法律规定的衔接,增强可操作性;同时一些特定区域和环境要素对质量的要求较高,一旦造成污染后果将更为严重,因此提高法定刑采取更为严格的保护措施。"[1]

总结来看,历次修正体现了一个共同的趋向,即将原刑法规定的报应型环境污染犯罪治理转向为以预防型为主,如取消了造成重大事故以及致使严重法益侵害等要素,将升格法定刑的后果严重改为包括但又不限于后果的情节严重,增设的加重构成要件以及按照处罚较重的规定定罪处罚的条款都是这种趋向的体现。其实,自从 2011 年修正以来,2013 年和 2016 年"两高"颁布两次司法解释,及至本次修改都一以贯之地体现着这种提早干预、从严处罚、打早打小打苗头的预防型转向。这种转向的根源,正

---

[1] 许永安主编:《中华人民共和国刑法修正案(十一)解读》,中国法制出版社 2021 年版,第 372—373 页。

如美国环境专家莱斯特·R. 布朗所言："最终导致生态系统崩溃的过程是逐步的和累积的，在它没进入困境或发生灾难之前，很少为人们所观察到。"① 环境污染的危害往往被低估了，而那些被低估的危害大多关乎不特定多数人的生命与健康，危及人类和环境的整体安全。

虽然有学者对此转向持质疑态度，如刘艳红教授认为："环境犯罪治理早期化是一条消解法益之路，它超越了我国刑法当前所处的发展阶段。"② 而且主张"环境刑法应视为象征性立法的典型代表。"③ 但是笔者认为，晚近以来的立法实践不应受到此种指摘，首先，我国环境污染日益严重的客观事实不容回避，刑法作为参与社会治理的法治工具仍旧保持变居不动的姿态显然并不合适，断言当前立法超越我国社会的所处阶段并不符合立法的一般原理，因为立法的惯常做法是将已经在实践中出现的污染环境违法犯罪行为加以归纳总结和类型化为新的构成要件，所以认为当前立法超越阶段的论调并不妥当，因此这种批判意见实则缺乏现实依据。其次，关于象征性的问题。根据程红教授的研究，"不能将环境治理的复杂性、长期性等同于环境刑法不具有实用性和实效性。我国的环境犯罪立法仍然固守行政违法与犯罪的二元体制，并未不加鉴别地将所有侵害环境的行为犯罪化，而仅是将部分危及环境安全的危险行为设置为抽象危险犯。这种将刑法介入环境破坏行为的时点适当提前的做法是合理且有必要的。"④ 应当说这一判断还是更加具有合理性的，我国环境刑事治理这些年来还是起到相

---

① 陈泉生：《环境法哲学》，中国法制出版社 2012 年版，第 548 页。
② 刘艳红：《环境犯罪刑事治理早期化之反对》，载《政治与法律》，2015 年第 7 期，第 2 页。
③ 刘艳红：《象征性立法对刑法功能的损害——二十年来中国刑事立法总评》，载《政治与法律》，2017 年第 3 期，第 45 页。
④ 程红：《象征性刑法及其规避》，载《法商研究》，2017 年第 6 期，第 25 页。

当的实际作用的,不能将这一发展中所不可避免产生的复杂性问题仅归咎于环境刑法,进而给其贴上"象征性"的标签加以批判。诚如齐文远教授所述:"象征性立法标签的错位套用,不但会造成环境刑法公共认同的缺失、限制环境犯罪的治理,而且会加深古典刑法与现代刑法之间的矛盾。"① 总之,对我国污染环境罪立法的报应到预防转向应持肯定态度,这也是后文对具体的构成要件要素展开研究的前提,毕竟作为教义学核心的解释论还是以肯定被解释客体的合理存在为基础的。

应当说,自新中国成立以来,随着立法理念的转型、立法技术的成熟、实践经验的积累、科学研究的深化,我国环境刑法从形式到内容各方面都取得了长足的进步,对此理应给予正面的评价。诚如高铭暄教授所做的精到总结:"刑法对环境领域的调控范围日益扩张,环境犯罪圈日益膨胀,颇密的犯罪化活动构成了三十年环境保护刑事立法的主旋律,具有中国特色的环境保护刑事法律体系已经形成规模。"② 在我国经济社会持续发展的当下,可以想见,有关环境资源类的犯罪仍会出现各种新的行为类型,及时地对其加以实践研究和归纳总结当属理论和实务工作者的共同任务,我国环境资源犯罪的刑事立法依旧会在不断完善的道路上继续行进。

持续完善中的我国环境刑事立法,其所完善之处不只在于文本表述和立法技术,更在于其所体现的我国立法者对环境刑事法治建设的根本追求,即实现人与环境的和谐共处。既要实现对自然资源和生态环境的全方位严格保护,又不能为了保护而放弃我国人民对更加美好生活的追求。归根结底,环境污染问题还是在

---

① 齐文远、吴霞:《对环境刑法的象征性标签的质疑——与刘艳红教授等商榷》,载《安徽大学学报(哲学社会科学版)》,2019年第5期,第112页。

② 高铭暄、徐宏:《环境犯罪应当走上刑法"前台"》,载《中国检察官》,2010年第2期,第4页。

人类社会和历史发展中所产生的问题,终将要以发展的方式予以解决。刑事干预作为社会治理的重要手段,虽有不可替代的作用,但终究作用有限,而这有限的核心作用,无外乎真正实现对"人与环境的共同体利益"的保护。由先秦到清末及至今天,延绵数千年的中国环境犯罪立法史,对这种共同体利益的维护呈现出由自发到自觉,由模糊到清晰的基本脉络,这种历史逻辑显然是我们今天研究环境污染犯罪的保护法益所不能忽视的。

第三节　环境污染犯罪共同体利益的具象化界说

一、共同体利益的抽象化解构与自由主义立场坚守

法益概念及其学说已经在事实上成为我国刑法学界所普遍接受的理论,通常认为其具有立法批判和法律解释的功能,本书也以认可法益理论为基本前提。但也应当承认,法益理论在我国学界大致经历了"引入——接受——质疑"的基本过程,有部分学者当前对其还抱有批判意见,这是正常现象,即便在其理论策源地的德国,这种现象也同样存在。"尽管法益论自其诞生就不断遭遇德国刑法理论界的质疑和批评、甚至是来自德国刑事立法和司法实践的多次忽略和挑战,但这些反对的观点和实践都无法抹杀一个事实:法益论在德国刑法理论中依然占据着核心基础地位,依然吸引着国内外学者对它的极大关注。"[①] 我国学者刘仁文教授亦曾经在与德国学者交流后,撰写了《再返弗莱堡》一文,其中对法益理论展开了尖锐的批判,据其转述的德国学者帕夫利克的

---

① 杨萌:《德国刑法学中法益理论的历史发展及现状述评》,载《学术界》,2012年第6期,第214页。

观点:"法益理论的实际效力被高估了,因为其在内容上是空洞的。法益最初是为了区别于道德上的利益,所以叫法律上的利益,进而到刑法上叫'刑法所保护的利益';但这个刑法所保护的利益到底是什么,却说不清道不明,由于"法益"边界不明且高度抽象,所以他认为"中国的一些刑法学者把从德国引入的法益这个概念神话了。"① 并据此认为法益理论并不具有超越我国传统社会危害性理论的优势。这种观点虽然存在一定的道理,但是也有自身的疑问,不能因为法益的抽象化或者精神化现象,就彻底否定该理论相较社会危害性的价值。对此,陈兴良教授曾借鉴德国社会学家马克斯·韦伯的形式与实质合理性框架做过系统的批判②,这里不再赘述。

其实在笔者看来,不论是我国传统的社会危害性学说,或者源自德国的法益理论,再或者英美刑法中的损害原则,其本质性的区别并不明显,更多的可能只是文化传统和表述习惯的差别。至为重要的是,它们在论证逻辑上是相同的:德国以刑法所保护而为犯罪所侵害的法益来指引构成要件的解释,而我国过去的传统是以犯罪行为的严重社会危害性来指导四个犯罪构成要件的准确适用,英美则在损害原则的基础上来理解它们所谓的"犯行"。既然如此,社会危害性、法益侵害和损害原则即无本质上的优劣之分,如果说法益存在空洞抽象或者精神化等问题,那么社会危害性与损害原则同样要受到此种指摘。在法益理论的学说史上,理查德·霍尼希等人的目的论、方法论的法益概念曾经受到过批判,乃是因为其法益概念忽视了其他的功能,而只把法益视作构成要件的解释目标,这使得法益沦为一种精神化的概念。但法益

---

① 刘仁文:《再返弗莱堡》,载《法制日报》,2017 年 12 月 27 日,第 9 版。
② 参见陈兴良:《社会危害性理论——一个反思性检讨》,载《法学研究》,2000 年第 1 期,第 3—18 页;另参见陈兴良:《社会危害性理论:进一步的批判性清理》,载《中国法学》,2006 年第 4 期,第 3—17 页。

概念客观上具有的解释论功能确是无法被否认的。或许我们应该跳脱出此种偏重于理念上的争议，正像齐文远教授和周详教授所述："要使得犯罪客体（法益）真正起到解释论的机能，必须对每一个罪名的客体（法益）进行精细化、实证化的研究。而这种刑法解释的研究之路是一个以具体问题为中心，不断往返于法益概念与社会现实之间的永无止境的探索过程。这样的探索也不是只要将犯罪客体放在什么理论范畴，通过什么抽象主义之争就能代替得了的研究之路。"① 因此，对于理论研究来说，更为重要的是对每一具体犯罪所保护的法益或者说是犯罪客体做出精确化的界定，如此才能真正在司法适用中贯彻罪刑条款的规范保护目的。总之，以抽象化或者精神化为由反对法益理论的做法未免失之草率。

需要着重做出说明是，本书所界定的"人与环境的共同体利益"在价值立场上所可能存在的质疑。20 世纪 30 年代，德国纳粹主义的抬头及其在政治上所取得的地位使得刑法学思想也深受其影响，出现了公然信奉纳粹思想的刑法学者。由他们所发展的纳粹刑法理论，即国家主义或称权威主义的刑法理论倡导自然法思想、实质主义与民族共同体思想。沙弗斯泰因的义务违反说和达姆的行为人类型说都使得刑法成为权威主义的统治手段。在这种基尔学派的推动下，法益侵害不再作为犯罪的本质而为人们所重视。

"共同体关系的法益概念早在 1934 年就出现了，如 Freisler 在其《德国刑法》第一卷的卷首便反对将法益保护作为国家主义刑法的任务，他提出只有作为民族生命的现象的东西才值得作为法益保护。Bergds 在 1935 年指出，法益概念是一个彻头彻尾的共同体关系的概念。但是这个时期的共同体关系的法益概念还是与法

---

① 周详、齐文远：《犯罪客体研究的实证化思路——以传播淫秽物品罪的客体界定为例》，载《环球法律评论》，2009 年第 1 期，第 83 页。

益保护思想相对立的，真正从法益概念积极展开国家主义刑法中的犯罪概念的是 Klee。他认为，从法益概念来看，是否舍弃个人主义的内容，并不妨碍将某种价值的保持或者某种价值本身称为法益，现在的法益概念必须具有与个人主义的内容不同的，即政治的共同体关系的内容。"① "尽管 Klee 看来规定了犯罪概念的内涵，但我们必须说，它是不同于法益侵害的，就这样，共同体关系的法益概念在吸收目的论的法益概念这一点上，曾经占据通说地位。"② 从这些学说史上的表述来看，共同体关系的法益概念在本质上还是以国家主义和权威主义为基础，带有十分浓厚的意识形态和政治色彩，可以说，从沙弗斯泰因的义务违反说到达姆的行为人类型说以及克莱的政治共同体关系的法益概念，都渗透着纳粹思想的威权主义的色彩而反对法益概念中的自由主义内容。

必须强调的是，本书所界定的"人与环境的共同体利益"和前述法益概念史中的"共同体关系"存在根本性差异。第一，人与环境的共同体利益是建立在对二者对立统一的辩证关系的科学认知基础上的，没有所谓的政治色彩在其中，即便在其他国家刑法所规定的环境污染类犯罪中，同样可以得到运用。而早期共同体关系的概念所指称的是一种民族共同体或政治共同体，其意在强调个人对这种共同体所担负的义务，以实现国家的威权统治乃至民族主义。第二，本书所界定的共同体利益是建立在现代法益理论基础之上的，其中饱含着自由主义的精神，这也是法益理论贯穿 180 年的历史长河所一直坚守的思想内核，即便其曾经遭受到动摇，迄今依然是刑法学中法益理论的基石。具体到环境污染犯罪中，人与环境的共同体利益同样可以被还

---

① 张明楷：《法益初论》，中国政法大学出版社 2000 年版，第 82 页。
② [日] 伊东研祐：《法益概念史研究》，秦一禾译，中国人民大学出版社 2014 年版，第 126 页。

原为人类自身的生活利益,因此并不是所谓的集体法益。第三,本书这里的人与环境的共同体利益还是建立在具有中国悠久历史传统的生态文明如"天人合一"等理念基础之上的,所谓天人合一不外乎就是人类和环境的良性互动,和谐共生。而前述所谓的共同体关系则不过是特殊历史时期对传统法益理论自由精神的歪曲化解读。

总而言之,不论是在政治基础、具体内容,还是历史渊源等各个方面,人与环境的共同体利益都在根本上区别于所谓的共同体关系的法益概念,对此要有充分清醒的认知。应当认为,两者不过是在用语表述上存在重合,即都使用了"共同体"的语言符号,但这种共同体所指称的事物则是完全不一样的,概念史中充斥着国家威权主义的那种共同体为本书所不取。本书所意欲强调的不过是人作为环境的产物,在取得相对独立性之后,既依赖于环境,又通过能动的实践活动作用于环境,人与环境经由实践的桥梁形成了一损俱损的利益共同体,而刑法所保护的就是这种共同体利益。

二、环境犯罪共同体利益的刑事法解说

有关环境犯罪的保护法益,先要做出说明的是并不限于狭义的污染环境罪,还包括其他类型的环境犯罪,但是因为污染环境罪的核心基础地位,在具体的研讨中通常都还是以此为例进行的,这是首先要做出交代的。那么污染环境犯罪的保护法益究竟是什么呢?对此问题,我国学术界的研究经过了两个不同时期,大致可以《刑法修正案(八)》为界进行讨论。

第一个研讨时期。在2011年《刑法修正案(八)》颁布以前,针对《刑法》第三百三十八条的污染环境罪,理论界存在诸

如国家环境行政管理秩序说①、公共安全说②、复杂客体说③、环境权说④以及环境利益说⑤等各种不同观点，应当说这些观点分别在不同的侧面对污染环境罪的保护法益进行了揭示。另外值得指出的是，学界传统的主流意见认为本罪的法益是"国家环境管理秩序或国家环境管理制度"⑥。从规范分析的角度看，主流观点有其道理，毕竟本罪在体系上属于妨害社会管理秩序的类罪名，但仅此恐怕是不够的。第一，这种所谓的环境管理秩序仍然存在前述的抽象化和空洞化的问题，难以发挥构成要件的解释功能。第二，真正值得我们追问的是为什么立法者将本罪安排在本节之中，亦即我们有必要明了立法者做出这种价值判断的实质理由和标准，解决这些问题才能真正为明确本罪的法益奠定基础。第三，以国家的环境管理制度作为本罪法益，还会存在出入罪的相关偏差问题。一方面，当仅仅违反了相关管理制度，如未经审批但是并未对生态环境以及人类自身造成损害的行为也可能被入罪；另一方面，由于我国正处在发展的重要战略机遇期、社会转型的重大历史阶段，各方面制度和机制都在不断改革完善过程中，其中相关的生态环境管理体制也长期处在调整之中，因此难免出现虽然并未违反国家生态管理制度，但仍然造成了一定程度的生态环境污

---

① 陈明华、王占启：《海峡两岸环境犯罪之比较研究》，载《法律科学》，2000年第1期，第120页。
② 赵秉志、王秀梅、杜澎：《环境犯罪比较研究》，法律出版社2004年，第60页。
③ 曹子丹、颜九红：《关于环境犯罪若干问题的探讨》，载《法制与社会发展》，1998年第4期，第38页。
④ 杨春洗、向泽选、刘生荣：《危害环境罪的理论与实务》，高等教育出版社1999年版，第128页。
⑤ 杜万平：《论环境刑法法益》，法律出版社2001年版，第131—135页。
⑥ 高铭暄、马克昌：《刑法学》，北京大学出版社、高等教育出版社2016年版，第581页。

染和人类利益被破坏的后果,此时按照传统主流意见所界定的本罪法益,反倒又不能适当地入罪处理了。总之,有关"环境管理制度"的传统观点不过是由于本罪处在"破坏社会管理秩序罪"这一章中,便将之具体化为环境管理制度而已,但是这种所谓的制度逻辑并不能合理解释环境犯罪的保护法益。除了以上传统观点,实际上,在《刑法修正案(八)》出台以后,立法者删除了原条文中的"致使公私财产遭受重大损失或者人身伤亡的严重后果"的罪状表述,这既意味着我国在治理污染环境犯罪中法益观念的转型,也使得之前的公共安全、复杂客体、环境权以及环境利益等观点的意义被大幅度削减,使得这些主张都只能在一定程度上对本罪的保护法益做出界定。以上是对我国环境犯罪保护法益进行学术研讨的第一个时期所形成的一些观点的大致情况梳理。

第二个研讨时期。随着 2011 年《刑法修正案(八)》对污染环境罪的修改,我国理论界对本罪法益的讨论也开始有所变化。近十数年以来,对此问题,以环境刑法为研究主题的学者们先后提出了人类中心主义法益观、生态中心主义法益观以及生态的人类中心法益观(折中主义)三种不同见解。这些观点在我国刑法学界的渗透和形成,应当说深受前文中所介绍的有关人与环境关系问题之西方环境伦理学的影响,将环境哲学中的人类或生态中心主义引介到刑法学理论当中并结合我国环境犯罪的具体规定展开论述,特别是找寻以人类或者以环境为保护对象的规定并将之作为支持自身立场的论据,这几近成为近十数年的研究模式。

在前述研究模式之下,学界的基本格局大致可以这样概括:在修正之前,认为本罪的法益是以人类为中心的;修正以后则开始侧重于以生态为中心,比如张明楷教授即认为"本罪所侵犯的是具有独立性的环境法益。"① 当然，这并不是一种明确的趋势，只是在修正之后，由过去没有争议的以人类利益为中心，开始呈现出于此之外的生态环境利益。也应当指出，目前依旧有不少学者对此持相反的意见，认为即便在修正后本罪仍是以人类自身为中心，"将人类利益作为治理环境污染问题的出发点和落脚点，既有现实合理性，也有助于强化人类的责任意识；污染环境罪保护的法益只能是人类的人身财产权利。"② 这种见解，可以说是受到晚近以来所谓改良的人类中心主义，如"弱人类中心主义"或者"现代人类中心主义"的影响，即不再过分刚性地强调不保护生态环境利益，而是将之在一定程度上通过纳入人类利益予以间接保护。然则，在笔者看来，在有关环境犯罪的保护法益上，单一维度的主张人类中心主义或者生态中心主义，都未免过于极端。

如果认为环境犯罪的保护法益以人类自身为中心，唯有人类的生命、健康和财产等才值得予以保护，那么只能在这些人类利益受到污染环境等不法行为的间接侵害时才能成立环境犯罪，与此无关的环境要素即便作为公共利益也不成为刑法法益。由此在全面保护人类自身利益的同时，实现对若干环境利益间接有限的反射性保护。然而，这种观点不得不受到以下诘问。

第一，人类中心主义的法益论在罪名体系上是难以说通的。如前所述，环境犯罪并不限于狭义的污染环境罪，只是通常以此典型犯罪作为讨论平台，规定此罪的《刑法》分则第六章第六节包括了众多涉及生态资源和自然环境的犯罪，如危害珍贵、濒危野生动物罪，非法狩猎罪，破坏自然保护地罪，危害国家重点保护植物罪，等等。如果说，环境犯罪的保护法益仅限于较为狭义

---

① 张明楷：《污染环境罪的争议问题》，载《法学评论》，2018年第2期，第2—7页。

② 童德华、张成东：《环境刑法法益的反思与坚守——基于污染环境罪的分析》，载《广西大学学报（哲学社会科学版）》，2020年第5期，第70页。

的人类利益,那么便无法解释本节所规定的一众犯罪,而且值得引起注意的是,立法者将本节的名称都直接表述为"破坏环境资源保护罪",面对这种立法现实,断言环境犯罪的保护法益仅以人类利益为中心难言合理。正如罗克辛教授所说:"一切关于动物保护的法律规定,都是对动物的保护,而不是试图避免使人们产生激动的情绪。"①

第二,人类中心的法益论在司法适用层面势必造成重大疑问,而且这是我们已经走过的弯路。简单看来,以人类生命健康等作为环境犯罪的法益,似乎很明确,只要行为人的不法行为侵犯了这些利益,即可论以污染环境等罪,然而实际情况并非如此。在《刑法修正案(八)》之前,污染环境罪的罪状表述就是"致使公私财产遭受重大损失或者人身伤亡的严重后果"这种简单的人类利益,然而其在实践中却导致只有在发生突发的重大环境污染事故之后才能追究刑事责任,对于不是突发而是长期累积形成的污染损害,即使给人的生命健康财产安全造成重大损失也难以被刑事追责。因此,全国人大法工委在相关文献中才对2011年的修法目的予以明确:"为保障人民群众的生命健康安全,严惩严重污染环境的行为,维护经济的可持续发展,本条对重大环境污染事故罪的犯罪构成做了修改。"② 修改之后,对于严重污染环境的行为,特别是那种由于长期违法排污而形成的污染和损害结果之间难以确定因果关系,以及多主体排污难以确定责任主体的案件可以有效地尽早处理,由此实现对生态环境和人类利益共同的早期干预保护,这也是修法的初衷。如果继续沿着人类中心的法益论者的逻辑,那么2011年的《刑法》修订无异于没有任何现实意义,仍

---

① [德]克劳斯·罗克辛:《对批判立法之法益概念的检视》,陈璇译,载《法学评论》,2015年第1期,第63页。

② 全国人大常委会法制工作委员会刑法室编:《中华人民共和国刑法修正案(八)条文说明、立法理由及相关规定》,北京大学出版社2011年版,第179页。

旧按照修法之前的适用逻辑，面对难以解决的现实问题。

第三，人类中心主义的法益论在刑法解释层面也将面临至少以下两方面的疑问。首先既然环境犯罪的保护法益限于人类利益，那么我们在具体适用相关罪刑规范时（不限于污染环境罪），便不得不设定出一系列的标准去考察具体案件中行为是否侵害或者威胁人类利益，亦即何种行为在多大程度上才能侵犯人类利益，然而这种标准的设定基本不具备现实可行性。不止于此，在众多其他环境犯罪上我们甚至根本无法说明某种行为会危及人类自身的生命健康或者财产安全，比如行为人杀害一只大熊猫，不可能对任何其他人的生命健康造成侵犯；再比如，行为人在深山老林砍伐了一棵重点保护植物，也基本不会危及人类自身的切身利益。然而对这些行为显然都是要作为环境犯罪，即危害珍贵、濒危野生动物罪和危害国家重点保护植物罪处理的。其次退一步而言，即便我们成功设定了某种标准，那么在实践中还会同样面临行为实施到何种程度才是达到既遂这样的问题。如果说以法益是否受到侵害为标准，那么按照人类中心主义论者的看法，就只能等到人的生命健康财产安全受到环境不法行为的实际侵害时，相关的环境犯罪才能达到既遂。显然这种做法会存在以下困惑，一是以人类利益受到实害作为既遂标准，看似为了保护人类利益，实则对人类利益的保护过于推迟，当然这在相当程度上限缩了有关环境犯罪的成立范围，但这显然又与论者要通过环境犯罪全面保护人类利益的价值趋向是背道而驰的。二是当某种行为所侵害的环境要素与人类利益的关联性较弱的时候，又不得不陷入是否真的会侵害人类利益而论以既遂的困境。三是从立法现实来看，本节所规定的环境资源犯罪也并非全部都是要实现某种涉及人类利益的实害的场合才是既遂，反而是存在着不少的情节犯，只要达到不限于结果的情节恶劣即可作为既遂处理。总之，在环境犯罪圈和犯罪完成形态问题上，人类中心主义法益论观点是不能自圆其说的。

第四，人类中心主义的法益论在整体法秩序统一性的维护上也存在一定的问题。按照这种观点，既然规定环境犯罪旨在保护人类自身利益，那么只要行为侵害了这些人类利益即可考虑入罪问题，至于其是否违反了其他法律规范则在所不问。然而这又与本节犯罪的立法现实是相冲突的。第三百三十八条的污染环境罪要求"违反国家规定"，第三百四十条的非法捕捞水产品罪要求"违反保护水产资源法规"，第三百四十一条的非法猎捕、收购、运输、出售陆生野生动物罪要求"违反野生动物保护管理法规"，如此等等。值得注意的是，这些国家规定或者行政法规大多都指向自然资源或者生态环境的保护领域，因此，人类中心主义在维护法秩序统一性上亦存在相应障碍。

第五，人类中心主义的法益论乃是结果导向的思维结论，这种单向度的思维在方法论上是不甚科学的。这种观点之所以在很长一段时间具有相当的市场就是因为其简化了讨论内容，直奔结果而言。申言之，生态环境也好，自然资源也罢，将其纳入刑法调控的范围之内本身并不是目的，在终极意义上，人的利益才是目的。而且刑法所保护的法益就是人的生活利益。此种以最终的结果为导向的思维方法颇具迷惑性。试想，如果按照这种结果导向的思维逻辑，那么整部刑法都是为了保护人的利益，所以全部罪刑规范都是人类中心主义的，这显然并不合适，因为其存在着将问题无限简化的刑事风险。须知，现代刑法正是为了在法益保护与人权保障二者间实现权衡折中，才将各种最终会侵害人类利益的不法行为归入不同的类别当中去，"破坏环境资源保护罪"便是其中一种。如果按照人类中心主义论者的逻辑，只要环境不法行为涉及侵害人类利益即可考虑入罪，那么无疑会动摇现代刑法的根基；反过来，如果保护环境的目的只在于保护人类本身的利益，而人本身利益没有受到损害或威胁，刑法就没有必要介入的话，那么很多犯罪便又失去了适用余地。因此这种单向度的结果思维在出罪与入罪上都是存在疑问的。

总而言之，在环境犯罪的保护法益上，纯粹的人类中心主义的法益论在刑法体系内部、法秩序统一性的适当关照、解释适用、司法实践层面及至思维方法上都是难以实现自洽的。而且不容否认的是其与当前我国倡导的保护生态环境和自然资源的治国策略也存在一定程度的抵牾。因此在我国环境刑法学的研究中，不得不对此种观点进行深层次的反思。

有鉴于早期纯粹人类中心主义的法益观在刑法学理与司法实践中都存在不限于上述的众多疑问，而且再加之近年来我国在各个层面上都开始强调生态环境的极端重要性。由是，以《刑法修正案（八）》的通过为契机，在环境刑法学中主张生态中心主义的法益观的论调开始抬头并逐渐形成一派。那么，我们不得不对此做出回答的是，生态中心论的法益观是否能在克服前述问题的基础上，实现对人类和环境的双重保护呢？

按照生态中心主义法益观论者的观点："在环境本位的立法理念之下，立法者不再把人作为万物的主宰，因此在制定法律的时候，抛弃了过去狭隘的人类中心主义的思维模式，把人视为环境的一个组成部分，而不仅仅只是环境的使用者，因为按照法律秩序分配环境利益与从这些利益中产生的财产分配相比，生态利益是更基础的问题。也就是说，环境资源本身成为刑法所要保护的对象，具有刑法上的独立意义与价值，之所以设立环境犯罪，在于保护环境本身，而不在于惩罚通过环境对于人的生命、健康和财产的侵害。"① 保护生态环境本身成为生态中心论者的核心立场，但是他们同时也强调："生态中心论并不是脱离人类利益去抽象地看待环境法益，保护环境的最终目的仍是保护人类利益，但这种

---

① 王勇：《环境犯罪立法：理念转换与趋势前瞻》，载《当代法学》，2014年第3期，第61页。

人类利益是一种未来的、预期的利益，就现实保护而言，只能转化为保护与人类生存密切联系的现实整体环境。个人法益受到实际侵害的事实可能成为环境犯罪的加重处罚事由。"[1] 必须承认的是，生态中心论的观点在强调保护自然资源和生态环境这方面符合当前社会发展的需要。但是也应当明确，这种观点同样存在很大的局限性。

第一，生态中心论与我国刑法的立法现实并不契合。如果说全面保护生态环境是环境犯罪的立法初衷，那么应对人类的任何环境干预都要在不同程度上予以禁止，但事实情况并非如此，如《刑法》第三百四十条非法捕捞水产品罪和第三百四十一条非法狩猎罪都只是禁止在特定的时间、地点或使用特定的方法实施相关行为，换言之，并未全面禁止捕捞和狩猎行为。同样，对各种动物和植物资源的保护也都具有一定的指向性，即国家重点保护的或者稀缺、濒危的，等等。这些都说明我国立法机关并未采取纯粹的生态中心主义的立场，对资源和环境的干预反而在相当程度上是允许的。例如，对危害农作物而自然形成的蝗虫，人类对其实施灭杀行为，非但不属于违法行为，反而是为我们所鼓励的。

第二，生态中心论在法秩序统一性上存在着与前述人类中心论相同的疑问。日本学者伊东研祐指出："越是从环境功能自身来宽泛地把握保护法益，环境犯罪越容易成为对这一保护法益的危险犯，具体的乃至抽象的危险犯，进而会认为环境犯罪不应当从属于有关规制环境的行政法规。"[2] 然而，正如前述，本节中所规定的众多环境犯罪多数要求违反国家规定或者违反各种有关环境资源保护的行政法规，也就是说，我国环境犯罪是有一定程度上

---

[1] 周光权：《刑法各论》（第4版），中国人民大学出版社2021年版，第490页。

[2] ［日］伊东研祐：《环境刑法研究序说》，成文堂2003年版，第71页。

的行政从属性的，生态中心论在这方面无法妥当解释。

第三，纯粹的生态中心论最终只会走向其理想目标的反面。按照生态中心论的这种逻辑，为了保护环境，不断地将干预前置，这种危险犯的取向会极大地限缩人类的行动自由，最终导致行为萎缩。例如，即便在落后地区，为了保证粮食产量而实施的一定的开发行为，也会因为变更了当地的动植物生存以及地形、景观等而成立污染环境罪。而我们必须认识到的是，在没有人类干预的情境下，环境最终只会走向混乱甚至回归到原始状态，那么环境中心论者保护环境的目标就彻底落空了，或者说回归原始也就没有任何意义了。

第四，生态中心论在对人类利益的保护上存在一定程度的缺失。我们必须注意的是，在生态中心论的主张者看来，他们并不否认对人类利益的保护，而是意在强调人类也是生态环境系统的一个要素，因此保护生态环境自然也能够实现对人类利益的保护，但是这只能是一种文字逻辑上的结论，要知道，人类虽然从环境中孕育出来，但已经取得了很大程度的相对独立性，正是因为这种独立才引发了这一环境伦理学难题；如果说人类利益完全可以融入环境之中，那一切的研讨都是多余的了。周光权教授认为通过保护生态环境而实现的对人类利益的保护是一种面向未来的、预期的利益，这无疑是承认其生态中心论的立场在保护现实的人类利益上是无能为力的。果真如此，那当代有关环境犯罪的立法所保护的都是当前并不存在的虚拟的预期利益，这种立法的正当性恐怕要受到质疑。意识到对现实人类利益的保护缺失后，他又弥补式地提出，将对人类利益的实际侵害作为加重处罚事由看待。然而，应当指出，本节的环境犯罪并不是都有多个法定刑幅度的，这种加重处罚并不能完全实现，而且更关键的是加重的理由何在，他并未做出说明。按他的逻辑，似乎要将环境犯罪都视作危险犯，出现实际上侵害人类利益的则作为结果加重犯处遇。这在部分犯罪中或许可行，在全部环境犯罪中推而广之尚有疑问。

总之，生态中心主义虽有助于保护环境，但深入挖掘其说理逻辑，仍然存在诸多问题。正如前述，生态或者人类中心主义都未免过于极端，根源还是在人与环境的问题上选择了站边表态，而未能走向去中心化的道路。当然，随着学术讨论的深入，也开始出现了选择对这两种中心论的观点进行折中的主张，即是所谓的"生态的人类中心主义的法益论"。

"生态学下的人类中心法益论认为，将土壤、空气、动植物等的法益作为独立存在的法益是可以的，但是它所需要的条件是必须以人类的基本需求为基础。人类的生存和发展始终依赖于环境，当环境没有被破坏，没有影响到人类的健康和生命的时候，刑法就没有必要对其进行保护。反之，当人类的健康和生命受到环境破坏所带来的严重影响时，刑法就应该进行保护。因此，凭借刑法规制来保护环境法益是正确的，生态学下的人类中心法益论是人类可持续发展原则的体现。"① 这种观点的倾向性是比较明确的，可以保护环境法益，但是必须与人类利益相关联，也就是说与人类利益无关的环境并不在其保护之列，这也正是其所谓的生态人类中心的本来意思。

如何看待这种折中的观点，首先还是应当肯定其价值。第一，在反对纯粹的人类或者生态中心主义的问题上，该观点迈出了重要一步，即同时肯定了生态环境利益和人类利益保护的必要性。第二，本说在实际上是将保护法益前移，旨在追求人类的生物学的发展，将危险回避作为共同体的任务，由此"理念的、实际意义的环境刑法的保护法益便成为具有作为人类的基本生活基础的

---

① 张瑞萍、赵凤宁：《风险视阈下环境犯罪法益保护及行为构造——以污染环境罪为例》，载《重庆理工大学学报（社会科学版）》，2021年第7期，第120页。

功能的环境。"① 第三，在法秩序统一性上，既然该说认可对环境利益的保护，那么违反有关行政管理法规而侵害环境便能够与本节中许多犯罪的相关前置性要求相衔接。第四，该说与"严重污染环境"这一构成要件要素的司法解释之内容相吻合。一定程度上可以认为之所以存在人类与生态中心的对峙，或许跟相关司法解释对"严重污染环境"的界定有关，既然如此，我们便有必要对此做一点简要说明。如所周知，我国实践中存在严重的司法解释依赖现象，而"严重污染环境"的罪状不夸张地说已经为2016年最高人民法院、最高人民检察院《关于办理环境污染刑事案件适用法律若干问题的解释》的第一条所取代，而在此条的解释中所包含的法益显然既存在生态环境法益，又存在有关人身财产等人自身的法益。因此，折中的生态人类中心主义相比另两种观点更能实现与该解释的契合。

虽然相比其他两种观点，生态的人类中心主义见解具有很大程度的优势。但也应当指出其所存在的一些疑问。如张明楷教授在其新近出版的教科书中指出，"生态学的法益与人类中心的法益存在两种可能的逻辑关系：其一，生态学的法益最终必须与人的法益具有关联性，不能还原为人的生命身体健康、自由财产的环境法益必须从生态学的人类中心法益论中予以排除；其二，只要生态学的法益与人类中心的法益不相抵触，就需要对生态学的法益予以保护。但是第一种关系使得生态学的法益并不是独立的保护法益，使得生态学的人类中心法益论与纯粹的人类中心主义没有实质的区别。所以第二种逻辑关系是可行的，即只要生态学的法益不与人类中心的法益相冲突，就必须受到刑法保护。但是即使主张第二种逻辑关系，也依然可以认为，环境法益最终可以还原为个人法益，或者说，保护环境最终还是为了保护人类中心的

---

① ［日］中山研一等：《环境刑法概说》，成文堂2003年版，第13页。

法益。"① 这段完整的论述集中暴露了其生态的人类中心主义法益观的问题。

首先，既然按其立场，环境刑法要实行双重保护，即同时保护人类与生态环境的利益，那么逻辑上便应当承认环境法益的独立性，论者对此有较为明确的认识，所以不认可第一种逻辑关系，认为"还原论"会使得与纯粹人类中心的法益观相近。但其随后展开的第二种逻辑关系却强调在生态法益与人类法益不冲突的场合，便需要保护生态法益。这几乎又取消了生态法益的独立性，因为在不冲突的场合，保护生态法益与保护人类法益实则没有本质区别。其次，所谓不冲突时，可以同时实现对生态与人类利益的保护，这相当于没有进行任何阐明，因为问题的关键并不在于不冲突时，换言之，之所以出现了环境犯罪保护法益的争论问题，就在于研究者们人为制造出了两者出现了相冲突之处如何抉择的问题 s。最后，论者在论证的结尾又不得不承认的是即便采取了第二种逻辑关系，最终也是为了保护人类中心的法益，这显然是又在终极意义上承认了其立场还是与人类中心主义的法益观是相一致的。

总体而言，生态的人类中心主义法益观最为核心的疑问是，一方面承认环境法益的独立性，正如张明楷教授自己所论述的那样："法益的内容在宪法性目的框架之下会随着历史的变化与经验性认识的进步而不断变化，在环境日益受到破坏时刑法就需要保护环境，将环境本身作为法益也与法益概念相吻合。"② 但同时又在具体讨论时否认其独立性，将其纳入人类利益当中予以保护。可见，这里的折中并不是真正意义上的折中，而是以人类利益为中心的折中。而之所以形成这种面对环境法益的扭捏局面，在笔

---

① 张明楷：《刑法学》（第 6 版），法律出版社 2021 年版，第 1481—1482 页。
② 张明楷：《刑法学》（第 6 版），法律出版社 2021 年版，第 1481 页。

者看来至少有两点初步原因：一是将思路局限在刑法法益仅限于人的生活利益，对与人类联系并不紧密的环境要素的利益能否认可尚持保守态度；二是在深层的环境伦理学上仍然未能真正把握人与环境的辩证关系。其实，从事物间联系的普遍性观点看，"每一事物的运动都和它的周围其他事物互相联系着和互相影响着。"① 由此，普遍性的承认环境法益并没有特别大的问题，因为"生态环境系统各个要素之间的相互作用是复杂而微妙的，系统内一个因素的改变有可能基于蝴蝶效应引发连锁反应，最终导致整个生态环境系统的变化。对于生态环境系统中特定的动物、植物以及环境媒介之间的结构关系，人类的认知存在有限性。损害特定的动物、植物或者特定的环境媒介，是否必然会对人类利益带来损害以及带来何种程度的损害在很多情况下是难以准确预估的。"② 在这种情形下，如果说真正试图实现刑法对人类利益的有效保护，反而应当径直承认环境法益的独立性，而这恰恰是生态的人类中心主义法益观所纠结之处。

在对我国环境犯罪保护法益第二个研讨时期的上述三种观点做了相应的述评之后需要展开的工作便是对笔者所倡导的从刑事法层面对"人与环境共同体利益"问题加以介绍。

何谓"共同体利益"？其实，正如英国功利主义的集大成者边沁所指出的，"共同体利益是道德术语中所能有的最笼统的用语之一，因而它往往失去意义。但在它确有意义时，它有如下述：共同体是个虚构体，由那些被认为可以说构成其成员的个体组成，共同体的利益是什么呢，是组成共同体的若干成员的利益总和。"③

---

① 毛泽东：《毛泽东选集（第一卷）》，人民出版社1991年版，第301页。
② 郝艳兵：《污染环境罪的适用困境及其纾解》，载《河南警察学院学报》，2021年第1期，第70—71页。
③ [英]边沁：《道德与立法原理导论》，时殷弘译，商务印书馆2000年版，第58页。

显然，在污染环境罪的场合就是人与环境的利益总和。这种共同体利益具体体现在以下几个方面：首先，环境犯罪的保护法益不应脱离人的生命身体健康、自由和财产利益等；对环境污染等不法行为涉及人类上述利益的应当追责。其次，环境犯罪的保护法益还应当包括环境要素自身，这里的环境要素包括诸如水土、空气、动植物资源，等等。应当着重提出的是，此处的环境要素并不要求依附于人类利益，换言之，即便看起来与人类的现实利益并无关联的相关环境要素同样也在环境犯罪的保护范围之内，当然这是有一定限制的，例如对破坏动植物资源的相关种类的限定。这是本说区别于生态的人类中心主义的关键之处，亦即承认对环境要素的独立性刑法保护。对其理由前文已有介绍，不再赘述。最后，需要附带性地做出说明的是，长期以来，研究者们只将视角集中在人与环境的对立性之上而选边表态，殊不知两者的最终关系还是统一的，正如党的文献中所说的，人与环境已经形成了生命共同体。明确了人与环境共同体利益的上述基本内容后，需要做出说明的是，如此界定的理由。

首先，无论如何，我们至少可以在一个问题上达成共识，即污染环境罪的法益绝非单个人的某种利益，或者说不纯粹是对个人利益的一元的保护，而是一种共同体意义上的利益，正如日本学者藤木英雄所说："自古以来就存在着这样一种意识，即所谓加害于某一个具体的人的行为是不道德的，然而也存在着另一种倾向，即给非特定的多数人造成困难，特别是损害了国家的公共利益时，他表现得漫不经心。"[①] 由此，污染环境的犯罪行为所侵害的其实是不特定多数人与作为各种环境要素的而存在的集体利益，也就是说，所侵害的是人与环境的共同体利益，因为在相当程度

---

① ［日］藤木英雄：《公害犯罪》，丛选功等译，中国政法大学出版社1992年版，第7页。

上，人要依托于环境而存在，而离开了人，单纯保护环境自身的意义也就泯灭了。在这方面，李川教授的解读值得我们关注："集合法益既非国家与社会利益的单纯扩张，从而必须立基于个体法益保护，亦非个体法益的简单累加，从而存在超越个体法益的实存地位。其是以个体法益目标为支柱、以精神化和抽象化超个体法益为延展的双重体系，是同时具备目标属性的个体法益与基础属性的超个体法益的整合性二元结构。污染环境罪应从这一基本立场理解：一方面，以个体出发，承认环境法益在保护目的上是为了更好地实现个体保障；另一方面环境法益并非简单的个体相加或者归类，应将具备系统性和抽象性的生态环境自身作为环境法益所保护之内容，此种解释有别于传统意义上的法益。"① 可以说，本书这里倡导的人与环境的共同体利益与李川教授的上述解释不谋而合。

其次，人与环境的共同体利益还由来于我国各环境犯罪的构成要件。亦即本书这里提倡人与环境的共同体利益的法益界定也是由各环境犯罪的构成要件内容所决定的。关哲夫教授指出："历来的学说都是将一个刑法法规中只存在一个保护法益作为当然的前提，实际上在一个刑法法规中存在着复数的法益并存的情况，即存在着复数的法益以'对等关系'或者'优劣关系'相结合的重叠并存形态和复数的法益并列且相互分离的并列并存形态。"② 我国刑法学中也主张"复杂客体"的存在，并且认为"对复杂客体中的各犯罪客体并不能等量齐观，他们在犯罪中的重要程度并

---

① 李川：《二元集合法益与累积犯形态研究——法定犯与自然犯混同情形下对污染环境罪"严重污染环境"的解释》，载《政治与法律》，2017年第10期，第47—48页。

② ［日］关哲夫：《法益概念与多元的保护法益论》，王充译，载《吉林大学社会科学学报》，2006年第3期，第67页。

不相同，存在主次之分。"① 当然这里的主要客体和次要客体在不同的环境犯罪中是动态变化的，例如在污染环境罪中可以认为主要客体是人类利益，次要客体是环境利益。但是在例如危害珍贵濒危野生动物等罪中，生态环境利益就成为主要客体而人类利益成为次要客体了。当然这只是一种大致的情形，具体还要结合各种环境犯罪的构成要件加以具体分析，但终究不能逸脱于人与环境的利益共同体。

最后，从横向的比较研究上看，人与环境的共同体利益也得到了其他国家从立法到理论上的认可。例如，德国刑法学界较为广泛接受的生态的人本环境法益说，正是这种集合法益，从名称上看，该说似乎与我国前述生态的人类中心主义相同，但在笔者看来，该学说乃是从共同体利益上来理解的。乌尔里希·齐白教授对此有过如下论述："共同体法益也被称为超个人法益、社会法益或者中介法益。共同体法益概念将法益向危害行为方向推移，从而创设了超前保护的空间。"② 此种共同体法益所创设的超前保护的空间也正好契合于当前风险社会的刑事法保护需求，"为此，德国环境刑法充分考虑了人类和生态环境的密切关系，采取了人类法益和生态法益并重的保护方式：一方面只将涉及人类生存基础的环境要素作为生态法益在刑法典中专章规定，此外的其他环境要素仍然被包含于传统法益之中加以保护；另一方面，在同一罪名的具体规范上，往往将行为对传统法益造成的危害或者危害风险，以及对生态法益的侵害都作为犯罪构成要件。"③ 类似的理念如果反映到我国环境犯罪的法益理解之中，就是要更加关注到

---

① 齐文远：《刑法学》，北京大学出版社 2011 年版，第 67 页。
② ［德］乌尔里希·齐白：《全球风险社会与信息社会中的刑法——二十一世纪刑法模式的转换》，周遵友等译，中国法制出版社 2012 年版，第 208 页。
③ 赵秉志主编：《环境犯罪及其立法完善研究——从比较法的角度》，北京师范大学出版社 2011 年版，第 37 页。

人与环境在观念上的相互融合，在现实中的相互依存关系。基于这种理由，笔者认为"人与环境的共同体利益"更加符合人与自然之间的现实依存关系，此前观点存在人为地割裂人与环境关系的嫌疑，有失妥当。

新近的文献资料中，已经开始有学者支持这种观点，如西南政法大学李永升教授近来撰文指出："坚持生态和人类双重法益论，意味着刑法对生态法益和人类法益实行双重保护。事实上，一方面，要保护人类法益，首先必须对水资源、土地资源、大气资源、动植物资源等生态法益进行保护；另一方面，只要坚持对生态法益进行保护，人类法益自然而然能得到保护。片面强调保护任何一种法益，都无法与污染环境罪的立法目的相契合，也无法与污染环境罪的处罚范围相一致，更无法与污染环境罪的前置条件相协调。因此，必须坚持生态和人类双重法益论。"① 概言之，本书认为同时反映生态环境利益和人类利益的"人与环境的共同体利益"是我国环境犯罪应然的保护法益。唯有在传统目标上保护人类利益之外，承认环境法益的独立性存在，才能在终极意义上维护两者的共同利益，实现二者的唇齿相依和命运相连。

---

① 李永升、袁汉兴：《污染环境罪的司法困境与出路——以生态和人类双重法益为中心》，载《湖北社会科学》，2021年第1期，第147页。

第二章　污染环境罪的行为构成、因果关系与主观归属

刑法教义学作为一种知识形态在 21 世纪以来已然作为我国刑法学研究的本体论而存在。"法教义学的研究——包括以法教义学为方法的研究和以法教义学为对象的研究"①，尽管有学者提出理论界"在未对'刑法教义学'达成共识的情况下，即已纷纷展开了具体的刑法教义学的研究，导致根源性问题先天不足"② 的批判性意见，但是应当注意到，既然论者认可刑法教义学具有实践功能，而且还有学者明确地指出："当下应当强调刑法教义学的实践理性。"③ 那么在这种理论转型的时代背景和环境问题日益凸显的现实之下，对环境刑法及时地以教义学为研究侧重未尝不可，具体而言，即以教义学为方法对现有的环境资源犯罪展开具体化的研讨。本章即在这种思路之下，以保护法益为指引对污染环境罪的构成要件详加研讨，为该罪的司法适用提供理论资源，贡献学界智慧。

---

① 王莹：《中国刑法教义学：经验、反思与建构》，载《法学家》，2020 年第 3 期，第 28 页。
② 刘艳红：《中国刑法教义学化过程中的五大误区》，载《环球法律评论》，2018 年第 3 期，第 58 页。
③ 齐文远：《中国刑法学该转向教义主义还是实践主义》，载《法学研究》，2011 年第 5 期，第 32 页。

第一节　污染环境罪的构成行为解析

历经 2011 年的修正，2013 与 2016 年的两个重要司法解释以及 2020 年的又一次修正的《刑法》第三百三十八条污染环境罪，彰显了我国环境刑事治理由报应到预防的转型。本节在肯定这种风险时代的治理转向的基础上拟对污染环境罪的构成要件要素逐一加以探讨。张明楷教授曾经指出，"本罪构成要件包括三个要素：一是违反国家规定；二是排放、倾倒，或者处置有放射性的废物、含传染病病原体的废物、有毒物质或者其他危险废物；三是严重污染环境。"① 作为本罪的基本构成要件要素，这一判断在目前看来应当说也是基本可行的。当然，也需要注意，2020 年新增设的加重构成要件要素也应当成为本罪的重要研究内容，本节对该罪客观构成要素的解释以新修订通过的条文为对象而展开。有必要说明的是，由于"违反国家规定"的要素与其他环境资源犯罪中违反各种环境行政法规的规定同属于一类，亦即涉及行政法与刑法的衔接问题，故将其置于其后有关刑行衔接的专章中加以研讨。

一、行为模式：排放、倾倒与处置的构成行为释疑

《刑法》第三百三十八条对污染环境罪的实行行为做了明确界定：排放、倾倒或者处置特定污染物。数次刑法修正都未改变三种基本的行为类型，如此即应对这三种行为做出一定的解析。单纯从通常字面含义上来说，"排放"可以针对液体和气体污染物而言，倾倒则针对固体和液体污染物，而处置的含义就相对更为宽

---

① 张明楷：《刑法学》（第四版），法律出版社 2011 年版，第 995 页。

泛，可以包括固体、液体与气体污染物。但是这种说明实际意义并不强。第一，因为三者之间在污染物的对象上是相互交叉的，还是无法说明不同行为类型之间的区别。第二，我们应当注意到的一个现实问题就是，这三种行为均无法用来涵摄噪音污染、光污染以及电磁污染等各种新类型的污染物，固然会有论者认为，这些所谓的新型污染物并不被《刑法》第三百三十八条目前所规定的放射性废物、含传染病病原体的废物、有毒物质等包括，但是也应当注意到本条中还存在"其他有害物质"的兜底式规定，将各种新型污染物解释为包括在其他有害物质之中并未超越其可能具有的含义，而且保持了用语的相对开放性。此外，更为关键的是随着社会的发展进步，人类生活多样性的拓展，人为环境会日渐增多，而涉及人为环境的污染物与传统污染物一样应当引起人们的重视并纳入污染环境罪的规制之中。

以上分析说明了一个问题，试图从行为对象即污染物的形态入手来界定法定的三种污染行为类型无疑是失败的方案。有研究者基于这种错误的方案得出排放与倾倒、处置之间的区别是："排放的污染物在排放之前并非污染物，排放所指的污染物主要是工业生产等活动中所必须排泄放出的废物；而倾倒与处置的污染物质在倾倒与处置之前就已经是污染物了。"做出这种论断的依据是："2016年最高人民法院、最高人民检察院《关于办理环境污染刑事案件适用法律若干问题的解释》第一条第（七）项，根据该项规定，重点排污单位篡改、伪造监测数据或者监测设施又实施排放化学需氧量、氨氮、二氧化硫、氮氧化物等污染物的行为，即符合'严重污染环境'的情形。在该项规定中，'篡改监测数据'等行为是先决条件。因此，只要有篡改监测数据又有排放气态污染物的行为，不管造成排放的污染量是多少即被推定为'严重污染环境'的情形。"① 其论证逻辑是这样的，前述司法解释第一条第（七）项所规定的行为达到构成犯罪标准的违法性程度是较低的，也就是说只要有篡改监测数据等行为，后续的化学需氧量、氨氮、二氧化硫以及氮氧化物等物质的排放量均不再做特别要求，而这些物质脱离先前的篡改等行为本身而论，如二氧化硫等其并不必然属于污染物的，只是由于附加了先前行为使得排放此种对象物不论多少都得以构罪。由此得出结论，排放行为所指向的对象在排放之前并非污染物。但是这种论证逻辑在笔者看来是难以成立的。第一，司法解释第一条是对"严重污染环境"的解释，而非对"排放"行为的解释，用本条第（七）项的解释来倒推"排放"行为的对象物在排放之前并非污染物在逻辑上难以自洽，因为即便允许倒推，也只能说明类似二氧化硫等物质本身在排放之前并非污染物，并不能据此说明所有的对象物在排放之前都不是污染物，也就是说，不能用尚具有回收利用效益的二氧化硫类物质代表所有的排放行为的对象物，论者在这里犯了偷换概念的错误。第二，第（七）项的解释要求先有篡改数据等先前行为再加上排放不论数量多少的化学需氧量、氨氮、二氧化硫以及氮氧化物等物质并不能说明这里对行为不法的要求程度较低。实际上，行为人之所以实施篡改等先前行为就是为了大量排放此类物质，不可想象其先实施篡改行为，再按照国家规定的标准实施排放行为的情形，也就是说第（七）项的排污行为并非没有量的要求，只是一种不言自明的表述方式而已。由此，行为人实施第（七）项规定的复合行为之前，其所欲排放的前述物质的存量本身即足以说明此种行为的对象物就是污染物。第三，这种观点还陷入了自身的逻辑困局之中：既然在排放之前并非污染物，那

---

① 刘泽鑫：《污染环境罪客观构成要件要素研究》，中国政法大学出版社2019年版，第14—15页。

又为何在排放之后变成了污染物？应当说，同等物质并不会由于物理的排放行为而发生化学反应，在论者的逻辑那里就只能诉诸先前的篡改等行为，即便允许论者的这种逻辑诉求，其也只能针对第（七）项所规定的四种对象物而言，除此之外的物质便无法回答这一疑问。第四，如果说排放行为的对象物在排放之前不是污染物的话，这与我们的法观念是完全相悖的，如果不是污染物，那么排放行为就不能被称之为"排污"，既然不是排污又何来的污染环境罪呢？如果仅仅是因为实施了先前行为，那么就应当只对先前的篡改等行为单独定罪处刑，而不论以污染环境罪，更不会被解释成"严重污染环境"。

既然如此，转换视角，本书认为依旧从"排放、倾倒与处置"的行为构造本身为出发点应为合理的路径。所谓排放，语义上包含排泄与放出，"具体是指将一种或者多种污染物直接埋于土地，排入大气、水体，具体的方法则没有限制。倾倒也是排放的一种表现，是指通过使用一定的容器等装运工具将污染物运输到某地倒入大气、水体与土地之中。"[①] 这种解释极具启发意义，其道出了一个关键点：倾倒也属于排放行为。也就是说，排放与倾倒之间在逻辑上是种属关系，之所以将"倾倒"从"排放"中单独拎出来规定，在笔者看来主要是因为在我国工业发展的起步阶段，生产经营中产生的大量废物被直接倒置于环境之中，当时的立法者为了应对此种情况，特别将倾倒行为独立出来与排放并列，以解决司法人员对特定污染物的倾倒是否属于排放的困惑。后续多次修法和解释都没有修改，也基本上沿袭着这种提示作用，实际上两种行为之间不存在本质上的区别，也就是说，倾倒行为的独立性至多只是相对意义上的。那么我们的解释工作重心就发生了

[①] 马克昌主编：《百罪通论》（下卷），北京大学出版社2014年版，第1070页。

转向,即应着重说明何为排放,既然排放包含着排泄与放出,不论污染物为何,也不论是泵出、溢出或者是泄出、喷出,乃至与倾倒同义的倒出,它们之间可以抽象出共同的行为特征,即将污染物从一个环境中转移到另一个环境之中。这里的污染物既包含有形污染物,如前述固液气的三种传统形态,又包括诸如光声电等新型污染物。对传统污染物的转移行为没有过多的疑问,可能的质疑是光声电如何转移,笔者认为这并不存在解释的困难。以光为例,让光超越了其应存在的空间而进入了其他空间就属于光的转移,当然这里就不再讨论所谓的"波粒二象性"即光到底是波还是粒子的问题了,因为不论是何者都不妨碍其可转移的性质,由此,"光污染"也可以说就是"光转移";声音和电磁等其他新兴污染物都可以做出这种解释。污染物的环境转移中,前一个环境是指尚为行为人所支配的空间和领域,如生产区域的污水池;后者的环境则是指涉及人与环境共同体利益的场域,即便该场域仍为行为人所控制,但只要涉及人与环境的共同体利益,就属于排污行为。也就是说,"排放"行为的关键节点即是否涉及人与环境的共同体利益,发挥法益对构成行为的解释功能。由此,可以得出这样的结论:不论对象物为何,《刑法》第三百三十八条规定的"排放"与"倾倒"共同属于转移污染物的情形,这种转移行为侵犯到了污染环境罪的保护法益。所以,污染环境罪的第一个构成行为类型即"污染物转移型",虽然文本上包含了"排放"与"倾倒",但严格意义上仅指排放污染物,即转移污染物。

解决了前述排放、倾倒的转移型污染环境行为,即需要对《刑法》第三百三十八条所规定的"处置特定污染物"加以讨论。对如何理解"处置"的问题,王作富教授早期曾做出此种论述:"处置是通过改变危险废物特性的方法,减少其数量、体积或者危险程度,以焚烧、填埋或者其他方式将危险废物置于特定场所或设施之内不再取回。"① 在后续的编辑修订中,王作富教授坚持了这一观点。② 这种界定在方法上是值得肯定的,因为如前述,其不再依托于行为的对象物来反向地界定行为,而是着眼于行为本身的实施逻辑。但是应当承认,此种解释还是存在一定的不足之处。首先,形成我们所看到的解释结论主要依据是对当时所发生的案件事实的归纳,但时至今日,仍固守此种"处置"结论恐怕是难以处理现实案件的。其次,此种解释对"处置"附加了过多的限定条件,如所谓的"不再取回"的要求,就没有其必要性。应当说,处置就是处置,甚至于行为人完全可以在其生产区域内就地实施"处置"行为,与是否取回没有关系,之所以附加"不再取回"的要求,在笔者看来主要是没有正确地区分"处置"与"排放、倾倒"之间的关系,仍旧用"污染物转移型"的行为逻辑来解释这里的"处置"行为。最后,所谓的"改变危险物特性,以及焚烧、填埋"等等,这都只能视其为"处置"行为的外在表现,固然现实中存在对某些工业废料的处理只能通过将危险废物填埋或其他方式置于特定场所或者设施内,例如对核废料的处置就必须密封在特定容器内深埋,但是即便如此也不能将其作为"处置"行为的本质特征对待。总之,传统意义上对"处置"行为的理解还是流于表面,当前对此有必要做出新的解读。

其实,与排放、倾倒相比,处置的含义则相对模糊和抽象,从语义上看具有"处理"的意思。正是基于此,侯艳芳教授认为:"就立法技术而言,处置行为是法律规定的排放、倾倒行为之外的、与两者侵害法益程度相当的行为。排放、倾倒行为的语义封闭性决定了污染环境罪中的处置行为具有兜底的性质。排放、倾

---

① 王作富主编:《刑法分则实务研究》,中国方正出版社2001年版,第1655页。
② 参见王作富主编:《刑法分则实务研究》,中国方正出版社2007年版,第1564页。

倒行为的语义范围不能囊括所有严重侵害环境法益应受刑罚处罚的行为，而处置行为语义范围的开放性可契合从严打击污染环境犯罪刑事政策的需要。"[①] 这就是说，她将"处置"行为作为兜底行为来理解，不能涵摄于排放与倾倒的范畴之中的行为都可以归之于"处置"，甚至在一定意义上，鉴于"处置"语义的这种高度抽象性，排放和倾倒行为也可以理解为"处置"。出于保持刑法用语相对开放性的必要性和打击污染环境犯罪行为的现实需求，笔者原则上同意侯艳芳教授将"处置"作为兜底用语的解释方案，但是同时也必须要指出，即便除却排放、倾倒，任何处理特定污染物的行为都属于这里的"处置"行为，我们仍然需要从污染环境罪的规范保护目的出发作出一定程度的"目的性限缩"。既然本罪在于保护人与环境的共同体利益，那么就应当将外延极为广泛的"处置"行为限定在涉及人与环境的共同体利益之内的行为。如此一来，前述的行为人在自己所控制的生产区域内实施的"处置"行为，只要没有涉及不特定多数人和环境的共同利益，就不应当径直认定为本罪中的"处置"，即便其仍然是一种所谓的处置污染物的行为。

除了从规范目的出发的论证，还有值得强调的三点：第一，将"处置"作为兜底用语解释的同时加以限制也是罪刑法定原则的直接要求。固然像前面说的，可以将排放、倾倒也作为处置理解，但是既然立法者将其独立出来，在相当程度上是出于罪刑法定的明确性原则要求。详言之，刑法并不是要处罚所有违反规范保护目的侵害法益的行为，立法者只是将社会生活中具有频发性的行为筛选出来加以规定，在此意义上，出于明确性原则的要求，刑法在构成要件的表述中必然要使用不同的用语以保证构成行为

[①] 侯艳芳：《污染环境罪疑难问题研究》，载《法商研究》，2017 年第 3 期，第 118 页。

的类型化，也就是说根据行为样态的不同而采取差异化的表述，以保证即便是侵害同一法益的行为亦不至于构成要件的高度抽象与概括而最终使得罪刑法定原则在任何程度上难以得到实现。所以，即便将排放、倾倒亦作为"处置"行为理解，也不能据此认为除了排放、倾倒之外的涉及污染物的行为都是"处置"行为，这一点正如侯艳芳教授所说只能是与排放、倾倒相当的"处置"行为才能入罪处理。

第二，对"处置"行为作目的性限缩还与违法性的本质问题存在深度关联。如所周知，刑法学理在违法性论上存在行为无价值与结果无价值的论争。这里没有必要对此详加研讨，出于表明观点的需要，笔者持"二元论"（当然也被称之为"二元的行为无价值论"）。韦尔策尔的经典论述依旧值得我们品读："不法不只是在内容上与行为人相分离的结果惹起，行为只有在作为一定行为人的所为时才是违法的；行为人在其目的活动的客观行为中进行了怎样的目的设定、行为人是以何种心情进行行为的、这种场合行为人存在怎样的义务、所有这些与可能产生的法益侵害一起决定着行为的不法。所谓的违法性常常是对与一定的行为人相关联的行为的否认；不法是关联着行为人的'人的'行为不法。法益侵害乃至威胁对大部分犯罪来说是本质性的，但是它只不过是人的违法的行为的部分要素，仅用法益侵害绝不能充分说明行为不法；法益侵害只有在人的违法的行为中才有刑法上的意义。"①也就是说，只有同时具备行为不法与结果不法才能为违法性奠定完整的基础，诚如大塚仁所述："结果无价值论无视关于主观的违法要素的 20 世纪初期以来的刑法学的发展经过，想退回到以前的状态，只有一并考虑结果无价值和行为无价值，才能正确地评价

---

① [日] 大塚仁：《犯罪论的基本问题》，冯军译，中国政法大学出版社 1993 年版，第 132 页。

违法性。"① 因此，在评价污染环境案件中的违法性问题时，要具备完整的不法，不仅要实现后续的"严重污染环境"的结果不法，更应当重视"处置"行为本身的不法，只有当某种处理污染物的行为危险性达到了一定程度，具备了可罚的行为不法时，才能认为其实现了污染环境罪中的"处置"行为的行为不法要求，因而不得不对"处置"行为做出必要的限缩性解释。

第三，关于如何理解"处置"行为，2016 年两高《关于办理环境污染刑事案件适用法律若干问题的解释》第十六条规定：无危险废物经营许可证，以营利为目的，从危险废物中提取物质作为原材料或者燃料，并具有超标排放污染物、非法倾倒污染物或者其他违法造成环境污染的情形的行为，应当认定为"非法处置危险废物"。显然，从此解释的意图来看，单纯的"提取"行为是不能认定为"处置"的，因而在"提取"之外另要求行为人存在"排放、倾倒"等行为。由此可见，最高司法机关对于限缩性理解本罪中的"处置"行为是有较为清醒的认识的。山西省大同市中级人民法院曾办理一起涉及本条司法解释的案件。② 在该案中，行为人在实施了"提取"行为时也被指控实施了"非法倾倒污染物"的行为，其在上诉中辩称只有"提取"而无"倾倒"，因此不符合解释第十六条的规定，不应认定为"处置"。太原中院裁定认为，在案证据能够证实存在"倾倒"行为，因而维持了对被告人张某的一审判决。但是一审对张某的量刑是 3 年零 6 个月，也就是说将张某的行为认定为当时所规定的"后果特别严重"，得出这一结论是因为一审法院将张某的所有"提取"行为全部认定为"处置"行为，所以认为其符合前述司法解释第三条（二）项的"非法排

---

① [日]大塚仁：《刑法概说（总论）》，冯军译，中国人民大学出版社 2003 年版，第 313 页。

② 参见山西省大同市中级人民法院（2018）晋 02 刑终 54 号刑事裁定书。

放、倾倒、处置危险废物100吨以上"的情形。但是按照第十六条的解释逻辑，只有在"提取＋排放、倾倒"时才能被认定为"处置"，单纯的"提取"数量是不应当计算在内的，故而是不足以作此定性的，因此在本案中还需要其他证据证明行为人提取且排放、倾倒的污染物达到100吨以上才能使这种量刑结论合理化，二审裁定仅回应其存在倾倒行为，至多能论证其符合"处置"行为的定性要求，但是并未解决定量的问题，所以导致其量刑结论存在可被质疑的瑕疵，本案的量刑也恰好说明了前述第二点关于"处置"行为的必须要达到可罚的行为不法程度的要求。

  综合上述理由，在认可"处置"与"排放、倾倒"之间的关系，即将处置视作后者的兜底行为的同时，有必要对其加以限缩性解释，以避免本罪构成行为的边界模糊问题。与"污染物转移型"相比，"污染物处置型"外延非常宽泛，根据人与环境的共同体利益的指引，"污染物处置型"起码应当将行为人在自己所支配的空间实施相关行为，但并未将污染物转移到环境之中的行为排除在"处置"之外。学界亦有研究者持与此类似的观点："在对污染环境罪的处置行为进行认定时，要从特殊实害犯的视角来理解，认定非法处置行为必须符合下列标准：首先，在行为结果上，处置行为必须达到严重污染环境规定之严重性；其次，在行为地点上，应该将处于企业特定空间内利用或处理行为排除在外；最后，在行为方式上，应有污染排放之事实，即将特定物质纳入、排入或放入环境中。"① 因此，"凡是处置行为没有导致有害物质置于外部生态环境或者没有造成环境资源质量严重下降的，都应当排除其犯罪构成符合性。对处置型污染环境罪的认定，应当遵循同类解释规则，使处置行为的入罪范围限定在与排放、倾倒具有等价

---

① 王岚：《论非法处置危险废物类污染环境罪中的处置行为》，载《法商研究》，2017年第3期，第131页。

性和相当性的范围。"①

归纳而言,《刑法》第三百三十八条污染环境罪的实行行为存在两个基本行为类型:污染物转移型与污染物处置型。其中,前者包括对污染物的排放与倾倒,且倾倒在本质上也属于排放;而后者则是对前者的兜底,即污染物处置型污染环境行为是本罪的兜底构成行为,当然在未涉及人与环境的共同体利益上的所谓"处理"污染物的行为便不应将其涵摄于"处置"之内,进而在兜底的同时加以限缩,以实现对国民行动自由的保障。

二、行为客体:污染物的准确厘定

2020年通过的《刑法修正案(十一)》在对《刑法》第三百三十八条污染环境罪进行修订的同时,延续了此前对污染物的一贯表述。具体而言,行为人排放、倾倒与处置的特定污染物包括以下四种:有放射性的废物、含传染病病原体的废物、有毒物质、其他有害物质。也就是说,只有对这四种物质实施转移和处置行为才有可能构成污染环境罪,因此对这四种对象物的准确认定直接关系到罪与非罪的问题。在我看来,以上四种物质的完整外延实则是"污染物",而所谓污染物则可以理解为一切含有可能危及人与环境共同体利益之因子的物质,当然这是在最广泛的意义上对"污染物"的解释。

在对这四种污染物分别做出解释之前,有必要对其之间的关系作一简要说明。显而易见的是,"其他有害物质"应当是兜底式的规定,是指除前三种以外的其他污染物。但是"其他有害物质"这一用语并不是最先的表述,在1997年的《刑法》文本中所规定的是"其他危险废物",而为了明确何为"危险废物",1998年由

---

① 刘伟琦:《处置型污染环境罪的法教义学分析》,载《法商研究》,2019年第3期,第89页。

当时的国家环境保护局、国家经济贸易委员会、对外贸易与经济合作部和公安部联合制定并发布了《国家危险废物名录》。立法者最初的设想是通过"其他危险废物"的兜底表述实现对污染物界定的开放性,但在后续的立法与司法实践中,"其他危险废物"受到"名录"乃至于相关国际公约如《控制危险废物越境转移及其处置巴塞尔公约》等的限制。除此之外,"其他危险废物"的表述在语言逻辑上还存在瑕疵,出现"兜底用语兜不住"的尴尬现象。既然以"危险废物"来兜底,那么就说明前三种污染物也属于"危险废物",如此,除去前三种以外的"其他危险废物"才能发挥兜底的作用。但是放射性废物与含传染病病原体的废物姑且好说,而"废物"与"有毒物质"之间却并非种属关系,也就是说,存在"有毒物质"并非是"废物",反之,"废物"也不一定是"有毒物质"的现象。正如黄太云教授所述:"有毒物质并非都是废物,对环境造成严重污染的也不光是废物和有毒物质,还有其他有害物质。"[①] 因此,以"其他危险废物"来兜底是一项的失败用语表述。出于前述理由,再加之有关环境资源的问题日益严重的现实背景,为了有效拓展"污染物"的范围,《刑法修正案(八)》将"其他危险废物"修改为"其他危险物质";应当说,修改后的这一用语是更为科学规范的,在语言逻辑和现实案件的处理上也更恰切。

当然,即便在《刑法修正案(八)》做了这种修改之后,仍有学者对"有毒物质"和"其他有害物质"之间的关系存在不同的理解。如叶良芳教授认为:"'两高'的司法解释没有对'其他有害物质'进行界定,存在将'有毒物质'涵盖'有毒物质'和

---

① 黄太云:《刑法修正案解读全编》,人民法院出版社2011年版,第86页。

'其他有害物质'的嫌疑，在解释技术上有待改进。"① 根据叶良芳教授的论述，他在实际上也承认应当将"其他有害物质"作为兜底理解，但只是因为司法解释没有对此做说明，因而存在将"有毒物质"作为兜底用语理解的可能性。但是他的理解实则是存在疑问的：第一，2013年和2016年最高人民法院和最高人民检察院两次发布的《关于办理环境污染刑事案件适用法律若干问题的解释》都没有对"其他有害物质"做出解释是有现实原因的，司法解释的做出要以现实中已经出现或者可能出现的问题为基本导向，如果说为了实现解释内容的全面性，对"其他有害物质"解读为"其他有害于环境的物质"，基本上等同于没有解释。第二，立法修改为"其他有害物质"本来就是要发挥其兜底作用，如果加以解释，势必要对其范围进行限定，而一旦如此操作就与兜底作用的发挥产生了方向性的背反；即便采取"列举＋例示"的解释方案以保持"其他有害物质"的开放性，最多也只能就其列举的污染物实现明确化，例示的部分仍然相当于没有解释，这也是最高司法机关不对此加以解释的语言逻辑原因。第三，不解释"其他有害物质"还是由于其范围非常宽泛，与其盲目的加以限定，不如交由司法实践裁量把握，反而可以更为妥当地对这种污染物做出具体界定。第四，即便不解释"其他有害物质"，也不必然带来前述理解。之所以出现所谓的反倒将"有毒物质"作为兜底用语的看法，还是没有准确地理解这四种污染物之间的关系，《刑法》第三百三十八条的文本是"有放射性的废物、含传染病病原体的废物、有毒物质或者其他有害物质"，在刑法解释中，用语顺序乃至标点符号都有其意义，因为其为解释结论的做出提供了线索。在本条文本中，我们应当注意到，"有毒物质"位于"或者"之

---

① 叶良芳：《"零容忍"政策下污染环境犯罪的司法适用》，载《人民司法》，2014年第18期，第10页。

前，是与"有放射性的废物、含传染病病原体的废物"相并列的，因此，我们在解释中便应当将"或者"之前的三种污染物作一体化理解，而不应当把前两种"废物"和后两种"物质"分为两组加以解释；既然如此，在笔者看来，便不至于出现所谓的将"有毒物质"作为兜底用语理解的现象和可能性，因为其不存在相应的文理根据。基于这四点理由，笔者认为《刑法修正案（八）》将"其他危险废物"调整为"其他危险物质"，以及最高司法机关两次做出的司法解释还是存在相当程度的合理性的。

综合前述分析，《刑法》第三百三十八条所规定的四种污染物之间，在逻辑上是种属关系，也就是说有放射性的废物、含传染病病原体的废物、有毒物质在本质上都属于"有害物质"，只不过他们属于特定种类的"有害物质"，因而成为独特的污染物。"其他有害物质"则包括除前三种以外的全部污染物，由此实现刑法用语逻辑自洽的同时，能够最大限度地保证对污染物界定的开放性以适应我国工业发展和信息社会的转型过程中各种新类型污染物层出不穷的现状，借以实现对环境资源的充分保护。

在解决了《刑法》第三百三十八条文本所列举的污染物之间关系的基础上，再来逐个厘定这四种污染物的内涵与外延。这里有必要简单说明一点，"有放射性的废物"和"含传染病病原体的废物"，这两种污染物同属于"废物"类，而所谓的"废物"基本是指在当前的人类智识水平下，特定物品不具有再次使用的预期可能性的废弃物等。

第一，关于"有放射性的废物"。立法者将其在污染物中列居首位，足见其危害程度之深与范围之广。放射性废物所导致的污染对人类自身与生态环境等都存在无法估量的严重后果，发生于20世纪苏联的"切尔诺贝利事故"以及21世纪的"日本福岛核电站事故"所造成的恐怖后果直至今天仍在延续，2021年2月13日再次发生的地震致使福岛核电站的废水出现部分泄露又一次引发了人们对此类放射性污染的恐惧。然而随着全球能源问题的凸显，人类对原子能工业发展的侧重与放射性同位素的广泛应用，及由此产生的放射性废物也不可避免呈现增长趋势，一旦对此处理失当而发生污染事件，不仅会给自然界带来严重破坏，更会给人类自身及其后代带来深重的灾难。所以，世界各国和地区对核能源的利用都必须符合国际原子能机构所指定的放射性废物管理基本原则。在科学的语境下，如何理解"放射性废物"，有学者对此做出过解释："通常来讲，放射性废物是指含有放射性核素或者被放射性核素污染，其浓度或者比活度大于国家审管部门规定的清洁解控水平且预计不再利用的物质，包括气体放射性废物、液体放射性废物和固体放射性废物。"① 这一科学的界定为立法机关所采纳，2003年10月1日起施行的《放射性污染防治法》对防治放射性污染，保护环境，保障人体健康，促进核能、核技术的开发与和平利用提供了基本的法律依据，该法第六十二条第（八）项明确规定：放射性废物，是指含有放射性核素或者被放射性核素污染，其浓度或者比活度大于国家确定的清洁解控水平，预期不再使用的废弃物。因此，《刑法》第三百三十八条所规定的"有放射性废物"应当参照这一界定进行把握。与《放射性污染防治法》的规定没有差别，但是在表述上略有差异的是立法机关对这种污染物的解读："所谓有放射性的废物，是指放射性核素含量超过国家规定限值的固体、液体和气体废弃物。"② 这些没有实质差别的解释都将"有放射性的废物"指向了固体、液体和气体废弃物。因此，对刑事司法实践而言，对这三种含放射性废物的大致种类应当有一个基本的认识。放射性废水，是指放射性核素含量超过

---

① 刘汉鼎：《核生化防护大辞典》，上海辞书出版社2000年版，第372页。
② 全国人大法工委刑法室编：《中华人民共和国刑法：条文说明、立法理由及相关规定》，北京大学出版社2009年版，第683页。

国家规定限值的液体废弃物；主要包括核燃料前处理（如铀矿开采、水冶、精炼、核燃料制造等过程中）产生的废水，核燃料后处理第一循环产生的废液，原子能发电站、应用放射性同位素的研究机构、医院、工厂等排出的废水。放射性气体，是指放射性核素含量超过国家规定限值的气体废弃物；在原子能工业的生产中或者核设施运行中，不同的工艺过程均有不同性质的含有核素的排气产生。例如，铀矿山和铀水冶厂会产生含有氡、钍、镭射气及其子体的气溶胶；核反应堆中产生的气体在后处理厂进行处理时释放的废气中含有氩、氪等放射性核素、射碘蒸气、氚以及以二氧化碳形式存在的碳 14 等，此外，还有大量的放射性气溶胶；核企业的各生产车间、设备室、热室及手套箱等地均有放射性气体排出。放射性固体废物，是指放射性核素含量超过国家限值的固体废弃物，主要包括从含铀矿石提取铀的过程中产生的废矿渣；铀精制厂、燃料元件加工厂、反应堆、核燃料后处理厂以及使用放射性同位素研究、医疗等单位排出的混有人工或者天然型、放射性废液经浓缩、固化处理形成的固体废弃物。以上这些都是"有放射性废物"的具体种类，需要注意的是，2016年"两高"《关于办理环境污染刑事案件适用法律若干问题的解释》第十四条明确规定：对案件所涉及的环境污染专门性问题难以确定的，依据司法鉴定机构出具的鉴定意见，或者国务院环境保护主管部门、公安部门指定的机构出具的报告，结合其他证据做出认定。因此，即便"有放射性废物"的具体认定在实践中或许不存在过多的争议，但是有鉴于这些物质的复杂性和专业性，在前述法律明确规定和具体种类的列举之下，司法机关还应当结合相关权威专业机构出具的鉴定意见或者检验报告等加以综合性把握。

第二，关于"含传染病病原体的废物"。进入新世纪以来，暴发于 2003 年的"非典型性肺炎"和 2020 年至今仍在全球蔓延的"新型冠状病毒感染的肺炎"在改变世界格局的同时，使人类深刻体会到为传染病的流行所付出的惨痛代价。为此，必须对"含传染病病原体的废物"进行严格管控。为了预防、控制和消除传染病的发生与流行，保障人类健康与公共卫生，《传染病防治法》规定对含传染病病原体的废物实行严格消毒处理等措施。根据立法机关的表述："所谓传染病病原体，是指能在人体或者动物体内生长、繁殖，通过空气、饮食、接触等方式传播，能对人体健康造成危害的传染病菌种和毒种。"[①] 而传染病，根据《传染病防治法》第三条的规定，则分为三类：甲类传染病是指鼠疫、霍乱。乙类传染病是指传染性非典型肺炎、艾滋病、病毒性肝炎、脊髓灰质炎、人感染高致病性禽流感、麻疹、流行性出血热、狂犬病、流行性乙型脑炎、登革热、炭疽、细菌性和阿米巴性痢疾、肺结核、伤寒和副伤寒、流行性脑脊髓膜炎、百日咳、白喉、新生儿破伤风、猩红热、布鲁氏菌病、淋病、梅毒、钩端螺旋体病、血吸虫病、疟疾。丙类传染病是指流行性感冒、流行性腮腺炎、风疹、急性出血性结膜炎、麻风病、流行性和地方性斑疹伤寒、黑热病、包虫病、丝虫病，除霍乱、细菌性和阿米巴性痢疾、伤寒和副伤寒以外的感染性腹泻病。此外，当前正在进行的《传染病防治法》的修订工作，拟将"人感染 H7N9 禽流感"和"新冠病毒"增加进乙类传染病。为了能在第一时间将传染病疫情加以扼制，该法第三条第（五）款还规定：国务院卫生行政部门根据传染病暴发、流行情况和危害程度，可以决定增加、减少或者调整乙类、丙类传染病病种并予以公布。上述这些传染病的病原体也称为"病原物或者病原生物，是指能引起疾病的微生物和寄生虫的统称，主要包括病菌、寄生虫和病毒三类，由前述的传染病病原体而产生

---

① 全国人大法工委刑法室编：《中华人民共和国刑法：条文说明、立法理由及相关规定》，北京大学出版社 2009 年版，第 157 页。

的废物，如污水、污物、粪便等都属于含传染病病原体的废物。"①总之，含有上述任何一种传染病病原体的废物都属于《刑法》第三百三十八条所规定的"含传染病病原体的废物"，与放射性废物一样，在对其进行判断时应当综合全案证据，特别是要参考专业机构出具的相关鉴定意见。

第三，关于"有毒物质"。司法实践中对何以把握"有毒物质"存在不同的认识，不可否认，与前两种污染物相比，有毒物质的范围较为宽泛，并由此带来了认定难题。为了消除分歧、统一认识，"两高"《关于办理环境污染刑事案件适用法律若干问题的解释》中明确对"有毒物质"做了界定，下列物质应当认定为《刑法》第三百三十八条规定的"有毒物质"：（一）危险废物，是指列入国家危险废物名录，或者根据国家规定危险废物鉴别标准和鉴别方法认定的，具有危险特性的废物；（二）《关于持久性有机污染物的斯德哥尔摩公约》附件所列物质；（三）含重金属的污染物；（四）其他具有毒性，可能污染环境的物质。对比已经失效的 2013 年"两高"就此所做的解释，最高司法机关显然在有意扩张有毒物质的范围：2016 年环保部联合国家发改委和公安部等部门公布了修改的《国家危险废物名录》，新版名录将危险废物调整为 46 大类别 479 种（其中新增 117 种，362 种来源于原名录）。关于国际公约，除了司法解释所列举的《斯德哥尔摩公约》，我国还加入了前述的《控制危险废料越境转移及其处置的巴塞尔公约》等，这些公约实际上也对有毒物质的界定产生重要影响。而关于含重金属污染物，新解释则删去了此前对部分重金属的列举式规定，这就解决了过往的部分重金属是否属于有毒物质的争议，实际上在环境污染的领域中，重金属主要就是对生物有明显毒性的

---

① 熊选国、任卫华、高铭暄主编：《刑法罪名适用指南——破坏环境资源保护罪》，中国人民公安大学出版社 2007 年版，第 4 页。

金属元素或者类金属元素。司法实践中应当参考 2011 年国务院批复的《重金属污染综合防治"十二五"规划》，其中明确了重点防控的重金属污染物和其他兼顾防控的重金属污染物。

2016 年司法解释的目标在于严密污染环境犯罪的刑事法网，笔者对这种解释方向持肯定态度。其实，即便司法机关不做解释的修改，实现表面的扩张性解释，对有毒物质仍存在扩张认定的基本空间，理由有两点：第一，从解释的文本来看，对有毒物质的解释采取了"列举＋例示"的基本方法，根据第 4 项的"其他具有毒性，可能污染环境的物质"表述，不论是从文理上还是论理上，都为有毒物质的扩张式认定留下了充分的空间。第二，相较于"有放射性的废物"和"含传染病病原体的废物"，有毒物质属于规范的构成要件要素，尽管其与记述的构成要件要素之间没有绝对统一的区分标准。但是正如韦尔策尔所理解的，可以感觉理解的要素是记述的要素，而感觉的部分只能获得非本质的部分，本质的部分只有通过精神的理解才能获得的要素是规范的要素。罗克辛教授也持这种观点，他指出："描述性的因素要求一种感性的表象，相反，规范性的因素要求一种精神上的理解。"① 虽然德国学者沃尔夫认为，所有的构成要件要素都具有规范的性质，因此所有的构成要件要素都是规范的要素；但是大体上可以认为，相比于记述的要素，对规范的构成要件要素需要进行精神理解和规范评价。而"有毒物质"正是这种要素，虽然在过去工农业发展落后的时代，毒物种类稀少，仅凭经验理解和感觉认知就能获取其内容，但是及至当下，涉及人与环境的共同体利益的无法穷尽的有毒物质恐怕不得不诉诸规范评价了，由此便得依靠刑法内外的规范来判断是否属于构成要件内的具体要素，因而实践中对

---

① ［德］克劳斯·罗克辛：《德国刑法学总论》（第 1 卷），王世洲译，法律出版社 2005 年版，第 201 页。

有毒物质的界定在法官加以补充判断的自由裁量里获得了扩张的余地和空间。总体而言，本书赞同在符合罪刑法定原则的前提下，对有毒物质做扩张解释，以解决近年来污染环境罪的适用中出现的关于此要素类型界定的争议。

第四，关于"其他有害物质"。如前所述，与前三种污染物相比，其他有害物质属于兜底的污染物规定。因此，应当认为除了有放射性废物、含传染病病原体的废物、有毒物质这三种污染物以外，其他任何可能造成人与环境共同体利益的侵害的物质都属于其他有害物质。这固然属于逻辑上的当然结论，但同时也给我们提出了一个重要的问题，即如何恰当地解释类似于其他有害物质这样的兜底式刑法用语。

在学理上，我国理论界由储槐植教授较早地提出了"对于兜底条款的理解必须结合其列举事项，限于与之同类的情形，而不能包括不同类的部分"[①] 的解释方法，这一方法被此后的研究者接纳，并称其为同类解释或者同质解释等。这种解释方法恰当地发现了列举项与例示项之间的逻辑关系，为解释兜底用语提供了重要线索。但是这一方法在刑法用语解释的方法论上绝非是无懈可击的。

首先，这一解释方法仅仅处理了用语之间的表面关系，而忽略了刑法用语内部逻辑的复杂性。以其他有害物质为例，表面上看，其他有害物质囊括了除前三种以外的全部污染物，成为兜底用语，但是其他有害物质与有毒物质之间的关系出现了一个棘手问题：如前述，对有毒物质的司法解释第四项表述为"其他具有毒性，可能污染环境的物质"，也就是说，司法机关对有毒物质已经做了一次兜底解释，而立法上所使用的其他有害物质则再一次

---

① 储槐植：《刑事一体化与关系刑法论》，北京大学出版社1996年版，第359页。

对污染物进行兜底,即便前一次仅涉及对有毒物质的兜底,但没有疑问的是,两次兜底之间显然会出现重合,以至于对特定污染物的性质定位不准的问题,而性质迥异的污染物其排放量的差异等对定罪量刑都发挥着不可忽视的重要作用。

其次,同类解释或者同质解释其方法本身也存在着难以完全采纳的可行性程度不高的问题。仍以其他有害物质为例分析,以此方法,在界定其他有害物质时,应当实现此种物质与前三种污染物之间的同种类或者同性质,亦即其他有害物质与有放射性的废物、含传染病病原体的废物、有毒物质属于同种类或同性质,但这显然不能做到,因为前三种污染物本身就存在着性质上的差异,其他有害物质根本无法实现这种参照式的解释。即便提高概念的位阶,认为前三种物质也都属于其他有害物质,但这又将问题抛回了其他有害物质自身,更是无从参照。再退一步而言,即便认为其他有害物质限于与前三种污染物的危害程度相当的污染物的范围,但这显然又丧失了可行性。试举一例:牛奶本身不属于污染物,其在性质上也与有放射性的废物、含传染病病原体的废物以及有毒物质不可同日而语,也就是说牛奶与这三种污染物不属于同种类同性质。但是如果将大量的牛奶排放入饮用水水源一级保护区,严重污染该保护区的饮用水水体环境的,此时无疑应当将这里的"牛奶"认定为其他有害物质,而这显然是"同类解释"所不能接受且逻辑上也无法得出的结论。

再次,同类解释或同质解释还存在功能发挥的方向性背反的问题。如所周知,立法中使用兜底用语或者兜底条款的基本原因是无法实现特定要素的穷尽列举,在立法的明确性要求与用语的模糊性之间采取折中的方案,即"列举+例示",因此在解释例示要素时仍应以列举项为例加以展开。此种同类解释方法在思想渊源上来自"只含同类规则的拉丁语 ejusdem generis,是指在法律对某些事物进行列举却未能穷尽时,若随后附有总括性规定,则对该规定的解释只能限于与所列举者同类的事物。这一规则在美国司法中属'文本原则'的一种，通常用于指导对兜底内容的解释。"① 溯其根源后即可发现，同类解释或者同质解释在方法上以限缩解释为主要倾向。简言之，其借助于同类或同质来实现对兜底用语或条款的限缩解释；但是使用这种兜底的立法技术，其本身是要实现用语和条款的相对开放性，以发挥此种技术的堵漏拦截功能。也就是说，兜底用语本身具有开放性特质，而同质解释却反其道而行之，走向了限缩解释的道路。诚然，解释论者出于权利保障的考量，采取这种解释方向在一定程度上可以理解，但是这种解释方法与兜底用语的堵漏拦截功能的方向性背反必然始终存在，成为持此种方法论者不可回避的障碍。特别是反映在本罪中的其他有害物质问题上，这种方向性背反尤为明显。通过前述梳理，我们知道立法将其他危险废物修改为其他有害物质，其初衷就是要实现对污染物的充分涵摄，而一旦采取同类解释的限缩解释方法则与当前风险社会背景下从严打击污染环境犯罪的刑事政策需求背道而驰，由此使得修法的努力付诸东流。

最后，在同类解释的基础上，我国学者为了解决何为"同类"问题发掘了多种解释标准，张明楷教授提出的"相当性说"值得我们关注，他以危险方法危害公共安全罪为例进行分析，指出："'以其他危险方法'就应限于与放火、决水、爆炸、投放危险物质'相当的方法'，而不可泛指，不包括此外的'具有危害公共安全性质的方法'。兜底条款既然存在于相关罪刑条款之中，也就必须与前面所列举的行为相当。"② 按照这一逻辑，同类解释的目标在于实现例示项与列举项之间的相当性，但是何为"相当性"又

---

① 王安异：《对刑法兜底条款的解释》，载《环球法律评论》，2016年第5期，第26页。

② 张明楷：《注重体系解释 实现刑法正义》，载《法律适用》，2005年第2期，第37页。

成为一个难以回答的问题，对此论者不得不再次陷入相对主义的泥潭，对此已经有相当因果关系理论中"相当性"判断的前车之鉴。其实，对于同类解释的方法，不管论者提出何种抽象乃至于具体的标准，于兜底条款而言，都在于限制其规范内容与适用范围，而至于某种标准与规范文本、立法意图及至体系基础之间是否具有契合性，则不得而知。总而言之，对"其他危险物质"范围的恰当界定，单纯依靠同类解释或者同质解释的方法是无法充分实现的。

在界定其他有害物质的污染物范围问题上，终极意义上是要解决一个问题，即实现对其他有害物质解释的两端的妥当确定：一端是其核心文义，而另一端则是实现本罪规范保护目的的妥当处罚边界，超出了这个边界的其他有害物质不应当成为本罪的污染物。由此，问题即回归到在核心文义一定程度的制约下的规范保护目的本身。正如陈兴良教授所述："在法律解释上，形式解释论是指在法律解释上应当受到一点边界的限制，只能在语言边界内来追求实质合理性，不能超出这一边界去追求实质合理性，尽管语言文字的边界本身可能会有一定的模糊性，但它依然是一种客观存在。"① 在笔者看来，对其他有害物质的范围界定，既要保持应有的审慎克制，也应当注意不能畏手畏脚，对可能严重危及人与环境共同体利益的特定物质的转移或处置，即应当将其认定为污染物，如前述牛奶的例子。2013年和2016年两次司法解释都放弃了对"其他有害物质"范围界定的作法笔者持肯定态度，因为根本不可能实现其范围的明确，不论何种解释最终还是要诉诸兜底用语，只能徒增困惑。

既然如此，本书既无意也无力对其范围做出哪怕是相对的界

---

① 梁根林主编：《当代刑法思潮论坛：刑法教义与价值判断》（第2卷），北京大学出版社2016年版，第364页。

定，只能提出笔者所认为的应当注意的几项具体规则：第一，同一类型性规则，在司法实践中对其他有害物质的判断应当遵循类型性的判断方法，其与前三种污染物之间在本质上都属于危及人与环境共同体利益的同类型性物质，"应进行类型性判断，即兜底条款虽规定了一般性的类别，但并不跑偏，应当与具体列举的物属于同一类型。"① 但是应当注意，在进行同类型性判断时，不能仅着眼于特定物质本身的性质，而忽略了其在不恰当使用时所可能造成环境污染的现象，如牛奶本身不属于性质上的污染物，但是当其被行为人不恰当使用时造成了严重污染环境后果的场合即应当认定为其他有害物质。第二，契合规范保护目的规则，既然行为规范的设定在于保护法益，于污染环境罪而言，只要对某种物质的转移或者处置可能危及人与环境的共同体利益，那么就可以将这种物质解释为其他有害物质，当然，这里以不超过国民的预测可能性为前提，否则便超过了前述的语义边界。第三，体系性规则，所谓体系性规则是要实现在界定其他有害物质时的体系上的一致性。如前所述，污染环境罪本质上还属于法定犯，具有自身的违法从属性，因而在尚不值得科处刑罚的时候，可以使其承担相应的行政责任，而不能贸然将某种物质认定为"其他有害物质"，当然，对行政责任的承担就又涉及污染环境行为的法律后果的行刑交叉问题，因不属于此处的具体论题便不在此处展开讨论。

三、行为结果：严重污染环境的罪量要素衡定

《刑法》第三百三十八条在污染环境罪的基本构成要件要素中使用了"严重污染环境"的表述，应当认为这是对成立本罪的基

---

① 陈兴良：《口袋罪的法教义学分析：以以危险方法危害公共安全罪为例》，载《政治与法律》，2013年第3期，第10—11页。

本犯的罪量要素规定。在定性的同时予以定量是我国刑事立法区别于德日等国的重要特征，也正因此，陈兴良教授在其早期建构的犯罪论体系中除罪体和罪责外，还专门研究了罪量。固然，从犯罪论的建构上来说，并非每个犯罪都有罪量的要求，如故意杀人罪在成立的问题上就不存在所谓量的差异，因此在犯罪论中设置罪量的体系定位未免存在疑问。但是行为人在实施污染环境的行为中，却不可避免地要存在相应的罪量要素，因为从理论上而言，"罪量要素是指犯罪行为对刑法保护之法益所造成的侵害或威胁的程度。"① 而正如前文的分析，行为人实施了排放、倾倒或者处置相关污染物的行为只有在触及人与环境的共同体利益时才会被论以污染环境罪，要达到这种构罪的程度则势必存在一个污染物的累积过程，也正因为如此，德日等国的学者才提出所谓累积犯的概念。因此，严重污染环境便成为典型的罪量要素，这种罪量要素划定了污染环境的行政违法与刑事犯罪之间的界限，正如有学者所说："作为可罚性的外在表现，罪量是判断行为是否具有刑事违法性、应受刑罚惩罚性的方法和路径。"② 所以作为罪量要素的严重污染环境便成为本罪讨论中的核心议题之一。附带需要澄清的是所谓罪量要素的体系定位问题，具体到本罪亦即严重污染环境的体系定位。在以往的讨论中，大致形成了两种意见，即将此要素视为"构成要件要素"和"客观处罚条件"。按照陈兴良教授的早期论述："构成要件要素说认为犯罪的数量要素是犯罪成立的条件，如果不具备犯罪的数量要素，不能构成犯罪，因此，

---

① 屈学武：《中国刑法上的罪量要素存废评析》，载《政治与法律》，2013年第1期，第83页。

② 陈少青：《罪量与可罚性》，载《中国刑事法杂志》，2017年第1期，第62页。

犯罪的数量要素属于犯罪构成要件。"① 而客观处罚条件说则认为："罪量因素是一种客观处罚条件，即数量是量刑条件，是刑罚发动事由，不是构成犯罪必不可少的条件。"② 笔者初步认为，前者构成要件要素说的观点更为合适，因为按照客观处罚条件说的论证逻辑，其将犯罪的成立与可罚性分割开来，具体到本罪中则是形成没有严重污染环境的行为也成立的污染环境罪，只不过不能发动刑罚权，这一现象的出现显然与我国刑法中刑因罪至、罪因刑显的罪刑关系的基本构造所违背，之所以如此，根源上是由于我国与德日等国在犯罪概念上存在差异。而将严重污染环境的罪量要素作为构成要件要素则将其定位为确定犯罪是否成立的规格，能够实现我国刑法语境下的自洽。当然需要附带指出的是，虽然将其视作构成要件要素，但其更为关键的属性乃是客观的超过要素，对此后文会有详细讨论，碍于体系安排，这里暂不展开。

如何理解这里的严重污染环境成为理论上和实务界的一大难题，横向对比，类似于排放、倾倒与处置等其他要素还有相对的明确性；纵向对比，在《刑法修正案（八）》对本罪做出修改之前的表述为造成重大环境污染事故，致使公私财产遭受重大损失或者人身伤亡的严重后果。不可否认，即便出于从严惩处污染环境犯罪行为的修法初衷，纵横两个维度上对比来看，"严重污染环境"这种高度抽象性的表述还是给我们的解释带来了较大的难题，如果仍然以本罪的法益为指导，则可以认为举凡行为严重威胁或者侵害了人与环境的共同体利益就属于这里的严重污染环境，但是这种界定仍未能实现充分的具象化，所以最高司法机关不得不

---

① 陈兴良：《作为犯罪构成要件的罪量要素——立足于中国刑法的探讨》，载《环球法律评论》，2003年秋季号，第276页。
② 周光权：《论内在的客观处罚条件》，载《法学研究》，2010年第7期，第114页。

对此做出回应。2016年最高人民法院、最高人民检察院《关于办理环境污染刑事案件适用法律若干问题的解释》第一条对何为本罪中的"严重污染环境"的情形做了多达十八项的较为详尽的列举：（一）在饮用水水源一级保护区、自然保护区核心区排放、倾倒、处置有放射性的废物、含传染病病原体的废物、有毒物质的；（二）非法排放、倾倒、处置危险废物三吨以上的；（三）排放、倾倒、处置含铅、汞、镉、铬、砷、铊、锑的污染物，超过国家或者地方污染物排放标准三倍以上的；（四）排放、倾倒、处置含镍、铜、锌、银、钒、锰、钴的污染物，超过国家或者地方污染物排放标准十倍以上的；（五）通过暗管、渗井、渗坑、裂隙、溶洞、灌注等逃避监管的方式排放、倾倒、处置有放射性的废物、含传染病病原体的废物、有毒物质的；（六）二年内曾因违反国家规定，排放、倾倒、处置有放射性的废物、含传染病病原体的废物、有毒物质受过两次以上行政处罚，又实施前列行为的；（七）重点排污单位篡改、伪造自动监测数据或者干扰自动监测设施，排放化学需氧量、氨氮、二氧化硫、氮氧化物等污染物的；（八）违法减少防治污染设施运行支出一百万元以上的；（九）违法所得或者致使公私财产损失三十万元以上的；（十）造成生态环境严重损害的；（十一）致使乡镇以上集中式饮用水水源取水中断十二小时以上的；（十二）致使基本农田、防护林地、特种用途林地五亩以上，其他农用地十亩以上，其他土地二十亩以上基本功能丧失或者遭受永久性破坏的；（十三）致使森林或者其他林木死亡五十立方米以上，或者幼树死亡二千五百株以上的；（十四）致使疏散、转移群众五千人以上的；（十五）致使三十人以上中毒的；（十六）致使三人以上轻伤、轻度残疾或者器官组织损伤导致一般功能障碍的；（十七）致使一人以上重伤、中度残疾或者器官组织损伤导致严重功能障碍的；（十八）其他严重污染环境的情形。

在司法实践中,对行为人转移与处置污染物的行为是否符合这十八项规定的考察成为本罪认定的重心。针对以上司法解释的内容,有学者研究后认为:"其将异质性的内容强行杂糅其中,既保守地残留着原来重大环境污染事故罪的内容,也激进地将实害犯转化为抽象危险犯,前者不利于体现环境法益的独立性,而后者则须面临双重抽象危险的证立。"① 更有学者批判:"上述规定实际上是把'严重污染环境'理解为'造成严重污染环境的危险',这种做法容易形成文义解释的崩溃、目的解释的滥用以及刑法与刑事政策关系的模糊。"② 在笔者看来,这些批评意见未免严厉,即便本条司法解释列举得较为繁杂,我们仍旧能从中发现其规律性,而无所谓"强行杂糅"。既然污染环境罪的保护法益是人与环境的共同体利益,那么再多的严重污染环境的情形列举也超脱不出人类与环境这两个基本范畴,也就是说,除了本解释第一条第(十八)项的兜底规定外,其他十七项情形存在利益主体的差别。具体而言,第(一)至(八)项和第(十)项属于生态环境利益;除第10项外的9至17项则属于人类利益,包括人身与财产利益。此种划分可能带来的反对意见是第(一)至(八)和第(十)项是否是纯粹的生态环境利益,前述关于本解释能否体现"环境法益独立性"的批判在一定程度上就属于此种质疑。如果持肯定意见,则可能与部分论者所持的"法益"理论本身相违背,因为他们认为将法益视作"人的生活利益";如果持否定意见,则此种划分的意义就大打折扣。笔者认为,对司法解释所列举的这十七项"严重污染环境"的情形做此划分不应存在前述质疑。第一,从内容来看,第(一)至(八)项,特别是第(十)项所规定的"造

---

① 张志钢:《摆荡于激进与保守之间:论扩张中的污染环境罪的困境及其出路》,载《政治与法律》,2016年第8期,第79页。
② 苏永生:《刑法解释的限度到底是什么——由一个司法解释引发的思考》,载《河南大学学报(社会科学版)》,2014年第1期,第60—72页。

成生态环境严重损害",其所规定的行为所指向的多数都是生态环境本身。第二,即便将法益视作人的生活利益,也应当注意到"所谓人的生活利益,不仅包括个人的生命、身体、自由、名誉、财产等利益,而且包括建立在个人利益基础之上因而可以还原为个人利益的国家利益和社会利益。"① 显然,第(一)至(八)和第(十)项对生态环境利益的保护是能够还原为个人的生活利益的,因为这其中蕴藏着人与环境之间深刻的辩证关系。第三,退一步而言,即便在法益理论的早期,宾丁便在规范说的基础上提出了状态说,他指出:"法益是一种状态,产生于立法者的价值判断,法益的内容必须与实定法一致,法益的主体不是个人而是全体。"② 现在则有如德国学者韦塞尔斯和博伊克尔等认为:"法益是指生命财产、社会价值、个人的或者集体的因为对社会有着特别意义而享受法律保护的合法利益。"③ 由此,不论是全体或者集体都不会导致否认生态环境利益的存在。第四,再退一步而言,即便彻底否认生态环境本身的利益,我们仍然可以认为第(一)至(八)和第(十)项所规定的情形属于污染行为指向了环境本身,这里生态环境本身成为行为客体,其所彰显的保护客体仍属于人类生存利益,这也并不违背笔者所界定的人与环境的共同体利益,此种共同体利益在林山田教授那里被认为"在侵害整体法益的犯罪中,行为对象与法益持有者异体。"④ 总之,对司法解释所列举的十七项严重污染环境的情形可以做出前述划分,此种划分能够较好地实现对严重污染环境这一模糊要素的规律性认识和把握。

如果撇开司法解释的内容,单纯理解严重污染环境,特别是

---

① 张明楷:《刑法学》,法律出版社2016年版,第63页。
② 刘芝祥:《法益概念辨识》,载《政法论坛》,2008年第4期,第100页。
③ Wessle, Beulke. Strafrecht Allgemeiner Teil: Die Straftat und ihr Aufbau. C. F. Muller, 2010, 40. Aufl., S. 2.
④ 林山田:《刑法通论(上册)》,北京大学出版社2012年版,第169页。

在受到修正之前的条文表述的影响,我们很容易会得出本罪属于结果犯的结论。而且确实有学者做了这种论述:"第三百三十八条污染环境罪规定的'严重污染环境'就是结果性规定。结果犯的规定具有滞后性,不利于环境利益的保护,因此有必要设置危险犯。"① 应当认为这种观点是不甚确切的,在有关犯罪的分类上我们知道,行为犯和结果犯、实害犯与危险犯是两对范畴,它们的区分标准在理论上还存在争议,争论的局面虽然导致对同一犯罪的性质认定不一,但是也多少存在共同的倾向,相关的论者都在讨论某一具体犯罪是行为犯或者结果犯、实害犯或者危险犯。如刘艳红教授认为:"修改后的污染环境罪仍然是结果犯。"② 而陈洪兵教授则认为:"污染环境罪既是行为犯,也是准抽象危险犯。"③ 但值得思考的是,鲜有论者对某罪持兼而有之的观点,换言之,是否存在某一犯罪既是行为犯又是结果犯,既是实害犯又是危险犯的情形。这种观点看似难以为人们所接受,但实际上其在论理和立法司法实践中都能予以证实。

首先,在论理上,我们可以采取这样的标准来区分行为犯和结果犯,即行为终了与结果发生是否具有时间间隔,因此"结果犯是指行为终了与结果发生之间有一定时间间隔的犯罪,行为犯则是行为终了与结果发生之间没有时间间隔的犯罪。"④ 换言之,行为终了结果即告发生。与此相关的,也有日本学者如町野朔认为"结果犯是要求侵害行为客体的犯罪,行为犯则是不要求侵害

---

① 周峨春、孙鹏义:《环境犯罪立法研究》,中国政法大学出版社 2015 年版,第 118—119 页。
② 刘艳红:《环境犯罪刑事治理早期化之反对》,载《政治与法律》,2015 年第 7 期,第 5 页。
③ 陈洪兵:《解释论视野下的污染环境罪》,载《政治与法律》,2015 年第 7 期,第 25 页。
④ [日] 山口厚:《刑法总论》,有斐阁 2007 年版,第 45 页。

行为客体的犯罪,所以行为犯并不是没有发生结果"。① 即便町野朔关于是否侵害行为客体的意见值得再讨论,但是其关于行为犯并非没有结果的结论是恰当的。如此一来,虽然在一定程度上削弱了两者的区分,但也并未完全否认行为犯的意义,所以,李斯特关于"在刑事不法中区分结果犯与行为犯是不正确"② 的看法未必完全妥当。由是观之,认定某一犯罪既是行为犯又是结果犯在此种区分标准之下并不存在实质上的逻辑矛盾,因为两者都有法益侵害结果发生,只是发生的时间点存在差异而已。

其次,上述论证逻辑也可以运用在危险犯与实害犯的区分之上。虽然在理论上通常认为"侵害犯是指实际侵害了特定法律旨在直接予以保护法益的行为,而危险犯则是指对这样的法益产生侵害危险的行为。"③ 而根据危险程度的不同,危险犯又被区分为具体危险犯与抽象危险犯。但正如耶塞克教授所认为的,"抽象危险犯是行为犯,以符合构成要件的行为对法益的一般危险为基础,发生危险本身不属于构成要件,具体危险犯中要由法官认定发生危险是否属于构成要件要素"。④ 既然抽象危险犯是行为犯,那么与危险犯对应的侵害犯即可以视作结果犯,当然具体危险犯由于发生了具体的法益侵害危险也应当成为结果犯,这也是"结果"不只是实害结果还包括危险结果的应有之义,还是与行为犯和结果犯这对范畴的区别之处。如此一来,设定某一犯罪既是实害犯

---

① 冯军、李春雷:《外国刑法学概论》,中国民主法制出版社 2004 年版,第 72—73 页。

② [德] 李斯特:《德国刑法教科书》(修订译本),徐久生译,法律出版社 2006 年版,第 180 页。

③ [日] 西原春夫:《犯罪实行行为论》,戴波、江溯译,北京大学出版社 2006 年版,第 106 页。

④ Jescheck H H, Weigend T. Lehrbuch des Strafrechts Allgemeiner Teil. Drucker&Humblot, 1996, 5. Aufl., S. 264.

又是危险犯就有其存在的空间了。再者,按照上述论证逻辑,行为的实施造成法益的抽象危险之所以成立犯罪,是因为这种抽象危险具有发展为实害的高度盖然性,由此,抽象危险犯与具体危险犯、实害犯之间的区别就转变为法益侵害发生的时间差异,在抽象危险犯的场合,拟制的认为行为实施终了,抽象危险发生,没有其他因素介入时此抽象危险会演变为实害结果。诚如王志祥教授所述:"危险犯是结果犯的一种特殊形式。"① 简言之,这里将抽象的危险视为"实际意义上的法益侵害"。因为在相当程度上,"抽象危险犯罪中的拟制危险以及具体危险犯罪中的危险状态本身就是刑法所特别规定的'结果'。"② 正如田宏杰教授所言:"法益侵害结果的外延远较刑法典第 14 条故意犯罪和第 15 条过失犯罪规定中的危害社会的结果即学界通称的危害结果宽泛,其既包括刑法法益侵害的'征表结果',又包括刑法法益侵害的'特定结果'。"③ 也即抽象危险可以成为这里的征表结果。由此,特定犯罪完全可能既是危险犯又是实害犯,二者统一在"法益侵害"的意义之上,不过是时间点与表现形式的差异。总之,行为犯与结果犯、危险犯与实害犯两对范畴的区分都是在相对意义上而言的。

再次,以本罪为例加以分析。"严重污染环境"固然在根本意义上可以认为是对污染行为的结果要求,但是在笔者看来,还是不应当抽象地就将本罪归类为结果犯。而应以上述司法解释所列举的"严重污染环境"的具体情形来判断其是行为犯或者结果犯、实害犯或者危险犯。所以,在对司法解释的规定加以分析的基础上,笔者认为,前述解释的第(一)至(八)项所规定的都是行

---

① 王志祥:《犯罪既遂新论》,北京师范大学出版社 2010 年版,第 123 页。
② 庄绪龙:《"法益可恢复性犯罪"概念之提倡》,载《中外法学》,2017 年第 4 期,第 977 页。
③ 田宏杰:《立法演进与污染环境罪的罪过——以行政犯本质为核心》,载《法学家》,2020 年第 1 期,第 151 页。

为犯或者说是危险犯；第（九）至（十七）项所规定的则是结果犯或者说是实害犯。除第（十）项的特殊情形外，这一分类也与前述的"严重污染环境"的利益主体的划分基本一致，第（一）至（八）项的规定，看似只要实施相关行为即可，但实际上这些涉及生态环境利益的行为蕴含着发生"严重污染环境"，或者说侵害人与环境共同体利益的必然性；而第（九）至（十七）项则明确要求发生相应的侵害结果自不待言。总而言之，在相对意义上所区分的行为犯和结果犯、危险犯和实害犯在污染环境罪"严重污染环境"的具体情形中都存在，当然，如果回归到绝对意义上认为本罪就是实害犯或者结果犯，笔者也不持反对意见。

最后，如果结合保护法益来看，也足以证明本罪可以同时被认定为行为犯与结果犯、危险犯与实害犯。如前述，本书将环境犯罪的保护法益界定为"人与环境的共同体利益"，且特别注意承认环境法益的独立性。那么按照上述的关于行为犯与结果犯的相对性区分标准，即结果是否在行为终了时发生，如果同时发生则不需要对行为与结果的因果关系进行独立判断；而如果出现了时空距离，则需要考察结果是否应当归属于相应的污染行为。如此来区分二者的话，再具体到本罪中，我们即可发现：针对具有独立性的环境法益来说，本罪既可以是行为犯，又可以是结果犯；而如果针对人的生命或者身体健康等人类法益的话，那么本罪则主要呈现为结果犯。对此，可以上述司法解释的内容为例进行分析，例如，同样针对生态环境法益而言，该解释第一条第（二）项规定，非法排放、倾倒、处置危险废物 3 吨以上的即属于"严重污染环境"，这种行为因为具有高度的危险性，所以其本身就属于对环境的严重污染，它的行为和结果同时发生，所以此时便是行为犯。而本条第（十三）项，致使森林或者其他林木死亡 50 立方米以上，或者幼树死亡 2500 株以上的才属于"严重污染环境"，这种结果的发生虽然是对生态环境的损害，但其是否由行为人所实施的环境不法行为所致，还需要进行因果关系和结果归属的判断，所以此时本罪便是结果犯。转而视之，针对人类法益而言，从该司法解释的第（九）项之后的众多内容上看，则都是结果犯，如第（十五）项，致使30人以上中毒的，作为对人类身体健康的损害结果，也需要审查是否与行为具有因果关系，所以此种类型的污染环境罪便成为结果犯。再看危险犯与实害犯的问题，没有疑问的是，具体的犯罪情形应当属于哪一种，也取决于其保护的法益是什么。对此，分别从生态中心主义和人类中心主义来论述，张明楷教授近来做了分析："由于本罪的成立只需要满足严重污染环境这个条件，而对人生命、身体、健康等法益造成危险，是以环境污染为前提的，所以可以推出：当行为仅产生严重污染环境的实害，但是没有对人的生命、身体、健康造成实害时，相对于生态学的环境法益来说，本罪就是实害犯；相对于人类中心的法益来说，本罪就是危险犯。当行为不仅对环境造成了严重污染，还造成了人员伤亡时，相对于这两类法益来说，本罪都是实害犯。总结而言，相对于不同的法益来说，本罪既可能是行为犯，也可能是结果犯；既可能是危险犯，也可能是实害犯。"①

除第（十）项外，在对前述司法解释的第（一）至（八）项和（九）至（十七）项的两类利益主体与分属行为犯与结果犯的划分基础上，还有必要对其具体"严重污染环境"的情形加以类型化的分析，从这（十七）项具有相对明确性的司法解释的表述中，我们可以看出最高司法机关对"严重污染环境"存在的类型性认识。具体来说，包括以下类型：第一，在特定区域转移、处置污染物的情形；第二，非法转移、处置污染物的情形；第三，转移、处置重金属等污染物超标的情形；第四，隐蔽转移、处置污染物的情形；第五，多次污染环境的情形；第六，伪造、编造

---

① 张明楷：《张明楷刑法学讲义》，新星出版社2021年版，第628页。

污染物监测数据的情形;第七,减少支出、违法所得或者致使公私财产损失达到一定数额的情形;第八,造成林地资源等生态环境损害的情形;第九,导致取水中断或者疏散、转移群众的情形;第十,导致特定规模和程度的人身伤亡的情形。这十项情形应当视为"严重污染环境"的具体类型,对第(十八)项的兜底规定在原理上也应当以这十项基本类型为依托做出解释,划定范围。可以认为这也是前文所述的关于兜底规定的"同类型性"解释规则的应有之义,唯有如此,才能对"严重污染环境"的具象化衡量判定既不失之于宽,又不处之以严,最终实现刑法干预的妥当性。

严重污染环境这一要素在具体的司法适用中,还有几个具体问题值得讨论。例如,第一,不构成共同犯罪的场合,不同主体分别转移或处置污染物的案件中,如何认定单个行为人的污染行为是否属于"严重污染环境"。实践中具有典型性的案件是不同的生产者分别向同一条河流排放污染物,最终导致河流的严重污染,无法辨别各个生产者对污染后果的加功程度。张明楷教授认为,对此应当"属于重叠的因果关系,双方行为与严重污染环境的结果之间均存在合法则的因果关系,而且应当将结果归属于双方的行为,对双方均应以本罪论处。"[①] 固然可以从因果关系的角度回应此问题,但是笔者认为,在现实案件的处理中,完全可以通过对案件事实的调查来推定其排污量,即应查明每个生产者的单位生产规模的排污量,再结合其现实的生产规模来倒推其排污总量,进而衡定其排污行为是否达到"严重污染环境"的程度,以避免让不属于"严重污染环境"的行为人承担刑事责任的现象发生。

第二,在2013年的司法解释中曾经存在"私设暗管"排放的表述,而在2016年的解释中则取消了这一表述,应当认为这

---

① 张明楷:《刑法学》,法律出版社2016年版,第1130页。

是更为准确的做法。换言之，如果要求行为人私设暗管，那么当其利用已有的暗管排污时难道就不属于严重污染环境了吗，答案显然是否定的。其实基于"类型化"的思考，不论是自己私设还是利用已有的暗管，都属于上述十种类型的第四种，即"隐蔽转移、处置污染物"的情形，因此应当认定其属于"严重污染环境"。

第三，关于多次排污构成严重污染环境的情形，即解释的第（六）项有几个问题值得阐明：首先，如何判断"两年内"，该解释第十七条第（一）款指出：两年内，以第一次违法行为受到行政处罚的生效之日与又实施相应行为之日的时间间隔计算确定。对此，应当注意，行为人受到的两次行政处罚均应在两年内，而且行为人又实施的污染行为也应当在两年内。简言之，从第一次行政处罚生效之日到行为人第三次实施相应的行为，都没有超出两年的时间范围，亦即至少是"两年三次"实施污染行为。其次，行政处罚也不局限于环保部门，亦即其他部门如公安机关做出的行政处罚也应当算入。最后，对其多次排污行为，既不限定每次行为所涉及的物质均为同种物质，更不限定行为方式，允许不同性质的污染物和行为方式的排列组合以实现最大范围内打击环境违法屡禁不止和发挥刑法的预防功能。总体而言，对上述十七项严重污染环境的情形，要综合全案事实加以衡量判定，形式上符合解释规定的同时更要在实质上威胁或侵害到人与环境的共同体利益。

第二节　污染环境罪的因果关系与结果归属

体系上而言，即便有学者认为："因果关系的判断实际上是对一个案件中是否同时存在行为与结果的判断，因果关系本身不是构成要件要素。"① 但是包括持此观点的学者在内的理论工作者都将因果关系问题纳入构成要件要素中讨论。而且具体到污染环境罪中而言，如前所述，笔者认为其可以通过行为犯或者结果犯的方式得以成立，在行为犯的场合由于行为与结果同时发生而使得其因果关系不成为需要特别判断的问题，当然，这并不意味着行为犯不需要判断因果关系，即便行为与结果同时发生，也不能抹杀两者之间客观存在的引起与被引起的关系，只不过这种关系的发生是显而易见的。根据前文的论证逻辑，鉴于区分标准的相对性，在终极意义上来说，本罪又成为实害犯或者结果犯，"对结果发生而言，行为人行为的因果关系是应受处罚性的必要条件，说的更具体些，行为人应当对发生的结果负责。"② 由此，对污染环境罪因果流程的把握不应为我们所忽视，鉴于此问题的特殊性对其单独加以探讨。

一、污染环境罪流行病学的因果关系适用与限制

（一）流行病学因果关系的论证逻辑释读

晚近以来，我国刑法学界在因果关系的论域中开始将"疫学"或者"流行病学"的因果关系纳入研究视角。"所谓疫学，是研究疾病的流行、群体发生疾病的原因和特征，制定预防对策的医学的一个领域。它与临床医学以诊断、治疗单个患者为目的不同，而以多数人群体为对象，调查疾病发生的状况，查明该疾病的原因、疾病扩散的经过，以制定预防的方法为目的。"③ 在新型冠状

---

① 张明楷：《刑法学》，法律出版社2016年版，第130页。
② ［德］汉斯·海因里希·耶塞克，托马斯·魏根特：《德国刑法教科书（总论）》，徐久生译，中国法制出版社2017年版，第375页。
③ 马克昌：《比较刑法原理——外国刑法学总论》，武汉大学出版社2002年版，第217页。

病毒持续蔓延的历史背景下，我们显然对此有了更为深刻的认识。基于此种流行病学的学理指导，其对因果关系的判断采取了一种高度盖然性的标准，即衡量行为与结果之间是否存在引起与被引起的高度盖然性。按照日本学者所梳理的"疫学四原则"，确定某一待证因子与疾病的流行之间是否存在因果关系，需要具体考量以下四项内容："第一，该因子在发病前一定期间已经发生作用。第二，该因子的作用程度越明显则疾病的发生率越高。第三，根据该因子的发生、扩大等情况做的疫学观察记录，能说明流行的特征，而没有矛盾。第四，从该因子为原因的发生机制上可能予以生物学的说明而不发生矛盾。"① 如果都能予以肯定，则可推定该因子与疾病流行之间的因果关系。将其应用到刑事司法实践中，日本实务界走出了最先的一步，其在"熊本水俣病事件"以及"千叶大学伤寒病事件"中就采纳了此种疫学因果关系的判定方法。特别是"在后一事件的判决中，裁判所认为，即便在要求严密证明的刑事审判中，也应当将疫学的证明或因果关系作为有力的情况证据加以采用，这种疫学的证明和因果关系，在与刑事裁判上的种种客观的事实、证据以及情况证据相互印证的场合，根据经验认为合理时，可以作为刑事审判上的证明而认定法的因果关系成立。"② 也正因为此，藤木英雄认为，"日本是最早将这种基于高度盖然性而推定存在因果关系的理论应用于公害犯罪的国家。"③ 不过值得注意的是，"美国法院对于有害物体与损害之间因果关系的认定上，有害病毒专家的证词就具有极其重要的意义，

---

① ［日］野村稔：《刑法总论》，全理其、何力译，法律出版社2001年版，第143页。
② ［日］野村稔：《刑法总论》，全理其、何力译，法律出版社2001年版，第143页。
③ ［日］藤木英雄：《公害犯罪》，丛选功等译，中国政法大学出版社1992年版，第143页。

也主要是根据疫学统计、动物生物鉴定、微生物学或细胞培植实验,以及对有害物体本身的化学结构的研究来证明其因果关系的。"[①]

自改革开放,特别是进入 21 世纪以来,与工业社会早期相比,我国工农业生产以及经济社会进入高速发展的历史机遇期,相伴而生的就是诸多新型犯罪迭出,"公害犯罪"就是其中的重要一类。即便对此类型犯罪的具体边界还有待廓清,但正如有学者所界定的,大体上可以认为"致使不特定多数人的生命、健康、财产和生活的舒适性受到威胁和损害的行为"[②] 属于公害犯罪。而且通常没有争议地会将"污染环境罪"作为公害犯罪的适例。再加之近二十年日本学术资源的大规模引介,我国学者开始关注研究并逐渐倡导在以污染环境罪为代表的公害犯罪中适用"流行病学的因果关系理论"。如张明楷教授认为,"虽然流行病学因果关系是根据经验法则认定的因果关系,但它与科学法则并不矛盾,所以也属于合法则的因果关系。因此,流行病学的这种因果关系可以运用于公害犯罪因果关系的认定中。例如某企业在一段时间内排放污水,随后附近居民开始患某种疾病。排放量越大,患病的人越多或者病情越重,只要排放污水与居民患病之间的关系与流行病学、生物学等科学法则不矛盾,就可以认定排放污水的行为与居民患病之间具有合法则的因果关系。"[③] 陈君归纳指出:"污染环境罪因果关系第一具有高度复杂性和不确定性;第二,污染环境罪的因果过程具有长期性与潜伏性;第三,污染环境罪的危害结果具有多因性和多重性;第四,污染环境罪的因果关系在认

[①] 乔世明:《环境损害与法律责任》,中国经济出版社 1999 年版,第 295 页。

[②] 周微:《公害犯罪因果关系推定》,载《河北法学》,2012 年第 7 期,第 161 页。

[③] 张明楷:《刑法学》,法律出版社 2016 年版,第 188 页。

定技术和方法上存在复杂性和困难性。"① 基于这些原因，提倡在污染环境罪中引入疫学因果关系理论。实际上，从文献上看，自21世纪初期以来，在环境犯罪的课题中研究疫学因果关系就属于热门议题，有研究者的统计结果表明"环境污染类犯罪作为较为典型的公害犯罪，理论界对其研究热度居高不下。即使相比于此理论在环境侵权中的适用研究，环境犯罪显然仅一半之多，但这也从侧面反映出研究环境犯罪中疫学因果关系的需求和必要性。"② 就文献而言，整体来说，刑法理论界对引进疫学因果关系持肯定态度；而实务界也有法官和检察官联合撰文主张"环境污染犯罪中由于多因一果，难以确定污染源，或者因环境污染具有一定的潜伏期，难以证明危害行为与危害结果之间的因果关系，因此可以借鉴疫学因果关系，根据污染因子造成环境污染的分布消长规律对因果关系进行推定。"③ 由此，基本可以得出这样的判断，我国理论界和实务界对在污染环境罪中适用疫学因果关系已经在相当程度上达成了基本共识。

笔者对疫学因果关系在环境犯罪中的适用本身持肯定的基本立场。但是同时也有意对该理论本身做一初步分析解读。自日本20世纪创设该理论并加以应用延续至今，应当承认其本身还是经受住了高速社会转型的实践检验的，特别是在当前风险社会的新历史时期，我们更加意识到这一学说的理论及实践价值，正是在此基础上，有研究者认为，"环境犯罪危险犯愈来愈多，疫学因果

---

① 陈君：《论疫学因果关系在污染环境罪中的适用》，载《北京理工大学学报（社会科学版）》，2011年第6期，第97—98页。

② 李想、张卫彬：《论疫学因果关系理论在环境污染犯罪中的适用——基于130份刑事判决书的定量研究》，载《宁夏大学学报（人文社会科学版）》，2020年第3期，第142—143页。

③ 陈兵、姜金良：《办理环境污染犯罪中疫学因果关系的应用》，载《中国检察官》，2016年第2期，第25页。

关系理论在环境犯罪中的适用渐行渐近而对传统刑法形成了冲击与挑战。"① 对疫学因果关系的应用笔者予以支持，但所谓该理论的应用会对传统刑法形成冲击与挑战的观点难以为笔者所认同。如前分析，疫学因果关系的核心判断标准即高度盖然性，而这种高度盖然性在日本学者看来"就是在未知问题的法律领域对相当因果关系的适用，因为既然在社会观念上已经认识到某事实与某事实之间具有高度概然性的联系，就不妨肯定其间存在刑法上因果关系。"② 也就是说，疫学因果关系的高度盖然性断准本质上属于相当因果关系的"相当性"的判断标准，毕竟在相当说看来，"以一般的经验为客观判断，若该原因在通常情况下均足以造成该结果，则行为与结果之间有相当的因果关系；反之，则不相当。"③ 如此一来，疫学因果关系不过是相当因果关系的具体化应用与体现，因为前者在判断方法上与后者是本质趋同的，因而对疫学因果关系的应用自然不会对传统刑法因果关系理论形成所谓的冲击，对此应有正确的认识。

对疫学因果关系自身的论证逻辑，学理上也还存在不同的看法，如德国学者阿明·考夫曼即认为，既然没有确定自然科学的因果法则，就不能肯定有刑法学上的因果关系。换言之，只有确定了自然科学的因果法则之后，才能肯定刑法上的因果关系。我国学者张绍谦也认为，"因果关系具有客观性，必须客观地判定行为与结果之间是否确实存在引起和被引起的关系；既然没有从医学、药理学的角度严密地确认存在科学的条件关系，就不能以它

---

① 魏汉涛：《风险社会背景下环境刑法变革要提防两种倾向》，载《中国地质大学学报（社会科学版）》，2013年第1期，第57—63页。

② [日]大塚仁：《犯罪论的基本问题》，冯军译，中国政法大学出版社1993年版，第105页。

③ 林钰雄：《新刑法总则》中国人民大学出版社2009年版，第122页。

为基础肯定刑法上的因果关系。"① 提出这种反对意见固然有其立论基础，但难以为笔者所认可。

首先，"历来在犯罪论中讨论的因果关系概念，将自然科学与社会科学中所使用的范畴论的概念与法律上的目的论的概念混为一体"②，刑法上的因果关系虽然不能严重偏离自然科学，但也不能完全以自然科学上的因果法则为基础，毕竟两者从研究内容、理论基础到研究方法都存在重大差异。大体上可以认为，自然科学是一种事实性科学，而社会科学，特别是刑法学则是一种规范性的学科，其任何论题都离不开相应的价值衡量与判断，"因而，可以说价值判断是整个刑法问题的核心，法官的利益衡量、目的考量与价值评价贯穿刑法问题始终。"③ 所以才要"在运用价值判断方法时确定刑法上'规范的价值判断'标准，合理界定刑法价值判断的限度。"④

其次，要求先确定自然科学的因果法则后肯定刑法因果关系的主张实际上类似于因果关系学说史上"合法则的因果关系"的做法，在合法则的因果关系看来，"因果关系的认定中，要首先确认存在一般的因果法则，即确认是否存在可以适用于特定个案的自然科学的因果法则，然后认定具体的因果关系，即确认具体的事实是否符合作为上位命题的因果法则。"⑤ 由此可见，两者的论证逻辑基本上是一致的。可是所谓"合法则"的法则性关系并不清晰明了，这种合法则的因果关系并没有提供明确具体的判断标

---

① 张绍谦：《刑法因果关系研究》，中国检察出版社1998年版，第211页。
② 张明楷：《外国刑法纲要》，法律出版社2020年版，第91页。
③ 齐文远、苏彩霞：《犯罪构成符合性判断的价值属性辩正》，载《法律科学（西北政法大学学报）》，2008年第1期，第77页。
④ 周光权：《价值判断与中国刑法学的知识转型》，载《中国社会科学》，2013年第4期，第120页。
⑤ 张明楷：《外国刑法纲要》，法律出版社2020年版，第95页。

准。在笔者看来,之所以形成合法则的因果关系,本质上是因为条件说在论理上存在先入为主的逻辑困境,为寻求摆脱而诉诸所谓的法则性关系,但由于标准不明,此种补救方案未能如愿。也正是因为如此,才有日本学者山中敬一等将合法则的条件说归入条件说当中。① 因此,考夫曼的上述主张实际上并未脱离传统因果关系的论证思路,而且更为关键的是,疫学因果关系本身就建立在对大量事实调查考证的基础之上且并不违背现有的生物学等机制,故而否定疫学因果关系的意见未必可行。

最后,对疫学因果关系的质疑本质上还是受到自然主义思潮的影响,将自然科学寻求对世界认知的研究方法运用到社会科学中来,但是这种认识论在今天显然已经破产了,试图将刑法上的因果关系建立在经过实验所确定的自然科学因果法则基础上,即便是从科技哲学上来看也并不是必然可行的。由爱因斯坦所创立的相对论除了在自然科学上的革命意义以外,同样对哲学上的认识论与方法论带来了反思的契机,正如霍金所说:"我敢断定,爱因斯坦、海森堡和狄拉克对于他们是否为实证主义者根本不在乎,在发展理论物理中,寻求逻辑自洽总是比实验结果更为重要,我从未看到仅仅基于实验而发展的主要理论。首先是需求优雅而协调的数学模型提出理论,然后理论做出可被观测验证的预言,如果观测和预言一致,这并未证明该理论,只不过该理论存活以作进一步的预言,新预言又要由观测来验证。如果我们认为实在依我们的理论而定,那又怎么可以用它作为我们哲学的基础呢?"② 由是观之,即便是自然科学,也并非全靠实验,还必须有假说与推理。而假说与推理正是疫学因果关系的判断步骤,所以疫学因

---

① [日]山中敬一:《刑法总论》,成文堂2015年版,第269—272页。
② [英]史蒂芬·霍金:《霍金讲演录——黑洞、婴儿宇宙及其他》,杜欣欣、吴忠超译,湖南科学技术出版社1995年版,第31页。

果关系实际上是对所谓科学上"因果法则"的有益补充,用后者来反对前者的观点并不妥当,所以日本学者町野朔等人才会认为,"刑法上的因果关系与科学上的因果关系不是一回事,科学上的因果法则只不过是认定刑法上的因果法则的经验规则;为了认定刑法上的因果关系,不仅要利用病理学、生物学,而且要利用疫学。"① 总而言之,疫学因果关系与合法则条件说、相当因果关系说等都不矛盾,因为它们的论证逻辑都是相同的,本质上都属于法律上目的论的概念。

(二)流行病学因果关系的三维阐释:价值、立法与司法

除了论证逻辑之外,近年来,还有研究者从多个维度对疫学因果关系的适用提出了如下反对意见:"第一,疫学因果关系对刑法人权保障功能重视不足,具体而言包括该理论的判断标准模糊、推定方法缺乏制度保障、适用范围不明确以及侵蚀刑法谦抑性。第二,对疫学因果关系的日本特殊性疏于考察。第三,没有立足我国惩治公害犯罪的司法实践。"② 这些批判意见分别从内部和外部对疫学因果关系提出了质疑。具体来看,包括价值、立法和司法三个层面的反思。为了在污染环境罪中妥当地适用并实现该理论的本土化,则有必要对其做出适当的回应。

第一,从价值层面加以分析。基于判断标准而质疑疫学因果关系的,还有西田典之教授,他认为,"疫学因果采取的是存疑则罚的考虑,鉴于刑法上的因果关系须是存疑则不罚,不能因为存在疫学因果关系便肯定存在刑法上的条件关系。"③ 也正是基于此,

---

① 张明楷:《外国刑法纲要》,清华大学出版社1999年版,第128页。
② 王晓滨:《疫学因果关系理论中国化之否定》,载《法商研究》,2020年第3期,第74—81页。
③ [日]西田典之:《日本刑法总论》,王昭武、刘明祥译,法律出版社2013年版,第79页。

才会认为这一理论存在侵犯人权的嫌疑。这种价值质疑其实追问了刑法学上的一个本源式问题，即何以平衡刑法的法益保护与人权保障功能，侧重前者则更为强调功利，着眼后者则更为认可公正，可以认为整个刑法学都是在功利与公正之间权衡的艺术，如何准确认识两者的关系考验着每一个研究者。当然应当承认两者之间存在的一定对立关系，但是更值得我们关注的恰恰是它们的统一之处。诚如储槐植教授所说："没有功利，公正无所依存；没有公正，功利必成公害。这是功利和公正的辩证统一关系。"① 批评疫学因果关系只强调功利价值、侧重法益保护的观点，实际上也并未全面客观地理解该理论。功利主义的得名应归功于英国哲学家哈契逊（1694—1747）于1725年提出的一项伦理学说。"这个理论主张善即快乐、恶即痛苦，因此所企求的最佳状态就是快乐超过痛苦达到最大限度。边沁采纳了这个观点并将其称为功利主义。"② 在边沁那里，他主张，"用'最大多数人的最大幸福'一词代替功利，并将'最大多数人的最大幸福'的原则当作功利主义的最基本原理。"③ 表面看来，疫学因果关系似乎就是对功利的追求，但笔者不以为然。深层次而言，疫学因果关系兼有对功利与公正的追求。功利层面较为显现，也是为批评者所诟病的，即其所采取的"高度盖然性"的判断标准，被认为是"绝非单纯的证明法则上逻辑严谨性的放松，更牵涉实体法上因果关系认定标准降低的问题。"④ 也即前述所谓判断标准模糊问题，因此我国台湾地区学者黄荣坚教授才以"建构刑事责任的自然律相对严格为

---

① 储槐植：《美国刑法》，北京大学出版社2005年版，第9页。
② ［英］罗素：《西方的智慧》，世界知识出版社1992年版，第351页。
③ 向泽选、李伟：《从〈立法理论——刑法典原理〉看边沁的法律思想》，载《法律科学》，1997年第1期，第31页。
④ 劳东燕：《事实因果与刑法中的结果归责》，载《中国法学》，2015年第2期，第140页。

由，否定疫学因果关系的概念适用于刑事法领域。"① 但是在笔者看来，且不说疫学或称为流行病学本身就属于医学的科学部门，对经过实证考察的经验法则的质疑，实际上存在陷入不可知论的巨大风险，而且也对传统因果关系的论证逻辑形成了冲击，毕竟从条件说以来的因果关系判断都没有脱离经验法则，认为疫学因果关系的判断标准没有达到100%的全有的程度，因此认为其只是为了保护法益追求功利价值的批判有失片面。毕竟"疫学因果关系的意义不仅在于降低优势证据说和事实推定说的盖然性，虽然依此说难以得出百分之百的结论，但它提出了一种具体的标准，可以对复杂的因果关系作出有效的判断。"② 而且疫学因果关系对公正价值的追求，其人权保障功能似乎被有意忽视了，亦即按照"疫学四原则"所确定的因果流程固然存在对功利价值的追求，但这种追求并未逸脱于应有的范围。具体到污染环境罪来说，要确定污染行为与法益侵害之间的因果关系，经过实践观测且按照司法解释的要求进行相应的司法鉴定以实现"高度盖然性"的指控的情境之下，这种因果流程不至于存在论者所质疑的侵犯人权的风险，这也是自早期便在我国提倡此理论的学者所倡导的，如刘守芬教授等在21世纪初期即敏锐地指出："我们在认定犯罪时，特别是在认定疫学因果关系时，应慎重行事，应坚持刑法的必要性、辅助性和最后手段性的原则，在强调刑法对公害犯罪的抗制的同时，也应重视刑法对工业技术的保护责任，而非滥用刑罚导致阻碍工业技术的发展以及人类文明进步的恶果。"③ 总之，疫学因果关系兼有对公正与功利的追求，在价值上实现了两者的对立

---

① 黄荣坚：《基础刑法学（上）》，中国人民大学出版社2009年版，第191页。

② 乔世明：《环境损害与法律责任》，中国经济出版社1999年版，第294页。

③ 刘守芬、汪明亮：《论环境刑法中的疫学因果关系》，载《中外法学》，2001年第2期，第242页。

统一。正如我国学者郑坤山所做的客观论述:"传统刑法因果关系理论,在举证责任适用上使刑法之效率大打折扣,故学者之间发展出因果关系盖然说及疫学因果关系理论,并希望能对严格的相当因果关系理论有所修正,以期发挥保护环境之目的,但由于因果关系之松动,对于人权之保障确实发生某些冲突,不过如果以传统之因果盖然性说则似有被滥用之虞,对被告负担过重,所以采用疫学因果关系理论,则在环境保护与人权维护上,较能取得平衡点。"①

关于推定方法的质疑,论者认为在疫学因果关系的场合只要控方提供了相关基础事实的证据即推定存在因果关系具有相应风险。其实,这是对我国刑事司法实践缺乏全面认识的体现,在现实的刑事司法中,被告人及其辩护人当然而且绝大多数会尽力收集提供证明自己无罪或者罪轻的证据,对根据流行病学调查鉴定等所确定的疫学因果关系当然允许提出反证以推翻控方所做出的推定,笔者认为对这一问题不存在过多的疑问。再者,关于适用范围不明确问题,在笔者看来,也不是什么疑难问题,之所以提出这种批判,如前述,是纠结于公害犯罪的范围不明。但不能仅因此就彻底否定另一学说的理论与实践价值,而且,即便无法就公害犯罪范围形成共识,污染环境罪作为其典型代表还是没有争议的,那么对污染环境罪适用疫学因果关系自然便不应存在过多质疑。最后,关于谦抑性问题。刑法作为辅助性的法益保护手段当然为笔者所认同,但是并不能据此认为疫学因果关系是将民法等其他部门法上的因果关系判断方法引入刑法之中,从该理论的诞生历史上看即可说明这一点,而且不无疑问的是,作为刑法中因果关系的判断方法,其标准规格等当然是要高于民法等部门的,

---

① 郑坤山:《环境刑法之基础理论》,五南图书出版公司1998年版,第109页。

再者而言，作为思维逻辑体现的因果流程判断方法当然会存在其共通之处，而无所谓属于民法或者刑法，更不应据此认为将民法上的判定方法引入刑法之中动摇了刑法的保障法地位而有蚀于谦抑性。更为关键的是，我们应该如何理解刑法的谦抑性本身，还是一个值得反思的时代性问题，特别是在以疫情为典型代表的全球风险时代，刑法的谦抑性是否仍应当坚持过往的立场还有待考证，陈忠林教授提出"即使是'适当'，谦抑原则还有一个技术方面要解决的问题，就是说'适当'的标准是什么？'谦抑'到什么时候算为止？是用的越少不用最好么？那为什么要用呢？"① 这些问题引人深思，或许就刑法而言，诚如齐文远教授所提出的"我国刑法学界应该根据我国的具体国情予以谨慎对待，我国刑法在规制社会风险方面既要有所为，又要有所不为。"② 总之，断言疫学因果关系"侵蚀"刑法谦抑性的批评意见为笔者难以认同。

归纳来说，对疫学因果关系有侵害人权风险之虞的批判观点为笔者所拒绝。英国著名政治家埃德蒙·柏克说："审慎，在所有事物中都堪称美德，在政治领域中则是首要的美德。在国家发生的所有变革中，中庸是一种美德，这种美德不仅和平友善，并且强大有力。"③ 疫学因果关系在污染环境罪中的适用正是风险时代刑法干预社会的应有审慎方案。

第二，从中国刑事立法实际情况来分析。为日本疫学因果关系理论及其司法适用奠定基础的实定法依据是 1970 年 12 月 25 日第 64 届日本国会所通过的《公害犯罪处罚法》，该法第 5 条明确

---

① 徐卫东、李洁等：《刑法谦抑在中国——四校刑法学高层论坛》，载《当代法学》，2007 年第 1 期，第 13 页。
② 齐文远：《刑法应对社会风险之有所为与有所不为》，载《法商研究》，2011 年第 4 期，第 5 页。
③ ［英］埃德蒙·柏克：《自由与传统——柏克政治论文选》，蒋庆等译，商务印书馆 2001 年版，第 304 页。

规定:"伴随工厂或企业的业务活动而排放有害于人体健康的物质,致使公众的生命或身体受到严重危害,并且认为在发生严重危害的地域内正在发生由于该种物质的排放所造成的对公众的生命或身体的严重危害,此时便可推定此种危害纯系该排放者所排放的那种有害物质所致。"[1] 在日本学者大塚仁看来,正是此条文将疫学因果关系适用到刑法学当中来。质疑者认为在中国提倡疫学因果关系的适用忽视了日本立法实践的特殊性,主要是基于两点理由:首先,这一《公害犯罪处罚法》(也被译为《关于处罚与人的健康相关的公害犯罪的法律》)[2] 的出台主要是为了解决日本战后为快速恢复经济而肆意进行工农业生产导致生态环境严重破坏的问题,且从1970年至1995年间仅被适用了四次,因此作为日本特殊历史时期的产物不应适用于中国。其次,该法律从性质上看属于单行刑法,这与日本的刑事立法实践的多元化立法是相适应的;而我国自从1997年《刑法》颁布实施以来所施行的是单一法典化的立法模式,在此种背景下也无法将日本单行刑法所确立的一种特殊因果关系判断方法适用到我国刑法当中来,特别是无法说明为什么单独对公害犯罪适用这种特殊的疫学因果关系。

基于立法层面上的这两点质疑,笔者有意回应。首先,当然应当承认论者关于这一特殊单行刑法所产生的时代背景与使命的说法,但这不能成为否定由其所产出的理论学说的适用价值。例如,根据学界主流意见,期待可能性理论源自德国特殊历史时期所发生的"癖马案",但这并不妨碍其于后世的恰当适用。日本为恢复战后经济所走的先污染后治理,随后意识到生态环境保护的重要性的道理并非其特殊的国情,在我国同样存在着对生态环境

---

[1] 张凌、于秀峰编译:《日本刑法及特别刑法总览》,人民法院出版社2017年版,第255页。
[2] [日]大塚仁:《刑法概说(总论)》,冯军译,中国人民大学出版社2003年版,第168页。

认识上的阶段性,党的十八大以来,由习近平总书记所提出的"两山论"生动地体现了这一点。虽然,我国还没有爆发过类似于日本"四大公害病"等全国性或者区域性的公害犯罪案件,但是自改革开放以来,伴随我国工农业生产和经济社会的高速发展,对生态资源的破坏与自然环境的污染现状也不容忽视。晚近以来之所以有关环境资源类成为各学科的热门研究议题正是由这种现实所引发的。特别是2011年《刑法修正案(八)》对污染环境罪做了修改之后,各级公安司法机关严厉打击污染环境的犯罪行为,案件数量也呈现出井喷之势,我国已有学者对此做了实证分析,如严厚福所作的《2015年中国"污染环境罪"案件调研报告》[①]中即运行了较为详细的分析论证。严峻的社会现实证明,由于中日两国发展阶段在历史时空上的差异,不能以产生于过往历史时期的日本《公害犯罪处罚法》所演变的疫学因果关系为历史遗物为由否认其在中国现阶段的适用可能性。此外关于适用次数问题,是否由于日本较少适用就说明该立法规定及其所产生的理论存在有限性。笔者对此持否定意见,姑且不论这或许和日本对环境综合治理的力度以及其国民的规则意识较强等原因有关,质疑者的论调与我国当前所讨论的所谓"象征性立法"如出一辙。如刘艳红教授认为,"环境犯罪与恐怖犯罪、网络犯罪,是二十年来我国象征性刑事立法的典型代表。"[②] 根据她的论述,从其他罪名的分析来看,适用率较低是象征性立法的特征。但是根据齐文远教授等所做的统计分析:"环境刑事立法的扩张带来了一审判决数量的大幅度增加,并没有造成新生法律规范的搁置。随着立法的修改

---

① 严厚福:《2015年中国"污染环境罪"案件调研报告》,载冯军、敦宁主编:《环境犯罪刑事治理机制》,法律出版社2018年版,第249—289页。

② 刘艳红:《象征性立法对刑法功能的损害——二十年来中国刑事立法总评》,载《政治与法律》,2017年第3期,第45页。

及司法解释的出台,环境犯罪案件的数量迅速增加。"① 既然在我国污染环境类的犯罪存在上升趋势,那么对其适用由日本引介的疫学因果关系自然也不存在所谓该理论的象征性问题。而且退一步而言,作为论证前提的适用率低是否是所谓象征性立法的特征还存疑,正如田宏杰教授所主张的:"刑法应备而不用,即刑事立法之备与刑事司法不用两者相得益彰,能用刑却不用刑就能实现用刑所追求的犯罪预防效果,才是刑法威慑效用最大化的表现,更是刑法用刑所应追求的最高境界。刑法条文备而不用(所谓象征性立法)其实正是刑法威慑机能的精义所在。"② 所以总体来看,笔者认为论者的前述第一点质疑理由不能成立,源自日本立法实践的疫学因果关系适用对解决我国当下的污染环境问题有其可行性。

其次,关于在我国单一法典化的立法模式之下是否不能引介疫学因果关系的问题,笔者持否定态度。对中国刑法立法模式的道路选择问题,理论界已经做了很多的探讨,基本分为两大阵营,即法典化阵营与多元化即分散立法阵营。基于法典化的历史渊源和哲学基础,本来在我国的刑法修正中通过修正案的形式维护统一的现行刑法典的立法格局受到学术界的广泛认可。比如,直至当前,相关经典著作中都持续性地主张:"由于采用刑法修正案的形式修改补充刑法不改变法典的条文序数,有利于维护刑法典结构的稳定性和完整性,这些修正案和现行刑法典一起,构成我国刑法的主体。"③ 但是由于近年来刑法修正的频率愈高幅度愈大,而且相关的刑法司法解释出台得愈发密集,令人目不暇接。在这

---

① 齐文远、吴霞:《对环境刑法的象征性标签的质疑——与刘艳红教授等商榷》,载《安徽大学学报(哲学社会科学版)》,2019年第5期,第115—117页。
② 田宏杰:《中国刑法学研究40年的方法论思考——从视野、路径、使命切入》,载《法商研究》,2018年第6期,第65页。
③ 齐文远:《刑法学》,北京大学出版社2011年版,第10页。

种立法释法的大时代背景下，理论界开始反思继续维护统一的刑法典的立法模式是否还有必要，这种传统的法典化做法是否已经无力应对当前的社会生活演变，其是否还能经受住现代哲学的深层次拷问，等等。类似于此的疑问不断地萦绕在侧重立法论研究的学者心头。提倡多元化立法的学者通常的主张是要实现刑法典、单行刑法与附属刑法的协调配合，以打破现行的统一刑法典模式，避免刑法典本身的反复修改，来维护其相对稳定性。而由单行刑法和附属刑法来实现对社会生活中具有易变动性的犯罪事实的规制。如有研究者极力主张："选择多样化的刑法表现形式，就是要改变单一法典化的路径，重视单行刑法和附属刑法的建设；要确立以刑法典为中心，以单行刑法为例外，以附属刑法为补充的立法、修法思路。"[①] 类似的观点是多元化立法最具有代表性的主张。但是在此之外，也存在不一样的多元化立法思路，如周光权教授即提出了另一种多元化的立法体例："改变目前的集中立法模式，但分散立法未必要采用刑法典、单行刑法和附属刑法三足鼎立的方式，而应建构以刑法典为核心，以轻犯罪法为辅助，刑罚和保安处分措施并行的成文刑法体系，形成治安管理处罚法、轻犯罪法、刑法的递进式无缝衔接制裁机制，严密法网但处罚轻缓。"[②] 除此之外，梁根林教授也提出了其所主张的多元化方案，即"完备刑法常典，紧缩刑法特典，强化刑法附典"[③] 的立法模式，需要做出解释的是，这里的刑法常典就是我们通常意义上的刑法典，刑法特典就是指特别刑法，而刑法附典则是指附属刑罚法规。这种多元化的主张总体上与前述第一种观点是一致的，区别是在此

---

① 童德华：《当代中国刑法法典化批判》，载《法学评论》，2017 年第 4 期，第 83 页。

② 周光权：《转型时期刑法立法的思路与方法》，载《中国社会科学》，2016 年第 3 期，第 123 页。

③ 梁根林：《刑事政策：立场与范畴》，法律出版社 2005 年版，第 274 页。

基础上提出了不同性质的刑法规范的修正方向，但是值得注意的是，梁根林教授在后续的研究中对其观点进行了一定程度的修正，其在其后的文章中明确指出："要关注刑法典单轨模式日益凸显的弊端，应当构建刑法典与行政刑法的双轨模式。"① 可以想象的是，在法典化持续受到批判的背景下，学界还会提出不一样的多元化刑法立法模式。在《民法典》已经施行的当下，如何看待我国刑法的法典化构想与多元化设想是我们不能回避的立法体例抉择问题，笔者认同姜瀛的观点："面对法典化的宏大理想，刑法不应操之过急，刑法立法模式方面的诸多问题仍有待进一步思考。"②

然而在立法模式存在争议的学术背景和当前尚维持单一法典化的立法现实之下，疫学因果关系便不能适用于我国公害犯罪的批判意见实难为笔者所认可，因为此二者之间并不存在逻辑上的必然关联。此外，出于立法体例的差异，与日本《公害犯罪处罚法》中所规定的行为具有同类型性的犯罪都规定在我国现行的《刑法》之中，那么对不同法律文件所规定的同类型犯罪行为适用相同的因果关系判断方法当然也不至于存在水土不服问题。再者，关于为何单独对污染环境罪等公害犯罪适用这种特殊的疫学因果关系的疑问，正如前述的论证逻辑问题，疫学因果关系在本质上不过是相当因果关系的一种特殊化和具体化运用与体现，两者所秉持的都是高度盖然性的判断标准。恰如大塚仁教授所言："这并不是在公害犯罪等领域例外地承认疫学因果关系，实际上不外乎是在公害犯罪等存在很多未知问题的法律领域对相当因果关系说

---

① 梁根林：《刑法修正：维度、策略、评价与反思》，载《法学研究》，2017年第1期，第62页。
② 姜瀛、李纯：《民法法典化，刑法立法模式如何选择》，载《民主与法制时报》，2020年7月23日第6版。

的一种适用。"① 因而，在我国现行的立法体例之下对污染环境罪适用疫学因果关系不存在所谓的冲突。

最后，基于司法实践层面的分析。认为适用疫学因果关系没有立足我国惩治公害犯罪的司法实践的看法，主要是基于这么几点理由：首先，现有科技水平与传统因果关系学说足以解决现有案件，司法实践并未对疫学因果关系提出相应的理论需求。其次，从环境侵权的相关民事司法实践来看，承办法官过分依赖由第三方做出的鉴定结论的同时适用举证责任倒置规则，而鉴定机构通常不会做出不存在因果关系的结论，最终只能依据控方及受害人等提供的鉴定结论认定存在因果关系，而此种操作方式并未降低因果关系的判断标准，最终使得疫学因果关系所追求的刑事处罚便宜性荡然无存。最后，由于鉴定机构通常不做出不存在因果关系的结论，因此被追诉人推翻指控无望，疫学因果关系的司法适用存在严重威胁行为人人权的风险。

对上述从司法实践层面的质疑有必要做出恰当的回应。首先，对当前的科技发展和传统因果关系的功用笔者当然予以认可，但是这并不能说明疫学因果关系在司法实践中没有适用的余地。现实中达到严重污染环境的罪量要素标准并非一日之功，而是需要一个较长的时间过程，时间的延长加之"各种不同性质的污染物被排入环境后相互间可能会发生化学、物理、生物学的反应，形成各种层次的次生物质，再通过环境媒介危害具体环境对象。其间的作用过程复杂且易变，甚至出现科学上暂时无法解释的现象。依一般人的日常经验常识，难以对事实因果关系做出全面的判断

---

① ［日］大塚仁：《犯罪论的基本问题》，冯军译，中国政法大学出版社1993年版，第105页。

与证明。"① 而正是基于此才在司法实践中演绎出疫学因果关系理论。尽管在论证逻辑上疫学因果关系的高度盖然性与相当因果关系的相当性是相同的，但这并不意味着二者完全一致，疫学因果关系的特殊性就在于人们对某因子与结果之间是否存在引起与被引起的关系有疑问，而基于相应的流行病学调查做出了肯定结论的推定。但相当因果关系中人们是根据现有经验法则认为存在相当性的，二者不能完全等同视之。换言之，在疫学因果关系这里人们只是根据大量的统计观察，认为存在高度盖然性而对因果关系加以肯定，"按照人类经验，这也只是意味着现代的科学是这样认为的，将来科学进步了，发现以前的认识不彻底，实际上当时存在着没有被认识的科学法则，就可以重新认识其间的联系。"② 总之，疫学因果关系的诞生就是由于现有科技水平无法实现对特定因果流程的解释，而传统因果关系又无法对此加以认定，其作为补充性的因果关系判定方法，在司法实践中当然存在适用空间。试举两例予以说明：例一，在骆某某等污染环境案中，对于长期环境污染因果关系难以直接判断，以湘和化工厂为圆心，检测发现，工厂周边 1200 米半径范围内，土壤中镉含量随着与厂区距离增大而呈现较明显的递减趋势。并对周边人群镉含量检测结果进行调查分析，结果发现，以工厂为中心，随着与化工厂距离的加大，人群中尿镉超标的比例逐渐降低，居民尿镉超标人群主要分布在 500 米范围内，500 米以外分布较少，从而推定确定污染源。③ 这正是疫学因果关系在我国司法实践中的恰当运用。例二，

---

① 陈兵、姜金良：《办理环境污染犯罪中疫学因果关系的应用》，载《中国检察官》，2016 年第 4 期，第 26 页。
② ［日］大塚仁：《犯罪论的基本问题》，冯军译，中国政法大学出版社 1993 年版，第 105 页。
③ 参见湖南省长沙市中级人民法院（2011）长中刑一终字第 0138 号刑事裁定书。

2012年发生在山西的12·31长治苯胺泄漏事故，经调查发现，事故系案涉天脊公司的一根破损的软管造成的，通常情况下苯胺并不会导致泄露，正是因为下雨使得排污阀未关紧而最终导致苯胺的泄露，由此认定苯胺泄漏与临近村民的身体受侵害存在高度盖然性的因果关系，但在调查中值得注意的是，还在污染物中提取到了挥发酚，但无法证明挥发酚是由天脊集团排放的，所以是否仍存在其他的污染源头存疑，但已有证据表明污染物的排放量与村民身体健康受损害程度存在正比例关系，因此根据疫学因果关系对本案做了认定，案涉集团相关责任人被依法移送司法机关。此案中对天脊集团排污行为与侵害结果间引起与被引起的确定亦是疫学因果关系的适用。

其次，关于案件办理中过分依赖鉴定意见且多为肯定性的结论而使得因果关系的认定标准未能降低导致疫学因果关系的处罚便宜性丧失的质疑。在污染环境的案件中，出于案件情况的复杂多样，承办法官要求提供司法鉴定意见既是司法解释的明确要求也是办案的现实需求。实践中对是否存在疫学因果关系的认定绝非单纯依据司法鉴定意见即轻易得出结论，实际上，鉴定意见只能视作污染环境案件中的一项重要证据，而非唯一证据，毋宁说是综合考量了全案的各种复杂事实方能做出判断。正是由于污染环境罪因果关系证明的现实困境，才会有学者在做了实证分析之后提出为破解证明难题的应对方案："合理使用行政执法证据资源，通过对污染环境因果关系链条运行的对照分析来完善证据收集制度，改进和完善相关鉴定证据及环保监测报告在刑事诉讼中的使用，强调对逻辑推理、经验法则以及心证等证明方法的综合应用。"[①] 由此，对鉴定意见的重视并未对疫学因果关系的妥当适

---

① 杨继文：《污染环境犯罪因果关系证明实证分析》，载《法商研究》，2020年第2期，第126页。

用带来无法解决的难题。此外,至于由于依赖鉴定意见而导致证明标准未能降低的疑问,此一说法实则是对疫学因果关系的肯定性评价。正是由于包括医学四原则在内的一系列证明要求使得司法实践中作出存在因果关系的认定颇为谨慎,甚至于在案件事实存疑的情况下,承办法官会作出无罪判决,这并不能视为疫学因果关系处罚便宜性的丧失,而是该理论的人权保障功能的彰显,而这也正好说明了疫学因果关系的适用并不至于存在侵犯人权之风险。换言之,前述质疑理由的第二点与第三点之间是存在矛盾的,亦即所谓处罚便宜性的消失恰好说明疫学因果关系并不存在人权风险,如果坚持认为存在相应的人权风险又不得不否定其自己提出的处罚便宜性消失问题,二者实为互相否定的关系。总之,论者所提出的质疑疫学因果关系适用与司法实践的理由自身不能成立的同时,互相之间也存在逻辑谬误。

综合上述分析,疫学因果关系在污染环境罪中的运用无论是在价值层面、立法层面抑或司法层面都不存在我国部分学者所质疑的问题。妥当地运用此方法,将为污染行为与法益侵害之间的事实因果关系判定提供有力的分析工具。

(三)"疫学四原则"之外的"四重限定"考察

美国学者桑斯坦指出:"一切风险的防范措施几乎总是引发其他风险。"① 在污染环境罪中适用疫学因果关系理论的判断方法毋庸讳言也存在着此种风险,这也成为前述诸多否定者的重要论据。但同时需要引起我们思考的一个问题是,刑法参与现代社会的治理是其所应承担的时代使命,由此而带来的对相应行为的干涉亦无可避免地存在。现代刑法从概念逻辑、理论架构到价值选择与

---

① [美]凯斯·R.桑斯坦:《恐惧的规则——超越预防原则》,王爱民译,北京大学出版社 2011 年版,第 48 页。

由反对封建刑法而诞生的古典自由主义刑法理念之间，在面目上应当说已经存在重大差别。因此固守所谓谦抑性等观念而对疫学因果关系的适用心怀芥蒂的做法不免存在因噎废食之感。当然，对其在污染环境等罪中的适用所可能导致的风险也同样不能为我们所忽视，所以较为妥当的做法是对其适用本身附加一定程度的限制，将风险掌控在合理可接受的范围之内不失为妥当之策。面对生态资源与自然环境随时可能受到侵害的多元风险社会，谨慎是最好的勇敢，谨慎中的宽容才是实现公共福祉与个人自由的圭臬。

污染环境罪中对排污行为与污染结果之间引起与被引起的关系判断，首先应当考察的当然仍是前述的"疫学四原则"，来确定二者之间是否存在事实上的关联性。但在这四原则之上，本书提倡，为规避安全凌驾于人权的风险，应当对其适用附加以下四项限制性条件。

第一，适用顺序上的补充性。前文在分析疫学因果关系的论证逻辑时即指出，此种事实因果的判断方法并未在逻辑上突破传统理论，而是在传统因果关系学说如相当说的基础上为解决特殊问题而提出的"高度盖然性"标准的一种补充方法。这种理论上的定位决定了在适用其他因果关系学说能够对实践中的污染环境案件作出妥当处理时，即不应当再启动疫学因果关系的判断流程，此谓之适用顺序上的补充性。这种补充性在宏观上类似于刑法在整个法律体系中作为辅助性法益保护手段而存在的地位。其实，应当承认，运用条件说以来的方法，特别是具有较高认同度的相当因果关系说等对实践中大多数的涉嫌污染环境罪的案件还是能够实现妥善处理的，但也必须指出由于污染环境罪案件中行为与结果的高度繁杂性，适用传统因果关系理论不能实现刑事责任承担上的应罚性与当罚性的统一之时，处于补充地位的疫学因果关系即应当发挥其保障功能，在制定了科学全面和周详的流行病学调查方案基础上，严格按照疫学四原则的标准进行案件事实的调查，以确定某种污染物的转移和处置与法益侵害之间存在关联性，而这种关联性又必须具备统计学上的显著性；也就是说肯定疫学因果关系的存在必须能够证明污染物数量的增加或减少能够相应导致危害后果的加重或者减轻，并且使用的统计方法要符合科学规范，认定结果要具有高度盖然性。总之，处于补充地位的疫学因果关系是其适用在污染环境罪案件中的首要限制条件。

第二，适用范围的有限性。如前所述，对疫学因果关系司法适用的质疑理由之一就是其具体的适用范围，即所谓公害犯罪的范围不明确。诚然，污染环境罪在本体上属于公害犯罪，疫学因果关系判断方法的适用自不存在疑问。但这仍然是从宏观角度上的思考，在微观层面，从限制性的角度考虑，根据笔者的初步设想，并非对任何污染环境的案件都可以适用疫学因果关系，因为其所使用的推定方法，作为判断标准的高度盖然性毋庸回避都存在一定程度上的模糊性，而这种模糊性与人权保障的高标准要求之间实际上是存在紧张关系的，也同刑事诉讼的排除合理怀疑的证明标准有些许抵牾。所以只有在非动用疫学因果关系以肯定事实因果的场合才能肯定其适用的合理性，而这种"不得已"适用疫学因果方法的场合并非在每一起污染环境罪的案件中都存在。由此，笔者提倡，只有在重大环境污染案件中才能适用疫学因果关系，这里的重大环境污染案件是指涉及范围较广的生态资源破坏与自然环境污染或者不特定多数人的人身财产损害等案件。在这种场合，当前置的传统因果关系理论难以应对以追究行为人刑事责任的时候，才能果断启动疫学因果流程来判定。换言之，对较小范围的污染环境案件，适用疫学因果关系的必要性值得质疑。固然可以认为，笔者这一提倡是一种倒推的逻辑，即先认为行为人的污染行为具有"应罚性"而适用疫学因果关系，对此，笔者不予否认。但必须指出的是，这同时也是适用疫学因果的必要前提，因为只有在涉及范围较广或者不特定多数人的重大环境污染的案件中，才具备一定规模的被害人群体或者一定程度的污染结果，才能反映出污染物的分布规律及其与损害之间可能存在的关联，而对于单一被害人或者被害范围较小达不到统计数量要求的案件中则难以推定出因果关系的存在，因为存在判断资料的欠缺问题。这一适用范围有限性毋宁说是由于疫学因果关系的判断规则所决定的。总之，即便污染环境罪在宏观上属于公害犯罪，也并不意味着涉嫌本罪的所有案件都可以适用疫学因果关系，微观层面上，出于应罚性和判断资料的双重限定，疫学因果关系只能适用在重大环境污染案件中。

第三，"推定"方法的精准性与有效性。在传统因果学说捉襟见肘而不得已适用疫学因果关系来处理的重大环境污染案件中，对符合高度盖然性标准的此种"推定"方法本身还应当附加相应的限定条件，建立在判断资料基础上的"推定"，其核心要求就是精准性与有效性。首先，关于精准性。按照流行病学的学理，"流行病学研究中，在对某因素与疾病发生间的联系做总体参数估计或病因学推断时，如果方差小即总体参数估计值的可信区间较窄，该研究的精确性就好。"[1] 因此，"为了提高精确性，一是增加样本含量，二是提高统计信息量。"[2] 具体而言，在重大污染环境犯罪案件中，一方面要尽可能地扩大样本含量，充分提取分析污染物以及对环境与人身损害等要素进行全面调查，将其全部纳入样本库之中，避免出现因样本量过小导致判断误差无法排除的问题；另一方面，"必须采用合理的设计和分析方法，包括充分收集和利用所有信息、合理应用统计模型、限制研究对象的特征，平衡各

---

[1] 左袖阳、罗婷婷：《疫学因果关系论在食品安全犯罪认定中的合理性及其限制》，载《中南大学学报（社会科学版）》，2012年第6期，第97页。

[2] 徐飚：《流行病学原理》，复旦大学出版社2007年版，第158页。

比较组群间的对象数。"① 此处，附带提及一点，也是涉及疫学因果关系推定方法精准性的问题：通常的"疫学四原则"的第二项即某因子的作用程度越明显则疾病的发生率越高，这本身没有问题，说明了该因子与疾病流行之间的正相关关系，但在笔者看来，仅此还是不够的，按照推定的精准性要求，反过来应当也存在正相关关系，即该因子的作用程度越弱则疾病的发生率越低。对此，日本学者浅田和茂对"疫学四原则"的论述值得关注，他对四原则的第二项明确指出："该因子与发病率之间存在较大的关联性，该因子活跃性提高，该病的发病率就越高；该因子如果在一定时期内被消灭或者活跃性被降低的话，该病的发病率也随为零或者降低。"② 应当说，这一论述还是更为全面且符合推定的精准性要求的。其次，关于有效性。运用疫学因果关系推定方法的有效性要求，主要是指要排除合理怀疑的问题，在流行病学中被称之为"偏倚"。流行病学理论通常把偏倚区分为选择偏倚、信息偏倚、混杂偏倚等。偏倚的存在，会导致研究者形成错误的关联。具体到重大环境污染犯罪案件中，防止偏倚的存在主要应注意以下两方面：一方面对受害者信息的分析应避免将可能由其他因素导致同一结果的受害者纳入样本库中。另一方面对信息的可靠性分析应避免将不确定的对象纳入样本库中。由于污染环境罪案件的时间跨度一般比较长，一些受害人可能不记得确切的时间段确切的污染物来源等，这都会导致信息本身的不可靠，不利于是否存在事实因果的判断。总之，适用疫学因果关系的推定方法，必须符合精准性和有效性的要求与限定。

第四，"推定"存在因果关系的反证许可。如前述，在刑事诉讼程序中，被告人一方依法享有提供证据以证明自己无罪或者罪

---

① 徐飚：《流行病学原理》，复旦大学出版社2007年版，第159页。
② ［日］浅田和茂：《刑法总论（补正版）》，成文堂2007年版，第143页。

轻的诉讼权利。疫学因果关系作为一种刑事推定而适用于污染环境罪之中时，更应当保障被告人此项权利的充分行使。换言之，在通过疫学因果关系的推定方法肯定存在事实因果时，也应当允许被控诉人一方提供证据对这种推定予以反证，即推翻此种推定。而且，控诉方做出推定时要建立在充分的证据基础之上，但是被告人一方则只需要提供证据证明此推定存在合理怀疑即可。这种疫学因果关系适用中的反证许可其实与源自德国民事证据法上的间接反证规则存在着较大的相似之处，间接反证规则认为："如果受害人能够证明因果关系锁链中的一部分关联事实存在，就推定其他剩余事实存在，并由加害人负反证其不存在的责任。污染环境犯罪因果关系的间接反证规则实质上是举证责任的转移，其包括两个步骤：一是以疫学因果关系或者情节证据为基础，由控诉方证明环境危害行为与危害结果之间的盖然性因果关系；二是由侵害方证明自己不是危害结果的污染源，否则，可以推定盖然性因果关系的存在。"① 由此可见，间接反证规则其实也是刑事推定，只不过在疫学因果关系之外强调了还要以情节证据为基础，更为关键的是，这一规则允许例外情形的存在。这种反证规则其实在笔者看来就是一种对推定的推翻，与疫学因果关系可能存在的区别或许是因果关系推定规则更侧重实体法的角度，而间接反证规则更侧重程序法的角度。当然，也有学者对适用疫学因果关系的同时允许反证提出了质疑："将举证责任交给被告人实质上是未赋予被告人任何的抗辩权。虽然该理论将提出反证作为被告人免责的事由，表面看来似乎具有合理性，但是进一步分析便可发现该种做法存在两个方面的缺陷：其一，增加了被告人的负担；其二，被告人能够提供反证的机会并不多。那么，将科学都无法确定的事情交由被告人来举出反证，实质上意味着不可能。因此，在此

---

① 张梓太：《环境法律责任研究》，商务印书馆2004年版，第303页。

后这么多年的司法实践中,日本并未再运用该理论进行过其他的刑事有罪判决。"① 这种质疑在笔者看来是不能成立的。首先,允许反证并非增加被告人的负担,反而是赋予其一项诉讼权利,而且在所有的刑事诉讼中都允许被告人证明自己无罪或罪轻,而非只在污染环境罪的指控中如此。其次,所谓反证不可能的问题,这里对被告人的要求并非与控方一样达到排除合理怀疑的程度,而只是要求其提供存在合理怀疑的证据以及线索,这在司法实践中绝非不可能。最后,日本对该理论的适用频率问题不能作为否定允许反证疫学因果关系做法的论据,因为其还存在着诸如国民环保意识的增强、规范意识的强化、其他因果关系理论得以解决等诸多原因。

在推定存在污染环境罪因果关系的刑事指控中,具体从哪些角度予以反证而推翻此种推定是我们应当重点关注的一个问题,对此,我国学者侯艳芳做了精准的论述,她指出:"对于因果关系推定规则的例外情节或者免责事由的具体内容要认真对待,既不能范围过广,无端扩大例外情节与免责事由,使环境犯罪因果关系推定规则失去应有的意义;也不能范围过窄,使得例外情节与免责事由虚置。具体而言,例外情节或者免责事由应包括以下情形:没有排放有害物质;虽然排放了有害物质,但没有达到被害人居住的地域;即使排放了有害物质,且该有害物质达到了被害人居住的区域,但该有害物质不可能导致此种疾病;该地区还存在许多污染源,被害人的疾病是由多种污染导致的;被害人的损害是由于自己的过错导致的,等等。"② 当然,鉴于案件事实的复杂多样性,在这些列举之外,还会存在更多的反证线索和依据。

---

① 徐海东:《客观归责理论与污染环境罪因果关系的判断》,载《广西社会科学》,2020年第3期,第108页。
② 侯艳芳:《我国污染环境犯罪中因果关系推定规则之适用研究》,载《青海社会科学》,2011年第5期,第91页。

总之，在适用推定方法肯定污染行为与法益侵害之间存在疫学因果关系的同时，基于人权保障的考量，必须切实保障被告人反证的权利得以真正行使。

归纳而言，污染环境罪因果关系的判断中，在适用"疫学四原则"的同时还要有上述补充性、有限性、精准性和有效性以及反证许可四重限定。且这四项限定之间还存在逻辑上的先后顺序。首先，唯有在传统因果关系理论无法对待决案件妥当处理时才能启动疫学因果流程判断（补充性）；其次，疫学因果关系只能适用在重大环境污染案件中（有限性）；再次，在具体判断时，还要确保适用疫学因果关系推定方法时的精准性与有效性；最后，对所做出的推定结论应当允许予以反证。简言之，在传统因果学说捉襟见肘而不得已适用疫学因果关系来处理的重大环境污染案件中，对符合高度盖然性标准的此种"推定"方法本身应当附加精准性与有效性的限定，在做出肯定结论后也要保障反证许可的行为人权利的实现。笔者认为，在"疫学四原则"之外再附加四重限定，足以保障污染环境罪事实因果判断的科学有效，不至于出现质疑者所担忧的人权风险之虞。

二、污染环境罪结果归属的规范考量

（一）污染环境罪客观归属论的可行性分析

在污染环境罪中适用疫学因果关系所解决的还是事实因果问题，即停留于事实上的引起与被引起的关系层面。但在刑法学理上，即便存在事实层面的因果关系，也未见得必然将结果归属于特定行为，因为我们这里所说的结果其实为法律意义上的规范结果。"在因果关系判断时，为了选取在刑法中有价值的因果关系，还要以法规范来进行限制，进而确定构成要件的行为，所以，行为发展为构成要件行为，不仅仅是量的积累，最后也有一个质的突破过程。"① 从条件说伊始，原因说、合法则的条件说、相当因果关系说、重要说及至客观归属理论，除了条件说之外，其余学说在本质上都是限制条件关系的理论，只不过侧重点有所差异。晚近以来，我国刑法学界对客观归属理论进行了较为全面的研讨，对该理论的评价褒贬不一。按照当前功能性客观归属理论的集大成者德国学者罗克辛教授的意见，客观归属的内容如下："第一，行为人的行为对保护客体制造了不被容许的风险；第二，这个风险在现实中实现为具体的结果；第三，这个结果存在于构成要件的效力范围之内。只有满足上述三个条件时，由这个行为所引起的结果才可以作为行为的结果，从而归属于行为人。"② 尽管学理上对客观归属论还存在不少争议，但是"在德国刑法学界，研究客观归责理论可以说是一种时尚，其流行的程度，在德国刑法史上，应该可以称得上是空前的。"③ 固然，"在一些个别问题上，他的支持者各有着不同的意见，但是在方法论及内容的基本原则上，客观归责理论在德国的文献中，已经被完全接受了。"④ 因此，本书在基本立场上对其持肯定态度。概言之，本书在事实因果关系的判断中采纳疫学因果关系理论，而在结果归属层面则采取客观归属理论。之所以在污染环境罪中采纳客观归属理论有以下几点重要的理由。

第一，客观归属理论区分归因与归责的逻辑思考方式具有重

---

① 童德华：《刑法中因果关系的层次及其标准》，载《政治与法律》，2001年第5期，第18页。

② 童德华：《刑法中客观归属论的合理性研究》，法律出版社2012年版，第143页。

③ 许玉秀：《检验客观归责的理论基础——客观归责理论是什么》，载《刑事法杂志》第38卷第2期，第82页。

④ [德]克劳斯·罗克辛：《客观归责理论》，许玉秀译，载《政大法学评论》第50期，第23页。

要的方法论意义。作为目的论范畴因果关系理论的客观归属学说，其与既往的限定事实因果关系的理论的核心区别在于其明确地把因果关系和结果归属加以区分，即分别进行事实归因与结果归属的考量。在此之前的因果关系学说存在着归因与归责的关系混乱问题。建立在具有先入为主的先天逻辑障碍基础上的条件说，无论何以修正，其都存在归责范围宽泛等问题。相当因果关系中的"相当性"判准不可避免地要陷入诸如"一般性""通常性"等推断之中。正如山口厚教授所述："为了恰当地判断相当性，判断时有必要将结果在一定范围内抽象化。"① 但是抽象化的结果显然又与作为法益侵害及其危险的"具体结果观"存在不相容之处。对比而言，客观归属理论在重要说的基础上，放弃了其只根据以构成要件为标准进行结果归属的路径，转而以风险创设及其实现等进路，将事实层面的归因与规范层面的归属区分开来，实现了刑法因果关系学说的方法论转型。此外，客观归属理论所确立的风险创设、风险实现以及构成要件的规范保护目的等三项归属标准之下的排除结果归属的诸多具体规则也实现了限定事实因果的思维逻辑的转变，过去的理论都从正向或者反向探索限定条件关系的方案，但是由于刑法之中不可能穷尽所有的情形，因而对具体的构成内容的判断主要是从反面进行列举并逐一进行排除，这种建立在正向归属标准基础上的反向排除结果归属的思路同样具有重要的方法论价值。对于客观归属理论的方法论意义，周光权教授做了较为全面的论证，他指出："客观归责理论在方法论上的优势非常明显：用多重规则确保检验时没有遗漏；建立正面判断和反向检验交互进行的检验标准；展示一般预防的刑罚效果；凸显评价的层次性、充分性；确保刑法判断的客观化。客观归责理论

---

① ［日］佐伯仁志：《刑法总论的思之道·乐之道》，于佳佳译，中国政法大学出版社2017年版，第59页。

主张对故意犯、过失犯的认定，可以将原本就应该放在构成要件符合性阶段考虑，但过去一直被错误地置于责任中分析的要素提早到客观归责来思考，使之实现犯罪判断要素的正确归位。因此，客观归责理论只是强调客观判断必须优先进行，不会模糊三阶层理论。"[1]

前辈学人的论述颇为敏锐地总结了此学说的理论优势，其实在笔者看来，与其肯定客观归属论的具体内容，毋宁认为对其所彰显的方法论价值的宣扬更为值得关注。亦即是否严格按照罗克辛所确定的结果归属标准进行判断还停留在"术"的层面，对于技术问题当然可以再加探讨。但是区分式的判断、正反结合的检验、客观判断优先等方法论问题已经提升到"道"的高度。总之，如何筑造因果关系与结果归属的内部结构都不是核心争点，认识到客观归属论在方法论上的独特意义，进而提示研究者重视刑法学方法论，这对于完善、重构中国刑法理论具有重要价值。在全面推进依法治国的历史进程中，加快构建具有中国特色的法学学科体系、学术体系和话语体系，这也是"形成中国特色、中国风格、中国气派的法学体系的习近平法治思想的目标指向。"[2] 特别是构建具有中国特色的刑法学学术体系和话语体系在当前知识转型的背景下更具重要意义。尽管客观归属是由国外学者提出并发展的学说，又由于"概念的创造者在相关的领域享有高度乃至绝对的话语权"[3]，但这并不意味着中国刑法学不能对其加以再创造性地推进和使用，特别是在充分汲取了其中的方法论价值之后的

---

[1] 周光权：《客观归责理论的方法论意义——兼与刘艳红教授商榷》，载《中外法学》，2012年第2期，第225页。

[2] 姚莉：《习近平法治思想的创新价值与法学"三大体系"建设》，载《法商研究》，2021年第2期，第22页。

[3] 张明楷：《刑法学中的概念使用与创制》，载《法商研究》，2021年第1期，第3页。

新拓展，正如习近平总书记指出的："中国是一个法治国家，中国法治有中国特色，我们需要借鉴国外法治有益经验，但不能照搬别国模式和做法，最好不要用你们那套模式来套我们。"① 在汲取方法论营养的基础上，于污染环境罪中对客观归属理论的本土化形塑正是以上论述的生动体现。

第二，客观归属论中的风险创设及其实现等归属标准与污染环境罪的行为构成存在高度的契合性。由于因果关系是结果归属的第一个要件，所以完整的客观归属论实质上包含着三个层次的判断：第一，因果关系论；第二，危险增加论；第三，规范的保护目的论。由此，客观归属论的独特之处就在于其中的危险增加论与规范保护目的论，而这两点实质上也是对因果关系溯及禁止的具体化，换言之，客观归属论把传统因果关系溯及禁止进一步具体化为危险增加和规范保护目的论。由此，我们发现，在污染环境罪中应用客观归属论具有明确的可行性，不仅因为污染环境罪属于为客观归属论奠定现实基础的风险社会中的犯罪行为，更是因为在实践中，是否应当将"严重污染环境"的结果归属于"转移或处置污染物"的行为，关键在于行为是否创设以及后续自然地实现了相应结果的风险。正如周光权教授所说："客观归属论的核心显然不是法益风险的制造，而是在于法益风险的实现，张明楷教授说实行行为是符合构成要件的具有法益侵害的紧迫危险的行为，实行行为必须是类型性的法益侵害行为，本身就是对客观归责方法论的借用。"② 由是观之，对污染行为是否创设乃至实现了后续法益侵害的现实的紧迫性的风险成为能否被结果归属的

---

① 习近平：《全面做好法治人才培养工作》，载习近平：《论坚持全面依法治国》，中央文献出版社2020年版，第176页。
② 周光权：《客观归责理论的中国实践》，载梁根林、[德]埃里克·希尔根多夫主编：《中德刑法学者的对话（二）：刑法体系与客观归责》，北京大学出版社2015年版，第92页。

关键之所在。再者，污染行为本身要制造和实现风险的现实化又是一个累积的过程，对实践中具有持续性的污染行为的法益侵害风险的累积的考察成为污染环境罪客观归属的核心问题。

具体来说，在污染环境罪中应用客观归属论存在两处较为明显的优势。首先，解决了传统理论诸如"相当性"等标准模糊的问题，污染环境罪的事实因果本就存在轻微程度的不确定性，尽管经过疫学因果关系的努力，这种不确定性已经很小，但如果在规范判断的层面再次采纳类似"相当性"等较为模糊的判准，显然最终存在影响行为人刑事责任认定的风险。而客观归属论的方法论意义正如研究者所言，"在于其检验标准严格、实用，通过多重标准反复检验，确保了没有遗漏。"① 尽管在客观归属论的语境之下也存在污染行为的危险性程度判断问题，特别是对其是否达到了自然科学上的标准或许存在疑问，但是源自 19 世纪后半叶的自然科学式的思考方式在今天理应得到扬弃了，作为客观归属的理论基础的新康德主义将事实与价值加以区分，并认为后者高于前者，前者从属于后者；特别是"自然科学的任务在于寻求规律，社会历史科学的任务是描述、评价具体的社会历史事件，法律学处于自然科学与社会历史科学两极之间，属于中间领域的文化科学，作为文化科学的法律学的本质方法应是价值关系的方法。"② 因此，污染行为危险性程度判断除了是否达到科学上的标准外，对其价值关系的考量同样不能忽视，甚至更为重要。对比而言，客观归属论在污染行为危险性判断方面"其最大的特色是提出了检验实行行为的标准，即对从一种危险的实现和结果的造成中，

---

① 杨绪峰：《条件说的困境与结果归责的类型化》，载《中国刑事法杂志》，2015 年第 4 期，第 12—36 页。

② 夏基松：《现代西方哲学教程》，上海人民出版社 1985 年版，第 115 页。

推导出一个制造法所反对的风险的行为、构成要件行为的概念"。①这就使得对污染行为转向了实质的具体化判断,而非形式的抽象化判断,而这种判断正是结果归属的规范考量的重心。总之,"客观归责理论是构成要件符合性的问题,不是违法性论,因为行为危险性的大小与制造法益风险有关,也与危险的实现有关,将结果这种不法与危险的行为联系起来,正是构成要件论所要探讨的问题。"② 其所提出的明确性标准为解决污染环境行为危险的判断和结果的归属提供了分析工具。其次,采用客观归属论对有效限定污染环境罪的处罚范围具有重要功用。其原因在于,先进行结果归属的正向风险考察后再通过反向的排除规则加以限定,这种双重两向度的检验相比其他理论在限定处罚范围方面具有明显的比较优势。当然,对这种因果关系正反考察的双重限定做法也有学者持质疑态度,如德国学者许乃曼认为:"客观归责论像是一只有无数触角的巨大章鱼,包含越来越多的适用范围,这些范围以存在论和规范论的观点而言是非常歧义的,所以这些范围无法在一篇文章中一次完全加以讨论。"③ 刘艳红教授也强调:"客观归责论内容庞杂,体系臃肿,它不是解决某一个问题的具体理论,而是将各种不同理论混杂其中的理论集合体。从上位规则到下位规则,从主要规则到细部规则,以及到实例的归纳,整个归责理论仿佛像罗生门的判断构造;由于规则太多,以至于这些规则之间

---

① 周光权:《客观归责理论的方法论意义——兼与刘艳红教授商榷》,载《中外法学》,2012年第2期,第225—249页。

② [日]山中敬一:《刑法における客観的帰属の理論》,成文堂1997年版,第781页。

③ Bernd Schünemann, Uber die objektive Zurechnung, 陈志辉译,《刑事法杂志》第24卷第6期,第86页。

交织使用，内容相当凌乱。"① 而且"对排除归责理论的说明，不但不同学者之间彼此差异甚大，就是同一个学者，也常用不同的理由说明相同的例子，在论理上可谓恣意无忌。"② 这些批判意见着眼于客观归属论结构上的复杂性，而在笔者看来，其实正是这种结构上的精细化才能实现对事实因果的有效限定，传统学说固然构造简便，但也导致了标准模糊下的处罚范围不明等弊端，而且客观归属论并非所谓的理论集合体，其始终只以解决限定因果关系和有效判定结果归属作为理论使命，只不过由于在判定归属时不可避免地会带来对其他相关论题的牵扯而已，但总体上并未改变其作为广义因果关系理论的基本面貌。一定程度上来说，恰巧是客观归属论结构上的精细化与内容上的丰富性才保证了其限定事实因果的逻辑延展性。具体到污染环境罪之中，实践中由于污染的累积渐进式扩大，但现有的科学验证又无法做出百分之百的"全有"结论，由此在理论判定上调整思路，只要转移或者处置污染物的行为在相当程度上制造并实现了风险，进而违背了污染环境罪的规范保护目的，那么便存在对其进行结果归属的现实依据。总体而言，从疫学因果关系到结果归属的整体判断模式以及结果归属流程中具有阶层递进式的下位判断规则等角度审视，客观归属理论在限定污染环境罪处罚范围方面具有传统学说难以比拟的优势。

第三，客观归属理论为构成要件的实质解释提供了充分的空间，为污染环境罪具体案件的处理更符合刑法的规范保护目的构筑了理论框架。在我国刑法解释学中存在形式解释与实质解释的立场之争，本书无意深入介入此论战之中，与德日刑法学中"构

---

① 刘艳红：《客观归责理论：质疑与反思》，载《中外法学》，2011年第6期，第1230页。
② 许玉秀：《主观与客观之间——主观理论与客观归责》，法律出版社2008年版，第27页。

成要件实质化思潮"有关的形式与实质犯罪论的论争即"犯罪论应该从形式上把握还是应当从实质上把握,这种对立在很早以前就已经存在,近年来,又被重新翻出来"。① 而且在笔者看来,我国的很多争论已经逐渐沦为纯粹的立场宣示而不具有实际意义。如刘艳红教授说:"我一贯秉持实质刑法立场,主张对犯罪进行实质的解释,然而为了减少实质解释容易为权力所滥用以及擅入人罪的风险,必须对实质刑法解释加以限定,那就是形式入罪,实质出罪。"② 但是这种"形式入罪,实质出罪"显然已经背离了实质解释论的基本立场而与形式解释论达成了一致,因为"形式解释论所强调的正是形式判断在先,实质判断在后的位阶关系。"③ 而且形式与实质解释的核心区别在于能否基于法益保护的目的通过扩张解释实现"实质入罪",但论者仍坚定地认为其属于实质论的阵营。这正应了邓子滨研究员的说法:"某位学者所持的观点可能更接近于他的对手,而不是号称与他同一战壕的战友。"④ "形式解释论与实质解释论仅仅是一种口号之争,争论依赖于大量的误解而存在,不仅浪费了大量的智力资源,还可能对刑事司法实践产生不利影响。"⑤ 其实,只要解释法律必然会形成不同的结论,这无论是从解释的主体还是客体以及解释的方法等角度来看都是势必形成的现象,没有必要为对方扣上形式或者实质的帽子加以批判,而且所谓"形式"与"实质"这对范畴本身就存在无可捉摸的模糊地带,更遑论对文本的解释来说具体属于何者了,更为

---

① [日]曾根威彦:《刑法学基础》,黎宏译,法律出版社2005年版,第182页。
② 刘艳红:《实质出罪论》,中国人民大学出版社2020年版,第433页。
③ 周详:《刑法形式解释论与实质解释论之争》,载《法学研究》,2010年第3期,第61页。
④ 邓子滨:《中国实质刑法观批判》,法律出版社2009年版,第7页。
⑤ 陈坤:《形式解释论与实质解释论刑法解释学上的口号之争》,载陈兴良主编:《刑事法评论》(第31卷),北京大学出版社2012年版,第301页。

重要的是，在笔者看来，实则不存在所谓的纯粹意义上的形式解释论，难以设想对刑法规定的构成要件仅作形式解释能得出妥当结论，因为构成要件的设定本身就是要实现一定价值目标的，在解释适用时只加以形式探讨恐怕与立法初衷也要背道而驰的，由此，对构成要件进行实质意义上的叙说成为实现立法目的不可避免的进路。如果说遵循罪刑法定是形式解释论的基本立场，那么笔者当然应当同意这一立场宣示，但同时也必须指出，所谓实质解释论是否必然违背了罪刑法定原则的问题，本书持否定意见。总之，由体现犯罪论体系演变的构成要件实质化思潮的历史流变来看，试图退回到古典时代强调形式犯罪论和形式解释论的理论设想看来难以实现，晚近以来，理论界对包括客观归属论在内的诸多刑法学基础理论的探讨正是其明证，其中所包含各种层面的实质化和价值性思想不能为研究者所忽略。

如前述，客观归属论区分了归因和归属这两个不同层面的问题。前者解决条件与结果之间事实上所存在的引起与被引起关系，而结果归属则是从规范的角度再将不具有刑法意义，或者说没有违反刑法规定的特定犯罪的规范保护目的的条件从事实性因果关联中排除出去。故而以价值判断作为衡量起点的客观归属理论与实质解释论之间存在着天然的紧密联系。换言之，在广义因果关系理论的范畴中采纳客观归属论则势必进行构成要件的实质化解释，唯有如此，才能真正明确特定刑罚法规的规范保护目的，在此基础上的刑法解释适用才能切实实现相关罪刑规范的价值追求。具体到污染环境而言，方能真正实现对人与环境共同体利益的有效保护。其实，正如车浩教授所述："在客观归责理论的框架下，'构成要件行为'不再是一种没有实际意义的形式名称，而是可以用'制造法所不容许的风险'得到实质的内涵。"① 当然，这里需

---

① 车浩：《阶层犯罪论的构造》，法律出版社 2017 年版，第 188 页。

要注意的是,客观归属中的结果归属论作为从实质层面正反双向排除事实因果关系的事由,其与违法性阶层的实质违法性判断不存在所谓的冲突问题。三阶层中,违法性阶层对符合构成要件行为违法性的实质判断主要是不存在违法阻却事由的考察,而在结果归属论中则是具体判定是否把结果算作行为人行为的"作品",这是一种排除行为与结果之间发生规范意义上关联的因果关系的实质性阻却事由,毋宁说应当认为是一种实质意义的构成要件符合性阻却事由。

总体而言,采纳客观归属论,特别是其结果归属论的规范性思考为污染环境罪构成要件的实质化解释提供了广阔的空间,而"规范思考是从法规范角度出发所做的评价性思考,其属于刑法思维上的重要方法,与刑法解释方法的运用紧密相关。通过规范思考,可以划定个人自由的范围。规范思考与行为规范和制裁规范有关,无论是行为无价值论还是结果无价值论都必须承认规范思考。"[1] 当然,必须承认,客观归属论即便在其发源地的德国也只在"货车案"等少数判决中被直接认可,[2] 但这并不能说明其实务指导意义受限,相反,应当认为该学说的理论内核及其方法论已经逐渐在实务中以各种面貌显现出来,实际上其在很大范围内得到适用,而且其法理能够毫无障碍地适用于所有案件,只不过这一判断过程在司法上经常是不自觉的而已。因为"作为一种分析工具,客观归责方法论不存在明显的体系偏好和绝对的路径依赖,其可借鉴性主要表现在客观判断的优先性、规范评价的侧重性、归责标准的位阶性以及刑事政策的导向性,有利于完善对污染环

---

[1] 周光权:《客观归责论与实务上的规范判断》,载《国家检察官学院学报》,2020年第1期,第4页。

[2] [德]约翰内斯·韦塞尔斯:《德国刑法总论》,李昌珂译,法律出版社2008年版,第116页;[德]克劳斯·罗克辛:《德国最高法院判例:刑法总论》,何庆仁、蔡桂生译,中国人民大学出版社2012年版,第11页以下。

境罪实行行为、危害结果和因果关系的判断。"①

(二) 污染环境罪结果归属的阻却规则初论

确认了在污染环境罪的事实层面采取疫学因果关系，规范层面运用客观归属论的理论预设之后，需要具体讨论的问题是在何种情况下应当将与"严重污染环境"的法益侵害结果有事实关联的原因行为排除出结果归属的范围，或者肯定其应当被归咎。如前述，当代客观归属论的三项正向归属规则是行为制造了不被容许的危险，危险现实化为法益侵害结果，结果的发生没有超出构成要件的保护范围。也就是说，"当与结果具有因果关系的行为制造出法律所不允许的风险（制造危险），而这种危险在该当构成要件的结果中得到实现（实现危险）时，可以承认该结果对该行为的客观归属。"② 由此，客观归属论就包含了两大步骤：风险制造与风险实现。"所谓风险制造，指的是制造超出一般生活意义之外，相关构成要件所不容许的那种风险；而所谓风险实现指的是，构成要件结果必须构成由行为人制造的法不容许的风险所实现。"③ 固然存在事实层面和存在论的思考，但是制造与实现风险同时也具备价值层面和规范论的考量。以下按照基本形成共识的客观归属论的架构对污染环境罪中阻却结果归属的规则进行讨论，在确定了何者阻却结果归属时，基本也可以确定应当被归属的污染行为类型。

---

① 李冠煜：《污染环境罪客观归责的中国实践》，载《法学家》，2018年第4期，第122页。

② [日] 曾根威彦：《客观归属论的理论考察——以罗克辛的见解为中心》，载《西原春夫先生古稀祝贺论文集》（第1卷），成文堂1998年版，第66页。

③ 熊琦：《论客观归责理论的规范维度——兼析本体论、价值论因果关联与客观归责的本质区别》，载《刑法论丛》，2012年第3卷，第65—66页。

1. 制造为污染环境的罪刑规范所不容许的风险

"风险社会肇始于自然的终结。正如吉登斯指出的那样,这是把我们焦虑的焦点从自然可以为我们做什么转向我们对自然做了些什么。风险社会所阐发的这种思想转向,使得现代法律体系不得不面对一个全新的社会图景。"[①] 因此,在污染环境罪的论域中,如果试图将相应的法益侵害及其危险结果归属于行为人的行为,就必须追问此种行为为"自然"做了些什么。在风险频发的背景中,存在诸多的行为于社会有益而被容许,于是只有当行为人实施的行为所制造的风险不被容许时才能被归咎,而不被容许的标准在法治国家只能以罪刑规范为标准。具体到污染环境罪之中,只有当行为人实施的转移或者处置污染物的行为制造了为本罪所禁止的涉及人与环境共同体利益的风险时才有可能被归咎。通常情况下,行为人实施转移或者处置污染物行为会制造这种被禁止的风险没有疑问,但是在以下几种情境中则应当否定此种风险的制造,进而排除归属的可能性。

首先,当行为人的所谓"污染行为"降低风险时,否定结果归属。罗克辛对此所做的论述是:"从一开始,当行为人采取减小已经存在的危险,即以改善行为客体状况的方式,对这一因果过程进行修改时,风险的创设及其可归责性就不存在了。因为他们不仅没有使受保护的法益的状况变得更坏,反而是变得更好。虽然人们能够根据传统的理论,在违法性的观点下取消风险减小的情况,并在其中认可一种正当化的紧急避险,但是这样做的条件就是人们至少会把风险减小看成一种符合犯罪类型的法益侵害,而这一点正是这里所缺乏的。因此,归责的排除,即使在风险减

[①] 童德华、贺晓红:《风险社会的刑法的三个基本面相》,载《山东警察学院学报》,2011年第3期,第63页。

小的情况下，也已经迅速得到了承认。"① 在污染环境事件中，通常行为人实施了污染行为就增加了相应的风险，但这并非绝对的，实践中，完全可能存在这样的情况：甲某明知其工业生产所产生的物质为法定的污染物，未经允许和特定净化流程不得排放，但其为了降低生产成本而故意将之直接排放到河流之中，但凑巧的是同一区域的另一工厂所排放的另一种污染物也直排入该河流，当两种污染物相遇时发生了特殊的化学反应，这种化学反应非但没有污染河流，反而有利于河流的净化等。在通常情况下，甲的排污行为当然属于污染行为而制造了不被容许的风险，但在此情境下，应当认为其行为降低了另一工厂的排污行为所制造的法益侵害的风险，因此，即便其行为本身存在一定程度的无价值，但毕竟由此导致的结果反而是对法益有利的，对其便不应过多地动用刑罚手段予以规制和干涉，因而否定其结果归属。

其次，当行为人的"污染行为"没有制造风险时，否定结果归属。与前述情形所不同的是，虽然行为没有降低风险，但是也没有以法律上被视为重要的方式而制造或者升高风险时，应当否定其结果归属。按照罗克辛的意见："在一个已经存在的危险没有以可测量的方式得到提高时，就应当认定为缺乏危险的创设，行为不符合构成要件，因而不能客观归责。"② 在污染环境罪的司法实践中，完全可能存在阻却结果归属的无风险制造行为。设定与前述案例相反的情形，乙某明知其工业生产所产生的物质为特定的污染物，未经允许和特定净化流程不得排放，其为了降低生产成本而故意直接排放到河流之中，但关键的是单纯由其排放的行

---

① [德]克劳斯·罗克辛：《德国刑法学总论》（第1卷），王世洲译，法律出版社2005年版，第247—248页。

② C. Roxin, Strafrecht Allgemeiner Teil, Band I, 4. Aufl., C. H. Beck, 2006, S. 377.

为远远难以达到污染环境罪的"严重污染环境"罪量要素要求，但不巧的是，同一区域的另一工厂所排放的另一污染物质大量直接排入该河流，两种污染物相遇时发生相应化学反应，造成了严重的污染环境的后果。在本案中，乙某虽然存在违法排污的行为，但是其行为不法的程度较低，尚不足以认为其行为制造了污染环境罪所禁止的风险，且更为关键的是，在此种场合，应当认为"行为人无法掌控因果流程的，不能认为其制造法益风险。"[①] 所以，此案中，乙既没有以刑法上重要的方式制造风险，更缺乏对因果流程的掌控而应被排除于结果归属的范围之外。在我国司法实践中，实际上存在行为没有制造风险，但仍对结果进行了归属的情形，如王某原本承包了某现代农业园的回填项目。为了赚取利益和减少麻烦，又将该用地转包给了第三方刘某等人，刘某等人将生活垃圾等倒往该地。后经鉴定，结果表明，王某回填垃圾造成了公司财产损失高达1200多万元，刘某造成了900多万的财产损失。[②] 本案中，一审法院就其倾倒的垃圾等进行样本分析后发现：第一，该垃圾并未造成土壤污染，也未对水质造成污染；第二，该生活垃圾的倾倒给居民生活造成了不良影响；第三，主要是其倾倒行为造成了后续清除的相关费用，因而肯定了其存在直接的因果关系。仅由此即可看出此案中存在的疑问，既然倾倒的垃圾没有造成土壤及水质等的污染，那就谈不上存在所谓的"污染行为"，更不会制造出污染环境罪所要禁止的风险。而对居民的不良影响以及所谓的公司财产损失和清理费用更是可以通过民事手段等加以恢复。本案中行为人的行为没有制造风险，本应排除归属，但却被错误地加以刑事处罚。概言之，即便行为存在一定的违法或者违规性，但只要其没有制造刑法意义上的风险，就应

---

① 周光权：《刑法客观主义与方法论》，法律出版社2013年版，第53页。
② 苏州市姑苏区人民法院（2016）苏0508刑初297号刑事判决书。

当排除结果归属。

最后,当行为人的"污染行为"制造了被容许的风险时,否定结果归属。行为虽然已经制造出法律上具有重要性的危险,但是当该危险是为法律所容许的危险时,则排除结果之归属,行为人不需要对该结果负责。其原因正如林钰雄教授所说:"现代工业设施(如炼油厂、核电厂)或产品(药物、家电等)所产生的风险,立法者在法定安全标准之内,容许某程度的风险存在,若因此产生意外事件,乃立法者所容许的风险,并不该当构成要件。"① 学理上,通常以遵守交通运输管理法规为例说明被容许的风险,冯军教授指出:"据统计,中国大陆每年因交通事故而死亡的人数约为20万人。尽管如此,立法者依然允许人们从事驾驶行为,因为更重要的利益依存于交通驾驶。"② "事故统计也显示这个结论是不可反驳的。但是,立法者基于公共福利的重大利益,仍然允许(一定的注意规定范围内的)道路交通。"③ 实际上,在污染环境罪的领域中,也存在被容许的风险制造。"至少我国在2017年实施的《关于办理环境污染刑事案件适用法律若干问题的解释》就明确表达了这种思想。其中第一条中,将'严重污染环境'的情形通过列举的形式予以明确,那么也就意味着,尚未达到这种程度的行为至少在刑法领域不再作为犯罪论处,也就意味着该种行为也是属于制造了被允许的风险的行为。"④ 换言之,没有达到第一条所确定的相关罪量要素的污染行为,并未造就法所反对的风险,所以也就不能将结果归咎于法所容许的危险范围内的行为。

---

① 林钰雄:《新刑法总则》,中国人民大学出版社2009年版,第127页。
② 冯军:《刑法问题的规范理解》,北京大学出版社2009年版,第137页。
③ C. Roxin, Strafrecht Allgemeiner Teil, Band I, 4. Aufl., C. H. Beck, 2006, S. 383.
④ 徐海东:《客观归责理论与污染环境罪因果关系的判断》,载《广西社会科学》,2020年第3期,第111页。

2. 不被容许的风险得以现实化为严重污染环境

"正如所注意到的那样，只有当构成要件所描述的结果是由人类行为所造成的，该结果在刑法上才有意义。所以司法界和学术界很早就开始深入讨论，只有满足了哪些更具体的条件才能将结果归责于行为人，归责于他的行为。"① 实现结果归属的第二项规则一般被认为是行为人实施的前述不被容许的风险行为得以现实化，在污染环境罪中即是指现实化为"严重污染环境"。危险实现论源自于穆勒的规范目的论，穆勒认为，"某个事实是基于有责的行为，而且为此该行为是在有责的危险的实现中惹起时，才惹起责任。"② 德国学者恩吉施在其影响下，将与构成要件的结果有关的相当性和与因果过程的特别种类和方法有关的相当性加以区分，并将后一个相当性的问题发展成为危险实现的问题。恩吉施的危险实现实际上是在违法性关联以及规范保护目的论中展开的，具有突破相当说框架的力量，它也同时奠定了罗克辛的客观归属论中"危险制造"和"危险实现"这两个主干结构。风险现实化在通常的案件中实现结果归属不存在特别的疑问，但同样存在相关阻却结果归属的具体情形，在这些具体的情境下则应当排除结果归属，行为人的行为至多只存在未遂的可能性。

首先，污染行为与结果之间的常态关联不存在时，否定结果归属。亦即只有最初的行为与结果之间存在通常意义上的关联关系的场合才能实现归属，反之，这种常态关联不存在时则应当予以否定。这也说明，"相当性"判断，能够发挥部分的客观归属功能判断。典型的情境是行为虽然制造了对法益的危险，但是结果

---

① ［德］冈特·施特拉滕韦特、洛塔尔·库伦：《刑法总论Ⅰ——犯罪论》，杨萌译，法律出版社2006年版，第93页。
② ［日］山中敬一：《刑法中客观的归属之理论》，成文堂1997年版，第310页。

的发生并不是由于该危险导致，而是与该危险偶然性地同时发生，此时应当否定结果归属。这在文献中也被认为是行为并没有实现风险，也就是说，行为"虽然制造了风险，但是风险并未实现，则只能成立未遂犯，不能以结果归责于行为人。Engisch 曾经认为'危险实现'这个要素是因果关系之外的另一个未明文规定的构成要件要素，这个看法为罗克辛所接受。"[①] 在污染环境罪中，因为污染行为与结果的发生之间的常态关联丧失，而在规范上被认为风险未实现的例子是可能存在的，如丙工厂向河流排污，在经过一段时间之后，虽然还没有达到严重污染环境的污染物累积程度，但是该河流两岸的居民等出现了不适症状，但是经过科学检验之后，并不能确定居民的症状与该厂的排污有关，经多方查证，居民患病的原因是因为嫌恶被排污的河水且需要净化后饮用，于是便开凿了较深的地下水井，然而当地的地下水存在相关的重金属元素超标等问题，但这与丙工厂的排污行为本身并不存在关联关系。在这个案例中，虽然行为人丙工厂实施了排污的污染行为，也正是由于排污行为使得居民转而饮用地下水，其后客观上也出现了损害后果，但是此种后果并不是丙的排污行为制造的风险所现实化的体现，而不过是与丙的风险行为偶然性地同时发生而已，行为与结果之间不存在常态性的关联，所以此案中不应当将结果归属于丙的排污行为。

其次，"污染行为"没有实现不被容许的危险时，否定结果归属。制造不被容许的风险，还需要该风险得以实现。如果风险虽然实现了，但并非不被容许，则亦不可进行结果归属。其原因在于为了受保护的法益来禁止不可容忍的风险，并且，把那个通过逾越法定的可允许风险而造成被禁止结果的人当作一个既遂行为

---

① 许永安：《客观归责理论研究》，中国人民公安大学出版社2008年版，第60—61页。

的行为人加以判决。因此，客观归责的基础就是"当一个人为刑法保护的法益创设了一个不允许的风险，并且，当这个风险在一种被禁止的结果中实现时，只要他不具有正当化的根据，那么，他就是刑法性不法的行为人。"① 但是，当这种不被容许的风险并没有被实现时，结果归属的排除就是不可避免的了。在污染环境罪的论域中，设想这样的案例：丁工厂为了节约生产成本，没有按照污染物排放的规范操作进行过滤等处置流程，而是径直将污染物排入河流，随后发生了"严重污染环境"的相应后果。但是事后调查发现，因为丁工厂的特殊生产工艺，即便其严格遵循操作规范进行污染物处置后符合排放标准时再行排污，也不可能消除其中的未知污染物，进而造成环境污染成为不可避免的现象。在本案中，虽然确实是由于丁的排污行为造成了污染结果，但是这种结果的发生在现有规范下没有避免可能性，尽管丁未履行特定义务，但是其所应履行的这种义务实则是无效的义务，因此，虽然违反了义务而制造了风险，但是在规范上应当认为该风险并未实现。换言之，只有在存在结果回避可能性，或者说只有在行为人对结果具有操纵可能性的时候，才能进行结果归属。而缺乏结果回避可能性，在日本的相当因果关系中，被学者称为缺乏条件关系。② 总之，结果避免可能性"是否影响归责，要根据合义务的替代行为的思考方法来确定。只有在遵守义务能避免结果时，才能归责给违反义务的行为人；当遵守义务也不能避免结果时，义务违反与结果之间欠缺内在关联，应当排除归责；当结果避免的可能性不确定时，应根据罪疑唯轻原则对行为人作有利认定，

---

① 梁根林主编：《犯罪论体系》，北京大学出版社 2007 年版，第 10 页。
② ［日］町野朔：《刑法总论讲义案Ⅰ》，信山社 1995 年版，第 155 页；［日］山口厚：《因果关系论》，载［日］芝原邦尔等编：《刑法理论の现代的展开（总论）Ⅰ》，日本评论社 1988 年版，第 43 页。

视为义务违反关联性欠缺，从而排除归责。"① 由此，上述案件中，污染的发生由于没有避免可能性，应当被视为没有实现不被容许的风险，进而否定结果归属。

最后，"污染行为"没有引起注意规范保护目的包含的结果时，否定结果归属。也就是说，行为虽然违反了注意规范，但是所造成的结果并不是由于违反注意规范所造成的结果时，应当否定结果的归属。罗克辛对这一规则做了这样的强调："不容许性风险的实现，永远和限制性许可风险的谨慎规范的保护目的有关，而不是与刑法的行为构成的保护目的有关。"② 也就是说，对于这一项否定结果归属的下位规则，应当引起注意的是，实现不被容许的风险，始终和注意规范的保护目的存在关联，而和犯罪构成要件的保护目的无关，被犯罪构成要件保护目的所排除的不可归属的情形，从一开始就不属于构成要件所涵摄的特定行为方式与行为后果，它们属于构成要件的效力范围所要讨论的事例。重要的是，无论是否已经制造并实现了不被容许的风险，或者是否因果流程相当，只要不是规范保护目的所直接保护的结果发生，都应当否定结果归属。值得一提的是，张明楷教授在论及此规则时，略有保留地指出："关于注意规范的保护目的的观点，的确值得我国刑法理论借鉴。但是，它究竟是没有实行行为的问题，还是风险没有实现的问题，也值得讨论。"③ 然而，正如山中敬一所认为的："客观归责理论与实行行为论并不是相互排斥的。"④ 而且在实

---

① 车浩：《假定因果关系、结果避免可能性与客观归责》，载《法学研究》，2009 年第 5 期，第 145 页。

② [德] 克劳斯·罗克辛：《德国刑法学总论》（第 1 卷），王世洲译，法律出版社 2005 年版，第 256 页。

③ 张明楷：《也谈客观归责理论——兼与周光权、刘艳红教授商榷》，载《中外法学》，2013 年第 2 期，第 317 页。

④ [日] 山中敬一：《刑法总论》，成文堂 2008 年版，第 279 页。

践中，完全可能存在有实行行为，但同样没有引起注意规范保护目的的结果的现象。试举一例，同一条河流的上下游分别建有 A 与 B 两家工厂，两者都需要在符合排放标准等前提下依法向该河流排污，但是处在上游的 A 工厂为了节约成本而私下进行违法排放，下游的 B 工厂在日常水质监测时发现河流污染程度加重，误以为是其自身改进工艺扩大生产规模造成的现象，遂立刻进行污染物处置系统的升级改造，为此耗资在 30 万元以上且需要不断进行系统维护，产生了大量的后续成本支出。在本案中，A 工厂显然存在排放污染物的污染环境实行行为，但是其并没有引起注意规范的保护目的所包含的结果也是显然的。诚然，正是由于 A 工厂违法排污才导致 B 工厂产生了不必要的生产成本支出并由此造成了其财产损失，而且按照最高人民法院、最高人民检察院《关于办理环境污染刑事案件适用法律若干问题的解释》第一条第（九）项的规定，致使公私财产损失在 30 万元以上的属于"严重污染环境"的情形，但仅此还不足以说明 A 的行为即构成污染环境罪的既遂，因为在笔者看来，B 的财产损失并非污染环境罪的注意规范保护目的所包含的要禁止的结果，原因在于司法解释对"公私财产损失额度"所做的限定，实际上其所要说明的是，只有在为了处理行为人实施的污染行为所造成的环境污染后果而造成的那种财产损失，如为了修复被损害的河流水质而产生了超过 30 万元以上的损失，这一类的财产损失才是污染环境罪的注意规范保护目的所包含的要禁止的结果，而绝非任何意义上的"公私财产损失"达到一定额度都将此种结果归属于行为人的行为，进而论以污染环境罪既遂。基于上述理由，B 的财产损失结果不应当归属于 A 的排污行为，当然，此处否定财产损失的结果归属只是说明 A 对其排污行为不负污染环境罪的既遂责任，不排除其成立未遂犯的可能性。

3. 结果的发生没有超出污染环境罪的保护范围

刑罚法规所规定的每一犯罪构成要件都有其特定的保护范围，在通常情况下，只要行为人制造并实现了不被容许的危险，将结果归属于行为人便不存在疑问。但是每一具体犯罪构成要件的规范保护目的圈定了其保护范围的边界，如果所发生的结果并未落在构成要件的保护范围之内，那么就应当否定结果归属。因此，作为归属的前提，"该结果的实现必须是在构成要件的保护范围之内。"① "在刑法上，构成要件的规范的保护目的主要是在过失犯中为排除其归属而适用的。这是因为对于故意行为采取保护法益的措施原本就是构成要件的任务。然而即使对于故意行为，在部分事例群中构成要件规范的保护目的也发挥着限制或排除归属的作用。"② 对此，罗克辛也做了同样的强调："作为例外，在故意的构成行为中，首先存在着三组应当适用不同规则的具有重要意义的案例。在故意造成自我危险时的共同作用，同意他人造成的危险，把结果归责于他人的责任范围。"③ 因此，"构成要件的效力范围"作为第三个结果归属的基准，其所承担的理论任务是解决自我危险、同意他人造成的危险以及危险分配等问题。污染环境罪的构成要件保护范围显然已经为其所保护的法益所划定，因此，具体考察特定结果的发生是否为该罪构成要件所涵摄就成为本罪结果归属论的重要议题。

首先，"污染行为"只是"他人故意自损"所致结果的参与行为时，否定结果归属。也即是说，行为人参与他人故意自损行为时，不能将他人故意自损结果归责于行为人。对这一规则的讨论

---

① ［日］大塚一泰：《刑法总论讲义》，信山社2004年版，第134页。
② ［韩］金日秀、徐辅鹤：《韩国刑法总论》，郑军男译，武汉大学出版社2008年版，第171页。
③ ［德］克劳斯·罗克辛：《德国刑法学总论》（第1卷），王世洲译，法律出版社2005年版，第262页。

通常以自杀或者自伤类案件为例展开分析，而在学理上则将其定位为自我答责。所谓自我答责，也可以理解为自负其责，这又与自主决定权紧密相关，亦即作为个体而存在的人应当对其作为或者不作为负责，这就是说主体不是完全被决定的，而是一个自我决定的主体。自我决定构成了自由的核心，个人通过自我决定来感受并实现自由，而在根本意义上，自由就是康德所说的"自行开始一个状态的能力"①，或者说"自由是对每一个人能够自我做主的私人领域的保证"。② 由此，这一问题被上升到哲学层面。在杀伤类案件中讨论自我答责当然具有便宜性，但作为基础理论，其当然也可被适用在污染环境等其他诸多犯罪中。设想如下案例：某地要建设一座化工厂，在依法履行了包括环评在内的各项审批手续后，出于安全考虑，仍进行了当地居民的搬迁工作，在完成搬迁之后，部分老年人（三人以上）因安土重迁等思想又偷偷地回到原住处居住，其后因免疫力低下再受到该化工厂排污所致的周边生活环境影响，产生了轻伤以上等身体受损的症状。在本案中，作为法益侵害结果的三人以上轻伤当然是由于该化工厂的排污行为导致的，也符合"两高"《关于办理环境污染刑事案件适用法律若干问题的解释》第一条第（十六）项的规定。但是，该法益侵害结果显然不能归属于该化工厂的排污行为。因为"当被害人完全估计到自己的行为将会给自己造成危险，却轻率地实施该危险行为以致给自己造成损害结果的，就要由被害人自己负责。尽管被害人能够通过自己的行动避免危险，却以自己的任意实施了危险行为，因为被害人自己最终决定着自我损害行为的实施与否，所以，即使他人参与了被害人的这种危险行为，他人的行为

---

① [德]康德：《纯粹理性批判》，邓晓芒译，人民出版社2004年版，第433页。
② [法]雷蒙·阿隆：《论自由》，姜志辉译，上海译文出版社2009年版，第78页。

也没有侵害被害人的自由，不具有不法性质，不对被害人遭受的损害结果承担责任。"① 故而，三人以上轻伤的法益侵害结果虽然事实上是由化工厂排污所致，但在规范上只能由相关被害人自我答责，不能将此结果归属于该厂的行为。毕竟"行为人的行为虽然是结果发生的条件，但被害人却有意识且负责任地自我实现该损害时，该结果不能归责于行为人。"② 总之，在污染环境罪的司法实践中，如果损害结果的发生是由被害人自主决定导致的，行为人的污染行为只是参与其中作为条件而存在时，就应当否定结果归属。

其次，基于合意的"污染行为"危险化之场合，否定结果归属。其现实的原因在于当被害人意识到他人的行为对自身法益的危险性，却仍然同意他人实施给自己法益造成危险的行为，因此产生的结果责任便不应当由行为人负担。这也被称为"基于合意的他者危险化"，通常以"梅梅尔河案"为例进行分析。此种情形与前一项否定归属的规则的区别是，这里是由行为人主导了法益侵害的因果流程，而前者则是由被害人自己主导，行为人参与其中。之所以在行为人主导了这种流程之下还要否定归属，核心原因就在于"合意"的产生，毋宁说是被害人同意危险行为作用于自身，既然被害人接受了这种危险，那便应自负其责。因此，这里的基于合意的他者危险化与前项的自己危险化的参与在原理上都属于被害人自我答责的范畴。这种否定归属的"事例在今天随着交通手段的利用在频繁发生，德国的学说和判例试图以被害人

---

① 冯军：《刑法中的自我答责》，载《中国法学》，2006年第3期，第101页。
② 周光权：《刑法客观主义与方法论》，法律出版社2013年版，第54页。

承诺来解决这种情况。"① 不过罗克辛认为"这不是行得通的途径"。② 因为直接承诺损害结果的情形很少,那些将风险置之度外的人通常是信赖幸运的人。笔者同意罗克辛的判断,但在理由上有所不同,因为如果将这种场合视为被害人承诺而成为正当化事由,那就意味着行为人的行为是符合构成要件的,因而具备了被评价为不法的前提事实,亦即此种危险行为本不具有被容许性,只是得到了被害人的承诺而例外被许可,嗣后此种行为仍是不能实施的,固然自古就有"得到承诺的行为不违法"③的法律格言,但是作为犯罪阻却事由,与其像通常的做法将其作为违法阻却事由,笔者更加倾向于认为其在体系上属于构成要件阻却事由,对此问题,王钢教授有过精彩的论述:"被害人承诺属于构成要件阻却事由。其原因在于,刑法的根本任务在于保护法益,法益并非仅指特定行为对象或客体在客观上的完整和存续的状态,而是也包含了权利人依其自身意愿,自主地对其所享有的法益客体进行支配和使用的自由。当权利人通过有效的承诺允许行为人对相应的法益客体进行损害时,行为人的行为就只是权利人对于自身法益进行支配和使用的外在表现,其并不违反权利人的自主意志,从而欠缺法益侵害性。因此,在刑法教义学上,应当认定被害人承诺导致行为人的行为不能造成对法益的紧迫危险,不能再被视为符合构成要件的实行行为。"④ 将其作为构成要件阻却事由也能部分地回应客观归属的否定论者关于该学说将所谓正当化事由等

---

① [韩] 金日秀、徐辅鹤:《韩国刑法总论》,郑军男译,武汉大学出版社 2008 年版,第 173 页。

② [德] 克劳斯·罗克辛:《德国刑法学总论》(第 1 卷),王世洲译,法律出版社 2005 年版,第 268 页。

③ 张明楷:《刑法格言的展开》,北京大学出版社 2013 年版,第 303 页。

④ 王钢:《被害人承诺的体系定位》,载《比较法研究》,2019 年第 4 期,第 29 页。

都融入归责判断，因而导致"客观归责理论是开放的"[1]局面。在污染环境罪中，设想这一案例：A 企业要在某地建立化工厂，生产过程中会进行污染物的排放等污染行为，在建设以及审批过程中都如实进行了申报，当地为了推动经济快速发展而不顾可能产生的环境污染后果，在包括环境评估以及污染物处置等在内的多个环节进行从宽把控，最终导致污染物累积造成严重污染环境的情形。在本案中，法益侵害后果的产生当然是由于 A 企业的排污所致，但这种侵害后果并不能归属于 A 的行为，因为当地公共政策机构明知生产的危险性而同意此种包含着污染后果的危险行为实施，其后果便只能由其自身承担。正如冯军教授所说："被害人认识到他人的行为具有给自己法益造成损害的危险，却要求、允许或者接受他人实施该危险行为，由此而产生的损害后果，就应该由被害人承担责任。"[2] 总之，在污染环境罪中，基于合意的污染行为所造成的法益侵害危险的现实化，应当否定结果归属，由被害人自负其责。

最后，防止污染结果的发生属于他人责任领域时，否定结果归属。在这种场合应当认为所发生的结果不属于行为人所实施的符合污染环境罪构成要件的保护目的之内的结果，因而便不能将结果归属于行为人的行为。既然"归属意味着，将对外在世界的某一特定的改变分配给某一个人"，那么，便应当注意到"归属乃是对如下这一问题的判断：就某一特定结果而言，是否可以将之像德性那样，从事实上归加给作为该结果之创作者的行为人？而客观归属学说仅仅包含的是这一巨大判断范围中的一个部分，具体而言，该学说讨论的是这样一个问题：行为人是否在法律上真

---

[1] ［日］町野朔：《客观的归属论》，载西田典之、山口厚编：《刑法的争点》，有斐阁 2000 年版，第 25 页。

[2] 冯军：《刑法问题的规范理解》，北京大学出版社 2009 年版，第 83 页。

正地需为他所引起的所有结果负有责任。"① 没有疑问的是，如果某一特定领域应当由相应的专业人员独立负责，那么在该领域所发生的危险即应当由此专业人员负责消除，没有消除而使得危险现实化的结果就应当由此专业人员负责，"在这类案件中排除归责的道理在于，确定的职业承担者在自己的职权范围之内，以一种局外人不应当干涉的方式，对消除和监督危险的渊源负责。但是，这样一种职权分配在刑事政策上富有意义的结果，应当是解除了第一个原因造成人对这个由职业承担者的损害行为举止所造成的结果的责任。"② 此一否定结果归属的规则在学理上通常以消防员、警察乃至军人等特定职业者为例进行分析。此外，罗克辛还认为这一原则"可以普遍地适用于典型伤害风险之外的一切医疗过失行为。"③ 笔者以为，在污染环境罪中同样可以对此规则加以运用。设想这一案例：A企业在生产过程中需要进行污染物的排放转移等，由于对该特殊的污染物处置缺乏足够的技术手段进行支持，便与专职从事此类特殊污染物处置工作的B企业签订合同建立了合作关系，由B企业进驻A的生产场地并介入具体的生产流程以对随时产生的污染物进行无害化处置。但是由于B企业疏于对其工作人员的培训教育和日常管理监督，进驻工作组相关人员严重不负责任，导致A企业生产中产生的污染物未能得到及时有效处置而径直排入当地大气中，造成了严重的环境污染结果。此案中，从事实上看，确实是由于A企业的生产排污行为直接造成了相应结果，但是这一结果是否应当归属于A的排污行为在规范层面还

---

① ［德］K. H. 舒曼：《论刑法中所谓的"客观归属"》，蔡桂生译，载《清华法律评论》第6卷第1辑，第218，232页。
② ［德］克劳斯·罗克辛：《德国刑法学总论》（第1卷），王世洲译，法律出版社2005年版，第271页。
③ ［德］罗克辛：《客观归责理论》，许玉秀译，载《政大法学评论》第50期，第17—18页。

是值得讨论的。在笔者看来，既然 A 已经与 B 通过签订合同的方式建立了特定合作关系，那么 A 在生产过程中生成污染物以及后续的污染物处置这一特殊的风险领域便已经转移给 B 进行现实的管控，由此，防止污染物未经充分无害化处置而径行排放并导致污染结果发生便属于 B 的责任领域，B 作为专职处置污染物的工作机构非但未能消除风险，反而使得污染风险现实化，那么由此产生的法益侵害结果只能归属于 B，而非 A 的单纯排放行为。既然专业的事情应当交由专业的人员处理，那么其责任也自然应当由该专业人员承担。这一案件再次说明司法实践中规范性思考的重要性，即便事实上污染确由 A 的行为所致，而在规范上 A 并不需要为此结果承担责任，这种事实与价值区分的方法二元论为我们合理处置相关问题提供了规范途径，实践中与其隐蔽化处理客观归属的理论地位，正如熊琦博士所说的不如"承认建立在规范维度上的现代客观归责理论，对相关问题的解决才能圆满。"[①] 作为结果发生没有超出构成要件保护范围的结果归属要求的下位排除规则，防止结果发生属于他人责任领域即由他人负责的论证思路在笔者看来还涉及刑法学中有关危险分配的基本法理，"所谓危险的分配，是德日刑法理论中以'被允许的危险'和'信赖原则'为理论基础，在过失犯处罚减轻合理化口号下提出的理论。其基本含义是指在从事危险的业务或者事务时，参与者应当以相互间的信赖为基础，对于该业务或事务所发生的危险，相互间予以合理的分配，就各自分担的部分予以确切地实施，相互间分担回避危险，使危险减轻或者消除。危险的分配的理论，虽然从客观上说，是对涉及危险业务、事务的当事人应当合理地分担对发生危害结果的危险的注意义务，但其理论的重点，学者认为并不在于

[①] 熊琦：《从"戏言逼死人命案"看客观归责的"规范之维"》，载陈兴良主编：《刑事法判解》（第 11 卷），人民法院出版社 2012 年版，第 3 页。

危险预见义务的分担,而在于由此可能实现消除危险。"① 这也就是说,危险分配的重点在于预见危险后的危险消除,如未能实现,则行为人即应当在其所分配的危险领域承担未能消除危险的责任。既然其负责管控相应的危险领域,就理所当然地成为了特定的社会角色,而在雅各布斯的社会角色期待理论中,每个公民对法益的管辖范围是按照其客观的社会角色来确定的,由社会角色所决定的对管辖法益的照管义务未能得到充分全面的履行即消除所分配的危险领域的危险,则不但导致此种危险的现实化,还使得人们对其所承担的社会角色义务的信赖的动摇。因此,在各自的角色所决定的法益管辖范围内各司其职、各负其责就成为社会有序运行的一项基本规则,而这与"防止结果发生属于他人责任领域排除归属"的规则在思考逻辑上基本一致。总之,在污染环境罪中,只要防止"严重污染环境"的法益侵害后果属于由他人负责的管辖领域,即应当由他人负责,否定对行为人的结果归属。

以上对污染环境罪的因果关系与结果归属结合刑法学理做了较为充分的讨论,客观归属论当然是"尝试摆脱自然主义而迎向规范主义的努力。"② 换言之,在客观归属论者看来,因果关系是脱离了规范判断的纯自然意义上的范畴,它不能解决行为人可否对行为结果负责的问题。"因此,客观归责理论从一开始就不愿意与因果关系理论扯上关系,甚至如格赛尔极力想彻底划清客观归责理论与因果关系理论之间的关系,连后者在前者认定中的作用都彻底排除。"③ 笔者当然还不愿意走那么远,所以在上述污染环境罪的讨论之中,才在事实层面以适用流行病学的因果关系为基

---

① 林亚刚:《试论危险分配与信赖原则在犯罪过失中的运用》,载《法律科学》,1999 年第 2 期,第 69 页。
② 许玉秀:《主观与客观之间》,作者自印行 1997 年版,第 31 页。
③ 许玉秀:《客观归责与因果关系》,载许玉秀等:《罪与罚——林山田教授六十岁生日祝贺论文集》,五南图书出版公司 1998 年版,第 15 页。

准，同时辅之以"疫学四原则"之外的"四重限定"以保证其判断的准确性和有效性；而在规范层面则以客观归属论的基本框架作了探讨，从正反两个方面确定了与"严重污染环境"具有事实因果的行为的归属标准和否定归属的具体规则，这种双重考察足以保证司法实践中在污染环境罪因果关系判定领域的合理性和可行性。更为关键的一点在于，客观归属的理论框架为在刑法体系中融入刑事政策的考量提供了一条进路，而在当前建设美丽中国的新时代背景下，从严治理环境污染犯罪的政策思路在这一论域中找寻到了一个可行的切入点。歌德说："自然不是一个问题，而是唯一的问题。"① 当前强调此一论断可能比歌德所处的时代更具价值。正如有研究者在强调现代性范式时所指出的，"在很大的程度上，我们赖以构建刑法理论模式的范式已经发生了转型，可是，我们的刑法理论界对于这一现象并没有自觉地予以关照，致使我们正处于一种所谓的'范式危机'之中。单就刑法因果关系理论而言，它是前现代性范式下的产物，可是，当前现代性范式已经不再被认同，而逐渐被抛弃或者被发展了之后，我们实际已经处在现代之后的范式考量之下。此时，如果我们的刑法因果关系论者还依旧抱守昔日的经义，显然不是可取的态度。"② 正是基于这样的考量，笔者以客观归属论为分析工具，以污染环境罪为例对其结果归属问题，特别是否定结果归属的规则做了初步讨论，借此也简单地回应关于客观归属论只能在部分典型案件中具有适用余地的质疑。

---

① ［法］塞尔日·莫斯科维奇：《还自然之魅——对生态运动的思考》，庄晨燕，邱寅晨译，于硕校，生活·读书·新知三联书店 2005 年版，第 57 页。

② 童德华：《从因果判断到客观归属：转向何以实现》，载《湖北警官学院学报》，2008 年第 4 期，第 8 页。

第三节　污染环境罪主观归属的再审视

在基本立场上，笔者认为构成要件是违法有责类型，由此构成要件必然要具备责任的推定功能，故意与过失也不可避免地要进入构成要件的阶层。在我看来，坚持客观的违法性论与承认包括故意在内的主观违法要素并不矛盾，其原因在于，所谓的客观违法性论是指刑法规范作为评价规范，其在普遍适用意义上，对每个行为人而言都在平等有效适用的层面上是客观的，亦即作为行为不法评价标准的刑法规范是客观的。"所有法规范都是客观的评价规范，他们使从共同秩序的立场出发来评价人的行为成为可能，法律并不包含针对个人的命令。"① 在这个意义上理解的客观违法性论才是合理可行的，因此，所谓违法是客观的是指作为评价标准是客观的，而非作为评价对象的行为只能从外在的客观的意义上理解。由此，承认刑法规范的客观性的客观违法性论非但不排斥主观的违法要素，反而还存在对主观要素的体系性需求。基于上述理由，笔者在基本立场上承认构成要件的故意和过失，而"于故意犯而言，构成要件故意决定了不法行为的方向与目标。作为个人行为不法的核心要素，构成要件故意建构了主观不法构成要件的一般要素以及构成要件结果之主观归责的基础，有此故意始能将结果主观归责给行为人。"② 所以，构成要件的故意与过失成为法益侵害结果主观归属的必需要素，笔者在这个意义上使用主观归属的概念，所讨论的问题即通常所谓的罪过形式，具体而言，即污染环境罪中"严重污染环境"侵害结果的主观归属问题。

---

① ［德］汉斯·海因里希·耶塞克，托马斯·魏根特：《德国刑法教科书（总论）》，徐久生译，中国法制出版社2017年版，第324页。
② 林钰雄：《新刑法总则》，中国人民大学出版社2009年版，第141页。

一、污染环境罪罪过形式的论争与述评

（一）立法演进与学说讨论：从"一边倒"到"多边争鸣"

如前所述，当前的污染环境罪由 1997 年《刑法》第三百三十八条的"重大环境污染事故罪"演变而来，在最初的构成要件中存在"造成重大环境污染事故，致使公私财产遭受重大损失或者人身伤亡的严重后果"的表述，既然立法表述将其作为"事故类"犯罪，"尽管本罪中并没有明确规定过失的罪过形态，但从立法的本意上来看，'事故'一词表明了不意误犯的内涵，与过失犯罪的心理特征相吻合。至于行为人对违反国家规定排放、倾倒或者处置危险废物的行为本身可能是有意为之，但这并不影响其过失犯罪的性质。"[①] 理论界便因之将其作为"过失犯罪"的典型加以研究，这种观点也几成通说之势。即便如此，在当时仍有学者提出了与之完全不同的意见，如周道鸾教授早在 1998 年便提出："重大环境污染事故罪的罪过形式只能是故意。"[②] 其后，亦有研究者认为，"该罪的罪过形式为过失或者故意。"[③] 由此可见，即便在普遍认为重大环境污染事故罪为过失犯罪的时代仍有学者鲜明地提出了反对意见，而且这种反对声音多年来一直在持续发出，如有研究者在 2009 年时仍坚持指出："该罪的罪过形式为复杂罪过，既可以是过失又可以是故意。"[④] 但是令人遗憾的是，这些观点在当时并未能够引起理论界的足够重视，究其原因，笔者认为可能

---

① 赵秉志主编：《环境犯罪及其立法完善研究——从比较法的视角》，北京师范大学出版社 2011 年版，第 90 页。
② 周道鸾：《刑法的修改与适用》，人民法院出版社 1998 年版，第 691 页。
③ 付立忠：《环境刑法学》，中国方正出版社 2001 年版，第 287 页。
④ 王晓辉、张文婷：《危害环境罪的主观罪过研究》，载《中国刑事法杂志》，2009 年第 4 期，第 51 页。

主要是以下两点：第一，在刑法刚修订通过的20世纪末21世纪初，大力发展生产，抓住21世纪的历史机遇期以实现经济的跨越式发展是其时的时代背景，这种情况下从严惩处破坏环境类的犯罪并未引起实务界及至理论界的重视，将重大环境污染事故罪作为过失犯罪，进而限定本罪的处罚范围也符合当时的"大环境"。第二，基于前述的思路，立法者在将实践中出现的污染环境案件进行类型化时，通常只关注了造成重大影响的"事故类"案件，由此使得将构成要件也表述为"造成重大环境污染事故"，而紧随其后展开的刑法解释工作也将其视为"事故类"的"过失犯罪"，即便如此，陈兴良教授在当时即指出："本罪的设立取代了水污染罪、大气污染罪，和违反规定收集、贮存、处置危险废物罪。关于本罪的罪名，也许会有人称为重大环境污染事故罪，这一罪名有一定的可取之处，解释了环境污染事故这一特征，但它未能反映出本罪的行为特征。"① 所谓没有反映出行为特征，笔者以为其潜台词就是在说本罪的罪过形式问题，陈兴良教授借罪名的讨论点出了本罪在罪过形式上可能会出现的疑问。然而此时，即便有前述学者注意到本罪存在故意形态的可能性时，也难以为大家所认同，其影响力自然受到限制。

　　上述"一边倒"的学术局面在2011年《刑法修正案（八）》颁布实施以后顿时出现了较为明显的反转现象。2011年4月27日，最高人民法院、最高人民检察院颁布了《关于执行〈中华人民共和国刑法〉确定罪名的补充规定（五）》，该规定鉴于《刑法修正案（八）》对"重大环境污染事故罪"构成要件的修改，特别是取消了其中"造成事故"的表述，故而将本罪名确定为"污染环境罪"。由此，针对本罪罪过形式问题，刑法学界截至目前展开了长达十余年的激烈争论，经过讨论，从立场上看，主要形成

---

① 陈兴良：《刑法疏议》，中国人民公安大学出版社1997年版，第536页。

了四种观点。附带指出，目前不少文献都只梳理总结了三种观点，应当说这是不全面的，忽略了一种颇为重要的学术主张。第一，过失说。这是沿袭修正之前通说观点的主张，并认为刑法文本的修正并未改变本罪的罪过形式，由此持该说者认为，"污染环境罪的主观方面为过失，即行为人应当预见自己排放、倾倒或者处置有放射性废物、含传染病病原体的废物、有毒物质或者其他有害物质的行为可能造成严重污染环境的后果，因为疏忽大意而没有预见，或者已经预见而轻信能够避免。"① 第二，故意说。张明楷教授指出："重大环境污染事故罪的罪过形式是过失，但是经过《刑法修正案（八）》修改后，污染环境罪的罪过形式应为故意。"② 陈兴良教授随后更加明确地强调："污染环境罪的罪过形式为故意，这里的故意是指明知违反国家规定，排放、倾倒或者处置有放射性废物、含传染病病原体的废物、有毒物质或者其他有害物质的行为而有意实施的主观心理态度。"③ 此处，可以认为陈兴良教授在1997年著作的基础上，时隔十六年再一次强调了从本罪的行为特征所反映出来的其主观罪过形式只能是故意。第三，混合罪过说。该说也被称为复杂罪过说、复合罪过说、故意加过失说等，持该说者认为，"参酌《修正案（八）》修改该罪的缘由，按照立法原意进行论理解释。修正某种意义上正是为了矫正刑法对原重大环境污染事故罪主观罪过的认识偏差，这也就不难探明立法者的立法原意在于使经过修正后的污染环境罪的主观方

---

① 高铭暄、马克昌主编：《刑法学》（第7版），北京大学出版社、高等教育出版社2016年版，第582页。
② 张明楷：《刑法学》（第4版），法律出版社2011年版，第995页。
③ 陈兴良：《规范刑法学》（下册），中国人民大学出版社2013年版，第1007页。

面既包括故意，也包括过失。"① 虽然此一观点并非汪维才教授首倡，但其在 2011 年《刑法修正案（八）》出台之后做了强调，其后持混合罪过说的学者多引用汪维才教授的文献为例证，截至最近，汪维才教授仍强调指出："单一的故意说或过失说不足以涵盖司法实践中的种种样态，本罪的主观罪过既包括故意，也包括过失，笔者至今仍然坚持这一立场。"② 与其持相同观点者近十年来在学界渐有增长之势。第四，严格责任说。这也是前述的为现有诸多文献所忽略的一种主张。面对多年来的学说纷争和污染环境罪案件的集中爆发，部分学者开始试图突破既有的讨论框架，主张引入严格责任制度，如有学者提出："环境犯罪作为一种影响严重的犯罪，本身行为就很难察觉，证明其行为时的主观心态更是难上加难，因此，应当在环境犯罪中适用严格责任，及时阻止潜在的环境犯罪行为人实施环境犯罪。"③

理论界针对如此细微的问题一改此前的"一边倒"而形成眼下的这种"多边争鸣"的局面，笔者认为表面的原因是立法演进所致，换言之，立法表述修改了构成要件进而导致罪名等都发生变化，由此使得研究者们对既往结论加以修正。然而，深层次的原因，在笔者看来，立法演进背后所征表的是国家环境刑事治理机制的转型，即由过去对生态环境疏于关注的"被动治理"到当前的"主动干预"的转型：被动治理时期自然是以将污染环境罪视作过失犯罪为中心，而当前对绿色发展和生态环境建设的重视，势必导致刑法要展现出一种积极"主动干预"的姿态，而此姿态

---

① 汪维才：《污染环境罪主客观要件问题研究——以〈中华人民共和国刑法修正案（八）为视角〉》，载《法学杂志》，2011 年第 8 期，第 71 页。
② 汪维才：《再论污染环境罪的主客观要件》，载《法学杂志》，2020 年第 9 期，第 77 页。
③ 郑志：《环境犯罪被害人的法律保护》，社会科学文献出版社 2018 年版，第 124 页。

的体现借由立法修订,直接显现在将污染环境罪视为故意犯罪或者混合罪过等观点上,推到极致甚至出现了前述的严格责任主张。正像有的学者所说的这样,"在我国当前环境状况日趋恶化、环境违法行为猖獗的背景下,《刑法修正案(八)》第四十六条对 1997 年刑法典第三百三十八条的修订,鲜明地体现出了环境犯罪刑事治理的理念嬗递:从盲目抵制犯罪化到积极推行'降低起刑点';从立法宜粗疏到严密刑事法网;从'惩恶于已然'到'预防于未然'。"[①] 这也在整体上体现了本书前面谈到的本罪从报应到预防的立法演进之路。

(二)过失说的理由与疑问

在"重大环境污染事故罪"的时代,理论界基于"事故"的文义解释和限缩本罪处罚范围的现实考量等因素,一边倒地主张本罪为过失犯罪。《刑法修正案(八)》第四十六条虽然将原来的"造成重大环境污染事故,致使公私财产遭受重大损失或者人身伤亡的严重后果"的表述改为"严重污染环境",但正如有学者指出的,"修正案的内容没有涉及《刑法》第三百三十八条的罪过形式,因此重大环境污染事故罪主观罪过之争议在污染环境罪中将会延续。"[②] 情况确实如此,沿袭过去观点的"过失说"在今天仍颇有市场,除了前面谈过的高等教育出版社的统编教材以外,周光权教授也是"过失说"的重要支持者,他认为,"本罪在主观方面是过失,即行为人对自己的行为可能造成重大环境污染事故,致使公私财产遭受重大损失或者人身伤亡的严重后果是过失,至于行为人对违反国家规定排放、倾倒或者处置有害物质这一行为

[①] 郭世杰:《从重大环境污染事故罪到污染环境罪的理念嬗变》,载《中国刑事法杂志》,2013 年第 8 期,第 50 页。

[②] 金晶:《我国环境保护刑事立法的完善》,知识产权出版社 2017 年版,第 170 页。

本身，则是有意为之。"① 从周光权教授的论述来看，其观点完全承袭自重大环境污染事故罪时代的"过失说"。

在当下仍然主张"过失说"的理由，主要是以下几点：第一，"在该罪'两个'法定刑档次中，第一档法定最低刑是单处罚金、最高刑为三年有期徒刑，第二档法定最高刑为七年有期徒刑，对照刑法分则其他条文就不难发现，这种立法例与其他过失类犯罪的法定刑设置并没有区别。"第二，"如果该罪的罪过形式可以是故意的话，这与法定最高刑仅为七年的设置不相匹配，既达不到有效惩治故意实施此类犯罪行为的刑罚目的，也不符合罪责刑相适应原则。"第三，"对行为人违反规定故意实施排放、倾倒和处置有毒有害物质并追求或者放任严重污染环境结果行为的惩治可以其他途径来解决。具体而言，如果行为人明知自己实施排放、倾倒或者处置有放射性的废物、含传染病病原体的废物、有毒物质或者其他有害物质的行为会危及多数人的生命、健康或者公私财产安全，而仍然希望或者放任这种危害结果发生的，可依据刑法第一百一十四条和第一百一十五条第一款的规定，以投放危险物质罪定罪处罚。"② 第四，从以上周光权教授的论述来看，过失说的持有者还认为，行为人对造成环境污染结果是过失的心态，而对于违反规定实施污染行为则可以是故意的，正如有论者所强调的："行为人对严重污染环境的后果是出于过失，但是行为人实施的违反国家规定和实施污染的行为，可以是过失也可以是故意。"③ 总之，即对污染行为可以是故意的，但是对污染结果必然

---

① 周光权：《刑法总论》（第 3 版），中国人民大学出版社 2016 年版，第 423 页。

② 冯军：《污染环境罪若干问题探讨》，载《河北大学学报（哲学社会科学版）》，2011 年第 4 期，第 20 页。

③ 丰晓萌：《环境犯罪的基本理论及刑法立法研究》，中国水利水电出版社 2018 年版，第 136—137 页。

是过失的，而污染行为的有意为之"并不影响其过失犯罪的性质。"①

笔者认为，过失说的以上几点理由存在重大疑问，今天仍予坚持恐难成立。第一，关于本罪法定刑的刑种和刑度的配置与其他过失犯相类似的说法，固然应当承认，《刑法修正案（八）》的修改并没有调整原有的两档法定刑，且三年以下与三到七年的徒刑确有同过失犯的相似之处，但这并不能说明本罪就是过失犯，换言之，不能因为存在法定刑幅度的相似性便对其主观罪过也做出类似推理，这在根本上是关联性不大的两个问题。对特定犯罪罪过形式的确认主要是以该罪构成要件所类型化的法益侵害行为特征为重心，所匹配的法定刑充其量只能成为参考资料之一，而绝不能成为单独的判断依据，否则凡与过失犯法定刑设置相类似的犯罪都存在过失罪过的可能性了，这与"处罚故意犯罪为原则，处罚过失犯罪为例外"的《刑法》第十四条和十五条的规定相违背。其实，法定刑幅度的设置所要考虑的因素非常复杂，既与行为所侵犯的法益、行为类型以及行为主体等要素有关，还涉及报应程度与预防必要性，更牵扯到发案率、处罚力度和范围等其他众多案外因素。"合理的法定刑罚幅度，不仅应当符合罪责刑相适应原则而具有道义公正的基础，而且应当符合刑罚目的观念而具有刑事政策的必要。"② 因此，可行的做法只能是对每一个罪进行独立化考量的同时兼顾其体系性要求来实现法定刑幅度的划定。虽然整体而言，故意犯罪法定刑幅度要重于过失犯罪，但这种差别也不是绝对的，在法益价值相对较低或者法益侵害程度相对较轻的场合，对故意犯罪配置较轻的法定刑也是完全可能的。以

---

① 王作富：《刑法分则实务研究》，中国方正出版社 2001 年版，第 1658 页。
② 郑洲蓉：《从法定刑的配置看我国刑事立法技术的完善》，载《湖北社会主义学院学报》，2005 年第 1 期，第 59 页。

《刑法》第二百七十五条所规定的"故意毁坏财物罪"为例,本罪无疑是故意犯罪,但是其所设置的法定刑幅度与污染环境罪也极为相似:第一档法定刑均为三年以下有期徒刑、拘役、罚金;第二档法定最高刑均为七年。再如,整部刑法中法定刑最轻的犯罪危险驾驶罪也是故意犯罪。那么,为何又没有根据污染环境罪与以上这种典型的故意犯罪的法定刑幅度的类似性而认为其罪过形式为故意呢?显然过失论者的这种类似推理的做法是没有根据的。总之,断不能因为法定刑幅度的类似性就推导出其犯罪性质的类似性,在污染环境罪这里就不能断然认为其也属于过失犯罪。

第二,关于本罪法定最高刑仅为七年而与故意犯罪不匹配的理由,在今天看来,其显然更是不能成立了。2021年3月1日起施行的《刑法修正案(十一)》第四十条在《刑法》第三百三十八条第一款中增设了4项污染环境罪的加重构成要件,并将法定刑幅度设定为七年以上有期徒刑,如此一来,本罪法定最高刑即为十五年有期徒刑,这显然已经不是过失犯罪所能承载的法定刑上限了。此种情况下,仍然沿袭过往观点而坚持"过失说"明显不符合治理环境污染犯罪的刑事政策的基本要求和立法现实。

第三,关于故意实施污染行为可论以"投放危险物质罪"的观点,这是过失论者在坚持其观点的前提下退而求其次的选择,然而此理由并不能成立。首先,如果过失污染环境应受刑罚处罚的话,那么故意实施此种行为更应当受到处罚,不可设想刑法设置某一罪名仅处罚非难可能性较低的过失行为,而对故意实施的行为类型相同的非难可能性较高的行为却以未予规定,而只能寻求论以其他犯罪,这在论理上是说不通的。对此,张明楷教授做了较为充分的论证:"故意与过失是两种不同的罪过形式。根据责任主义原理,不仅成立犯罪要求行为人主观上具有罪过,而且罪过的形式不同,非难可能性的程度就不同,刑罚也不同。从非难可能性程度来说,故意行为时,因为行为人认识到了符合构成要件的客观事实,应当产生反对动机放弃实施行为,但行为人不仅不放弃行为,而且希望或者放任行为的危害结果,其非难可能性严重。过失行为时,由于行为人没有认识到符合构成要件的客观事实,或者虽然认识到了符合构成要件的客观事实,但相信自己能够避免犯罪的实现而实施行为,其非难可能性较小。因此,在客观事实相同或基本相同的情况下,不应出现非难可能性小的行为构成犯罪,非难可能性大的行为反而不构成犯罪的局面。因此,在刑法分则缺少对应的故意犯罪的情况下,将某种犯罪确定为过失犯罪,是存在疑问的。"① 正是由于过失论者将污染环境罪视为过失犯罪,而不存在与之对应的故意犯罪的情况下,王作富教授略有为难地指出:"对此行为应该如何处理,尚无法做出定论。"② 于是持此论者不得不对故意实施此类行为寻求新的处罚依据,进而主张适用第一百一十四和第一百一十五条而论以投放危险物质罪,但这种因确定罪过偏差便退而求其次的做法显然是涉嫌违反责任主义的基本原理和定罪的基本原则的。其次,即便论以投放危险物质罪,这种做法也没能正确处理两罪之间的关系。2013 年和 2016 年"两高"两次做出的《关于办理环境污染刑事案件适用法律若干问题的解释》均在第八条规定:违反国家规定,排放、倾倒、处置含有毒害性、放射性、传染病病原体等物质的污染物,同时构成污染环境罪、非法处置进口的固体废物罪、投放危险物质罪等犯罪的,依照处罚较重的规定定罪处罚。此规定被最高司法机关的解释起草者认为是"确立了污染环境罪与投放危险物质罪的想象竞合关系及处罚原则"。③ 但是在 2016 年相同的解释再次

---

① 张明楷:《罪过形式的确定——刑法第 15 条第 2 款 "法律有规定" 的含义》,载《法学研究》,2006 年第 3 期,第 107 页。
② 王作富:《刑法分则实务研究》,中国方正出版社 2001 年版,第 1659 页。
③ 周加海、喻海松:《〈关于办理环境污染刑事案件适用法律若干问题的解释〉的理解与适用》,载《人民司法》,2013 年第 15 期,第 23 页。

做出之后，该起草者便放弃了其此前的"想象竞合"的提法，而只是保守性地指出："第八条明确规定了从一重罪处断原则，即排放、倾倒、处置含有毒害性、放射性、传染病病原体等物质的污染物，同时触犯数个罪名的，择一重罪处断。"① 解释起草者这一态度的转变正说明其自身也对污染环境罪和投放危险物质罪之间的竞合关系存在疑惑。如果认为两罪之间是想象竞合关系，并在实践中严格按照第八条处理，那么故意实施相关行为的场合就意味着行为人的一个行为同时构成了"过失的"污染环境罪和故意的投放危险物质罪，从一重罪处断论以投放危险物质罪，这显然是难以为人们所接受的结论，同一行为怎么可能同时构成一个过失罪和另一个故意罪呢？其实，解释起草者放弃想象竞合的提法，在笔者看来恰好说明两罪之间根本就是法条竞合的关系，正如有学者所说："司法解释认为污染环境罪与投放危险物质罪之间是想象竞合关系，这一方面违背了竞合犯理论，错误地将两罪法条竞合的关系理解为想象竞合；另一方面，是将主观罪过的判断不当地引入污染环境案件的认定中，制造了司法难题。最重要的是，这违反了罪名认定的基本原理，是司法解释对立法的僭越，冲击了罪刑法定原则。要达到司法解释意图严惩环境犯罪的目的，应当首先回归两罪法条竞合的本质。"② 从构成两罪的行为特征上来看，其所存在的不因案件事实而转移的法条关系是较为显现的，按照法条竞合的处断原则，特别法优于一般法而得到适用，那么在故意实施相关污染行为的场合，还是应当首先考虑论以污染环境罪，但是污染环境罪又被论者认为是过失犯罪而无法满足惩治需求，于是转而以司法解释的第八条为根据直接将相关污染行为

---

① 周加海、喻海松：《〈关于办理环境污染刑事案件适用法律若干问题的解释〉的理解与适用》，载《人民司法》，2017年第4期，第27页。

② 贾占旭：《论污染环境罪与投放危险物质罪的竞合关系——从冲突的典型案例看错误的司法解释》，载《政治与法律》，2016年第6期，第119页。

认定为故意的投放危险物质罪，虽说在第一百一十四和一百一十五条中并没有"本法另有规定的，依照规定"的表述，即立法并未禁止适用一般法，因而存在着例外适用重法条的可能性，但是以故意实施污染行为造成相应后果为例，如果例外适用第一百一十五条的投放危险物质罪，那么法定最低刑就是十年，最高至死刑；而污染环境罪在此前的最高刑不过七年，即便适用第一百一十五条仅判处最低刑的十年，这中间还出现了三年的空档，那么这种单纯因为将污染环境罪确定为过失罪，便导致故意实施污染的行为被例外地"跳跃式"加重处罚的做法看来是没有依据的。而且在法条竞合的场合，例外适用较重的一般法时通常是因为适用特别法无法实现罪刑相适应，而不是因为将特别法确定为过失罪而得不到适用的便转而适用较重的一般法。再者，在《刑法修正案（十一）》之前的《刑法》第三百三十八条并没有"同时构成其他犯罪的，依照处罚较重的规定定罪处罚"这种规定，那么将故意实施的污染行为论以投放危险物质罪实际上是违反了法条竞合的处断原则和当时的实定法的。总之，按照过失论者的意见，面对污染环境罪和投放危险物质罪之间的法条竞合关系，对故意实施污染的行为，要么违背竞合论的基本原理，例外的强行适用重法条论以投放危险物质罪而对行为人没有根据地进行跳跃式加重处罚；要么维护竞合论的原理，对故意实施污染的行为只能放弃处置，形成处罚漏洞。

第四，所谓污染行为可以是故意的，但对造成污染结果是过失的，因而污染环境罪是过失犯罪的理由，在笔者看来是不能成立的。因为只要行为人违反国家规定实施了排放、倾倒或者处置特定污染物的行为，其对于"严重污染环境"的结果至少是有认识可能性的，因而其所持的是放任态度，在如此这般的风险领域实施违法转移和处置污染物的行为根本没有"疏忽大意没有预见结果"或者"轻信能够避免结果"的存在空间，亦即不存在对结果是过失的主观心态的可能性。其实，过失论者的这一论证逻辑与《刑法》第一百二十九条所规定的丢失枪支不报罪是完全一致的。在该罪中，行为人不及时报告是故意的，但是对因不报告所造成的后果是过失的，因而便有观点认为"本罪在主观方面是过失"。[①] 既然在污染环境罪中，周光权教授遵循这种论证逻辑：实施污染行为是故意的，造成结果是过失的，因而污染环境罪是过失的。那么同样的逻辑运用在丢失枪支不报罪中周光权教授便应当得出该罪也是过失犯的结论，然而他在论著中却又认为："本罪是故意的观点可能更为合理，这种故意表现为行为人对枪支已经丢失有认识，对不及时报告可能造成严重后果存在认识可能性。"[②] 由此可见，所谓对行为是故意的，而对结果是过失的，因而某罪便为过失罪的论证逻辑根本不能成立。周光权教授在污染环境罪和丢失枪支不报罪中的互相矛盾即可以说明。

第五，过失说既滞后于刑法的发展也存在违背《刑法》第三百三十八条文义的嫌疑。诚然，在重大环境污染事故罪时期，立法表述使用了"造成事故"等用语，此时认为本罪是过失犯罪尚且有其文理根据。然而当《刑法修正案（八）》取消了事故类的表述而代之以"严重污染环境"之后，相关论者仍然根据以往的构成要件表述来解释污染环境罪的罪过形式，这显然是无视《刑法》的修改。附带提出的是，周光权教授在论及本罪的保护法益时认为："本罪的保护法益是维持人类存续的生态环境，保护环境的最终目的仍然是保护人类利益，但这种人类利益是一种未来的、预期的利益，就现实保护而言，只能转换为保护与人类生存密切

[①] 高铭暄主编：《新编中国刑法学》（上册），中国人民大学出版社1998年版，第539页。

[②] 周光权：《刑法各论》（第3版），中国人民大学出版社2016年版，第186页。

联系的现实整体环境。"① 对此可作这种理解，即为了保护人类延续而保护与之相关的环境，而作为最终保护目的的"人类延续利益"是否能被其所主张的过失心态下的污染环境行为所侵害尚存在疑问，也就是说，周光权教授所主张本罪的过失罪过形式与其认为的本罪保护的"人类延续利益"之间是否存在一定的冲突还值得思考。再者，过失说也存在违背《刑法》文义的嫌疑。按照《刑法》第十五条第二款的规定，过失犯罪的，法律有规定的才负刑事责任。在我国刑法立法中，明示为过失犯罪的通常在相应的故意犯罪之后规定为"过失犯前款罪的"，这当然不成为问题。除此之外的特定犯罪是否属于"法律有规定的"过失犯罪便难免成为争议点，对此，张明楷教授做过系统研究，提出"法律有规定"可以做三种理解："明文规定说、实质规定说和文理规定说，文理规定说为确定'法律有规定'提供了重要标准，但仅从文理上不能得出合理的结论时，需要更为实质的理由。"② 从过失犯处罚的例外性上来看，笔者同意这种理解。然而，现行《刑法》第三百三十八条中有没有"过失犯"的文理呢？答案显然是否定的。因为过去作为文理根据的"造成事故"已不复存在，虽然"在刑法解释理论研讨和司法实践中，并非简单地采纳平义解释，而是主张在审查确证'其解释结论被限定在刑法规范文义之内'的基础上，进一步通过狭义的论理解释和刑事政策解释以探求更合理的解释结论。"③ 但在笔者看来，注重文理根据的文义解释具有双重功能：首先是提供解释线索指引解释方向的功能，其次是限制解释边界划定解释范围的功能。由此，当《刑法》第三百三十八条

---

① 周光权：《刑法各论》（第 3 版），中国人民大学出版社 2016 年版，第 421 页。
② 张明楷：《刑法学》（第 5 版），法律出版社 2016 年版，第 282—284 页。
③ 魏东：《职务侵占的刑法解释及其法理》，载《法学家》，2018 年第 6 期，第 84 页。

删去了过往表述之后，既然没有了过失犯的文理线索，那么在解释方向上，就不能排除本罪的罪过形式存在故意的可能性，而且从当前的文义看，行为人放任甚至积极追求"严重污染环境"结果的发生亦完全可能是存在的。因此，过失说涉嫌违背文义的嫌疑是较为明显的。

第六，过失说在处理"污染环境罪的共同犯罪问题"上存在疑问。首先，王作富教授认为，"由于本罪是过失犯罪，一般来说由于行为人均没有共同的犯罪故意，所以不可能存在共同犯罪问题。但在实践中，经常出现数人或者数单位共同的过失行为触犯本罪的情况，对于这种案件情况，应当按照他们各自的行为性质、过错程度，分别以本罪定罪量刑。"① 但是在笔者看来，与其说多主体共同过失触犯本罪，不如面对现实，承认实践中多主体共同故意实施污染行为的案件更为多发，而且这类案件早在重大环境污染事故罪时期就已经发生。如"浙江嘉善县某村无营业执照开设冷却厂的杨某和蒋某在 2000 年 8 月 12 日傍晚，违反国家处理工业废气的规定，从平湖市场非法收购三只工业用密封钢瓶。其后，此二人将钢瓶中的剩余氯气向空气中排放，致使附近约 140 名村民因吸入氯气而出现头晕、乏力、咳嗽、呕吐等不同程度的中毒现象，有 100 余人到医院接受治疗。此外，氯气还使得部分农田受损减产。嘉善县人民法院审理后，分别判决两人构成重大环境污染事故罪。本案中虽然认定两人都构成犯罪，但依据是被告人各自的行为均符合该罪的要件，而不是以共同犯罪论处。"② 这一案件虽然分别定罪也得到了处置。但在实践中多发的数人共同故意实施污染行为的场合，如果造成了特别严重的后果，该后

---

① 王作富：《刑法分则实务研究》，中国方正出版社 2001 年版，第 1661 页。
② 冯军、李永伟：《破坏环境资源保护罪研究》，科学出版社 2012 年版，第 30—31 页。

果又无法具体查明由何者的污染行为造成,那么按照过失犯论者的思路,只能放弃对此一严重后果的归属,认为多人都不能为此结果负责;这显然是无法为人们所接受的。其次,在污染物的转移处置过程中,通常都是由众多的主体参加,使这一流程呈现出一种动态关系;但是实践中,污染环境罪的立案查处通常被限定在最后具体实施污染行为的主体身上,作为最后环节的具体实施者,其一般听命于主要责任者,然而污染物转移处置流程中的主要责任者反倒未被查处,这是难以被认可的现实操作。如果将具体实施者与主要责任者皆认定为共同过失的污染环境罪,则违背了需要"共同故意"的现有理论;如果分别认定为过失的污染环境罪,则又要求每个行为人都要有相应的结果预见和回避义务,而污染物转移处置的流程性、阶段性以及时空差异等又使得每个行为人对其他阶段进而对整体的法益侵害后果的注意义务既难以履行,又无法对其预见可能性加以充分的证明,而且"由于污染环境罪具有多因一果和积累递进的特征,因此要证明行为人对自己的行为与严重侵害环境法益后果的因果过程具有概括性预见也存在困难。"[①] 总体看来,将污染环境罪视为过失犯罪,将在理论上面临我国刑法不处罚共同过失的障碍,又在实践中分别按照过失定罪引发程度极大的证明难题,对实现共同污染环境行为的及时有效惩治而言,过失说捉襟见肘。最后,"两高"《关于办理环境污染刑事案件适用法律若干问题的解释》第六条第一款规定:无危险废物经营许可证从事收集、贮存、利用、处置危险废物经营活动,严重污染环境的,按照污染环境罪定罪处罚;同时构成非法经营罪的,依照处罚较重的规定定罪处罚。第七条规定:明知他人无危险废物经营许可证,向其提供或者委托其收集、贮存、

---

① 侯艳芳:《污染环境罪疑难问题研究》,载《法商研究》,2017年第3期,第116页。

利用、处置危险废物，严重污染环境的，以共同犯罪论处。既然实施解释第六条第一款规定的行为可以同时构成污染环境罪和非法经营罪，那么此二罪之间便为想象竞合关系，既然行为同时构成两罪，那么由故意的非法经营罪即可推导出污染环境罪的罪过形式不可能仅仅为过失，否则便出现一个行为同时构成故意犯罪和过失犯罪的局面。而且，参照第七条，如果明知他人实施第六条第一款的行为而实施提供委托等行为的，要以共同犯罪论处，这里的共同犯罪显然不可能仅指非法经营罪的共同犯罪，而是包括污染环境罪在内，亦即当他人实施污染行为，构成第六条第一款前段所规定的污染环境罪的场合，如果行为人实施"提供或者委托"等行为的，便可成立污染环境罪的共同犯罪，这里的共同犯罪不仅包括了共同正犯，显然还有帮助犯和教唆犯的存在空间。由此，该司法解释便承认了污染环境罪的共同犯罪是存在的。之所以如此，在笔者看来，完全是将本罪视为过失犯罪无法妥当地实现污染环境行为的惩治需求而所做的规定。既然如此，过失说恐怕难以与该司法解释相吻合。

(三) 混合说的论据与困惑

主张污染环境罪罪过形式为过失的观点面对上述诸多疑问，难以提出有效的解决方案，于是便出现了混合罪过说的提法。实际上，早在重大环境污染事故罪时期就存在这种声音，如在1997年便有学者提出"本罪的主观方面既可以是故意，也可以是过失"。[①] 不过在"一边倒"的时代并未引起重视而已。如前所述，《刑法修正案（八）》出台以后，理论界围绕本罪的罪过形式开展了激烈的争论，在寻求折中的传统学术思维影响之下，混合罪过

---

① 张穹主编：《刑法适用手册》（下），中国人民公安大学出版社1997年版，第1201页。

说开始为一众学者所关注并日渐获得支持。该学说的基本立场即污染环境罪的罪过形式既可以是故意,又可以是过失。在此立场之下,伴随着讨论的深入,学界又出现了更多新的主张。陈洪兵教授主张本罪罪过形式为"模糊罪过",他认为,"为严密刑事法网,提高追诉效率,应认为无论故意排污还是过失泄漏,不管对结果持故意还是过失态度,均成立污染环境罪,即污染环境罪的罪过形式为一种模糊罪过,类似于结果加重犯中的至少过失。法定犯的故意与过失之间的伦理谴责性差异不大,故严格区分故意与过失的传统观点已经不能适应法定犯时代的要求。"① 苏永生教授认为,"区分故意与过失的理由在于故意与过失分别反映了行为人不同的主观恶性,区分的目的在于对故意犯的处罚明显重于过失犯,但是从诸如污染环境罪等罪过形式不明之罪的罪刑设置和仅仅罪过形式不同但行为方式、行为对象、危害结果以及法定刑幅度完全相同的犯罪看,区分故意与过失的理论在量刑上已经出现了例外。"在他看来,污染环境罪是区分故意与过失罪过形式的例外,可称之为"例外说"。王琳等研究人员又提出"择一罪过说",即"故意或过失择其一的主观罪过应当被认定为污染环境罪之主观罪过形式。"② 李梁教授在认可择一罪过说贴合实际并符合刑法文义的基础上认为:"要实现污染环境罪的罪过形式从择一到二元的转变,应当从立法上明文规定污染环境罪的罪过形式,并根据不同罪过形式设立轻重不同的刑罚,才是解决问题之道。"这与田国宝编审的意见是一致的,他也认为,"从应然层面看,污染环境罪的罪过形式应既包括故意又包括过失。因为只有这样立法才能满足惩治污染环境犯罪的需要。也正因如此,才需要对污染

---

① 陈洪兵:《模糊罪过说之提倡——以污染环境罪为切入点》,载《法律科学(西北政法大学学报)》,2017年第6期,第89页。
② 王琳、张雪柯:《污染环境罪的主观罪过探析》,载《贵州大学学报(社会科学版)》,2019年第2期,第73页。

环境罪的立法进行完善。"不过他同时也强调性地指出,"污染环境罪的罪过形式既包括故意又包括过失是就规范层面而言的,至于在事实层面还须结合具体的个案在故意与过失之间做出选择。换言之,就具体的个案而言,行为人的罪过形式不可能既是故意又是过失,而只能是二者中的一种,要么是故意,要么是过失。"①田国宝编审在强调事实层面只能是故意与过失择一的同时认为应当在规范层面通过修改现有刑法规定以解决问题,这与前述李梁教授的主张是一致的,笔者将他们的观点称之为"二元修法说"。他们的这种意见主要是受到德国环境刑法立法模式的影响,因而主张"我国也应在刑法典中对危害环境罪的罪过形式进行明确的规定,同时同一罪名中应当分别规定故意犯罪与过失犯罪"。②此一问题,容下文详述。

综合以上混合罪过说的观点来看,其最为核心的基本立场还是认为污染环境罪的罪过形式可以是故意或者过失。在此基础上又演化出了上述的模糊说、例外说、择一说以及修法说,可以料想的是,此后还会有各种新的混合说主张。笔者之所以将它们统一归入混合说,是因为其立场的一致性,不论是模糊说的"至少过失",还是例外说的放弃区分,及至修法说的建议,它们都还保持着对污染环境罪罪过形式的探求,即在故意或者过失的范畴中进行思考。换言之,以上论者都没有放弃对"严重污染环境"结果的主观归属的考量,在笔者看来,固然这些观点在论证上或许还存在疑问,但是在摒弃客观归罪这一点上说无疑是值得肯定的。

既有的探讨中,混合罪过说的出现除了受我国学术思考中所存在的折中思维的影响之外,也有其自身的现实理由和论据。梳

---

① 田国宝:《我国污染环境罪立法检讨》,载《法学评论》,2019年第1期,第168页。
② 王晓辉、张文婷:《危害环境罪的主观罪过研究》,载《中国刑事法杂志》,2009年第4期,第46页。

理而言，主要包括以下内容。

第一，根据《刑法修正案（八）》的修法精神，不宜否认污染环境罪可以由过失构成，否则将导致在修正以前可以重大环境污染事故罪论处的行为在修正后却不能以污染环境罪论处，由此使得刑法修改提高了入罪门槛，这与从严惩处环境犯罪的修法精神相悖。

第二，从司法实践上看也不宜否定本罪过失犯的存在。因为过失污染环境的案件时有发生，如违反操作规程处置污染物而发生事故，行为人对事故结果在主观上并非希望或者放任态度，在不能认定故意的同时又否认本罪过失犯的存在，使得此类案件无法处理。

第三，从国外立法规定来看，污染环境罪主观方面涵盖故意和过失是通例：德国刑法和日本《关于危害人体健康的公害犯罪制裁法》均是从故意犯罪和过失犯罪两个方面来规定污染环境犯罪的，而我国刑法关于污染环境犯罪的规定主要集中在污染环境罪，宜主张其主观方面涵括故意和过失，以免人为限缩规制范围。这一论据也是二元修法说的核心理由之一。

第四，从刑法体系协调角度看，污染环境罪的符合罪过有先例可循。在《刑法修正案（八）》之后，刑法典中规定有复合罪过是不争的事实。例如，《刑法修正案（八）》增设的关于食品监管的犯罪（第四百零八条之一）涉及滥用职权和玩忽职守两种情形，无疑包括故意和过失在内，认定该罪属于复合罪过并无问题。[①] 由此承认污染环境罪的复合罪过也不至于出现体系上的突兀。

第五，混合罪过说不违背刑法规定，符合罪刑法定原则，因

[①] 喻海松：《污染环境罪若干争议问题之厘清》，载《法律适用》，2017年第23期，第76页。

为从法条规定来看,《刑法》第三百三十八条的表述在字里行间并不能得出该罪主观方面排斥故意或排斥过失的结论。

第六,从故意与过失的关系上看,不认同该罪主观方面可以同时容纳过失的观点,源于将故意与过失看成对立的关系,不能相容于同一条文之中。但是故意和过失处于一种规范性位阶关系,即在不清楚一个行为是出于故意还是出于过失时,根据存疑时有利于被告人的原则,能够认定为过失犯罪。① 换言之,如果肯定了故意的污染环境罪,那么从位阶关系上考虑就应当承认本罪存在过失犯的可能性。

第七,混合说不违背刑法理论,汪维才教授认为,刑法中的同一条款规定同一个犯罪存在两种罪过形式的现象并不罕见,因而复合罪过形式是客观存在的。"以复合罪过为主观要件的犯罪,其特征有四:1、皆为结果犯;2、主观方面系间接故意与过失的结合;3、犯罪主体多为特殊主体;4、具有多档次法定刑。"② 对照污染环境罪的罪刑设计,显然,其属于以复合罪过形式存在的犯罪。

第八,混合罪过说与相关司法解释和最高司法机关公布的若干典型案例相契合。2016年"两高"《关于办理环境污染刑事案件适用法律若干问题的解释》第一条第(一)至(八)项属于在故意支配下实施污染环境的行为;第(九)至(十七)项则属于以结果入罪的情形,要求致害结果出现或造成生态环境严重损害,这与2006年司法解释中关于重大环境污染事故罪的过失行为罪状的描述大体一致。故从司法解释的态度看,单一的故意说或过失说均不妥当。再者,在重大环境污染事故罪时期,司法实践中同

---

① 张铎:《污染环境罪罪过形式探究》,载《湖北警官学院学报》,2014年第1期,第65页。

② 储槐植、杨书文:《复合罪过形式探析——刑法理论对现行刑法内含的新法律现象之解读》,载《法学研究》,1999年第1期,第54—55页。

时存在将本罪作为故意犯罪和过失犯罪加以适用的案例；而在《刑法修正案（八）》之后，这一现象更为明显且影响力显著提高，最高人民法院 2016 年 12 月 26 日发布的 8 起环境污染典型案例明显承认本罪可为故意犯罪，而 2013 年山东省淄博市中级人民法院审理的"樊爱东、王圣华、蔡军污染环境罪"一案中，法院认定被告人属于过失犯罪。① 且该案于 2014 年 4 月 30 日也被最高人民法院确定为典型案例，从中不难看出我国最高司法机关的态度，即认为本罪的主观方面又是可以包括过失的。②

主张污染环境罪混合罪过论的学者还可能存在其他论据，但在笔者看来较为重要的是以上八项内容。之所以对其论据详加列举，是因为混合论者的观点颇具迷惑性，特别是在本罪罪过形式旷日持久的论争之中，非常容易被接纳，毕竟中间道路在很多人看来是较为稳妥的。然而在笔者看来，情况未必如此。以上众多主张和论据，看似合理，实则均存在难解之困惑，以下予以详述。

第一，关于否认污染环境罪可由过失构成会致使提高本罪的入罪门槛，使得以前可被追责的行为在现在反而无法处理，与修法精神相悖的理由在笔者看来是难以成立的。这一说法的逻辑前提仍然是将过往的重大环境污染事故罪视为过失犯罪，而将现下的污染环境罪的基本罪过形式视为故意犯罪，由此，为保证入罪门槛不被提高，便应当承认本罪存在过失犯的余地。但是，如前所述，早在重大环境污染事故罪时期，理论上便有将本罪视为故意犯的观点，若以此为论证前提则得出修法非但没有提高入罪门槛，反而降低了入罪门槛，因为在前后均为故意犯罪的情况下，将过去"造成事故"之类的表述改为"严重污染环境"后，能够

---

① 山东省淄博市中级人民法院（2013）淄刑一初字第 39 号刑事判决书。
② 汪维才：《再论污染环境罪的主客观要件》，载《法学杂志》，2020 年第 9 期，第 77—78 页。

成立本罪的情形显然增加了许多。此外，在混合说基本立场下承认本罪可为故意犯罪自然没有问题，但是仅仅为了所谓的不至于提高入罪门槛便主张本罪应当具有过失犯的存在空间的思路恐怕也是存在疑问的，笔者这里试图说明的是，确定某一犯罪的罪过形式虽然应当参考包括应罚性在内的诸多因素，但核心还是应当以具体犯罪的构成要件为依据。总之，混合说关于不宜否认本罪存在过失，否则便提高了入罪门槛的理由非但不能成立，而且在笔者看来恰恰是降低了入罪门槛。

第二，关于司法实践中存在故意违规操作等行为，但是对于结果的发生并无希望或者放任态度，不承认本罪过失的罪过形式便无法加以处置的理由显然也是不能成立的。此一肯定过失存在的理由与前述过失论者关于"对行为是故意的，对结果是过失"的论证路径是相同的，前文对此已有相应批驳意见，这里不再赘述。只简单列举一案予以说明，在"彭某、房某污染环境案"[1]中，彭某辩称污染环境罪应当是过失犯罪，而非故意犯罪；对此，法院认为本罪应属于故意犯罪，彭某、房某在明知马某的镀锌厂没有污水净化设备且属违法生产，仍在该镀锌厂工作形成废水并私自排放，两被告人和马某为共同犯罪。由此可见，在行为人对其行为持故意的情况下，其所谓的对结果持过失的存在可能性基本为零，特别是在环境保护这种高危领域从事风险活动，基本不存在没有预见或者轻信避免的余地，毋宁说行为人违规操作，其对结果发生至少也是持有放任心态。另外需要说明的是，退一步而言，即便真的发生了否认污染结果发生而行为又是故意的案件，在现有《刑法》规定中仍然可以找到惩治根据，如"过失以危险方法危害公共安全"便是可选项。即便适用本罪或许仍旧存在此

---

[1] 河北省石家庄市桥西区人民法院（2016）冀 0104 刑初 492 号刑事判决书。

前论证过的问题，也不能动辄断言否认污染环境罪的过失便无法加以处置而形成处罚漏洞。

第三，关于参考国外立法例的说法更是存在显而易见的疑问。包括上述持"修法说"的学者在内都认为，德国和日本的环境刑法在污染环境类的犯罪中都是从故意和过失两方面进行规定的，如李梁教授指出："德国环境刑法对罪过形式立法要详尽得多，不但有择一罪过立法，而且有双重罪过立法；而在我国环境刑法中，对罪过形式的立法则显得粗糙得多，既很难看出有择一罪过立法，也没有双重罪过立法。从实际效用上看，德国环境刑法中的择一罪过立法和双重罪过立法，显然为司法者确定环境犯罪的罪过形式和实现处罚的合理性提供了操作规程，也不至于出现关于环境犯罪罪过形式的论争，有利于保障刑事判决的确定性。"① 这里有一个论理上的问题，既然德日等国的立法对某罪明确规定了包括故意与过失在内的择一罪过或者双重罪过，那么在刑法解释上当然可以得出与此相应的结论。但是反观我国刑法，既然只规定了一个污染环境罪，而且未明确罪过形式，那么参考他国特殊的立法例便认为污染环境罪也应当存在过失难免依据不足，起码在文理依据上是存在欠缺的。换言之，不能以他国立法例来解释我国刑法所规定的罪名，这是违背刑法解释的基本原理的，毕竟解释还是应当以本国刑法文本为客体展开。周详教授对此说的则更为明确："然而不可否认的是，每个国家都要从国情出发制定适合本国适用的环境刑法。国外环境刑法立法只能作为参照而存在，不能用他国环境刑法的规定对我国刑法相关条文进行解释说明。我国适用的定罪量刑的法律只能由我国规定，不能涉及他国法律规

---

① 李梁：《德国环境刑法中的罪过形式立法及启示》，载《国外社会科学》，2020年第1期，第36页。

定，不能将借鉴上升为指导。"① 毋宁说，这一理由更多地应该视其为一种立法建议，如李梁教授在另一篇文章中强调："我国不仅应当学习德国关于污染环境罪的立法，而且应当借鉴德国在解决刑法明确性问题上的具体做法，这一点恰恰是我国当前的刑事法治建设中需要重点强调的。"② 不过这已经转向立法论的范畴了。从解释论上说，因为德日等国存在过失犯，便认为我国《刑法》中的污染环境罪也存在过失犯是站不住脚的。

第四，论者以《刑法》第四百零八条之一为例说明我国存在混合罪过的立法，所以第三百三十八条的污染环境罪也可以是混合罪过，对此笔者不予认可。首先，《刑法》第四百零八条之一规定的是一个或者两个犯罪尚且值得思考，因为从文本表述来看，其既包括滥用职权场合的故意，又包括玩忽职守场合的过失，最高司法机关在确定罪名时仅因为其存在于一个条文之中，在命名上将其确定为一个犯罪，这是否妥当还值得质疑。在笔者看来，本条实际上是规定了两个罪名：食品监管滥用职权罪与食品监管失职罪，前者为故意犯罪，后者为过失犯罪。虽然丁胜明教授指出："确定罪名时需要以犯罪构成为核心标准这一点是毋庸置疑的，但是，犯罪构成是否是确定罪名的唯一标准，这一点尚存在疑问。另外，犯罪构成的个数如何确定，在刑法理论上还没有进行深入讨论。"③ 但是在第四百零八条之一这里存在两个犯罪构成是无疑的，因此罪名确定上便应当有所区分，现行的此罪名显然存在问题。由是观之，以所谓刑法第四百零八条之一为例来论证

---

① 周详、夏萌：《论污染环境罪的罪过形式："故意说"之提倡与贯彻》，载《南京工业大学学报（社会科学版）》，2021年第1期，第35页。
② 李梁：《中德环境污染罪立法明确性之比较研究》，载《中国地质大学学报（社会科学版）》，2019年第5期，第34页。
③ 丁胜明：《罪名确定制度面临的主要问题》，载《重庆行政》，2019年第5期，第73页。

污染环境罪也应当是混合罪过,其论证前提就不能成立。其次,退一步而言,即便肯定《刑法》第四百零八条之一的关于食品监管失职的犯罪没有问题,也并不必然能得出污染环境罪也是混合罪过,因为四百零八条之一和三百三十八条两个条文的构造和表述完全不一致,特别是前者还存在过失犯的文理根据,而后者显然缺失了这一点。再次,再退一步来说,即便肯定这两个罪都是混合罪过,同时包含故意犯罪和过失犯罪,那么论者不得不面临这样的疑问:区分故意犯罪与过失犯罪的原因在于二者的可谴责性程度不同,那么将故意犯罪和过失犯罪规定为同一罪名且适用一个相同的法定刑,这是否如张明楷教授所质疑的那样,"在没有法律根据的情况下,对过失行为与故意犯罪适用同一法定刑,有悖于罪刑相适应原则"① 呢?而笔者所要进一步发问的是,这是否是对责任主义的背反呢?最后,以《刑法》第三百九十七条为例,同时在一个条文中规定故意犯罪和过失犯罪且适用相同法定刑的立法例固然也是存在的,但是正如黎宏教授所述:"分析第三百三十八条和第三百九十七的条文可以发现二者并无相似之处。刑法第三百九十七条将'玩忽职守'和'滥用职权'视为两种不同的行为,其中'玩忽职守'的用语直接表达了其过失的罪过形式,且司法解释确定的罪名也宣示了该条存在着两种不同的犯罪。刑法第三百三十八条所规定的'违反国家规定,排放、倾倒或者处置有放射性的废物、含传染病病原体的废物、有毒物质或其他有害物质……',无法区分故意和过失两种不同的行为。司法解释也仅对第三百三十八条确定了一个"污染环境罪"的罪名② 由此,即便以第三百九十七条进行类比分析,也无法得

---

① 张明楷:《罪过形式的确定——刑法第 15 条第 2 款"法律有规定"的含义》,载《法学研究》,2006 年第 3 期,第 98 页。
② 杨宁、黎宏:《论污染环境罪的罪过形式》,载《人民检察》,2013 年第 21 期,第 7 页。

出污染环境罪的混合罪过形式。总之，以所谓《刑法》第四百零八条之一或者《刑法》第三百九十七条所规定的两个犯罪为例进行体系上的论证，都难以说明污染环境罪的混合罪过形式。

第五，从罪刑法定主义思考当然没有疑问，但是论者认为从法条出发，第三百三十八条既没有排斥故意又没有排斥过失，所以便可以肯定混合罪过，这显然是无法为人们所接受的。首先，我国《刑法》所规定的大量犯罪都没有明确排斥两者，但是理论界和实务界都没有疑问地将众多犯罪认定为故意犯罪，其原因在于《刑法》第十五条第二款明确规定了"过失犯罪的，法律有规定的才负刑事责任"，因此只有存在明确规定"过失犯前款罪"或者过失犯的文理时才有可能将其确定为过失犯罪，这也是刑法以处罚故意犯罪为原则，以处罚过失犯罪为例外的应有之义。如果对每一犯罪都要明确其罪过形式，否则便认为均存在故意和过失的可能性，那么立法表述将陷入无尽的赘述之中，这完全不符合立法的精简性要求。其次，既然论者以罪刑法定主义为论证基础，而我国刑法总则仅明确区分了故意与过失两种罪过形式，没有规定第三种罪过形式。混合罪过说只能作为一种立法建议而存在，而不是解释观点，否则此一解释自身便存在违背罪刑法定的嫌疑。

第六，以故意与过失的位阶关系为据来论证污染环境罪存在过失犯也是无法成立的。首先，在传统意义上我们一般将故意与过失作为相互对立的两种罪过形式加以理解，如耶塞克和魏根特教授认为，"过失并非故意的减轻形式，而是与故意不同的概念。与故意犯罪相比，过失犯罪的不法内容和责任内容较轻，因为在后一种情况下，行为人不是有意识地违反法秩序的要求，而是由于不注意才违反的，因此在涉及同一事情时，故意和过失是相互排斥的。因此在不能认定行为人是故意还是过失的行为时，判例往往对行为人因过失犯罪作出有罪判决，但是这种做法是不能够被赞同的。而且,故意行为和过失行为也不存在择一认定的可能性,因为这两种应受处罚的行为,不存在更多或者更少这样的阶段关系。"① 如果坚持这种传统意见,否认故意与过失的位阶关系,那么就同一事实而言,存在故意的污染环境罪,便不可能再有过失犯的存在可能性。由此,在案件事实存疑时,应当考虑以他罪论处,而不能考虑论以过失的污染环境罪,这是毋庸置疑的。其次,退一步而言,应当承认晚近以来对上述传统的见解出现了较为强烈的质疑之声,如罗克辛认为,"故意和过失处于一种'等级关系中',因此在模糊的证据状况之下,根据'罪疑有利被告'的原理,就能够由过失而被判决。虽然,大多数人都承认故意和过失在概念上是相互排除对方的:一个容忍结果出现的人(间接故意),就不能同时信赖这个结果不发生(有意识过失);一个以构成行为情节的实现为目的的人(犯罪目的),对这样一种结果的可能性就不能是不知道的(无意识过失)。但是,这完全不能改变在故意和过失之间认定一种'规范性等级关系'的权限,也就是说,在同样的法益损害中,归责于故意的不法和罪责应当比归责于过失的更多。"② 依此逻辑,故意和过失就形成了一种论者所说的位阶关系,像张明楷教授所说的:"从不法角度说,结果回避可能性是故意与过失的共同要件;从责任角度说,他行为可能性是故意与过失的共同前提。换言之,回避可能性是故意与过失的基础概念。故意与过失的关系,是回避可能性的高低度关系,是责任的高低度关系,也是刑罚意义的高低度关系,因而是一种位阶关系。"③ 然而,即便承认故意与过失的位阶关系,就能得出污染环

---

① [德]汉斯·海因里希·耶塞克、托马斯·魏根特:《德国刑法教科书(总论)》,徐久生译,中国法制出版社2017年版,第757页。
② [德]克劳斯·罗克辛:《德国刑法学总论(第1卷)》,王世洲译,法律出版社2005年版,第730页。
③ 张明楷:《刑法学》(第五版),法律出版社2016年版,第282页。

境罪的混合罪过结论吗？笔者的答案是否定的。论者认为，按照这种位阶关系的理论逻辑，既然可以承认不法与责任处于高位阶的污染环境的故意犯，那么就当然可以存在与之相对的过失犯。但如果依此逻辑，会形成这种现象：刑法中规定的所有故意犯罪在逻辑上都包含着过失犯可谴责性，因此，过失犯的处罚会陷入漫无边际的局面，这完全违背了过失犯的例外处罚原则，必然为论者所不能接受，由此，以故意和过失的位阶关系来论证污染环境罪的混合罪过，这条路子看来是难以走通的。

第七，如汪维才教授等持混合罪过说者认为，混合说不违背刑法理论，并做了说明。首先，且不说论者所引证的"复合罪过"相关文献的科学性，即便承认此论证前提，污染环境罪也不符合所谓以"复合罪过为主观要件的犯罪特征"，比如，污染环境罪不属于身份犯，不需要特殊主体才能实施；再者，污染环境罪明确地存在直接故意，也不符合文献所界定的间接故意与过失的复合罪过。其次，论者所引证的储槐植教授等关于"复合罪过"的文献，是为了解决间接故意与有认识的过失的区分难题，德国学者韦尔策尔将此称之为"刑法中最困难和最有争议的问题之一"，对此，学者们提出过众多观点，"但是迄今为止的研究结论仍然是差强人意的。从八十年代中期开始，马克斯·普朗克外国与国际刑法研究所埃舍尔、科隆大学教授魏根特等学者提出了'第三类主观要件'的想法，将间接故意与有认识的过失作为一类单独的要件类型进行研究，但并未得到广泛的接受。"[①] 储槐植教授等于20世纪末开始提倡的"复合罪过"与这里的"第三类主观要件"基本相同，从二十余年的学术讨论来看，这一观念同样未能获得我国学界的广泛接受。所以，以本身就受到理论质疑的复合罪过来

---

① 李海东：《刑法原理入门（犯罪论基础）》，法律出版社1998年版，第63页。

论证污染环境罪的混合罪过，非但不能成立，反而还会受到违背刑法理论的指摘。

第八，关于以司法解释和相关典型性案例为据说明混合罪过符合司法实际的说法，笔者不以为然。首先，应当承认2016年"两高"的司法解释在内容上与此前的解释有承袭关系，但是论者所说该解释第一条第（一）至（八）项是在故意实施污染环境的行为；第（九）至（十七）项则属于以结果入罪的情形，与2006年司法解释中关于重大环境污染事故罪的过失行为罪状的描述大体一致的看法，为笔者所不能接受，因为在笔者看来，第（九）至（十七）项同样是在故意支配下所实施的污染行为而导致的结果，不能因为其沿袭既往，就认为这些解释的内容说明此类结果必然由过失导致，论者做这种联系存在过度牵连的嫌疑，正像艾柯所说的："从特定角度看，每一事物都与其他事物之间具有某种类似、相邻或者相近的关系，也许有人会走极端，认为在副词'同时'和名词'鳄鱼'之间存在着某种联系，因为至少二者都同时存在我刚才所说的那个句子之中。"① 此外，这种牵连式的做法基本上是主观解释论的思维，没有探寻规范的客观内涵。其次，司法解释虽然属于有权解释，但其效力仍不能与刑法规范本身相比，刑法所规定的污染环境罪的罪过形式，不可能反过来受限于司法解释的具体内容，倘若如此，司法机关便可以随时通过颁布解释的方式来修改具体犯罪的罪过形式，这显然是不能为人们所接受的。简言之，解释是对文本规范内涵的说明，但是文本的规范内涵不能由解释而定，这是解释学的一个基本道理。否则，陷入艾柯所说的"过度诠释"将成为不可避免的现象。最后，论者又以最高司法机关颁布的典型性案例来论证混合罪过，但这只能

---

① ［意］艾柯：《诠释与过度诠释》，王宇根译，生活·读书·新知三联书店1997年版，第57页。

说明实践中对本罪的罪过形式存在不同的认识，而不能说明混合罪过的合理性。更为重要的是，论者这里犯了事实与规范相混淆的错误，或者说，从实然中不可能推导出所有的应然，即存在不等于当为。之所以如此，是因为即使认识了某种自然秩序（事物的本性），也不能从中必然地推导出法律和道德的命题，正如康德所指出的："事实上，对于我们自己和我们行动的概念和判断，如果它们的内容仅仅是那些我们可以从经验中学得到的东西，那就没有道德的含义了；如果说，有人错误地想通过经验所得出的任何东西来制定道德原则的话，他就已经陷入最糟糕、最致命的错误的危险之中了。"① 总之，不能以实践中存在的，即便经最高司法机关认可的未必正确的实然判例倒推污染环境罪应然的罪过形式，否则，即便对某一问题没有争议，也可以通过制造事实争议的方式来逆推应然规范，这必然将我们引入巨大的法治风险之中。

总之，混合罪过说试图在故意说和过失说的论争中寻求第三条道路，但是其设想恐怕是难以实现的，正如混合说内部学者所质疑的那样："复杂罪过说最致命的缺陷在于其仍然没有说清污染环境罪的罪过形式到底是过失还是故意。换言之，按照复杂罪过说，污染环境罪的罪过形式是不确定的。此外，既然坚持认为污染环境罪的罪过形式既包括故意也包括过失，那么故意与过失之间是并列关系还是选择关系值得追问。如果是并列关系，那么就意味着行为人对严重污染环境的结果同时存在故意和过失，这显然不符合逻辑；如果是选择关系，那么在什么情况下是故意、在什么情况下又是过失呢？持复杂罪过说者并未给出答案。"② 而在笔者看来，对这些问题，混合说看来是难以作出令人信服的回答了。

---

① ［德］康德：《法的形而上学原理——权利的科学》，沈叔平译，商务印书馆1991年版，第19页。
② 苏永生：《污染环境罪的罪过形式研究——兼论罪过形式的判断基准及区分故意与过失的例外》，载《法商研究》，2016年第2期，第117页。

(四) 严格说的引进与质疑

面对污染环境罪罪过形式问题二十余年来无休止的争议，近来有学者立足于从严惩治环境犯罪的基本立场，提出可将本罪视为"严格责任"犯罪，从而消弭既有争议的同时实现刑事政策目标。如贾学胜教授提出："尽管美国环境制定法中规定了环境犯罪的罪责要件，但其法院却通过判例法免除了控方对部分行为要素的证明责任，从而使环境犯罪演变为严格责任的犯罪。这给我们的启示之一即应将部分环境犯罪确定为严格责任的犯罪。严格责任并不意味着绝对责任，换言之，实行严格责任的犯罪，除了部分行为要素不须证明主观过错外，其他客观要素仍需证明行为人有犯罪心态。"[①] 其实，这种主张并不是全新的观点，早在20世纪就有研究者提出了基本相同的意见："本罪（即污染环境罪）的成立仅以过错为依据已经不足以严格控制由于现代化生产建设高速发展所引起的对环境空前加剧的严重危害。因此，在采用过失责任制的同时，还应该考虑采用无过失责任，即有权利用环境的法人和行为人，有义务保证该行为不危害环境，一旦发生危害就应当承担其应负的责任，直至刑事责任。"[②] 这种立法建议在当时应当说还是颇具新颖性的，不过囿于历史条件，环境犯罪其时并非刑法参与社会治理的关键，再加上受传统观念的影响，此一说法未能引起学界和实务界的关注。只是近年来，环境刑法成为热门研究课题后，部分学者在对英美刑法中的"严格责任"作了研究的基础上再次将这种观点提了出来。如有研究者明确提出了在污染环境罪中引入严格责任的几点必要性："第一，在污染环境罪中

---

① 贾学胜：《美国对环境犯罪的刑法规制及其启示》，载《暨南学报（哲学社会科学版）》，2014年第4期，第60—68页。

② 赵秉志主编：《刑法修改研究综述》，中国人民公安大学出版社1990年版，第258页。

引入严格责任的根本动因是加强对环境利益的保护;第二,在污染环境罪中引入严格责任,能够解决主观上的认定问题;第三,严格责任并非是一种客观归罪,其坚持了我国刑法理论的主客观相统一原则;第四,在本罪中引入严格责任是提高诉讼效率的客观要求。"① 这几点理由可以视为主张严格责任说的基本共识。司法实践中似乎也有承认严格责任的些许倾向,如在"邓某污染环境案"②中,邓某及其辩护人认为,被告人文化程度低导致认知能力受限,主观上没有恶意,未能认识到自己的行为会造成污染环境的后果;而审判机关认为"主观上没有犯罪故意并不影响本罪的成立,故不采纳该辩护意见。"审判机关的这一表态,或许认为本罪是过失犯罪,当然也存在认为本罪是严格责任的可能性。由此,污染环境罪的罪过形式的论争已经影响到司法实践对本罪的适用。

不得不承认的是,"主客观相统一当然是刑法在定罪量刑时应该坚守的原则,但是原则之所以存在是因为有例外,原则的普遍约束力与原则中的例外并不完全对立,甚至可以说是相互并存的。"③ 但即便如此,在污染环境罪中引入严格责任制度是否真的可行呢? 贸然做出肯定结论想来并非明智的选择,在对严格责任制度做出相应了解之后再结合污染环境罪加以理性分析方为可行之道。

实际上,在英美刑法理论中,严格责任只是"无过错责任"(liability without fault)的一种具体类型,这种"无过错责任"也被译为"无过失责任"或者"无罪过责任",不过后两种译法是否完全准确,还有待考证,毕竟在部分西方刑法学的论著中,还存

---

① 张飞飞:《污染环境罪立法完善问题研究》,载《重庆理工大学学报(社会科学)》,2013年第5期,第56—57页。
② 河北省张家口市宣化区人民法院(2017)冀0705刑初183号刑事判决书。
③ 孙国祥、魏昌东:《经济刑法研究》,法律出版社2005年版,第52页。

在将其归入过失犯罪的范畴之中的做法。① 相比而言，笔者认为称其为"无过错责任"似乎更为慎重。无过错责任最早的历史渊源似可追溯到欧洲的古代时期，此时，"凡是给他人造成重大损害的行为都要受到神的严厉惩罚，使罪犯受到严重的痛苦是为了安抚受到亵渎的神灵，但是与这种见解相联系并最终保留下来的，是这样一种观念：一个人当其所实施的行为造成了明显的损害结果时，他就应当对之承担责任。这是一种由自然观念和迷信思想构成的原始的因果观。"② 可以看出，这显然属于古欧洲的结果责任思想。不过这种结果责任的思想并未始终延续，在其后的历史流变中形成了"这样一种伦理观念：一个人只有当他在行为时认识到自己所干的是坏事时，对他施以刑事惩罚才是适当的。因而在犯罪问题上，注意力被坚定地引向了心理因素。"③ 由此，也就形成了在传统英美刑法中所恪守的"非具本人罪过的行为不使人有罪"（actus non facit reum nisi mens sct rea）的古老原则，因此在英美普通法中其实不存在无过错责任，只是伴随着近代工业发展的高度社会化，经济活动异常频繁和复杂，高度危险行业迅速增长，各种业务性犯罪数量上涨，无过错责任才应运而生并成为近代以来英美刑法中刑事责任的归责方式之一，并且主要出现在制定法之中，而且还经常和工商企业的活动联系在一起，所以也有些刑法著作把它们视为法人法罪的一种情况。当前，在英美刑法中所说的无过错责任，从广义上应当作这样的理解，即在特定情境之下，某一行为构成犯罪并对行为人追究刑事责任并不以其本

---

① 张炳明等：《过失犯罪的理论与实践》，中国人民公安大学出版社1988年版，第39页。

② ［英］J·W·塞西尔·特纳：《肯尼刑法原理》，王国庆、李启家等译，华夏出版社1989年版，第6页。

③ ［英］J·W·塞西尔·特纳：《肯尼刑法原理》，王国庆、李启家等译，华夏出版社1989年版，第13页。

人具有罪过或者犯罪的心理状态为必要条件，只要本人或者他人实施了相应的危害行为造成了对应的危害后果，便应负刑事责任。

通常而言，英美刑法中的无过错责任包括三种具体情形：首先是严格责任（strict liability），也被称为绝对责任（absolute liability），"在某些特殊的犯罪中，即使被告的行为不具有对被控犯罪必要后果的故意、放任或者过失，即使被告的行为是基于合理的错误认识即认为自己具有犯罪定义所规定的某个特殊的辩护事由，他也可以被定罪。在这种情况下，被告人虽然没有任何过错，但却要承担刑事责任，这种责任被称为严格责任。"① 这是一种绝对的严格责任，在学理上还存在一种相对的严格责任，即只要行为人实施了刑法禁止的行为，控方就推定行为人行为时具有主观罪过，但行为人有权针对控方的有罪过推定提出辩护。因此二者的区别就在于是否允许被告人提出辩护理由。不过这种细微区别并不能掩盖二者在刑事政策上所体现的共同价值取向，即损害一定的个人利益，求得对公共利益最大限度的保护。不难看出，严格责任冲淡了刑法历来具有的道德力量，不再关注对被指控者的正义问题。其次是代理责任（vicarious liability），也被翻译为替代责任或者代位责任，其所指涉的是一个人虽然没有罪过，但是由于其处在一定的地位或者职位，要对他人的危害行为负有责任。"通常而言，一个人对他人的行为负责，在民法中是很普遍的现状。民法领域中代理责任的概念在某种意义上已渗透到了刑事法律领域，在刑法中不仅借用了代理责任这一名词术语，而且出现了一个人对他人的行为或精神状态承担刑事责任的例外规定。故而在刑事领域中出现了这么一种状态，即通常一个人不对他人的行为承担责任，代理责任却是这一原则的例外，并且由于他人的

---

① ［英］鲁珀特·克罗斯、菲利普·A·琼斯：《英国刑法导论》，中国人民大学出版社1991年版，第67页。

行为，有时甚至精神状态均可归罪于被告，因而它是一种有建设性的责任。"① 由此，我们发现，这种代理责任实际上与严格责任存在重大区别，他非但不要求必须具备本人的罪过，甚至也不必然要求存在本人的行为，而不过是基于特定的地位来对他人的行为负责。当然，这种代理责任的适用范围是存在相应限制的。最后是法人责任（enterprise liability），也被称之为单位组织体责任，是指法律规定要求一定的单位组织体为其单位内部特定人员的危害行为负担刑事责任，其中主要是法人责任。这种法人责任可被视为严格责任和代理责任的结合体。从不要求罪过的角度看，它是严格责任；从为单位内部人员的行为负责来看，它又是一种代理责任。在这三种无过错责任中，严格责任是最为主要的，以至于人们通常用其直接指代无过错责任，这是我们应当注意区分的一点。学术史上，也有观点认为无过错责任只包括前两种，即严格责任与代理责任。② 不过在笔者看来，作为两者复合体的法人责任不应当被排斥在外。

在对英美刑法中的无过错责任进行了最初步的介绍之后，笔者发现，理论界相当一部分学者所提出的在污染环境罪中引入"严格责任"制度的设想，其实并非最初意义上的绝对严格责任，而是前述的相对严格责任。如有研究者明确指出："相对严格责任是现代风险社会惩治环境犯罪的理性选择，这并非是对传统刑法归责原则的否定，而是顺应风险社会的必然。适用该归责原则，不仅彰显刑法在惩治与预防环境犯罪上展现的积极姿态和与时俱进包容的态度，还对保护国家、社会、公民个人的环境权有着特

---

① 童德华：《刑事代理责任理论介评》，载《法学评论》，2000 年第 3 期，第 84 页。

② 欧阳涛等：《英美刑法刑事诉讼法概论》，中国社会科学出版社 1984 年版，第 57 页。

殊的时代意义。"① 也有学者认为,"在环境犯罪中,为了维护被告人的合法权益,在适用严格责任时应当赋予被告人辩护权,允许其针对主观罪过提出辩护理由。由于严格责任的举证责任倒置方式将被告人置于诉讼中的不利地位,因此,应当适当降低被告人的证明标准,具体来说,被告人提供的证据无需达到'排除合理怀疑'的证明标准,只要被告人提供的证据相对于控方的证据处于优势地位,且足以说服法官相信其无罪过,而控方又不能进一步提供'不容置疑证据'进行反驳,就不能认定其有罪。"② 之所以形成这种局面,储槐植教授颇具先见之明地做了精到的分析:"绝对责任原则上没有合法辩护的余地,为保存这一制度的实用效益,同时有必要淡化其客观归罪的色彩、弱化不公正弊端,近年来美国司法实践中出现了证明责任的倒置的折中方式,即如果被告人不能证明自己没有罪过则被推定有罪。相反,被告人能够证明自己的行为缺乏任何一种犯罪心态,即可免除刑事责任,这称之为'善意辩护'(good faith defence)。这在效果上将绝对责任转变为推定责任。对可以善意辩护免责的绝对责任,学者宁愿称其为'严格责任',因为'绝对责任'已经并不绝对。"③ 然而,从绝对严格责任转移到相对严格责任果真能公正有效地解决污染环境罪的主观归属问题吗? 笔者尚抱持保留态度。以下拟对严格责任的引进分别从理论、实践和价值三个层面提出部分质疑。

首先,从理论层面来看,严格责任本质上是结果责任的变种,与我国所奉行的罪责原则相悖。如前所述,无过错责任最早可追溯到古代欧洲的结果责任思想,而绝对严格责任实际上正是这种

---

① 杜文俊:《以相对严格责任的选择适用应对环境犯罪》,载《上海法治报》,2017年6月7日,第B05版。
② 谷永超:《我国环境犯罪中引入严格责任的立法考量》,载《人民检察》,2017年第12期,第61页。
③ 储槐植、江溯:《美国刑法》,北京大学出版社2012年版,第54页。

结果责任的体现，不过是在不同的历史时期得到了新的称谓而已，这并不能改变其本质。与之相对的，无过错责任中的代理责任实际上也不过是古代团体责任的变种，即便其在适用范围上还受到限制。面对结果责任与团体责任的新形态，我们有必要回顾一下罪责原则的简要历史渊源："古代刑法中，责任的产生源于客观的法益侵害结果，而且往往被归属于一定的团体。古希腊虽然区分了故意和偶然行为，但只要客观上造成了法益侵害结果，就要承担刑事责任的客观责任或者结果责任，以及以血族复仇为代表的团体责任观念仍然占据主导地位。到罗马中期，恶意的观念诞生了，客观事实和行为人之间的主观的、心理的联系就成了科处刑罚的前提，并采用了故意的概念，采用过失概念的则是中世纪的《意大利刑法典》。到近代，以启蒙时期以后的个人主义为背景，主张只有和行为人具有心理上的关系的事实才是处刑基础的责任原则占据了主导地位。与这种演变并行，行为人的个人地位逐渐得到尊重，结果责任、团体责任的思想逐渐转向主观责任和个人责任的立场。"① 主观责任和个人责任奠定了现代刑法中罪责原则的基础，没有责任便没有规范，进而也将失去维系现代社会存续的纽带。德国学者 Hafter 不免遗憾地认为："如果说责任问题是刑法的根本问题，那么明确责任概念就是第一要求，但是我们离这种状态还很远。实际上，运用法律技术是不能完全把握责任概念的。不仅如此，在应该成为法律学的帮助者的哲学中，也没有成功地阐明人类责任的本质，没有使法律学能够把它作为一个确定的，普遍承认的概念来使用。"② 即便如此，中外学术界在主观责任和个人责任问题上还是达成了基本共识，而且在此基础上所发展演变的心理责任、规范责任、功能责任及至当前部分学者所

---

① 贾济东：《外国刑法学原理》，科学出版社 2013 年版，第 282—283 页。
② ［日］木村龟二：《刑法的基本问题》，有斐阁 1979 年版，第 251 页。

讨论的商谈责任无不显现着"罪责原则"作为近现代刑法基石的重要作用。在这种罪责原则向前发展的历史潮流中，基于所谓应对社会风险的必要性等理由，逆潮流而动将结果责任和团体责任改造成（相对）严格责任与代理责任并试图将其适用在部分犯罪中，且不说能否解决所谓的问题，单就与罪责原则相悖这一点就必须要求相关论者提供有说服力的解释，否则便只能认为其不过是借由这种古代罪刑擅断的变种形式以实现其为了处罚而处罚的内心冲动而已。再者，从规范上来说，我国《刑法》第14、15和16条也明确了罪责原则，虽然造成了法益侵害结果，但不是出于故意或者过失的不可抗力和意外事件等都不认为是犯罪，因此，主张在污染环境罪中走历史的回头路来引入严格责任与实定法之间看来也明显存在着难以调节的紧张关系。正如陈兴良教授在20世纪便对在公害犯罪中引入严格责任提议的观点所作的结论："总之，我们认为在当前我国刑事立法与司法实践中不存在严格责任，而且将来也不应当采用严格责任。罪过责任始终是我国刑事责任的原则，无过错责任与我国刑法的性质是背道而驰的，应予否定。"[①] 相同观点还如冯亚东教授所说："在刑法领域内应当彻底摒弃严格责任原则！类似的做法只能严格限定在民法及各个行政法的领域内实行。"[②]

其次，从实践层面来说，容许提出辩护事由以推翻指控的相对严格责任在我国当下的刑事司法体制中不具有现实可行性。为了解决绝对严格责任与结果责任过分亲近的问题，部分研究者主张容许辩护以推翻存在罪过的推定的相对严格责任，这种相对严格责任实际上对程序正义提出了较高标准的要求，应当说这还是

---

① 陈兴良：《刑法哲学》，中国政法大学出版社1997年版，第203页。
② 冯亚东：《理性主义与刑法模式》，中国政法大学出版社1999年版，第109页。

处于理想化的设计之中。诚然，程序是法治与恣意的分水岭。然而，反观我国的刑事司法现状，毋庸讳言，"'重实体轻程序'现象的存在或难以扭转，存在着复杂的因素，尤其当涉及历史传统及文化因素时，要实现实体与程序并重的转型可谓举步维艰。"①当前正在开展的包括以审判为中心等内容在内的各项司法体制改革应当认为还是在建构符合中国国情的诉讼程序的尝试之中，存在众多现实疑问有待解决：如以审判为中心和检察机关在刑事司法中的主导地位之间是什么关系；以审判为中心和全面大力推行认罪认罚之间是否存在矛盾，等等；在大量的现实问题未能理清的背景下对污染环境罪采取相对严格责任，单纯从程序上看，其可行性就存疑；试图从程序上缓和相对严格责任所带来的人权风险，在程序并不健全的我国现下着实难以实现。再者，一旦在本罪主观归属上采取相对严格责任，就出现双重举证责任倒置的现象，本书在污染环境罪"疫学因果关系适用的四重限定"中已经设计了推定存在疫学因果关系的反证许可，此处如果在主观归属的问题上再次进行推定，而由被告人负担不存在"罪过"的举证责任则导致在认定本罪的主客观层面都加以推定，特别是对非常难以证实的主观方面也进行推定，这种风险已然超越了现有刑事司法体制所能承受的范围。此外，根据侯艳芳教授的研究，"我国刑罚权力的制衡机制、法官自由裁量权的有限性、环境刑法的行政化以及环境侵害行为的经济性等因素决定了我国环境犯罪惩治不宜适用严格责任制度。"② 这四点理由无疑是在对我国刑事司法体制运行现状的深刻洞悉的基础上所提出的，直至当前仍能适用。总之，将相对严格责任引入污染环境罪的主观归属中与我国现下

---

① 梁平、陈焘：《论实体法与程序法的关系——兼谈"重实体轻程序"问题》，载《武汉理工大学学报（社会科学版）》，2014 年第 6 期，第 1075 页。

② 侯艳芳：《我国环境犯罪惩治中严格责任制度之否定研究》，载《河南大学学报（社会科学版）》，2010 年第 4 期，第 56 页。

的刑事司法体制难以实现共生共荣。

最后，从价值层面来讲，在本罪中引进严格责任的设想所带来的问题，终极意义上是公正与效率的冲突问题。20世纪五六十年代，随着工业的高速发展，经济活动的日益频繁，西方国家遇到了严重的环境污染问题，为改善不断恶化的环境状况，英美法系很多国家对环境犯罪开始采用严格责任，以期达到环境保护的目的。其后部分大陆法系国家面临相同社会问题时，也出现了采纳严格责任的做法，如"法国《农业法》有关水污染犯罪的规定，就是以实质犯罪或者客观的实体侵害行为为事实基础，在法制上建立了严格责任的立法例。"① 但是必须引起注意的是，源自英美等国的严格责任制度，其背后是功利主义思想作为适用该制度的支撑，以实现其效率追求。正如有研究者所归纳的："环境犯罪严格责任制度的确立，一方面表明了社会对该类行为的关注和谴责，即社会的需要；另一方面起诉和审判无须证明行为人有犯罪心理，也是便利诉讼的考虑。"② 社会需要与诉讼考虑无不彰显着英美刑法对功利目标的追求，然而即便在英美法国家，对这种功利主义追求也不无质疑，如美国学者弗莱彻便指出："尽管功利主义者们砥砺了我们对刑罚之于社会损益的敏感，但这种对目的的强调已经分散了我们的注意力，使我们不再关注对被指控者的正义问题。制裁是否有利于社会，这个问题已经淹没了那个更基本的追问：给予被指控者的刑罚是否具有道德上的正当性。"③ 刑法学先贤贝卡利亚的批判则更为辛辣："一些难以证实的犯罪，允许对其进行

---

① 黄霞、董邦俊：《环境资源犯罪研究》，中国法制出版社2004年版，第150页。
② 赵秉志：《环境犯罪及其立法完善研究——从比较法的角度》，北京师范大学出版社2011年版，第106页。
③ [美]乔治·弗莱彻：《反思刑法》，邓子滨译，华夏出版社2008年版，前言第1页。

专断的推定，即所谓准证据、半个证据，好像一个人可以是半个罪犯，或半个无辜者，也就是说，一半可受罚，一半可开释；这就是那些残酷偏激的学者教给法官们的法律和规章。"[1] 有必要指出，这些批判并非要完全放弃对功利目标的追求，笔者所欲强调的是"法律的主要作用之一就是调整及调和种种相互冲突的利益，无论是个人利益还是社会利益，这在某种程度上必须通过颁布一些评价各种利益的重要性和提供调整这种利益冲突标准的一般性规则方能实现。"[2] 英美法国家在其功利主义的法治理念和相对完善的司法运行体制之下推行容许反证的相对严格责任正是这种调整利益冲突的一般性规则。然而即便我国同样存在着惩治污染环境犯罪的功利目标，这也不能动摇中国司法理念中"公正优先，兼顾效率"的基本价值诉求。效仿英美，在污染环境罪中推行相对严格责任制度，无疑将功利置于前排，严格责任制度在本罪中撕开一道口子，以后举凡陷入证明困境时便会将视线转移到严格责任上来，这种可以料想的现象一旦出现，那么这种功利本身便蕴藏着最终被否定的基因，这无疑是功利主义者同样不愿意目睹的残酷现实。我国的法治建设至少现阶段还处在对司法公正的努力探寻之中，"让人民群众在每一起司法案件中都感受到公平正义"仍然是"全面推进依法治国，解放和增强社会活力、促进社会公平正义、维护社会和谐稳定、确保党和国家长治久安的根本要求"。[3] 由此，于价值层面而言，在我国现下以污染环境罪为切入点推行相对严格责任制度恐与"公正优先，兼顾效率"的司法理念不符。

---

[1] ［意］切萨雷·贝卡里亚：《论犯罪与刑罚》，黄风译，北京大学出版社2008年版，第78—79页。

[2] ［美］E·博登海默：《法理学：法律哲学与法律方法》，邓正来译，中国政法大学出版社2004年版，第414页。

[3] 王晨：《习近平法治思想是马克思主义法治理论中国化的新发展新飞跃》，载《中国法学》，2021年第2期，第13页。

二、污染环境罪故意说的再提倡

以上对理论与实践中关于污染环境罪罪过形式的过失说、混合说和严格说的三种观点分别进行了解构，虽然笔者在该具体问题上并不同意这些观点，但是在对其进行批判性论证的过程中发现，本罪的罪过形式实际上只能为故意，而非过失，更非混合，绝非严格责任，对本罪罪过形式的理解并不局限于本罪，而在实际上牵扯到有关刑法学中故意的基础理论等内容，以下展开分析。

（一）故意贯通两个历史时期：客观超过要素的发现

如前述，以 2011 年《刑法修正案（八）》为界，《刑法》第三百三十八条经历了重大环境污染事故罪和污染环境罪两个历史时期；其罪过形式也经历了由过失"一边倒"至今天的"多边争鸣"。三十余年来的学术讨论和司法实践似乎都认为由于立法不明确而使得本罪存在罪过形式确定上的问题，然而在笔者看来，既往的思路无疑都陷入了逻辑分析的怪圈。作为典型的故意犯罪，污染环境罪故意的罪过形式实际上横跨了两个历史时期，从重大环境污染事故罪到污染环境罪，本罪的罪过形式始终未曾发生改变。不过是因为数十年来我国环境刑事治理观念的改变遮蔽了我们的视野，但是晚近以来刑法学知识形态的转型，为我们重新审视此问题提供了全新的视角。

围绕本罪罪过形式的讨论，在笔者看来，追根溯源在于如何理解"严重污染环境"这一要素，之所以形成过失说的观点，除了沿袭过去的"事故类"犯罪以外，还存在前述的所谓"对污染行为是故意的，但是对造成'严重污染环境'是过失的"等理由，这一论证逻辑的谬误前文已做了分析，不再赘述。这里只附带说明一点，按此逻辑，任何行为人都可以说，其对行为实施是故意的，但对造成法定结果是过失的，即其否定结果的发生，因此刑法中的所有结果犯都将陷入罪过形式的争论之中，这是不可思议的。正是因为陷入这一逻辑怪圈之中，围绕行为人对"严重污染环境"结果的认识问题展开了无休止的讨论。司法解释也不得不跟进增添各种新的情形，由此导致这一问题更加复杂化，以司法解释为根据分析本罪罪过形式成为部分学者的研究路径。正如有学者所述："我国目前有关污染环境罪的争论，在一定程度上可归结为如何给'严重污染环境'背书。'严重污染环境'的司法解释将异质性内容强行杂糅其中：既保守地残留着原来重大环境污染事故罪的内容，也激进地设定了足以'严重污染环境'的特定行为。"① 因此，解决了"严重污染环境"的体系定位问题是明确本罪罪过形式的前提。

　　本书在污染环境罪的客观要件中研讨了"严重污染环境"，并将其作为法定结果的罪量要素加以分析。从这一体系安排出发，"严重污染环境"似乎又成为故意的认识内容，一旦如此，则再次陷入此前的逻辑纠缠之中，但是笔者对此不以为然。这涉及故意的基础理论问题。

　　何为故意，刑法学理上以其与过失的关系问题为核心，存在认识说、意志说和容认说的基本格局。"十九世纪的刑事立法一般并不明文规定犯罪故意的含义，因此刑法理论上的认识主义和希望主义分歧有碍司法的统一性与严肃性。二十世纪以来的刑事立法基本上采用容认主义规定犯罪故意的定义，自容认主义学说在刑法理论上占据统治地位之后，犯罪故意的界说似乎已经统一。"② 故意，"既然是指犯罪事实之认识，则故意就是由该当特定构成要

---

　　① 张志钢：《摆荡于激进与保守之间：论扩张中的污染环境罪的困境及其出路》，载《政治与法律》2016年第8期，第79页。
　　② 高铭暄：《刑法学原理（第2卷）》，中国人民大学出版社2005年版，第14—15页。

件之客观事实之认识以及实现该内容之意思而成立,前者为故意之认识要素(知的要素),后者为故意之意思要素(意的要素)。"①简言之,按照广为接受的容认说的基本观点,故意即行为人对客观构成要件要素的事实性前提条件的认识与容认。由此产生一个重要问题,故意的认识客体究竟为何,按照耶塞克等学者的观点:"故意必须涉及针对客观构成要件的所有要素。"② 这就是说故意必须认识到全客观构成要件要素的事实性前提条件。"依照主流的见解,故意作为心理上的事实,是在对属于构成要件的所有客观方面行为情形都拥有认识的情况下所具有的实现某个构成要件的意志。"③ 但是笔者以为,故意的对象并非铁板一块,起码在因果关系是否需要认识的问题上还存在争议,这说明,在理论上完全可能存在不需要认识的客观构成要素,由此故意对象未必是全客观构成要素,这也就为我国学者所研究的"客观的超过要素"提供了空间。张明楷教授认为,"即使是构成要件,也不意味着必须在主观上或客观上存在着完全与之相对应的事实。主观的超过要素概念,表明有些主观要素不需要存在与之相对应的客观事实;同样,有些客观要件也可能不需要存在与之相应的主观内容,这便是我要提倡的'客观的超过要素'概念。客观的超过要素仍然是犯罪构成要件的要素,即仍然属于犯罪构成的内容,而不是犯罪构成要件以外的内容,不是所谓的客观处罚条件。于是,犯罪构成作为认定犯罪的唯一法律标志的观念仍然得以维持,从而避免

---

① 陈子平:《刑法总论(2008年增修版)》,中国人民大学出版社2009年版,第128页。
② [德]汉斯·海因里希·耶塞克、托马斯·魏根特:《德国刑法教科书(总论)》,徐久生译,中国法制出版社2017年版,第397页。
③ [德]约翰内斯·韦塞尔斯:《德国刑法总论》,李昌珂译,法律出版社2008年版,第120页。

体系上的混乱。"① 这里有必要说明的是，从维护犯罪构成的功能角度出发，避免在犯罪构成之外呈现出认定犯罪的依据而提倡与客观处罚条件不同的客观超过要素概念，主要是体系上的差异而已，实际上这两者之间在具体内容上并不存在本质的区别，二者所指向的客体都是不需要现实认识的客观要素。当然，从可接纳性和约定俗成考虑，本书也使用客观的超过要素的概念。

从故意的认识对象出发，引出客观的超过要素，笔者所欲说明的是"严重污染环境"正是客观的超过要素。不仅如此，重大环境污染事故罪时期的"造成重大环境污染事故，致使公私财产遭受重大损失或者人身伤亡的严重后果的"同样是客观的超过要素。对这种客观的超过要素，行为人主观上并不需要具备现实的认识，而只要存在认识可能性即可。由此，重大环境污染事故罪和污染环境罪都不需要对作为结果要素的现实认识，数十年来，本罪的罪过形式都是故意，而本罪故意的现实认识内容，只是行为人违反国家规定，转移或者处置特定污染物的行为，此外附加对结果的认识可能性。

将作为罪量要素的结果作为客观的超过要素，放弃行为人对此要素的现实认识，并非独特的做法。较早的否定结果要素的意义由来于主张极端的一元行为无价值论的德国波恩学派，他们曾经认为"将结果看作不法要素的观点违反了现代刑法中的责任原则"。② 这一观点现在看来当然是不合适的，但是它为我们提供了思路上的启发，在不法要素中，虽然应当重视结果，但一定不能忽视行为不法，特别是不能以结果要素来遮蔽行为要素，而且对

---

① 张明楷：《"客观的超过要素"概念之提倡》，载《法学研究》，1999年第3期，第28页。
② 陈璇：《德国刑法学中结果无价值与行为无价值的流变、现状与趋势》，载《中外法学》，2011年第2期，第382页。

其中的部分结果要素的功能定位还应当进行新的思考。实际上，"大陆法系国家刑法理论起先承认的这些客观处罚条件，与行为本身没有直接关系，通常是第三者行为的结果，因此，与行为人的故意内容没有任何关系。后来，出现了扩大客观处罚条件的内容或范围的趋势。德国近数十年来的刑法改革，运用了不少客观处罚条件，特别是一些行为的结果也被认为是客观处罚条件。例如，德国刑法第227条规定'参与斗殴或者参与由多人实施的攻击行为，如果该斗殴或者攻击造成人的死亡或者重伤的，对参与行为者处三年以下自由刑或者罚金。'德国刑法理论认为，其中的'造成人的死亡或者重伤'就是客观处罚条件，行为人对此不必有故意。即行为人参与斗殴或者数人的共同攻击时，原本就构成犯罪，但刑法规定只有在致人死亡或重伤时才处罚，而致人死亡或者重伤却与行为人的互殴故意无关。"[1] 既然如此，将"严重污染环境"以及过去的"事故和结果"之类的要件表述同时都理解为我国语境下的客观的超过要素，自然也未尝不可。这里需要附带说明的一个问题是，如何理解重大环境污染事故罪构成要件中的"事故类"表述。换言之，通常"造成事故"是过失犯罪的文理依据，此处的事故为何与其他过失犯罪之间存在差别。笔者认为，"发生事故"的构成要件表述通常属于"法律有规定的"过失犯罪，这本身没有问题，但是不应将其绝对化，有德国学者认为："如果法律在不同的地方采用相同的概念与规定，则应认为这些相同的概念与规定是一致的。"[2] 这只能认为是一种虚幻的设想，事实上不可能如此。正如考夫曼教授所说："某个字在法律秩序中，并非都是同一意义；法律概念的意义取决于法律关系所需的内涵；但若因此认为这是'相对的法律概念'则是误会，正确的用字是'关

---

[1] 张明楷：《刑法学》（第五版），法律出版社2016年版，第499页。
[2] ［德］伯阳：《德国公法导论》，北京大学出版社2008年版，第24—25页。

系的',因为法律概念的意义以其所碰到的关系来决定。"① "造成重大环境污染事故"在笔者看来,不过是其后"致使公私财产遭受重大损失或者人身伤亡的严重后果"的同位语,也就是说,这里的所谓"事故"并不具有实体上的意义,其与典型过失犯罪中的"事故"类表述所发挥的提示功能之间存在根本不同。可以说,这一没有实体意义的"事故"表述造成了学术界长达数十年的误解,这启发我们,法条用语表达作为刑事立法技术的重要内容,值得高度重视。恰如有研究者所述:"条文精确、用语明晰、逻辑严密是其最高境界,这既利于司法操作,也有利于人权保障。"②

如前所述,分属两罪的"严重污染环境"以及"事故、损失和后果"等作为客观的超过要素,并未否认其仍然是客观的构成要件要素,也就是说其仍然属于不法要素,这也是在我国刑法学语境下与德日客观处罚条件之间所存在的一个体系上的重要区别。不管是从刑事立法或者是从刑法理论上来说,结果要素在一般意义上而言都属于不法的必要组成部分,将其作为客观的超过要素也并未否定这一基本点。其原因是多重的:首先,从刑法文本上来看,众多罪刑规范的结果要素非但成为刑罚适用与否的前提,甚至于还能影响到刑罚的种类与幅度,既然结果要素能够影响到刑罚的轻重程度,那么就理当具备影响不法程度的功能,由此其不得不成为不法要素之一,而我国刑法中的客观的超过要素并未超脱于结果要素的这一功能。其次,从社会心理学的视角来看,如果把"严重污染环境"等结果要素视作客观的超过要素,并否定其在体系上属于不法要素的话,那么将导致结果的发生与否沦

---

① [德]亚图·考夫曼:《法律哲学》,刘幸义译,五南图书出版有限公司2000年版,第97—98页。
② 童德华:《现行刑事立法技术"六维"评价》,载《法学》,2000年第11期,第13页。

为纯粹的处罚必要性的判断标准,一旦把结果不法的意义归结为以社会心理需要为基础的处罚必要性,那么在逻辑上甚至可以推导出结果不法乃至于全体客观构成要件要素都成为处罚必要性的标准,都不得不依赖于"愤慨的群众"此种社会心理标准,如此一来,就完全沦为以阴晴不定的社会情绪为依据了,届时现代刑法学恐怕亦不复存在。最后,如果将"严重污染环境"的结果视作超越于不法要素的客观要素,那么就可以认为这种结果与构成行为之间也不必存在因果关系了,但这显然是不能成立的。综上,"严重污染环境"等客观的超过要素,仍然是客观的构成要件要素即不法要素。当然,必须在这里强调的是,将结果要素作为客观的超过要素,并非刑法学理上的惯常做法。易言之,对客观超过要素必须做出有限的认定,把结果普遍作为客观超过要素的做法显然是不可取的,作为客观超过要素的结果与一般意义上的构成要件结果之间所存在的核心区别即不再要求行为人主观上对其存在现实认识,而只是一种认识可能性,因此推而广之的做法便存在滑向客观归罪的现实风险,这是我们所必须规避的。德日的客观处罚条件原初的价值在于其在不法与责任之外增设了处罚必要性的判断层次,这对于限制入罪是有价值的。但是其在逐步得到推开之后,反而在某些方面更为便利入罪了,毕竟此种要素的存在放弃了行为人的现实认识。张明楷教授在中国语境下提倡客观的超过要素时,对其本身曾经做出过诸如只能限制处罚范围等相关条件的限定,这是必要的工作步骤。在某一具体犯罪研究领域,如果要认定其中存在客观的超过要素,在笔者看来,至少应当具备刑法理论逻辑的自洽性和社会现实背景的必要性,特别是后者尤为值得引起我们的重视,不能仅仅因为可以实现理论上的自圆其说便肆意认可客观超过要素的存在,唯有需要借助客观的超过要素这一理论工具来实现对特定社会问题的有效干预且不违背刑法学理的基本论理逻辑的同时才能承认此种要素的存在。污染环境罪在笔者看来正是兼而有之的适例。

除却前述理论层面的分析外，将"严重污染环境"定位为客观的超过要素还有其社会现实的必要性，这一社会根源在笔者看来就是风险社会的到来。"贝克的风险社会理论是站在人类未来角度上的宏大叙事，虽未给出解决环境危机的具体路径，但其指出了一种对环境问题反思的方法论，这就给人们思索现代环境与发展问题提供了一个反思视角抑或一种智慧启迪。"① 苏彩霞教授指出："环境风险作为现代风险的主要种类，具有潜伏性、滞后性、延续性、不可恢复或难以恢复的特征。环境破坏或污染的后果往往不是一次行为造成，而是长时间、反复持续造成的。从环境破坏或污染行为开始到出现严重的受损结果，经常会长达数年或数十年。环境风险的影响在时间和空间上是延续的：在某个时间发生的风险，可能会影响几代人，在时间上具有延展性；在空间上，环境风险具有跨地域性、全球性。环境风险一旦演变为环境灾难，就不可恢复或难以恢复。"② 面对这种难以预见、不可控制和普遍存在的环境风险，刑事立法与司法不得不做出必要的反应，"立法者……出于控制风险的公共政策的考虑而将本可以设定为构成要件要素的客观处罚条件，设置成脱离构成要件、超越责任之外并且实质性地决定行为的可罚性及其程度的第四犯罪范畴，责任主义原则通常所要求的行为人对构成要件事实要素应有认知、意欲或者预见可能性在……客观处罚条件中不能适用。……控制风险、管理不确定性的公共政策需求决定了现代风险社会的刑法必须与时俱进，根据需要对古典刑法的刑事责任基本原则进行自我调适，

---

① 张道许：《风险社会视阈下环境刑法的发展变化与立法面向》，载《江西社会科学》，2019 年第 9 期，第 161 页。
② 苏彩霞、邓文斌：《环境风险防控理念下我国环境刑法的调适》，载《环境保护》，2014 年第 10 期，第 47 页。

包括在必要的时候对原则有所保留、偏离、限缩或者予以例外处理。"① 梁根林教授这里将客观处罚条件视为罪责原则的例外的基本立场当然为笔者所不能认可，但是此论述从另一个侧面说明了，客观处罚条件是可以作为应对和控制社会风险的刑事政策手段之一而存在的。因此在中国刑法学语境下的客观的超过要素当然也不免成为同样的政策手段。将"严重污染环境"视为客观的超过要素，在不否认其作为客观的构成要件要素的同时只要求对其具有认识可能性，正体现了从严惩治污染环境犯罪，以回应环境风险的基本立法价值诉求。在此种环境风险社会的立论基础之上，将重大环境污染事故罪时期的"造成重大环境污染事故，致使公私财产遭受重大损失或者人身伤亡的严重后果"与污染环境罪的"严重污染环境"在体系定位上作同等理解也有其相通的社会根源。

不免遗憾的是在过去一个历史时期，我们并未充分挖掘由来于德日的客观处罚条件这一理论资源，因而在许多犯罪的罪过形式上进行了无谓的争议，与污染环境罪这里相类似的情形也发生在了丢失枪支不报罪之中。现在看来，在刑事政策考量的基础上，将部分结果要素视为客观的超过要素，"在判断不法构成要件要素的违法性特征时，具体考察该要素是否为构成要件行为的违法性提供实质根据。"② 承认此种要素的存在也并不会冲击到责任主义，毕竟"与之类似的结果加重犯都被要求有至少过失的罪过心态，对客观处罚条件就没有理由排除责任原则的适用。"③ 因此才强调

---

① 梁根林：《责任主义原则及其例外——立足于客观处罚条件的考察》，载《清华法学》，2009年第2期，第55页。

② 柏浪涛：《构成要件符合性与客观处罚条件的判断》，载《法学研究》，2012年第6期，第131页。

③ 王钰：《对客观处罚条件性质的历史性考察》，载《清华法学》，2012年第1期，第78页。

对"严重污染环境"的要素要存在认识可能性。

总之,在我国语境之下将"严重污染环境"界定为客观的超过要素,并不否定其同时作为客观的构成要件要素的地位。一来故意并非对全客观构成要素的认识,二来其作为客观超过要素本身也不需要现实的认识,在体系上也能实现自洽。解决了这一前提性问题,本罪便理所应当地视其为故意犯罪,也自然不存在所谓的行为是故意的,结果是过失的,甚或否认结果本身的发生之类的论调。当然,这里必须再次强调,对"严重污染环境"这一客观的超过要素,行为人必须具备认识可能性,毕竟"罪责原则必须被坚持,现代人的世界观是一个不断理性化的过程,如今没有人会认为日食是神灵的旨意。世界不再主观地被认为是封闭的至高无上的整体,而是被客观地解释为遵循自然法则的秩序。行为和行为人不再通过命运而是通过罪责被联系起来了。罪责原则就是自治原则的表达,也就是告别命运世界观的标志。"①

(二)污染环境罪主观归属的再厘定

基于前述分析,将重大环境污染事故罪和污染环境罪都界定为故意犯罪,这种罪过形式的贯通,实际上非但没有提高入罪的门槛,反而存在降低入罪的可能,毕竟"严重污染环境"相对于此前的事故和后果类的规定要更为宽泛。与此同时,有关本罪的共同犯罪,未完成形态等问题也都能顺理成章得到解决。明确了本罪罪过形式为故意这一基本立场之后,在具体案件中对行为人主观归属的判定成为无可回避的问题。

笔者试图在这里说明的一个较为关键之处是,污染环境罪故意的认定与本罪的保护法益之间存在着不可分割的重要关联,基

---

① 王钰:《罪责原则和客观处罚条件》,载《浙江社会科学》,2016年第11期,第56页。

本原因在于行为人故意所指向的必然是本罪的保护客体，既然本书将污染环境罪的法益确定为人与环境的共同体利益，那么人类法益与环境法益都不能逸脱于行为人主观归属的范围。简言之，污染环境罪中，行为人所持的故意心态要指向本罪所保护的环境法益和人类法益，结合容认说的基本观点，行为人则必须对以上法益持容认或者说是放任的心态。具体而言，可分为两种具体情形加以讨论：第一，倘若行为人明知自己实施的行为（即本罪的构成要件行为）会对环境法益造成相应的侵害结果而积极追求或者听之任之，此种情境下，应当认为行为人对环境法益的侵害持希望或者放任心态，当然这里并不排除行为人是为了实现某一特定目的（如盈利等）而对环境法益的侵害持放任心态。第二，行为人明知自己实施的污染行为在造成环境法益侵害的同时，会藉由环境的损害而致使人类法益发生相应的损害后果。此种境况下，行为人对人类法益的侵害应当认为至少持有追求或者放任的心态，但值得强调的是，行为人此处必须对具备连接性质的环境法益的侵害具有明确的认识和意志，并对由此导致的人类法益损害至少存在容认。与本罪法益相关联的上述两种情形，存在相通之处，也就是都要求行为人对环境法益的侵害结果存在故意的认识和意志因素，这主要是因为人类本身生存于复杂的环境系统之中，甚至可以认为人类本身就是环境系统的组成部分，所以叠加之下便不得不呈现出这种主观心态的要求，环境法益成为行为人故意所指向的首当其冲的侵害客体，而且正是出于环境法益的整体性、关联性和脆弱性等特质，行为人向环境中转移或者处置污染物的行为才会具有导致环境法益侵害结果的必然性。由此，举凡行为人对污染物的性质与不当处理具备相同情境下同行人所应有的平行认知，通常就能认定其对环境法益的侵害结果具有法律所要求的认知。

故意作为主观构成要件，是指"行为人对构成要件的认识，以及实现构成要件的愿望,简称实现构成要件的知与欲"。① 那么,污染环境罪中,构成行为人故意的认识与意志因素成为对其进行主观归属的必要证成路径。首先,就认识因素来说,依照前述分析,至少要求行为人认识到其污染行为造成环境法益侵害的现实可能性。注意,这里的现实可能性旨在说明只要其对污染物的性质,即某种物质属于污染物这种性质存在认识,并对其不当处理具备通常的判断即可认定行为人齐备了污染环境罪故意的认识因素,而并不要求行为人对污染物的具体名称、处理方法乃至于不当后果等形成十分具体明确的认识。这是认定本罪故意认识因素的重要一层。其次,于意志因素而言,具体判定行为人对环境法益的侵害结果持积极追求或者消极放任的心态上存在简要的次序性,也就是说,综合案件的主客观事实,首先判断行为人对环境法益侵害结果是否持希望态度,若得出肯定结论则径直认定其直接故意的存在;否则,便应对于其是否属于间接故意的放任的意志因素进行考察,典型的情形是,倘若行为人对污染物的性质和失当处理形成起码的判断,依旧未能及时采取防止结果发生的措施,那么便应当认为其对环境法益的侵害结果持放任心态,肯定间接故意的成立。这里可能形成疑问的是,假使行为人对侵害环境法益的结果持有反对或者排斥的心态,例如其全面地检验了污染物储存装置的封闭性和有效性,或者有充分的理由信赖将相关物质转移至环境中不会发生侵害环境法益的结果,然而由于行为人的借以支撑的依据不足而使得信赖落空,产生了相应的结果,此时应当认为行为人对其"污染行为"的性质本身发生了错误,换言之,行为人并未认识到自己实施的是污染环境罪的污染行为,由此否定其主观故意的存在。注意,笔者并未在这里通过否定其

---

① 林东茂:《刑法综览(修订五版)》,中国人民大学出版社2009年版,第74页。

对结果的认识或意志进而否定其故意的存在,其原因是按照本书前述的客观超过要素的体系定位,行为人只要对"严重污染环境"的结果具备认识可能性即可。总之,对行为人进行污染环境罪的主观归属过程中,认识因素和意志因素要同时兼备,特别是应当关注其对环境法益侵害的知与欲。

司法实践中,如何具体判断行为人存在污染环境罪的主观故意,同样是值得关注的一个问题。2019 年 2 月 20 日,最高人民法院、最高人民检察院、公安部、司法部、生态环境部《关于办理环境污染刑事案件有关问题座谈会纪要》(高检会〔2019〕3 号)对办理环境污染刑事案件中的诸多问题形成了统一认识,其中第 3 点对行为人主观过错的认定做了较为明确的说明:针对当前办理环境污染犯罪案件中,如何准确认定犯罪嫌疑人、被告人具有环境污染犯罪的故意,应当依据犯罪嫌疑人、被告人的任职情况、职业经历、专业背景、培训经历、本人因同类行为受到行政处罚或者刑事追究情况以及污染物种类、污染方式、资金流向等证据,结合其供述,进行综合分析判断。从这一纪要的精神来看,实践中对主观故意的判定比较强调参考全案事实加以综合研判。这固然是值得肯定的,但同时也有必要指出,从认定犯罪故意的精准性出发,对作为判断资料所参照的案件事实也应当进行必要的分析。此外,还有研究者立足于实践中的常见多发情形,归纳了八种可以推定行为人存在犯罪故意的情形:"一是污染防治设施以及其他生产设备发生故障,发现后依然放任污染物排放的。二是根据其生产工艺、生产流程必然会产生污染物,但没有处理、净化设备,或者虽然有这些设备但没有开启的。三是污染防治设施以及其他生产设备发生故障,在故障发生后的合理时限内未处置的。四是上家、下家涉嫌共同犯罪,上家知道下家未经过环保部门审批,无资质处理污染物、无经营许可证或者超过经营许可证范围,且支付的处置费用明显低于市场价的。犯罪嫌疑人(被告人)主观上是否认识到其排放、倾倒、处置的物质为司法解释中规定的'有毒物质',并非认定构成污染环境罪的必要条件。只要行为人根据其经验,或者依据一定的事实,比如该物质的特性、物质的来源、购买的价格或者交易过程、运输或者倾倒、堆放、弃置的时间、线路、地点等,认识到或者足以认识到该物质可能具有毒害性,就可以认定其主观上具有污染环境的犯罪故意。五是在环保部门和警方实施检查过程中,行为人丢弃、掩藏、毁灭相关物品,后证实被丢弃、掩藏、毁灭物品属于行为人所有,并且被丢弃、掩藏、毁灭的物品属于或者其中藏有污染物及其衍生物品的。六是行为人存在伪造证件、文件、票据、免税证明等有意隐瞒污染物来源、去向真实信息的行为,或者有证据证明行为人有刻意隐瞒污染物的来龙去脉、同行客户关系等信息的行为,并且在其生产、排放、倾倒及处置场所、运输车辆、住所内查获污染物的。七是行为人不按照正常路线运输污染物,其行动路线有明显绕开监管区、检查点、监控探头等特征,并在其运输车辆上查获污染物的。八是行为人曾经因生产、排放、倾倒污染物被行政处罚的;此类行为人被查获时,往往会找出各种理由否认其主观上的明知。这种情况下,可以根据其被行政处罚的前科材料,结合全案的其他证据运用推定的方式予以认定。"[1] 首先应当肯定这八种具体案件情形的归纳相对全面地梳理了常见的可以推定行为人存在犯罪故意的情境,但也必须指出,以客观事实来推定主观心态的实践做法还是应当保持高度的审慎态度。对这八种情形进行简单梳理,笔者发现,经过重新排列组合,可将其做出三种类型划分:第一,明知缺少处理污染物的客观条件,却仍然实施相关行为的;污染物处理设备发生异常或者明知他人没有资质而将污染物交其处置

---

[1] 薛培、李飞:《从八方面推定污染环境犯罪主观故意》,载《检察日报》,2016年4月6日,第003版。

的都属于此种类型。第二,逃避监管或者侦查的;行为人存在此类逃避行为就能从侧面说明其对自身的行为和结果存在明确的认识,进而认定其犯罪故意。第三,曾因类似行为受过行政处罚的;此种情境下,行为人因为类似的行为受过行政处罚,说明其对自己的行为性质以及在法律上的评价具有相对清晰的认识,此时其依旧实施类似行为,无疑应当肯定其犯罪故意。

除了前述静态意义上的污染环境罪的故意认定之外,我国学者侯艳芳教授还从动态意义上对本罪故意的判定做了考察。他从污染环境罪前后衔接的犯罪链条出发,将污染环境罪的行为人区分为生产者、运输者和收购者。"生产者是生产经营主体,其对环境保护行政规范性文件规定的有害物质处理应具有明确认知,并应对收购者是否具有处理资质进行严格审查,未予审查或审查不严都应当承担相应的责任。因此,只要生产者违反规定没有将有害物质交由具有资质的企业及相关人员处理就可以认定其具有故意。对运输者犯罪故意的认定则应考查是否符合以下条件:若运输者能够通过气味、外形等因素或者通过其他行为人的言行来判断运输对象为有害物质,同时能够通过对运输到指定地点后其他人的处理方式或者通过其他行为人的言行来判断侵害环境法益行为的存在,则可以认定行为人具有故意。收购者包括有害物质处理的实际操控者和为有害物质提供排放、倾倒和处置空间者。有害物质处理的实际操控者一般是犯罪的发起者,负责联络整个犯罪链条,其没有有害物质处理的资质而违法处理有害物质,污染环境的故意较为明显。为有害物质提供排放、倾倒和处置空间者参与污染环境犯罪则具有偶然性,认定其主观方面为故意时需要证明其对有害物质的性质有认知。"[①] 固然从动态意义上是否只能

---

① 侯艳芳:《环境资源犯罪常规性治理研究》,北京大学出版社 2017 年版,第 135 页。

将本罪的行为人区分为生产者、运输者和销售者这三种类型还值得再思考，也就是说此种划分的周延性还有待斟酌，但是这种基于犯罪链条的划分对具体考察不同类型的行为人所应具备的本罪故意的成立提供了思路上的启发。

综上所述，对污染环境罪主观故意的具体厘定，既要从本质上考察行为人对本罪保护法益的心态，特别是对首当其冲的环境法益的主观心态，又要静态分析行为人是否同时兼备认识和意志因素，尤其是要参考实践中的常见多发类型，更要动态判定不同类型的污染行为人所应具备故意的知与欲。

第三章　环境污染犯罪治理中的刑行衔接

　　刑法与行政法的衔接是当前理论和实践中的热点和难点问题，这一问题实际上属于行政刑法的论域。"在历史演进中，行政刑法是刑法对行政法演变的因应，而行政法治的变迁，则是行政法对经济社会变迁所作的回应。所以，行政刑法不仅根植于刑法，而且发展于刑法。"① 近些年来我国环境资源社会治理领域不断拓展和深化，也使得环境犯罪中的刑行衔接问题凸显出来，而这又显然是前述有关环境犯罪的教义学分析无法完成的任务。就国家干预的方式方法而言，当前在刑行衔接中体现出来的难题主要是执法和司法机关通过何种证据转化路径来区分认定环境违法行为和环境犯罪行为，进而将其及时高效地引入性质不同而又相互衔接的行政执法和刑事司法程序当中去，最终实现对环境问题的综合治理，本章拟将此问题分解成三个维度加以研讨。

---

　　① 田宏杰：《知识转型与教义坚守：行政刑法几个基本问题研究》，载《政法论坛》，2018年第6期，第25页。

第一节 行为裁量：环境违法与环境犯罪的区分认定

一、环境治理二元化模式下的问题呈现

（一）二元化治理模式的基本背景

我国社会治理的法治工具箱中，有多样化的手段措施，行政手段可以说是长期以来在实践中最为倚重的，这当然是因为其具有即时高效的便捷性。对环境资源领域的治理也同样如此，在环保观念不强的过去，对于环境污染和资源破坏等事件，由行政机关且集中表现为各地的环境行政执法机关介入调查、固定证据以及作出处罚决定，除非出现了社会影响重大的案件才会将其引入刑事司法程序当中去，总体上较少采取刑事手段。而当今这些年，环境保护的观念深入人心之后，对有关环境问题的社会容忍度降低，对应的带来追责的呼声提高，开始有为数不少的各类较轻的环境污染事件等被作为刑事案件来追究法律责任。也就是说，对于环境资源领域的社会治理，过去是以行政干预为主，以刑事保障为辅，而当前开始出现刑事干预前置、行政处理退却的现象。行政手段与刑事介入两者间此进彼退的互动关系是不同社会历史时期的正常现象，是经济社会发展进入不同阶段的当然逻辑，甚至可以说是我国社会主要矛盾的变化在环境资源领域的具体体现：在过去人民日益增长的物质文化需要无法得到满足时，为着解决落后的社会生产问题，及时有效处理环境问题且不至于过分阻滞发展生产，行政处罚成为最优选项，而随着社会主要矛盾的变化，当人们开始追求美好生活时，作为美好生活重要成分的环境友好

和资源集约成为社会追求的核心目标之一,此时对妨碍人们享受良好生态环境的社会事件,加大惩处力度,作为法律体系中最严厉的刑事手段便成为重要工具选择。

进行上述讨论,笔者意在说明,对于环境资源社会问题治理的行政处罚和刑事干预兼有且动态调整的二元化模式,是我国当前环境法治建设的重要特点,这是我国相当长的历史时期所积淀下来的至少在目前看来仍具有可行性的道路,对此应当抱持实事求是的科学态度。当然,这几年来,也有研究者提出在我国进行"环境法典"的立法构想,在他们看来,"按照建立现代环境治理体系的目标,'适度法典化'成为中国环境法典编纂的合理选择。'适度法典化'模式下的环境法典的体例可采取'总则—分编'结构。总则编采取'提取公因式'方式,规定可以统领全局和普遍适用的立法宗旨、基本原则、管理体例和引领性制度等内容。分编则整合部分现行法律法规,对法典调整的事项进一步详细规定。"① 还有甚者主张推行"环境刑事法典"的思路,将涉及环境资源的有关实体和程序性刑事规范集中到一部法典当中,以解决现实中的二元治理模式所带来的问题。但这种方案是否可行还值得怀疑。首先,即便设立了环境法典,仍然存在着与刑法衔接适用的问题,当然也应当承认在对环境资源法律法规进行了系统的梳理后,这一衔接问题较之于分散状态会在一定程度上被缓解,但也必须同时承认,只要还分属于不同的法律部门,那就会一直存在两法衔接问题。其次,环境刑事法典的建议倒是可以消除有关环境治理的刑行衔接问题,但是这种消除是建立在分解现行刑法典和刑事诉讼法的基础之上的,换言之,如果可以有环境刑事法典,那么是不是可以有金融刑事法典,知识产权刑事法典,如

---

① 吕忠梅:《中国环境立法法典化模式选择及其展开》,载《东方法学》,2021年第6期,第70页。

此等等。这些都是当前社会治理中的重要环节和关键领域，果真如此，那么目前统一的刑法典可能就不复存在了。同样的逻辑，对不同的社会关系领域分别设立刑事法典，其中又融入各自特殊的如证据收集固定等刑事追责程序，那么现有的刑事诉讼法立法成果和实践模式也都面临着颠覆性的危机，这不可为我们所忽略。最后需要说明的是，在立法模式和技术仍在发展成熟过程中，实践需求以及执法司法资源的合理配置等各个层面上看，有关环境资源法治建设的二元格局仍是当前的不得不承认的基本形态，那么由此产生的众多刑行衔接问题，也需要在此状态下予以解决。

（二）环境犯罪的相对行政从属性解析：以"违反国家规定"为例

在前述二元化治理模式的背景之下，刑法分则第六节的环境资源犯罪中，诸多犯罪的成立都存在诸如"违反国家规定""未经有关主管部门许可""违反保护水资源法规""违反狩猎法规""违反野生动物保护管理法规""违反土地管理法规""违反自然保护地管理法规""违反矿产资源法的规定""违反森林法的规定"等。这些前置法的提示性规定，既为准确认定罪与非罪提供了法律检索的基本线索，也为各个具体犯罪的适用划定了初步边界，更为重要的是，这种规定还带来了所谓法定犯的行政从属性问题。下面以污染环境罪中的"违反国家规定"为例对此做一简单分析。

污染环境罪的第一个构成要件要素即是"违反国家规定"，涉及罪与非罪的问题必须做出准确的具体化认定，因为学理上一般把这里的"违反国家规定"视为污染环境罪的从属性标志，也就是说认为"违反国家规定具有划定处罚范围的实质意义"。[①]《刑

---

① 蒋兰香：《环境犯罪基本理论研究》，知识产权出版社 2008 年版，第 254—256 页。

法》第九十六条对此做出了明确的规定：本法所称违反国家规定，是指违反全国人民代表大会及其常务委员会制定的法律和决定，国务院制定的行政法规、规定的行政措施、发布的决定和命令。这一刑法总则的原则性规定是在进行个罪解释时不能逾越的藩篱，从列举的内容看，所称的"国家规定"出自最高立法机关和最高行政机关，除此之外的其他所谓规定不能成为刑法上的"国家规定"，特别是各省、自治区以及直辖市等各地的地方性法规与行政规章等应当排除在外，这对限制各地司法机关随意入罪化解释具有重要意义。尤其是在当前，各地出于保护本地生态环境的考虑，会结合当地生态特色出台一些地方性的保护条例，而这些条例的规定如果在"国家规定"之外列举了其他一些生态环境要素，那么这些要素便不在本罪适用的涵摄范围之内。其实，这一点在刑法适用中，不但会涉及违法性的问题，还会牵涉责任问题，毕竟纷繁复杂的地方性法规和条例会直接影响行为人的违法性认识可能性的存在，公民虽然有遵守法律法规的义务，却并不存在通晓法律法规的责任。总之，在总则的基本限定之下理解法定犯的行政从属性有关"前置法"的基本范围是实现妥当处罚的首要关键步骤，其他各种环境资源犯罪的有关规定也应遵循同样的逻辑。

对"违反国家规定"还应当从分则条款的解释上进行一定的理论梳理。其实，我国《刑法》在不少条文中都使用了类似于"非法"或者"违法"等用语。如果单从字面意义看，似乎它们之间并没有分别，违法国家规定也可以说就是违法或非法行为，但实则应当注意到它们之间微妙的差异。就"非法"或者"违法"而言，"应当区分不同的情形，第一，对违法性的例示，在此意义上说是对可能存在的违法阻却事由的提示；第二，要求行为违反国家规定或者行政法规的情形；第三，属于责任要素的情形。"[①]

[①] 张明楷：《刑法学》（第五版），法律出版社2016年版，第107页。

但是我们应当注意的是,"违反国家规定"真的与"违法"或"非法"可以做等同理解吗?对此问题还应当保持审慎的态度。"违反国家规定"从文字表述上说属于"违反……规定",而"违反……规定""在刑法分则的不同条文中其地位与作用也不尽相同,需要具体分析:第一,提示存在违法阻却事由;第二,要求行为违反行政管理法规;第三,表示未经行政许可;第四,强调行为的非法性质;第五,相关表述的同位语。"① 通过对"非法"或"违法"与"违反……规定"的不同功能对比,特别是将二者结合来看,污染环境罪构成要件的"违反国家规定"应当属于其中要求行为"违反法律和行政管理法规"的情形。其之所以不属于对违法阻却事由的提示,是因为既然要求提示就必须存在予以提示的必要性,类似于设置注意规定的功能,不论是采取阶层式犯罪论体系或者我国传统的四要件体系,刑法分则条文作为设定罪刑规范的条款,其所形成的刑法规则,在法理上包含三个要素:假定条件、行为模式和法律后果。不可能也没有必要全面表述违法阻却事由与责任阻却事由。例如,我国《刑法》第二百三十七条规定"故意杀人的,处……",并没有表述为"违反国家规定,故意杀人的,处……",这是因为凡故意杀人的,在绝大多数场合都是违反国家规定的,没有予以提示的必要性。换言之,只有当某种行为从外观上看貌似违法行为,但实际上并非如此时才有必要专门作出"违反国家规定"之类的提示性规定。基于这种理由,再来看污染环境罪的这一要素,从后续的构成要件行为以及结果等的描述来看,不可能存在合法的排放、倾倒以及处置各种危险物质以严重污染环境的行为,因此"违反国家规定"的表述便不是对可能存在的违法阻却事由的提示。那么只能认为本条中的"违反国家规

---

① 张明楷:《刑法分则的解释原理》,中国人民大学出版社2011年版,第542—561页。

定"所起的功能只是要求行为具有违反法律和行政管理法规的意义,亦即如果没有违反国家规定而实施排污行为则不成立本罪。就此而论,污染环境罪的结果要素等具有行政违反性:排污行为的可罚性既包含行政可罚性,又包含刑事可罚性。这种具有刑事可罚性的结果其实是行政可罚性的升格,两者本质上是一种"行刑衔接"的关系。因此,从行政违反性上看,行为构成污染环境罪首先即要求触犯了与环境保护管理相关的法律和行政法规等,也就是说本罪在性质上属于行政犯。

污染环境罪作为与自然犯相对应的法定犯,如前所述,其所具有的行政从属性具有限制处罚范围的意义。"行政从属性意指犯罪行为性质受行政法律规范影响,环境刑法行政从属性是指环境犯罪行为受环境行政法律规范的约束,对环境犯罪行为性质的认定应以环境行政法法律关系确认为准;环境刑法行政从属性特点源于刑法的保障法地位,环境刑法与环境行政法律规范是保障法与前置法之间的关系。"[①] 基于这种认识,"违反国家规定"要素所指向的国家法律和行政法规等具有不可估量的限缩处罚重要作用。我国学者石亚淙在研究中指出:"污染环境罪中的'违反国家规定'是否具有画定处罚范围的实质意义,需要具体判断。'违反国家规定'是否具有实质意义,还需要分为两种情况判断。第一种情况为,"违反国家规定"之外的罪状所描述的行为并非具有侵害性的行为,需要'违反国家规定'赋予违法性,此时'违反国家规定'显然具有划定处罚范围的实质意义。第二种情况为,'违反国家规定'之外的罪状所描述的行为本身就具有侵害性,此时就需要进一步判断,该行为是否可能被其他的法律法规部分许可而正当化。"根据这种类型划分,其认为污染环境罪中的"违反国家

[①] 庄乾龙:《环境刑法定性之行政从属性——兼评〈两高关于污染环境犯罪解释〉》,载《中国地质大学学报(社会科学版)》,2015 年第 4 期,第 53 页。

规定"属于后者，由此，判断的重点便转向于审查排污行为是否存在为其他法律法规所许可的情形。对于需要具体判断"违反国家规定"是否具有限定处罚意义的说法，笔者予以认可，正如对任何问题都应当具体分析一样。但是其所主张的"违反国家规定"在本罪中应当审查是否存在法律法规的许可事由的观点难以为笔者认可。第一，所谓需要"违反国家规定"赋予行为违法性，原因是罪状描述的行为并不具有侵害性，这显然是与刑罚法规的规范构造相违背的，因为既然是构成要件行为，那么它必然是具备值得科处刑罚的违法性的行为，也就是具备法益侵害性的行为，除非该要件完全没有任何用语对构成行为加以描述，否则难以设想某一刑法规定的构成行为欠缺法益侵害性进而需要其他法律法规的补足。也就是说笔者质疑这种对'违反国家规定'类型划分的可行性。第二，按照这种划分的逻辑，污染环境罪中'违反国家规定'的功能就转变为前文所述第三种情形，即关于表示行为未经许可的意义。显然这过于限缩了'违反国家规定'的内涵，其实这种限缩解释的内在逻辑是存在"经过国家许可"的排污污染环境行为，显然这就又将"违反国家规定"理解为对可能存在的正当化事由的提示了。如此论者将这一要素同时理解为了对违法阻却的提示和对未经许可的意义。当然，将已获行政许可作为正当化事由可以在"违反国家规定"的解释上说得通，但是，前文已经讨论过，污染环境罪的构成要件在设置上根本不存在做出违法阻却提示的必要性，对此需要论者做出适当的说明。第三，论者形成这种观点，实际上是以污染环境罪是自然犯和法定犯的混同为理论前提的，但是我们不得不对这一前提提出质疑。在笔者看来，将一个犯罪同时作为自然犯和法定犯加以理解，这种行为性质的混同无疑会带来我们思维的混淆。即便对自然犯和法定犯的区分存在困难，也不宜就此轻易放弃。按照罗克辛教授的意见，如果试图从形式上区分清楚刑事犯或者自然犯的不法与行政犯或者法定犯的不法存在较大困难；但是基于"道德上的不法"的视角，也可实现两者的区分，"在犯罪行为和违反秩序行为之间，并不存在界限清楚的区别：因为从社会共同体的角度观察，要求国家采取预防措施和事后救济措施，刑罚的任务不是为了其自身的缘故进行罪责弥补，而是作为一种必要的手段，用来证明完成刑罚预防性的保护任务是正当的。刑事性的不法是特别受道德上的无价值评价决定的，行政性的不法则仅限于一种单纯的不服从命令。"① 根据这种见解，环境犯罪行为是典型性的行政犯，因为其在本质上缺乏自然犯的道德无价值，也就是说，污染环境的犯罪行为至多在道德上是中性的，并不必然是卑鄙的。笔者赞成此种推论，实际上将污染环境罪作为性质混同的即包含自然犯在内的犯罪，即便存在类似于司法解释的具体规定等线索依据，也未免过高地估计了我国国民现阶段对环境保护的刑事法认知，换言之，认为国民对污染环境的犯罪行为和类似与故意杀人罪的行为性质会做等同理解的期待恐怕会落空。第四，正如有反对论者所说的，"在所有情况下，污染环境罪中的'违反国家规定'都是有实际意义的，即都需要法官在审判中积极查明'违反国家规定'的具体内容。"② 毕竟在司法实践中确实存在只说行为人的行为"违反国家规定"，但不点明具体违反了哪种国家规定的问题。③ 总之，在本书看来，"违反国家规定"既说明了本罪的法定犯性质，同时这种行政从属性也体现了该要素的限制处罚范围意义。

在对违反国家规定作了前述理论梳理之后，便要指出具体是

---

① ［德］克劳斯·罗克辛：《德国刑法学总论（第 1 卷）》，王世洲译，法律出版社 2005 年版，第 28 页。

② 竺效主编：《环境刑事实案释法》，中国人民大学出版社 2019 年版，第 63 页。

③ 参见山东省淄博市中级人民法院（2017）鲁 03 刑终 256 号刑事裁定书；另参见山东省淄博市中级人民法院（2013）淄刑一初字第 39 号刑事判决书。

指哪些所谓的"国家规定"。田国宝教授认为:"在'违反国家规定'的含义已法定的情况下,在未来修订刑法时将现行《刑法》第三百三十八条规定的'违反国家规定'修正为'违反环境保护行政法律法规'是比较明智的选择。这一修正也意味着,行为人的行为如果没有违反环境保护行政法律法规,即使造成严重污染环境的后果,那么也不能按污染环境罪追究其刑事责任。"① 如前述,从该要素限制处罚的意义上讲,笔者同意这一判断,但是主张修法解决的必要性恐怕不大,毕竟释法相比造法的成本要低很多。具体而言,在法律层面而言,包括诸如《环境保护法》《大气污染防治法》《水法》《水污染防治法》《固体废物污染环境防治法》《海洋环境保护法》《环境影响评价法》,等等;法规层面则包括国务院制定的有关环境保护的大量的行政法规、行政措施以及命令决定,如《防止拆船污染环境管理条例》《节能减排综合性工作方案》《关于环境保护若干问题的决定》《关于落实科学发展观加强环境保护的决定》,等等。固然,在《刑法》第九十六条的明文指引之下,"违反国家规定"的指向范围是极为广泛的,但是这又必须引起我们对一个问题的应有重视,即对"违反国家规定"要素解释的过分行政依赖性问题,因为对构成要件要素的解释如果过分地倚重于其他法律法规的内容无疑在消解该要素的同时,降低了入罪门槛进而扩张了该罪的犯罪圈,更为致命的是还存在与罪刑法定的明确性之间的紧张关系,这些都值得让我们保持应有的慎重。诚如孙国祥教授敏锐指出的,"立法权的让渡形成了行政机关对刑法的干预空间以及行政权扩张刑法干预范围的过罪化风险。这一风险较刑法自身的犯罪化更为隐蔽而尚未引起人们的警觉。面对行政性的入罪标准,司法应秉持自身的独立性,对行

---

① 田国宝:《我国污染环境罪立法检讨》,载《法学评论》,2019年第1期,第165页。

政机关确定的标准承担起实质验证的责任。标准的采纳与超越并不矛盾，对于明显偏离刑法目的的行政性标准，通过个案的司法综合裁量予以矫正或者重新诠释，以激活行政性标准与刑法价值的勾连，凸显刑事司法追求的公平正义目标。"① 毕竟应当着重强调的是，"违反国家规定"在发挥法律法规的指引性作用的同时还具有限缩处罚范围的意义，如果过分地依赖于其他法律法规展开对本要素的解释恐怕会与这种意义设定背道而驰。其实对于刑法用语"没有必要完全依照其他法律法规的规定作出解释；即使刑法条文使用了行政法中的概念，也不意味着必须按照行政法的规定来解释刑法概念。"②

之所以在认可诸多环境犯罪的行政从属性的同时，又在最后强调不能过分依赖前置的行政法要素来界定具体犯罪的成立与否，除了避免出现前述不当出入罪以及行政权干预司法权的问题，还存在一定程度上的实体法适用逻辑考虑。首先，不论是"违反国家规定"，或者是其他各种规定，我们都必须承认，刑法本身也是由全国人大及其常委会制定和修改的"国家规定"，换言之，各种环境犯罪的所谓前置法指向并不仅仅局限在刑法之外的其他行政管理法规，逻辑上还应当包括刑法本身，由此我们便不得不推导出还有必要从作为"国家规定"的刑法规范自身去寻找具体犯罪的违法性依据。其次，对前述逻辑可能形成的最大质疑将是，各个具体罪刑规范自身并未明确行为违法性的内容，还是应当以刑法之外的法律规范作为基本参照。这种可能的疑问似乎有一定的合理性，但是具体考察我国众多行政管理法规即可发现情况又并不如质疑者所料想的那样，因为行政法规通常只是在法律责任中

---

① 孙国祥：《构成要素行政性标准的过罪化风险与防范》，载《法学》，2017 年第 9 期，第 68 页。
② 张明楷：《刑法分则的解释原理》，中国人民大学出版社 2011 年版，第 99 页。

附带性的规定"构成犯罪的,依法追究刑事责任",而达到何种违反行政法的程度构成犯罪则不得而知,此时,作为法律适用者或者解释者,其目光虽然往返于环境保护的行政法规和环境资源犯罪的罪刑条款,却仍旧无法得出确切的结论,这也是我国当前大量的行政犯罪设立之后,司法机关迫切需要出台相应的司法解释以指导条文适用的重要原因。最后,基于刑法本身也是"国家规定"的基本逻辑以及行政违法和刑事违法的性质差异,在具体分析行为是否构成相应的行政犯罪时,除了要参照相关行政法规之外,还要着重考察其是否具有一定程度的刑事违法性,如果将国家规定仅仅限缩性解释为行政法规等内容,将使得行政违法和刑事违法性之间只表现出违法性的量上的差别,但是采取量的区分说并不能合理解释为什么量的差异会带来性质迥异的法律后果,毋宁说,量的改变带来了质的差异,而这种质的不同便是刑事违法性生成的根源。需要说明的是,这里的刑事违法性并不是传统所说的在形式上违反刑法的意义,而是说行为具备值得科处刑罚程度的违法性,这也为行政犯的实质解释提供了规范通道。由是观之,行政犯的行政从属性只是在相对意义上而言的,对包括环境资源犯罪在内的行政犯违法性的认定,既要参照行政管理法规的内容,还不应忽视刑事违法性的独立性审查。当然,这里并不是要完全否定对其他法律法规的参照,只是为了强调不能过分倚重而已,毕竟标准的采纳与超越并不矛盾,完美地实现"违法国家规定"要素的对行政秩序的管控追求和污染环境罪对人与环境的共同体利益的规范保护目的的衔接才是理论研究与司法实践的共同价值追求。

(三) 二元化模式背景下的刑行衔接问题凸显

针对当前环境违法与犯罪领域的刑行衔接困境,有研究者试图干脆对环境犯罪的行政从属性问题加以否认,他们认为:"从

'违反国家规定'之类的描述中无法得出污染环境罪的行政从属性；实践中环境行政执法与环境刑事司法的衔接不良产生对污染环境罪的行政从属性的质疑；污染环境罪由行政犯向刑事犯的转化趋势否定了污染环境罪的行政从属性。'刑法对污染环境行为的提前规制'乃是现行环境刑事立法的本来面貌，并未违反罪刑法定原则和刑法谦抑性的要求，其突破口为对污染环境罪行政从属性的否定。"① 首先，应当承认的是，如果这种结论可以成立的话，那么我们当前理论和实践中所面临的刑行衔接困境就不复存在了。但是，第一，违反国家规定或者各种有关生态环境的法律法规是现行刑事立法的明确表述，在法律未经变动之前，我们只能同时考察前置法和刑法自身来确定行为违法性的具体性质。第二，环境犯罪的行政从属性与实践中出现刑行衔接问题之间是前因后果关系，正是因为有相对的行政从属性才产生了衔接问题，而不能因为产生了问题便去质疑作为前提的原因。第三，行政犯与刑事犯的区分是相对的，而且是在动态意义上调整的，我们并不否认随着国民环保观念的进步，环境犯罪存在转变为刑事犯的可能性，但至少在现阶段这种变化还没有发生，那么相对的行政从属性便不宜被否认。第四，目前已经出现的刑法提前介入环境领域更多的是出于保护早期化的考量，立法机关已在相关文献中对此多有说明。

再次回应有关环境犯罪的行政从属性争议问题，笔者意在强调，由于立法体制和法律体系等各方面的差异，我国并不像德日等国那样，存在真正意义上的附属刑法，在它们那里有例如青少年刑法、环境刑法、金融刑法等，这在很大程度上能够解决刑行衔接问题。但是在我国当前单一法典化模式之下，有关环境犯罪

---

① 柴云乐：《污染环境罪行政从属性的三重批判——兼论刑法对污染环境行为的提前规制》，载《政治与法律》，2018 年第 7 期，第 57 页。

的刑法适用不得不考虑前置法,这不光是一个法律文件形式问题,更为关键的毋宁说是法律资源的合理分配问题,倘若将大量的环境违法作为犯罪而纳入刑事程序,现有的刑事司法体制能否承担得住是一个疑问。而如果刑法仅仅在较小范围内进行干预,那么违法成本的降低又势必导致环境违法案件的增多,此时环境行政执法资源也将受到挤兑。所以承认相对的行政从属性,在行政介入和刑事干预之间妥当分配资源,才是当前法治阶段的可行之策。

正是在生态治理的二元化模式和环境犯罪相对行政从属性的背景之下,我国涉及环境的相关案件才会呈现出以下几个方面的问题,对此应当有清醒的认识。

第一,现有的罪名体系与作为前置法的环境行政法之间不能实现恰当的对接。正如有学者分析的,"我国行政法内容复杂,体系庞大,没有形成独立的体系,分散在若干个条文中。而环境刑法的规定依然停留在粗线条的罪名设置中,没有和行政法律规范形成逐一对应的关系。"① 当然,应当承认,出于刑法干预和保护范围的片断性,完全地逐一对应并不现实,但在行政法和刑法之间实现适当的对接还是必要的。比如《环境保护法》第二条明确规定:本法所称环境,是指影响人类生存和发展的各种天然的和经过人工改造的自然因素的总体,包括大气、水、海洋、土地、矿藏、森林、草原、湿地、野生生物、自然遗迹、人文遗迹、自然保护区、风景名胜区、城市和乡村等。可见,这里的环境要素非常广泛,而该法第六十九条又规定:违反本法规定,构成犯罪的,依法追究刑事责任。再看现行刑法,其所保护的环境要素与此相比显然很小,这种情形下势必产生对某些环境要素即便再严重的破坏也无法构成环境犯罪的问题,由此导致环境行政法与环

---

① 王吉春:《环境行政法与环境刑法衔接问题思考》,载《连云港师范高等专科学校学报》,2015 年第 32 期,第 6—9 页。

境刑法无法有效衔接。

第二，因为刑行衔接问题导致出现环境资源犯罪的罪刑失衡现象。从环境违法到环境犯罪必然是出现了质量的双重差异。然而实践中却出现了由于两法衔接不当而致使部分环境资源类犯罪的入罪标准不协调，最终出现罪刑失衡的问题。有研究者在做了数据梳理后得出了具有规律性的结论："资源类犯罪极其容易产生轻罪重判之现象，此类犯罪立案标准十分具体，可操作性强，易于判断，定罪量刑十分容易。而污染环境类案件虽然案件数量多，但入刑的比例却远远小于资源类犯罪案件。通过对裁判文书网以及无讼网的搜索和图表分析，输入关键词'污染环境'，涉及环境重大污染类案件有 6000 余起，刑事案件占比仅为 56.35%；而输入关键词'滥伐林木'，案例数量高达 30000 余起，刑事案件数量高达 94.01%；输入关键词'出售野生动物'，刑事案件比例高达 98.81%。由此可知，资源类犯罪入刑率更高，而危害更大的污染环境类案件更多的则为民事赔偿或行政处罚。"① 这种现象表面上看，好像是立案标准的差异所致，但其背后实际上是有一定原因的，因为资源开采通常是行政审核，唯有在行政主管部门批准之后才能从事相关行为，而这种批准通常附加了相应的条件限制，实践中行为人为了牟利经常会出现不符合条件而擅自开采资源等现象，当然也有的会因为违法性认识可能性受限制等，所以才容易在资源领域出现各种不法行为。而环境领域，虽然也有环评等要求，但更多的是前期的一种"排放许可"等，后期则体现为监管职责。举例对比就能说明此问题：资源保护领域中近些年出现的热点案件如"鹦鹉案"等便是由于违法性认识的问题引发的资源犯罪入罪门槛较低的社会事件，而反观环境领域，据笔者观察

---

① 徐平、王洋奕：《环境案件行刑衔接的困境与对策》，载《延边大学学报（社会科学版）》，2019 年第 3 期，第 108 页。

似乎并未出现社会影响重大的争议案件，其原因即在于行政程序的差异导致环境污染的入刑标准高，而环境污染的影响蔓延时间又较长，危害程度短时间内难发现和评估，所以才呈现出以污染环境罪追溯的刑事案件较少。总的说来，由于资源与环境的行政程序的差别带来了与其相关联的刑事不法行为在性质认定上的难易悬殊，由此才会出现重罪轻判或者轻罪重判的局面。

第三，环境资源领域刑行衔接的处罚方式有失协调。在原初意义上，由刑法所规定的刑罚及非刑罚处罚方法是整个法律体系中最为严厉的制裁方式，而行政处罚不过是一种秩序维护方式而已，因此其力度要小得多。所以不论是自然人或者单位都宁愿受到行政处罚，而尽力避免承担刑事责任。但是目前，在环境资源领域中却一定程度上出现了行政处罚与刑罚的不协调之处。重点体现在两个方面，首先是在财产处遇上的不协调，刑法中规定了罚金刑，而环境资源行政法中则通常是罚款。但值得关注的是，"2014年新修订的《环境保护法》第五十九条新增'按日连续处罚'制度（'按日计罚'），该条规定，'企业事业单位和其他生产经营者违法排放污染物，受到罚款处罚，被责令改正，拒不改正的，依法作出处罚决定的行政机关可以自责令改正之日的次日起，按照原处罚数额按日连续处罚'。2014年12月，国家环境保护部制定了《环境保护主管部门实施按日连续处罚办法》，对'按日连续处罚'的依据、原则、范围、程序以及计罚方式进行了具体规定。"[①] 此种立法规定的初衷在于提高违法成本，有效制止环境违法行为，其设想是良好的，但7年来该制度落地实施的情况如何呢？有研究者作了梳理式的总结："立法上存在协调性不足、可预测性不够和效果评估机制欠缺等问题；执法上也有着时效性差和

---

① 黄学贤、杨东升：《"按日连续处罚"的法律性质——〈环境保护法〉第59条评析》，载《法治研究》，2015年第6期，第142页。

程序缺损等困难;司法中还具备审理困难与矫正不足等弊端"。①因此在实践中,按日计罚制度并未得到相对有效的适用。以2021年为例,全国上半年环境行政处罚案件与《环境保护法》配套办法的执行情况通报中载明:"2021年1—6月,全国五类案件总数为6381件,其中,按日连续处罚案件数量为87件,罚款金额为9848.10万元;适用查封、扣押案件数量为3895件;适用限产、停产案件数量为487件;移送拘留案件数量为1198件;移送涉嫌环境污染犯罪案件数量为714件。"②可见,按日计罚是五类案件中数量最少的,而且与其他类型相比相差巨大。这并非偶然现象,其在一定程度上说明环境行政机关对该制度的适用保持着审慎的态度,而由于处罚力度大,污染者也尽量避免遭受该种处罚。那么反观《刑法》分则第六节所规定的破坏环境资源犯罪,其刑罚配置虽然大多有罚金,但并未明确罚金的范围幅度,这固然增加了其适用的弹性空间,但是也未能充分考虑到与行政处罚的罚款进行数额上的衔接,其下限与罚款的上限没有明确的衔接点。这种情形下,按日计罚的罚款幅度很有可能会超过罚金刑的金额,正如我国台湾学者许玉秀教授所分析的,"届期不改善之后按日连续处罚,等于是对连续性的行为,从一定的时间点之后,以日为单位计算行为数,这在法理上是陌生的,从法律政策角度而言,则不能否认是一项具有创意的手段,以依日累积的制裁压迫感,强化制裁的效果,理论上应该可以发挥效果。这个制裁方式和日额罚金制有些许类似,只是日数依行为人违规行为的持续时间计

---

① 李培培:《按日连续处罚制度运行实效研究》,载《法治社会》,2021年第3期,第118—121页。

② 生态环境部:《生态环境部通报2021年1—6月环境行政处罚案件与〈环境保护法〉配套办法执行情况》,载中华人民共和国生态环境部官网,https://www.mee.gov.cn/ywdt/xwfb/202107/t20210723_849844.shtml。

算，制裁的压力更大"。① 而我国刑罚中尚还没有日额罚金制，这种情形下，按日计罚的处罚力度就更容易超过现有的罚金幅度，由此，就法律后果上的刑法作为行政法的保障法的地位便失去了。而实践中又由于按日计罚制度的问题导致其适用率较低，来自这两方面的挤压，直接导致环境资源领域的刑行衔接出现了罚款与罚金的失调，其结果是既没有实现对行为人的有效惩戒，又没有充分的资金用来环境资源修复。刑行衔接的处罚方式失调还体现在有关资格刑的问题上，我国刑罚制度中所规定的资格刑种类较少是大家所熟知的，而行政处罚则有着丰富的手段，类似于责令停产整顿、责令停产停业关闭以及对于许可性质证件的吊销等资格限制，等等，这些对及时有效制止环境违法行为是最为便捷可行的。然而也不得不承认，这些行政处处罚上的资格限制，仅能止步于此，即便行为人公然违背这些禁令，也无法上升到刑罚意义上的资格限制。这就使得环境违法行为人不过是把这些行政处罚上的资格禁令作为违法成本而已，而当违法成本提高时，其又势必通过加大违法力度来攫取不法利益，因此，在失去了有效的刑罚意义上的资格限制作为保障的背景下，行政罚上的资格限制非但没能实现其预期效果，反倒存在刺激违法的可能性，这是无法为人们所接受的。

  以上在环境领域的刑行衔接难题，亦即环境刑法与行政法在罪名体系上的不协调，行政程序的差别所带来的在环境污染和资源破坏中入罪的难易程度悬殊，环境刑法的罚金刑和资格刑与行政处罚的失调等其实并未能实现完全归纳。正如还有学者提出，"污染环境罪等在刑行衔接上存在立法滞后、规范性文件缺乏刚性执行力、行政执法到刑事司法衔接滞涩、组织体系和工作机制尚

---

① 许玉秀：《主观与客观之间——主观理论与客观归责》，法律出版社2008年版，第357页。

未理顺，以及环境犯罪的行政从属性带来了实践中的消极影响等"。① 其实这些在笔者看来，归结到底所体现的都是一个问题，那就是如何恰当地对行为性质加以认定，而这成为一切问题的出发点。换言之，在什么情况下是环境违法行为，在何种场合中则是环境犯罪已经成为该领域刑行衔接的首要问题。可以料想的是，对这一问题的解决，非但能实现以上三点实践疑难的破除，还能在基础理论上为刑行衔接提供些许思路，应当说，这已经成为破局的关键一招。

二、规范保护目的作为区分认定的实质基准

（一）行政违法到行政犯的模糊地带与一般学说的踟蹰

环境案件从行入刑向来是理论与实务界困惑的焦点，主要原因是案件从行政处罚到刑事处罚的过渡需要环境行政机关的裁量，根据实际情况决定是否移交司法机关。但由于从环境行政和司法体制到具体法律制度等各个方面的原因给环境案件的行刑衔接带来了前述众多的巨大困难。从刑事法学的角度看，实现环境违法与环境犯罪的区分认定是当前的第一要务。

我国当前虽然没有附属刑法或者说行政刑法，但从历史渊源上看，现有的许多法定犯罪乃是在1997年系统修订刑法典时从当时存在的大量附属刑法中吸收、整理和归纳而来的。近些年随着刑法积极参与社会治理的基本姿态形成，新增的一些法定犯罪也具有相对的行政从属性，所以在一定程度上认可我国存在"行政犯"倒也说得过去。在二元化的社会治理法治模式之下，行政犯的认定出现了程序上的颠倒，因为如前述，是否涉嫌构成行政犯

---

① 褚雨、李梁：《污染环境罪行刑衔接问题研究》，载《中共郑州市委党校学报》，2020年第6期，第78—79页。

罪，在最早的法定程序中是由环境行政机关裁量的，由其决定是否移送司法机关，但是其并不是专职从事罪与非罪认定的司法机关，因此不当移送或者不移送的情形出现便在所难免。环境资源领域的犯罪作为较为典型的"行政犯"同样面临着前述问题，因此恰当实现环境违法与环境犯罪的区分认定是环境行政机关在司法机关之前所要面对的难题。

既然要考察行为人的行为是一般违法行为抑或犯罪行为，那么就不得不承认两者之间存在重大差别，本来既然违法与犯罪行为具有重大差别，那就应该很容易分辨才对，为什么实践中却又很难呢？笔者以为，可行的解释包括但又不限于以下几点，一者是当前刑法中设立了大量的轻罪，而这些轻罪原来是作为违法行为对待的，"轻罪立法具有法治正当性，但如果没有'漏斗式'司法出罪机制配套适用，难免会导致惩罚过度化。眼下犯罪门槛下降和轻罪立法更多是基于强化刑法参与社会治理的考量，这种做法并不契合法治的要求"。① 二者是行政法在执行过程中虽然能够实现及时干预，但在有效性上打了折扣，这在各种行政执法特别是环境资源领域都有突出的表现，作为执法者此时是否应当认为案涉行为已具有犯罪的社会危害性，便会产生疑虑，换言之，对于自身的权能问题是否能够影响到行为人的行为性质产生疑惑。三者则是由于当前的社会高速转型所带来区分困境，各种新型的违法行为类型层出不穷，判断是否涉嫌犯罪本就不属于行政机关的长项，此时让其进行区分认定，势必出现各种问题。如对"环境金融"等新兴领域的行为性质认定正在拷问着各级执法与司法机关，后文将对此进行必要的分析。

---

① 何荣功：《我国轻罪立法的体系思考》，载《中外法学》，2018年第5期，第1202页。

从基础理论上来说，行为构成犯罪应当是具备了刑法上"可罚的不法和应受的责任非难"，而行政违法行为则尚不至于此。通常的理论语境下，只是概括性地讨论了行政违法与刑事不法的区分，但这并不是说两种行为在责任上没有区别，而不过是概而言之。最早区分行政不法与刑事不法的法律是德国1794年的《普鲁士一般法》，此后围绕这两者的区别进行了不少的讨论。大体的一般学说格局是以下三种。首先是"质的差异说"，持该观点的代表性学者是德国刑法学家郭特施密特，基本立场是行政违法只是对行政命令的不服从，不存在特别的伦理无价值判断，而刑事违法是对具有普遍性的社会利益的侵害，具有伦理无价值性，由此两种违法之间具有本质上的差异。其次是"量的差异说"，代表性学者是德国的贝林和意大利的菲利等，他们认为行政违法与刑事违法之间只是量上的区别，亦即前者只是较之于后者而言，更为轻微的和较低危险性的不法行为。最后是"质量差异说"，在该学说看来，行政违法与刑事不法在质量两个方面都存在差异，换言之，与行政违法相比，刑事不法不仅在量上具有更高的损害性与危险性，而且在质上也具有较为严重的伦理问题。

我国学术界在上述三种观点中较多认可作为折中的"质量差异说"。其主要的考虑是，行政犯罪有时需要质来决定，而有时也需要量来决定，或者二者综合考虑，才能实现定罪的平衡。就方法论而言，质量差异说是可行的，因为其最契合于辩证法的论理逻辑，不至于失之片面和极端。但是笔者有意强调的是，质量差异说虽然具有相对优势，但并不是说每个行政违法和行政犯罪之间都同时存在质量差异，而是视具体情况有所侧重或者兼而有之的。总的来说，"不法行为的质与量是一种互动的统一，都是由一定的社会内容所决定的，归根结底都以行为的法益侵害性为转移。刑事不法往往具有严重的法益侵害性，而行政不法虽有一定的法益侵害性，但是并非完全达到了犯罪的标准与程度。"①

　　将视线转回到环境资源领域中来，环境违法与环境犯罪的区分在本来意义上当然可以依靠"质量差异说"得以实现。这也说明，学理上既有的讨论当然是有重要理论意义的，但同时需要强调的是，环境违法与环境犯罪之间的区分是绝对的吗，恐怕答案是否定的。因为从违法到犯罪，标志着行为具有了严重的社会危害性和行为人彰显出了较大的人身危险性，而社会危害性和人身危险性的评价本身就是相对的，由此必然导致环境违法和环境犯罪的界分只能在相对意义上得以成立。正如早期研究这一论题的学者所说："行政违法和行政犯罪的区分是相对的，除了标准的模糊之外，还由于社会变迁导致了两者可以互相转化，所以二者的界限也就不是固定和永恒不变的，亦即两者的区分是动态的，而非静态的。"② 这种情境之下，质量差异说固然具有学理上的可行性，恐怕也并不能完全承担起区分环境违法与环境犯罪的重任。

　　那么在我国目前的执法和司法实践中主要是依靠何者来实现对二者的区分的呢？按照通行的正确表述，即是严格依照法律规定进行判断，换言之，严格按照各种环境行政法和刑法的规定进行区分。但是正如笔者在本书第二章对"严重污染环境"这一要素的研讨中所谈过的，现实中存在较为严重的司法解释依赖现象，亦即是否达到了构罪的罪量规格，很多场合并不是由刑法来确定的，而是由刑事司法解释确定的。也就是说，判断环境违法与环境犯罪，很大程度上还是以司法解释的内容为准据的。那么下文笔者仍以污染环境罪为例，对此作一分析。

---

① 李晓明：《行政刑法学导论》，法律出版社 2003 年版，第 275—276 页。
② 黄河：《行政刑法比较研究》，中国方正出版社 2001 年版，第 34 页。

（二）立案标准的实效考察与区分认定的实质基准

本书第二章对污染环境罪中作为罪量要素的构成要件内容做了讨论，其中重点以2016年"两高"《关于办理环境污染刑事案件适用法律若干问题的解释》的第一条作为分析的对象。而关于环境污染行为是否涉嫌犯罪，2017年4月27日，最高人民检察院和公安部联合印发了《关于公安机关管辖的刑事案件立案追诉标准的规定（一）的补充规定》，其中第十条对违反国家规定排放、倾倒、处置相关污染物的行为是否应予立案追究刑事责任做了明确规定。笔者对比这两个解释性规定，发现二者的内容完全一致。由是观之，从一般的环境污染违法行为到污染环境犯罪，除了其他构成要件内容外，其核心的界限便在于是否达到了这种立案标准。既然立案标准与司法解释的内容是相同的，那么本书仍针对后者进行讨论。2016年的解释出台至今已有5年了，对其适用情况进行回顾，了解其整体的实施状况，特别是把握"严重污染环境"的18项入罪规格在适用中所呈现的一些规律性情境，才能为下一步更恰当地区分一般的环境污染违法与环境污染犯罪的综合权衡提供参考。

对于污染环境入罪的立案标准问题，我国近来有研究者所承担或参与的国家社科基金重大项目发表了部分研究成果，对2016年司法解释第一条的实施情况做了数据统计和分析。从统计结果来看，自2017年以来，该条的18项入罪标准存在着入罪条款集中、闲置条款多；集中适用的条款中存在着行为入罪和结果入罪现象；司法认定同时包括人身、财产和环境三方面的利益；部分条款成为僵尸条款而未能得到过适用等问题。该解释实施以来，"从整体适用情况来看，适用《解释》的污染环境犯罪案例已经达到刑事判决的一半，这一方面体现出《解释》条款规定翔实具体，另一方面也说明《解释》有弱化立法地位之嫌，并且第一条中的部分条款将没有严重社会危害性的行为规定为犯罪,有越权解释的嫌疑。通过入罪标准的案例适用情况可以发现,司法实践中对于污染环境罪的犯罪类型、侵犯法益存在不同见解"。①这个总结应当说还是客观中立的,正是在该解释之下,数年来才能对一批环境污染案件进行司法处理,但是同时也应注意到问题同样也在一定程度上源自该解释自身。

目前,18项立案标准中适用率最高的分别是第2、3、4和第9项。这几项规定的共同点非常明显,即排放、倾倒或者处置相关污染物的3吨以上、3倍以上和10倍以上,以及违法所得或造成损失30万元以上。这种客观的数字标准简单易行,具有较强的可操作性。只要案件事实一经认定,具体而言就是经过鉴定等得以证明,那么就可以直接立案追诉。而其他多项标准的适用情况则大多为个位数甚至为零,这种现象较为显著地说明了一个问题,除了这几种案件发案率较高之外,实践中环境行政执法者移送涉嫌犯罪案件还尽量选择能够十分明显确认的事实类型,而对于其他可能需要裁量的则宁愿不移送司法,即便其存在一定的法益侵害或危险。立足于执法者来说,这也是可以理解的无奈选择。当然,也会有质疑意见认为,其他多项立案标准同样也是客观的数据准则,为什么案发率这么低呢?对此要做简要解释的是,必须承认其他的一些构罪标准要么很难实现,如转移、疏散群众5000人以上;要么属于日常生活中又较为容易实现和发生的情形,如第11项的导致断水12小时以上的,对这种日常会发生的情况危害性是否达到刑法上可罚的违法性程度,既然存疑便直接放弃认定。类似的情形还有如第17项要求致一人以上重伤的即构成污染环境罪,但是作为"过失之王"的交通肇事罪尚且要求致人死亡1

---

① 赵睿英:《污染环境罪入罪标准及其认定——评两高2016年污染环境罪司法解释》,载《北京理工大学学报(社会科学版)》,2022年第5期,第8页。

人或者重伤 3 人以上的才构成犯罪，此时又明显存在不协调的现象。

总的说来，作为立案追诉门槛的这 18 项规定，大多数都在寻求某种客观的形式标准以增强可操作性。这当然是作为司法解释所应承担的使命，但是形式的追诉标准所直接导致的问题就是存在该入罪时没有入罪，而不该入罪的场合却又存在入罪的风险，上文对此已有分析，不再赘述。而作为区分环境行政违法和环境资源犯罪的基本规格，仅仅依靠客观上的形式标准恐怕是不能成行的。笔者目前初步的思路是，在"由行到刑"的进路上也应当强调进行实质的考察和个别的、主观的分析；这样才能实现形式与实质的结合，主观与客观的统一，才能更契合于前述基础理论上的质量差异说。下一步需要思考和解决的问题便是，如何将一般意义上的质量相区分通过形式与实质的标准，主观与客观相结合的方式体现在环境资源犯罪的追诉门槛之上。

犯罪的实体是不法与责任，由此二者所建构的犯罪，其指向的则是侵害或者威胁某种法益。环境资源犯罪同样如此，本书将环境犯罪的法益界定为"人与环境的共同体利益"，那么在涉及区分认定环境违法还是环境犯罪的问题上，就应当结合具体的法益内容来判断案涉行为是否达到了入罪的实质违法性和可谴责性程度。当然这里并不是说要完全摒弃形式要素，如现有的 18 项规定中的各项客观数值标准等，而旨在强调，形式标准的呈现必须能够体现出实质意义上的值得动用刑法干预的法益侵害性。而同时，实质的法益侵害性还能够纠正形式标准在出入罪问题上的不当之处，形式标准又有助于防止单纯的实质判断走向恣意，如此才是笔者所欲强调的形式与实质标准的真正融合。

区分环境违法与环境犯罪的实质基准，在笔者看来即在于行为所违背的规范保护目的的不同。从形式上看，有关环境资源的各种前置立法，其目的表述似乎与刑法有关环境资源犯罪的法益保护目的基本相同，如《环境保护法》第一条规定"为保护和改善环境、防治污染和其他公害，保障公众健康，推进生态文明建设，促进经济社会可持续发展，制定本法"，这虽然与刑法所要保护人与环境的共同体利益是并行不悖的。但仍然值得强调的是，刑法与各种相关的法律法规之间，其在规范设立目的上还是存在着重要的区别，正是这种区别，为区分认定环境违法与环境犯罪提供了线索。

  法秩序总是为了实现一定的目的、基于一定的指导性原理形成。任何一条规定，必须考虑和权衡立法者的主观目的和法秩序所应当实现的客观目的，才能确定其范围。有关环境资源的前置法与刑法之间当然可能存在相当程度上的目的一致性，但是也必须承认一定范围内两者间规范目的的差异性，正是因为此，前文中，笔者才以"违反国家规定"为例对环境犯罪的"相对行政从属性"加以论证，其相对之处就在于目的上的不同。所以在每个具体的案件情境中，都有必要详细考察刑法与行政法具体条文的规范目的、部门内部法制度的规范目的、部门法秩序的规范目的以及整体法秩序的规范目的，如此等等，这样才不至于在行为性质的认定上无所适从。在这种目的性的考察中，我们发现环境刑法与有关的其他环境前置法之间至少存在两种关系，亦即二者的规范保护目的相同或者相异。

  在规范保护目的相同的情形中，环境违法与环境犯罪之间的联系较为紧密，在区分两者的认定中，传统学说意义上的"质量差异说"便更多地偏重于量的差异，毕竟二者在保护法益的规范目的上具有一致性。如前述的《环境保护法》明确规定同时保护人与环境的利益，还单独强调了对环境法益的独立性保护，这与环境刑法的规范目的是相通的。这种情境下，首先，即应当由负责办理具体案件的执法和司法机关在全面调研的基础上认定，行为人的环境违法行为对前置法与刑法共同保护的法益的侵害或者威胁程度是否已经达到了需要刑法加以干预的地步，当然，这同样也要借助于相关司法解释所确定的形式意义上的量的标准，但必须注意的是，即便达到了量上的形式标准也并不必然表明具有刑事可罚意义上的违法性，这也是实质考察所为行为出罪所留出的空间。其次，需要注意的是，在法益保护范围上，如果某种生活利益尚未获得环境前置法的保护，环境刑法也应当暂时退场。因为刑法与行政法等在保护的法益相同之际，在规范保护目的上并无不同，区别仅在于作为法益保护手段存在差异。这时如果前置法都尚未介入，刑法动辄干预的姿态未免有失妥当。例如，当前我国还没有国家层面上的光电污染防治法，此时即便光电污染确实有损人类的生活利益，也还无法将其认定为刑法上的污染环境罪。

规范保护目的不同的情形下，区分环境违法和环境犯罪是问题的重心所在。为什么会出现两者的规范目的不一致的情形呢？须知，作为环境前置法的各种法律规范和刑法还是很不一样的，虽然他们也要保护环境与人类利益，但在许多场合，这并不是他们的首要目标。毋宁说，对一定的秩序的维护才是其本来追求。简言之，在环境前置法意在调节相关的环境社会关系或者资源分配的情形中，其与刑法主要在于保护人与环境的利益自身这一点上便存在了重要差别。因此，在规范目的不同的情形下，环境违法与环境犯罪的区分，主要是传统质量差异说中的质的差别。首先，刑法上的环境犯罪要素可以独立于前置法的规定，这直接会影响到罪与非罪的判断；换言之，规范保护目的相异之情形下，前置法保护的利益，在刑法上未必保护。以"污染物"为例，我国现在有专门的《环境噪声污染防治法》，这显然是认可了"声污染"的现实存在，而且该法第六十二条规定：环境噪声污染防治监督管理人员滥用职权、玩忽职守、徇私舞弊的，由其所在单位或者上级主管机关给予行政处分；

构成犯罪的,依法追究刑事责任。从这一规定中我们得出两个结论:第一,制造噪声污染的行为人本人的法律责任尚不能被论以刑事责任;第二,噪声监管人员可以被追究刑责。但是这里便出现了一个问题,《刑法》第四百零八条的环境监管失职罪实际上并不能被适用,因为其所表述的"导致发生重大环境污染事故"乃是与污染环境罪等规范确定的环境要素相关联的,而相关的司法解释尚未将噪声污染纳入刑事规制的范围,由此,《环境噪声污染防治法》第六十二条实质上是被虚置了。由此说明,对特定要素构成的行为能否被论以犯罪,虽然应当参考前置法的规定,但在具体分析时,还是应当结合刑法的规范目的本身。其次,在违法性的判断上,也应当坚持刑法的独立性。例如,《刑法》第三百四十一条规定的危害珍贵、濒危野生动物罪,其中涉及"非法运输国家重点保护的珍贵、濒危野生动物"的行为。实践中出现动物园等机构为了给特定的保护动物进行交配或者治病等正当目的,而在紧急情况下未及时办理审批手续,运输动物到异地的案件。此时从法律规定上看,行为人确实是未经审批的"非法运输",且运输对象是重点保护动物,那对这种确实属于动物资源管理的违法行为,能否被论以《刑法》第三百四十一条的犯罪呢?笔者对此问题的回答是否定的,其原因即在于两种不同的法律规范目的的差异,有关动物的前置法律规定主要的是为了维护相关的行政审批和管理的法律秩序的稳定,而刑法中规定本罪则主要是为了保护珍贵濒危野生动物资源。实践中出现的这种案件,行为人虽然违反了相关的管理规范,但是并未违背刑法的规范目的,甚至是与刑法的目的相一致的,因此,从坚持刑法上违法性判断的独立性上来说,对这种案件不能论以危害珍贵、濒危野生动物罪,而只能被认定为相应的环境资源违法行为。正如于改之教授所述:"单纯为行政管理需要而做出的裁决,不能必然拘束刑事违法性的判断,必须以法秩序的统一性为基础，从法规范的保护目的出发，进行刑事违法性的独立判断。"①

实际上，据笔者观察，目前的司法实践中已然开始出现了以实质基准来分析行为人的行为是否已经超越了单纯的行政违法而具备刑事可罚性的案件。如曾被刊登在最高人民法院主办的《刑事审判参考》2014年第2集的"梁某污染环境案"，本案的争议焦点是：被告人梁某焚烧工业垃圾20余吨，持续时间近两天两夜，造成周边居民不敢开窗，但对梁连平的行为是否构成污染环境罪，以及如何适用"两高"《关于办理环境污染刑事案件适用法律若干问题的解释》的规定进行裁判存在分歧。观点一认为行为不符合2013年的司法解释中的（十四）项规定，不构成犯罪；观点二认为此行为属于解释第　项非法排放、倾倒、处置危险废物三吨以上的情形；观点三认为，行为属于第（三）项非法排放严重危害环境、损害人体健康的污染物超过国家污染物排放标准或者省、自治区、直辖市人民政府根据法律授权制定的污染物排放标准三倍以上的情形。最后办案机关并未采纳前三种观点，而是援引刑法第三百三十八条和2013年司法解释第一条第（十四）项的规定，认定被告人梁某的行为属于"其他严重污染环境的情形"。这一处理意见，笔者认为是妥当的，因为本案中行为人焚烧的垃圾主要是废弃塑料、橡胶、金属等废物，并不属于司法解释所确定的特定污染物，因此不能勉强适用前几项有关污染物的规定。实务部门的同志就本案撰写的文章认为："虽然本案犯罪对象的特殊性决定了难以根据实际产生的污染后果来定罪，但是从常识上看以及侦查实验数据及相关证据都支持认定被告人的行为已造成了严重污染环境的后果，因此适当运用兜底条款以弥补法律、司法

---

① 于改之：《法域冲突的排除：立场、规则与适用》，载《中国法学》，2018年第4期，第97页。

解释条文列举性规定周延性不足是恰当可行的做法。"① 而在笔者看来，当司法者发现解释中十多项立案标准中的形式规格无法准确地适用于具体案件当中的时候，而经过对待决案件的综合考量又认为其已经达到了侵害人与环境的共同体利益的刑事可罚性程度的情境下，便转而寻求最后的兜底式规定，实际上这种对司法解释兜底条款的适用正是以前述的实质基准来判定行为的罪与非罪的。由是观之，区分环境违法和环境犯罪的实质基准，既有兜底条款作为解释性规定的依据，又有可供参酌的实践经验可循。

总的来说，在区分前置法和刑法之间的规范目的之异同的基础上，具体考察行为人的行为是否在不法和责任都已经达到了刑法上可罚的程度，其标准自然是环境刑法所保护的人与环境的共同体利益是否受到了侵害或者威胁。这就是笔者所主张的区分环境违法与环境犯罪的实质基准，对现行有效的司法解释中确定的十八项立案标准的适用必须时刻注意以实质基准来进行考察，而不能只单纯地以客观数值参数等作为入罪与否的唯一准则，否则多少存在客观归罪的风险。当然也必须强调的是，对于实质基准的运用也必须时刻抱持审慎的姿态，以免出现随意出入罪的不当局面。

（三）实质基准在环境金融等新兴领域的运用

区分环境违法与环境犯罪，在传统领域中运用前述规范保护目的的实质基准一般说来并不存在特殊的疑问，对于大量待决案件都能妥当地进行认定。但应当引起足够重视的是，随着环境保护工作内容的日益丰富，过去单纯依靠行政许可等公共政策方式介入环保工作的力度正在减弱，与之相应的则是各种新型手段的浮现，特别是利用市场发挥重要的环境资源调控作用。以当前最

---

① 梁健、阮铁军：《污染环境罪中"其他严重污染环境情形"的认定》，载《人民司法》，2018年第18期，第8页。

新的"环境金融"领域为例,传统意义上我们并不会认为环境问题与金融管控相关联,然而当我国设立了统一的"碳排放权交易市场"之后,违法或者脱离金融监管的碳排放权交易行为所导致的环境污染是否应当作为犯罪处理,以及应当作为何种犯罪处理都在拷问着执法和司法机关。

"环境金融这一学科主要以环境要素、环境产权等基本的资产为交易依据,是通过环境手段进行经济治理的一项新兴的、主要的金融工具,其目的是推进人类的可持续发展。环境金融的推广一方面有利于保护环境;另一方面也能够衍生出新的经济增长点,促进环境治理和合理的经济利益相结合,从而形成新的金融机制。"[1] 由此可见,借助金融手段实现的环境保护与当前我国所强调的利用市场在资源配置中起决定性作用的基本思路是一致的。作为全新的学科领域,国外已有学者出版了相应的著作,如经翻译引入我国的《环境金融:环境风险评估与金融产品指南》一书便是本领域的重要文献资源。应当说,从我们的研究论域出发,金融与环境的结合,为思考美丽中国建设进程中的一众现实问题开辟了崭新的研究领地,其属于新时代背景下学科融合的示范,在广义上属于法学、经济学与生态学的交叉学科。

既然环境要素与金融产品的结合已经成为不可回避的社会现实,那么由此所衍生的新型不法行为亦无可避免。有研究者认为,"金融结构与发展阶段所对应的要素禀赋结构和产业技术结构的匹配程度越高,越有利于减少环境污染;相反,若金融结构偏离发展阶段所决定的最优金融结构,则扭曲的金融结构将加剧环境污染。"[2] 这敏锐地点出了市场机制下金融结构与环境污染之间的密

---

[1] 陶雪飞:《论环境金融的兴起及未来发展》,载《环境工程》,2021年第10期,第234页。

[2] 郑洁、赵秋运、朱欢、付才辉:《金融结构与环境污染:新结构环境金融的理论初探》,载《经济问题探索》,2021年第10期,第165页。

切关联，于是金融结构的妥当建构对减少环境污染而言发挥着重要作用。于是对金融结构的安排便成为市场环境下环保工作的关键一招。当前，在碳达峰碳中和的时代语境下，降低碳排放速率以及确定碳排放总量等目标设定，都共同导向了一个新的商品要素，即"碳排放权"。只要允许在一定范围和条件下的碳排放权交易，那么围绕这种紧俏的资源而生出的环境违法乃至环境犯罪行为便自然呈现。

本来我们的讨论还停留在传统的环境违法领域中，但随着环境金融议题的出现，对于行为人借助金融手段违规或者超标进行碳排放行为性质的认定，便需要更为周全的考量。换言之，对前述行为究竟应当界定为金融不法行为抑或环境不法行为就需要首先做出处断。笔者认为，有关规范保护目的的理论在此可以发挥相应的功能。总的来说，当行为人的行为所扰乱的主要是碳排放权交易市场秩序的场合，应当将其认定为金融不法行为；唯有其行为开始经由碳排放触及人与环境的共同体利益时，方应将其界定为环境不法行为。形成这种差异化认定的根源，即在于对环境金融和生态环境本身在规范保护目的上的不同。有关前者的各种规范，其核心目的在于维护作为新型金融产品的碳排放权交易的市场秩序稳定，而后者的规范目的则在于对关涉人与环境共同体利益的生态本身的保护。进一步说，在确定了行为性质之后，再根据其量与质的差异，衡量行为人的行为是否可以被评价为刑事不法，由此实现对环境金融违法和犯罪的区分认定。由是观之，前述作为实质基准的规范保护目的理论，对环境金融等新兴领域的刑行衔接问题的妥当处理也可以提供有益的启发。

第二节　事实审查：环境行政与刑事证据的转化路径

2014年1月7日，习近平总书记在中央政法工作会议上指出："现在有一种现象，就是在环境保护、食品安全、劳动保障等领域，行政执法和刑事司法存在某些脱节，一些涉嫌犯罪的案件止步于行政执法环节……"① 出现这种现象的原因是多方面的，证据问题就是其中的关键一环。我国法学理论和法律实践中都强调的一句名言即"以事实为根据，以法律为准绳"，这里的事实从法理上说，即由证据所证明的法律事实，而非客观真实。固然二者间可能会存在一定距离，但为了保障法律适用的安全性与稳定性，我们在学理和实务上都只认可前者，而尽力追求二者间距离的不断缩短。在关于环境污染治理的刑行衔接论域中，证据问题不可为我们所忽视，因为在证据背后所涉及的是事实审查问题，这一问题直接关系到习近平总书记所谈到的刑行衔接的现实效果。

一、二元治理模式下环境行政证据转化的规范分析

（一）环境行政证据的刑事转化原因揭示

前文已经对我国违法与犯罪的二元化环境治理模式进行了相应的背景介绍，从这种二元模式中衍生出来的环境违法与环境犯罪的区分认定问题，本书亦从规范保护目的实质基准等做了探讨，但是区分认定后的下一步便是行政违法与刑事犯罪的衔接，而且

---

① 中共中央文献研究室编：《十八大以来重要文献选编（上）》，中央文献出版社2014年版，第722—723页。

更为关键的是,区分认定的事实也都是由行政和刑事证据所建构的法律事实,因此对有关证据问题的分析势必成为环境治理刑行衔接中的重要议题。其实,关于环境行政执法与环境刑事司法的衔接不畅问题,我国学术界已有了很多分析。如董邦俊教授认为,"环境刑法的从属性,使得环境犯罪与违法上有时出现了界域区分上的模糊和以罚代刑现象。大量的环境违法行为由于界定标准上的模糊难以区分是环境违法行为还是环境犯罪行为,而实践中大多数环境违法案件实际危害已经达到了严重的危害程度,但执法部门与司法机关并没有很好地把握罪与非罪的界限,使得这些行为不作为犯罪处理"。① 王树义教授主张,"由于环境犯罪案件处理程序复杂,需要经过环保部门移送、公安部门立案侦查、检察机关公诉等多个环节,导致实践中影响案件处理的外在因素很多,例如,环境保护部门受部门利益影响,主动移送意识不强;环境执法人员专业素质不足,在行政执法中对于刑法等相关规定不熟悉;检察机关人手、资金不足,且缺乏专业知识;政府部门为经济发展干预行政机关或司法机关移送处理案件等。这些因素都可能造成环境刑事司法程序不能启动,影响其发挥应有的效力"。② 赵旭光博士强调:"从数据上看,环境领域的执法向刑事司法的移送以及刑事立案环节都存在严重的'断裂',其中监督失灵是重要原因:对行政执法向刑事司法的移送监督失灵,对环境犯罪的刑事司法追诉同样监督失灵。"③ 应当说以上学者分别从环境刑法的行政从属性、衔接程序复杂以及监督机制失灵等方面分析了环境

---

① 董邦俊:《环境法与环境刑法衔接问题思考》,载《法学论坛》,2014年第2期,第131页。
② 王树义、冯汝:《我国环境刑事司法的困境及其对策》,载《法学评论》,2014年第3期,第125—126页。
③ 赵旭光:《"两法衔接"中的有效监督机制——从环境行政执法与刑事司法切入》,载《政法论坛》,2015年第6期,第146页。

行政执法与刑事司法衔接不畅的重要原因,各自揭示了此问题的一个侧面。但是笔者有意要强调的是,环境行政证据向刑事证据的转化困境,也是"两法"衔接不畅的重要方面。

之所以要在刑行衔接的论域中讨论证据的转化运用问题,主要有以下几点考虑。第一,证据能否实现转化一定程度上是刑行衔接问题产生的前提。我们谈论刑行衔接问题通常是某种行为在行政违法的同时还涉嫌刑事犯罪,而如果行政证据并不能被转化运用,即不能以行政证据来证明可能使得行为人负担刑事责任的犯罪事实的话,那么也就不存在衔接问题了。而至多只是行政责任。毕竟,"从法理上看,行政执法证据是司法机关确定是否立案审查的重点,是追究行为人刑事责任的基础"。① 第二,证据能否实现衔接转化直接决定着案件能否实现顺利移送。环境行政主管部门或者公安机关,抑或其他涉及的部门要将案件移送司法机关,都要求形成追究刑事责任的完整证据链条。为了防止出现核心证据湮灭的问题,以利于及时有效打击环境犯罪行为,实现证据的转化运用成为认定案件事实的关键一招。而由于环境案件的特殊性,许多证据都需要第一时间进行收集、固定与保存,否则将丧失客观条件而不能再次提取,例如水流和空气中的污染物浓度都会随着时间的流逝而被稀释无法再次获得。第三,证据转化中的各种问题已然成为制约环境行政执法与刑事司法的重要障碍。2017年3月9日,时任环保部部长的陈吉宁在"加强生态环境保护答中外记者问"的记者招待会上明确谈道:"环境行政执法采用的很多证据跟刑事证据接不上,很难把它作为刑事案件来处理。"目前实务中出现的公安检察机关退回环保部门的移送请求事件,其中有不少问题出在了证据上,这种情形势必直接影响环境污染

---

① 万尚庆:《论行政执法证据在刑事诉讼中的使用——以道路交通违法行为为视角》,载《法学杂志》,2015年第5期,第111—119页。

的有效治理，环保部门戏称自己没有"牙齿"，司法机关却又要严格遵守证据裁判规则，证据的转化困境在影响事实认定的基础上成为阻碍"两法"衔接的一个隐秘的角落。

实际上，从 2007 年的原国家环保总局和公安部、最高人民检察院联合发布《关于环境保护行政主管部门移送涉嫌环境犯罪案件的若干规定》开始算起，到如今已经有近 15 年的时间，而环境资源领域的两法衔接等问题仍在一定程度上持续存在，这是制约环保建设的客观现象和问题，也正因此 2018 年全国人大常委会才发布了《关于全面加强生态环境保护 依法推动打好污染防治攻坚战的决议》。2020 年，全国人大常委会副委员长丁仲礼院士就这份决议的落实情况做了调研报告，其中明确谈道："污染环境犯罪案件普遍存在立案难、鉴定难等问题。行政部门移送涉嫌犯罪案件数量占比偏低。司法与执法协调联动机制有待健全，部门间信息共享平台作用发挥不充分，大多数省份没有建成全面覆盖生态环境相关部门的综合信息平台，一些建成的信息平台应用不充分。一些企业履行防治污染主体责任的自觉性不够，超标排污问题突出。一些地方环境保护目标考核不严格、责任落实不到位，污染治理压力和责任逐级递减。"① 由是观之，作为两法衔接的前提与核心的证据转化问题不得不成为环境资源领域刑行衔接的关键一环，唯有在证据扎实的基础之上，才能做到对案件事实的可靠认定，也才可能实现环境案件在行政执法和刑事司法两个程序中的及时立案查办。

---

① 丁仲礼：《全国人民代表大会常务委员会专题调研组关于〈全国人民代表大会常务委员会关于全面加强生态环境保护 依法推动打好污染防治攻坚战的决议〉落实情况的调研报告——2020 年 12 月 23 日在第十三届全国人民代表大会常务委员会第二十四次会议上》，载《中华人民共和国全国人民代表大会常务委员会公报》，2021 年第 1 期，第 191 页。

(二) 环境行政证据刑事化运用的规范梳理

实际上，从最高立法机关到司法与执法机关都已经意识到二元化社会治理模式之下，在行政执法查办案件与刑事司法的有效衔接过程中，证据转化起着举足轻重的作用。所以近年来在多种规范性法律文件中都存在着一些有关证据运用的规定，这些规定成为当前分析刑行衔接中证据问题的规范依据，对此我们有必要先做一些分析。

2012 年修订通过的《刑事诉讼法》第五十二条第二款规定：行政机关在行政执法和查办案件过程中收集的物证、书证、视听资料、电子数据等证据材料，在刑事诉讼中可以作为证据使用。该规定在 2018 年再次修订的《刑事诉讼法》第五十四条第二款中得到延续。这一规定正式承认了行政证据可以被运用在刑事诉讼程序当中，具有划时代的意义，也成为刑行衔接中证据转化的最基本条款。

在两次《刑事诉讼法》修正后最高法所出台的配套司法解释，即 2012 年与 2021 年最高人民法院《关于适用〈中华人民共和国刑事诉讼法〉的解释》中，分别在第六十五条和第七十五条规定：行政机关在行政执法和查办案件过程中收集的物证、书证、视听资料、电子数据等证据材料，经法庭查证属实，且收集程序符合有关法律、行政法规规定的，可以作为定案的根据。根据法律、行政法规规定行使国家行政管理职权的组织，在行政执法和查办案件过程中收集的证据材料，视为行政机关收集的证据材料。对比发现，自 2012 年以来，最高立法与司法机关对有关行政证据可以转化运用的立场是一贯的，相关法律文本并未进行任何变动。

2012 年《公安机关办理刑事案件程序规定》第六十条规定：公安机关接受或者依法调取的行政机关在行政执法和查办案件过程中收集的物证、书证、视听资料、电子数据、检验报告、鉴定意见、勘验笔录、检查笔录等证据材料，可以作为证据使用。为配合《刑事诉讼法》等法律文件的修改，2020年公安部发布《关于修改〈公安机关办理刑事案件程序规定〉的决定》，对《公安机关办理刑事案件程序规定》进行了全面修改完善，其中第二十九条明确将第六十条改为第六十三条，修改为公安机关接受或者依法调取的行政机关在行政执法和查办案件过程中收集的物证、书证、视听资料、电子数据、鉴定意见、勘验笔录、检查笔录等证据材料，经公安机关审查符合法定要求的，可以作为证据使用。从这两次修改的内容上看，与全国人大通过的《刑事诉讼法》和最高人民法院的司法解释对比而言，第一，公安部在2012年就明确扩大了刑行衔接中转化运用的证据种类，不限于前者所列举的物证、书证、视听资料和电子数据四类；第二，2020年规定的修改，增加了刑行衔接中证据转化需"经公安机关审查符合法定要求"的规定。

2012年最高人民检察院发布的《人民检察院刑事诉讼规则（试行）》中第六十四条规定：行政机关在行政执法和查办案件过程中收集的物证、书证、视听资料、电子数据证据材料，应当以该机关的名义移送，经人民检察院审查符合法定要求的，可以作为证据使用。行政机关在行政执法和查办案件过程中收集的鉴定意见、勘验、检查笔录，经人民检察院审查符合法定要求的，可以作为证据使用。人民检察院办理直接受理立案侦查的案件，对于有关机关在行政执法和查办案件过程中收集的涉案人员供述或者相关人员的证言、陈述，应当重新收集；确有证据证实涉案人员或者相关人员因路途遥远、死亡、失踪或者丧失作证能力，无法重新收集，但供述、证言或者陈述的来源、收集程序合法，并有其他证据相印证，经人民检察院审查符合法定要求的，可以作为证据使用。2019年发布的《人民检察院刑事诉讼规则》第六十四条规定：行政机关在行政执法和查办案件过程中收集的物证、书证、视听资料、电子数据等证据材料，经人民检察院审查符合法定要求的，可以作为证据使用。行政机关在行政执法和查办案件过程中收集的鉴定意见、勘验、检查笔录，经人民检察院审查符合法定要求的，可以作为证据使用。对比这两次的规则，最高人民检察院主要做了如下调整：第一，最新的规则删去了原来第六十四条第一款中行政证据"应当以该机关的名义移送"的规定；第二，最高检对于转化适用的证据种类，两次规则都认可了《刑事诉讼法》载明的四类之外的其他证据，即鉴定意见和勘验、检查笔录，但是都同时强调了要经过其"审查符合法定要求"；第三，2019年的规则删去了原六十四条第三款中关于供述、证言或者陈述应当重新收集及其例外的规定，在笔者看来，这主要是由于国家监察体制的改革，使得该条原第三款所规定的"人民检察院办理直接受理立案侦查的案件"范围受到了一定程度上的限缩。但是这种删改是否妥当还值得思考，对此后文会进行相应的分析。

以上还都是刑行衔接中证据转化运用的一般性规定，在自然资源和生态环境领域同样存在相应的明确规范，2017年环境保护部、公安部和最高人民检察院联合研究制定了《环境保护行政执法与刑事司法衔接工作办法》，其中第三章证据的收集与使用中共有三个条文。第二十条：环保部门在行政执法和查办案件过程中依法收集制作的物证、书证、视听资料、电子数据、监测报告、检验报告、认定意见、鉴定意见、勘验笔录、检查笔录等证据材料，在刑事诉讼中可以作为证据使用。第二十一条：环保部门、公安机关、人民检察院收集的证据材料，经法庭查证属实，且收集程序符合有关法律、行政法规规定的，可以作为定案的根据。第二十二条：环保部门或者公安机关依据《国家危险废物名录》或者组织专家研判等得出认定意见的，应当载明涉案单位名称、案由、涉案物品识别认定的理由，按照"经认定，……属于\不属于……危险废物，废物代码……"的格式出具结论，加盖公章。

从这三个条文来看，第一，第二十条将环境领域刑行衔接中可以转化运用的证据种类再次进行了扩张，扩大到包括监测报告、检验报告、认定意见等；第二，第二十一条强调了执法和司法机关收集的证据应当经过法庭查证属实才能用以定案；第三，第二十二条专门就危险废物的认定问题做了程序性规定。

最高人民法院和最高人民检察院联合发布的相关司法解释中涉及环境污染犯罪证据转化运用的相关规定大致有以下这些。2013年"两高"《关于办理环境污染刑事案件适用法律若干问题的解释》第十一条规定：对案件所涉的环境污染专门性问题难以确定的，由司法鉴定机构出具鉴定意见，或者由国务院环境保护部门指定的机构出具检验报告。县级以上环境保护部门及其所属监测机构出具的监测数据，经省级以上环境保护部门认可的，可以作为证据使用。2016年"两高"《关于办理环境污染刑事案件适用法律若干问题的解释》第十二条规定：环境保护主管部门及其所属监测机构在行政执法过程中收集的监测数据，在刑事诉讼中可以作为证据使用。公安机关单独或者会同环境保护主管部门，提取污染物样品进行检测获取的数据，在刑事诉讼中可以作为证据使用。第十四条规定：对案件所涉的环境污染专门性问题，难以确定的，依据司法鉴定机构出具的鉴定意见，或者国务院环境保护主管部门、公安部门指定的机构出具的报告，结合其他证据作出认定。更新后的2016年"环境污染解释"，第一，增加了可以转化运用于刑事程序中的证据种类，即监测数据和污染物检测数据；第二，删去了原来解释第十一条第二款关于"经省级以上环境保护部门认可后，县级以上的环保部门的监测数据可做证据使用"的规定，当然这并不是说监测数据不再成为可转化的证据，而是不再需要经过省级以上的主管部门认可，进一步降低了环境监测数据转化为刑事证据的门槛，使得环境监测数据可以大量进入刑事司法领域。

此外，关于司法鉴定以及监测数据的证据资格问题，2019年2月20日，最高法、最高检、公安部、司法部、生态环境部《关于办理环境污染刑事案件有关问题座谈会纪要》中进行了认识上的统一。对于司法鉴定，会议认为，根据《关于办理环境污染刑事案件适用法律若干问题的解释》的规定精神，对涉及案件定罪量刑的核心或者关键专门性问题难以确定的，由司法鉴定机构出具鉴定意见。实践中，这类核心或者关键专门性问题主要是案件具体适用的定罪量刑标准涉及的专门性问题，比如公私财产损失数额、超过排放标准倍数、污染物性质判断等。对案件的其他非核心或者关键专门性问题，或者可鉴定也可不鉴定的专门性问题，一般不委托鉴定。比如，适用《关于办理环境污染刑事案件适用法律若干问题的解释》第一条第二项"非法排放、倾倒、处置危险废物三吨以上"的规定对当事人追究刑事责任的，除可能适用公私财产损失第二档定罪量刑标准的以外，则不应再对公私财产损失数额或者超过排放标准倍数进行鉴定。涉及案件定罪量刑的核心或者关键专门性问题难以鉴定或者鉴定费用明显过高的，司法机关可以结合案件其他证据，并参考生态环境部门意见、专家意见等作出认定。对于监测数据，会议针对实践中地方生态环境部门及其所属监测机构委托第三方监测机构出具报告的证据资格问题进行了讨论。会议认为，地方生态环境部门及其所属监测机构委托第三方监测机构出具的监测报告，地方生态环境部门及其所属监测机构在行政执法过程中予以采用的，其实质属于《环境解释》第十二条规定的"环境保护主管部门及其所属监测机构在行政执法过程中收集的监测数据"，在刑事诉讼中可以作为证据使用。从这个《会议纪要》的内容看，"两高三部"在关于环境污染案件的办理上，放宽有关司法鉴定和监测数据在证据转化运用中的屏障的立场是较为统一的，这也是执法和司法机关对环境领域的案件中刑行衔接中的证据转化难题进行一致努力解决的体现。

(三) 四重维度的规范分析：主体淡化、标准异化、种类扩张与区分转化

以上笔者对有关行政和刑事证据转化，包括特定在环境资源领域中的多种法律和各种解释性规定进行了梳理和对比分析。从这些规范性文件的内容上看，我们可以发现一个较为明显的趋势，即从立法机关、执法机关到司法机关，面对刑行衔接中的证据转化困境，在总体上进行着不断放宽行政证据转化为刑事证据的准入门槛，以试图解决二元治理模式下基于事实认定所引起的后续程序衔接问题。当然，这种放宽是多方面的，在笔者看来，大致可以从证据的收集主体的变化、不同主体收集固定和保存证据分别依据差异化的法律规范所带来的证明标准的不同、可以转化运用的证据种类在不断扩张、证据转化运用的方式在不断简化等角度进行相应的规范化分析。

首先，就证据的收集主体来看。理论上而言，行政证据是由行政主体依照相应的法律法规在行使职权过程中收集，用来证明行政法律事实的各种载体。在二元治理模式之下，我国行政主体的范围是非常广泛的，包括环境、卫生、工商、税务等，这些部门都可以在行使法定职权时收集行政证据。而刑事证据则有所不同，其是由法律所明确规定的对犯罪行为享有侦查权限的工作人员依据《刑事诉讼法》以及各种具体文件所形成的规范来收集以证明犯罪事实的材料。当前我国享有刑事证据调取收集权限的机关限于公安机关、检察机关、监察机关和审判机关。在这种区分制的模式之下，行政证据向刑事证据的转化，将意味着采纳由行政主体所搜集的证据来证明犯罪事实，这在学理上本身就存在不同的意见。在前述2012年《刑事诉讼法》修改之前便存在两种截然相反的观点，"一种观点认为，证据的形式是必不可少的，行政执法证据和刑事证据的形式不同，行政执法证据材料是由行政执

法机关获取的，没有经过刑事司法部门认定，其证据形式不合乎刑事诉讼证据的要求，所以不能直接提交法庭质证。只有经过刑事司法人员重新调取并加以转换，才能为刑事法庭所认可。另一种观点认为行政执法中获取的证据可以直接作为刑事证据提交法庭。因为与待证事实相关联的事实就是证据。行政执法机关也是依法获得材料的，有法律依据，只是这种法律依据和刑事诉讼程序的法律根据不同。但这些证据证明的结果是相同的，都对事实具有证明力。司法机关对于行政执法机关办理案件中收集到的证据应该当作法律规定的证据予以接收，至于能否作为刑事案件的证据，要由司法机关审查决定"。① 对行政证据转化运用的质疑，即便在 2012 年修改刑诉法之后依然存在，如龙宗智教授认为其存在"有悖于刑事诉讼的职权原则；有悖于刑事诉讼证据收集在程序上的严格性要求；书证类证据仍系'传闻证据'，直接采用行政执法中获取的这类证据，更不符合'传闻证据'（例外）使用的要求，从而损害证据客观性"② 等弊端。

应该如何看待这种因为职权划分的制度安排所导致的证据运用在刑行衔接上的障碍呢？在刑事诉讼过程中，要求证据具备"三性"，即合法性、客观性和关联性，尤以其中的合法性为关键。合法性在程序上首先的要求便是取证主体合法，因此在证据法学和司法实践中，我们一贯坚持由享有侦查权的机关来收集犯罪证据，但这种长期以来的做法至少会存在以下几个方面的问题。第一，特定的证据材料因为时空条件的不可控等因素导致取证过程无法逆转，不能实现再次收集，由此导致证明重要案件事实的证据灭失，案件进而无法有效推进，这在环境犯罪中有较为明显的

---

① 张彩荣、母光栋：《浅析行政执法与刑事司法衔接中的证据转换》，载《中国检察官》，2006 年第 12 期，第 50 页。
② 龙宗智：《进步及其局限——由证据制度调整的观察》，载《政法论坛》，2012 年第 5 期，第 12 页。

体现。第二，对于能够实现反复收集固定的证据材料，由侦查机关依法重新收集在一定程度上存在浪费司法资源以及延长司法周期的问题。第三，如前所述，由于行政领域的多样性，执法机关在查办案件过程中分别负责各自对应的业务领域，其对相关的证据收集固定具备专门的业务能力，反而是享有侦查权的公安机关等并不具备相应的专业素养，因此即便其属于法定的刑事证据收集主体也并不能保证其所提取的证据真正具有用以证明案件事实的合法性。因此，在笔者看来，放眼长远，在二元化治理模式没有改变的基本格局之下，我国证据法理论和实践应当逐渐淡化对取证主体适格的强制性规范要求，同时强调对于取证的手段和方式方法的具体精细化规制。简言之，主体在形式意义上的适格并不能保证证据的合法，反之，主体要求的淡化也并不必然否定证据对证明案件事实的效用，只要其是通过严格的取证方式所获取的即可。当然，否定意见中对于取证主体的突破所可能导致的行政证据转化运用中存在的问题，也应当予以重视，但是这些问题更多还是要经由刑事诉讼程序中各个办案机关的严格审查认定予以解决。实际上从前述的规范来看，公检法都在各自的规定、规则和解释中要求对行政证据的转化运用进行相应的审查，显然这种审查是要以刑事程序中的各种规范要件作为过滤器的，因之，有效解决刑行衔接中的证据转化问题，第一步便是要淡化取证主体的传统束缚，转而诉诸取证方式的严格依法要求。最后需要附带说明的一点是，放宽对取证主体的要求并不意味着对取证主体没有任何要求和限制，对于前述"两高三部"关于行政机关委托第三方监测机构出具环境监测报告的证据资格问题，其认为第三方属于环境保护主管部门及其所属监测机构的意见，笔者尚持保留意见，毕竟其实际上并不隶属于环保部门，而只是被委托者，这种第三方在监测过程中的中立客观性是否会受到多方面的影响是可以被质疑的。"从检验检测数据的证明强度来看，显然司法鉴定机构出具的数据证明力最强,环保部门所属的监测机构次之,检验检测公司出具的数据的数据证明力最弱"。① 而第三方检测机构实际上大多是相关的检验检测公司。当然,其提供的报告在刑事诉讼中可以作为证据使用的意见笔者予以认可,可以作为证据使用但并不排斥对其进行更加严格意义上的审查,唯有在全面审查、符合刑事证据的各方面要求时才能据以认定刑事案件事实。总之,对于2012年修改并经2018年坚持规定的现行《刑事诉讼法》第五十四条第二款适度放宽刑事证据取证主体限制的做法,应当予以积极认可,正如有研究者所指出的,"行政执法证据与刑事司法证据的相通性体现在二者属性相同、目的相近、形式相似、程序类似。这些相通之处既为两法衔接证据转化的理论探讨提供了思考空间,也为两法衔接证据转化的立法与实践创造了便利条件"。②

其次,从传统行政和刑事证据的收集主体的差异而自然衍生出的问题便是不同主体基于各自遵循的法律规范提取的证据在对案件事实的证明标准上也是不一样的。所谓证明标准,简单说来就是通过证据对待证事实进行证明,具体要达到某种程度。不管是行政执法机关查办案件或者是公安机关等对刑事案件的立案侦查,其所收集的证据要实现对案件事实的证明,都必须达到相应的标准,已经提取的证据是否达到了标准将直接决定能否支持当事方所主张的案件事实。而证明标准又是由不同的法律所加以规定的。2018年《刑事诉讼法》第五十五条中规定了刑事案件的证据应当符合"确实、充分"的要求,具体是指,定罪量刑的事实都有证据证明;据以定案的证据均经法定程序查证属实;综合全

---

① 马倍战:《污染环境罪处理实务》,法律出版社2019年版,第72页。
② 黄世斌:《行政执法与刑事司法衔接中的证据转化问题初探》,载《中国刑事法杂志》,2012年第5期,第94—95页。

案证据，对所认定事实已排除合理怀疑。由此可见，刑事案件中采取的乃是"排除合理怀疑"的证明标准。对于行政证据，我们以 2021 年公布的《行政处罚法》为例，该法第四十条规定：违法事实不清，证据不足的不得给予行政处罚；第四十六条第二款：证据必须经查证属实，方可作为认定案件事实的依据。从这些规定上看，作为行政处罚依据的证据看似与刑事证据一样要求查证属实，但是不论是从规定的具体程度或者实践操作而言，行政证据的证明标准都远没有达到前述的"排除合理怀疑"的程度，反而与司法实践中确立的"优势证据标准"相吻合。两种不同证据的证明标准的差异是有其现实原因的，行政执法之所以只要求"优势证据"证明行为人的违法事实即可，是因为要保证执法机关及时高效地处理日益繁杂的行政事务，以实现对社会秩序的管理，可以说"优势证据标准"表明了行政证据更侧重于对"效率"的追求。比较来说，刑事证据则显著不同，因为施加刑事处罚会对公民的自由、财产乃至生命造成重大的不利，所以要求据以定罪的证据"确实充分"，提出了"排除合理怀疑"的高门槛标准，因此刑事证据在"效率与公正"之间追求的主要是后者。

　　基于规范分析，既然刑事证据的证明标准远高于行政证据，那么在证据转化运用上势必要出现一定的问题，特别是将行政证据转化为认定犯罪事实的证据是否可行必然引发质疑。以环境资源领域为例，肯定转化者认为，"就环境违法与环境犯罪而言，二者在违法主体、违法情节和危害后果方面并无本质差异，环境犯罪实质上属于环境违法行为。基于此，环保部门在行政执法中收集的证据不仅可以用于证明环境行政违法，也可用于证明违法程度较高或社会危害较重的环境犯罪"。[①] 反对转化者的理由则更为

---

　　① 蒋云飞：《环境行政证据向刑事证据转化：影响因素与完善路径》，载《中南林业科技大学学报（社会科学版）》，2020 年第 1 期，第 33 页。

直接，行政证据的原初目的是用以证明违法事实，对于程度较高的犯罪事实并不能单纯地根据行政证据加以认定；反过来说，证明力较高的刑事证据或许可以用作证明程度较低的违法事实，但是只用达到优势标准的证据来证明违法性程度较高的犯罪行为则不能证成。

对由证明标准的不同所引发的这个规范性问题，笔者的基本看法如下。第一，主张"对行政证据不加区分，直接进入庭审"[①]或者予以完全反对的立场都是过于极端的。第二，形成上述两种对立的观点，根本上源自对区分环境违法与环境犯罪的认识不同，肯定说认为二者在质上没有差别，不过是量的差异，那么用于说明违法的证据虽然与刑事证据有别，但同样可用以佐证犯罪；否定说则认为两种证据在证明标准上的差别体现了违法和犯罪在质上的不同，因此行政证据无法说明犯罪事实。其实，正如上文已谈过的，区分环境违法与环境犯罪的关键在于考察规范目的的实质基准，有的场合侧重于质的差别，有的场合则更强调量的不同，由此可以推导出，在证据上能否实现转化，要视具体情况而定。第三，大体而言，笔者是支持行政证据转化运用于刑事程序的，但同时认为，必须结合具体案件事实和不同的证据种类进行差异化处理，毕竟对于以追求效率为侧重而提取的行政证据，必须具体考察是否需要对其加以补强才能用来证明犯罪事实，这就需要在证据裁判中有效落实补强证据规则。对于无法做出补强的，即便其对于认定案件事实具有关键作用也不能用于刑事定案。

再次，关于证据种类问题，这既关系到前面谈到的因证明标准不同而具体考察能否转化的问题，还涉及不同法律法规在规定上的差别所导致的对相应证据能否被认可的问题。如前所述，目

---

① 孙玲俐、丁汪锐：《我国刑行衔接证据准入问题分析》，载《黑河学院学报》，2019年第4卷，第99页。

前行政证据转化认定为刑事证据在实践中呈现出扩张的趋势,这种趋势的形成最初由来于 2012 年《刑事诉讼法》第五十二条第二款中"物证、书证、视听资料、电子数据等证据材料"。对于这里的"等证据材料"应该怎么解释,理论界和实务部门形成了不同的认识。第一种观点,如汪建成教授认为,"对行政执法过程中所获取的有关材料的证据地位应予以适当限制,否则就会导致实质上的侦查程序前置,也不能排除为了克服办案期限短的困难而在刑事案件立案前大规模采用行政手段收集证据的现象"。[①] 第二种观点,与前述相反,来自实务部门同志的主张:"法条虽然只列举了'物证、书证、视听资料、电子数据'四种实物证据材料可以在刑事诉讼中使用,却以'等'兜底,其意旨在表明物证、书证、现场笔录、勘验笔录、检查笔录、视听资料、电子数据等实物证据均可核实后转化为刑事证据材料。"[②] 第三种观点则认为,"此处'等'不仅包括物证、书证、视听资料、电子证据,还包括其他实物证据以及专业性强的言词证据。"[③]

总的看来,以上观点分别代表了对"等证据材料"的狭义、中义和广义三种不同的理解。狭义的见解认为"等证据材料"只是立法语言的通常习惯,在列举完之后煞尾以表示担心和遗漏。另外从立法者意思说来看,既然法定的证据种类可以实现完全列举,而立法者未如此操作,至少说明立法者无意将其他证据种类涵盖进来。中间意义上的解释则认为"等证据材料"是与明确列举的四种证据具有相同或者相似的性质的证据种类,抽象出他们

[①] 汪建成:《刑事证据制度的重大变革及其展开》,载《中国法学》,2011 年第 6 期,第 54 页。

[②] 黄世斌:《行政执法与刑事司法衔接中的证据转化问题初探》,载《中国刑事法杂志》,2012 年第 5 期,第 96 页。

[③] 高通:《行政执法与刑事司法衔接中的证据转化》,载《证据科学》,2012 年第 6 期,第 654 页。

的共同特征，即实物证据，而不局限于列举的四种，还包括其他相同性质的实物证据。广义的解读则认为"等证据材料"包括所有可以用以证明案件事实的行政证据材料，既然立法者已经肯定了行政证据可以进入刑事程序，那么在解释过程中就不应当过分地限制法官的自由裁量权，不能混淆证据能力问题和证明力问题。所以，"等证据材料"包括所有行政证据，至于是否能被认可据以定案则有赖于法官的审查。

这三种对可转化的证据种类的解读可以说分别将"等证据材料"解释为"等于无""等内等"和"等外等"。何者更为妥当呢？笔者以为还是应当采取中间意义的理解即"等内等"。具体理由如下：第一，《行政处罚法》第四十六条规定了八种证据种类，分别是书证、物证、视听资料、电子数据、证人证言、当事人陈述、鉴定意见、勘验笔录与现场笔录。从这八种证据看，前四种都是实物证据也就是客观证据，后四种则都可归类为言辞证据即主观证据。立法机关选择前四种予以例举，其意图相对明显，值得提出的是，来自立法机关的同志也在文献中持这种意见："基于前面列举的证据种类，对此解释为'等实物证据'而不包括证人证言等言辞证据。"① 第二，前面梳理的各种解释性文件显然是采取了广义的范围界定，如《公安机关办理刑事案件程序规定》和《人民检察院刑事诉讼规则》中将鉴定意见、勘验笔录、检查笔录三种也纳入可以转化的证据，及至《环境保护行政执法与刑事司法衔接工作办法》，又增加了监测报告、检验报告、认定意见三种，如果采取广义的理解，显然实践中还会继续填充"等证据材料"的范围，这对于有力打击环境犯罪当然是有益的，但是无疑会带来显著的危机，刑事证据的侦查收集毕竟有严格的要求，如此不

---

① 王尚新、李寿伟主编：《〈关于修改刑事诉讼法的决定〉释解与适用》，人民法院出版社2012年版，第48页。

断扩充只能导致行政执法程序架空刑事侦查程序,这种执法权与侦查权的混淆,非但不利于环境犯罪治理的刑行衔接,反而会影响到环保部门与侦查部门的协同配合。第三,狭义的理解认为只有物证、书证、视听资料和电子数据这明确列举的四种行政证据才能转化为刑事证据,这固然保证了刑事证据收集的严格限定,但是与立法初衷是背道而驰的,毕竟立法新增本条的目的即在于一定程度上缓解刑行衔接中证据采纳的隔阂。而且实物证据当然也不止于这四类,极端地只认可这四种实物证据也不能说明"等证据材料"的意义,毕竟立法者的语言都是尽量精简的,不会无故多行表述。第四,2012年颁布的《人民检察院刑事诉讼规则(试行)》中第六十四条规定了对于行政执法机关查办案件中收集的言辞证据原则上应当重新收集,确有特殊情况的经审查合法后方可采纳行政证据。笔者认为这一解释是对《刑事诉讼法》的规定较为合理的解读,对于明确列举的实物证据,可以在审查合法后直接运用在刑事程序中,但是对于未被列举的后四种主观证据则应当重新收集。这种方式对于环境犯罪的治理应当说还是合理可行的,毕竟对于环境犯罪中的实物证据急需第一时间收集固定保存,至于供述、陈述或者证言等事后重新调取对于案件的查办影响不大。综合而言,笔者认为对于"等证据材料"应当采取中间意义的解读,包括物证、书证、视听资料和电子数据之外的其他相同的客观证据。

最后,关于行政证据转化运用于刑事程序的具体方式问题也需要进行一些规范化解读。由行政执法主体在其查办案件过程中依照证明违法事实的标准而收集的证据材料是多种多样的,当发现违法行为涉嫌犯罪的情况下,这些已经收集的行政证据如何转化运用于对犯罪事实的证明是实务部门直接面对的问题。结合前述的法律文本和解释性规定,应当说,行政证据在刑事程序中的使用方法主要包括两种情形。

第一，直接使用。即在司法机关办案过程中将行政证据直接作为刑事证据使用，这类证据主要是针对法律明确列举的客观证据而言，亦即物证、书证、视听资料和电子数据。对其原因，我国有学者已做了全面分析："由于实物类证据客观性强，持久性和稳定性高，易变性小，本身所承载、反映的案件信息不会因取证主体等人的主观意志而转移，不会因诉讼场域的转换而变化。当某一法律案件由于涉案数额的多少、情节的轻重以及后果的严重程度发生变化导致案件性质由违法转为犯罪后，实物证据可以在不同场域内直接流转，不会因为行为本身是违法还是犯罪的规范性分析判断，而抹杀实物证据对法律行为要素的反映和描述，因此立法设置了实物证据可在行政和刑事诉讼的转换中直接使用的规定。"[①] 直接使用的这种证据转化方式简单易行，对于行政机关收集固定的实物证据由司法机关在按照刑事诉讼中排除合理怀疑的证明标准进行审查过滤之后，可以直接拿来证明犯罪事实，既节约司法资源又不至于使得关键性证据灭失，这对于环境犯罪的刑事治理具有重要意义。

第二，重新收集。如前所述，现行的《刑事诉讼法》对于行政证据的转化所规定的"等证据材料"应当在中间意义上理解，将证据范围适当限定在实物证据上，那么对于执法主体收集的其他证据种类，特别是主观证据，如前述《行政处罚法》中规定的证人证言、当事人陈述以及鉴定意见和勘验笔录等应当如何处理呢？按照来自立法机关有关同志的意见，"对于行政执法办案中所取得的言辞性证据根据立法本意需要履行取证手续，重新收集。"[②] "究其原因，言辞性证据本身的易变性大，容易受到主客观因素的

[①] 董坤：《论行刑衔接中行政执法证据的使用》，载《武汉大学学报（哲学社会科学版）》，2015年第1期，第55页。

[②] 朗胜：《中华人民共和国刑事诉讼法修改与适用》，新华出版社2012年版，第120页。

影响而出现虚假或失真的情况。"① 详言之，执法机关在查办案件中，相关当事人对于事实的记忆和表述可能会出现偏差，这在实践中是较为常见的现象。而且，违法行为人和证人等也可能因为在行政执法中出于与案件存在各种关系等动机对行政机关进行虚假陈述。此外，即便相关主体按照其记忆进行了表述，也可能由于询问和讯问主体的改变、陈述场所的变更以及执法到司法程序不同等各种因素影响到其心理活动，进而做出与其此前差异甚至矛盾的陈述。为了尽力规避这些情形，对于影响行为人切身利益、直接关系到定罪量刑的这些主观证据理当由司法机关重新收集。这些证据也并不像实物证据那样容易事后灭失，因此重新收集也具有可行性，更为重要的是，如果在司法机关重新收集言辞证据时发现了与行政机关此前收集的存在矛盾的现象，即可由此查明更多的案件事实，这对于拉近客观事实和法律事实的距离是有益的。因之，重新收集主观证据对于保证刑事案件的办理质量，有力查明事实的同时保障公民合法权益还是必要的。从这点看，2012 年颁布施行的《人民检察院刑事诉讼规则》第六十四条关于言辞证据原则上重新收集的规定是妥当的。当然也要指出的是，对言辞类的主观证据只是原则上要重新收集，如果具体案件中丧失了重新收集的可行性或者可能性等情况，那么对于前期由行政执法机关收集的言辞证据还是应当在严格依法审查后予以认可，这也是处理实践问题的权宜可行之策。

  总体而言，对于实物等客观证据直接使用，言辞类主观证据重新收集早在相关法律和解释出台之前便为学界所提倡。如周佑勇教授等较早便提出："对于书证、物证、视听资料等本身属于客观存在的原始资料，一般不具有可恢复性，只要经过司法机关核实后即可作为刑事证据使用，但是对于犯罪嫌疑人或被告人供述

---

① 何家弘：《新编证据法学》，法律出版社 2000 年版，第 116 页。

和辩解、证人证言、被害人陈述这些言辞证据而言，在取证时难以排除证据提供者主观因素的影响，因而应当由司法机关重新提取后才可以作为证据使用。"① 虽然现行的《人民检察院刑事诉讼规则》取消了 2012 年第六十四条的原则性规定，但是从解释原理上说，仍然能从作为基本法的《刑事诉讼法》中推导出这一结论。而且前文梳理的各种法律文件和解释规定等，即便其在扩张可以转化使用的证据种类，但始终对于明确属于言辞证据的当事人陈述、证人证言未做表态，这足以看出相关的司法机关对于重新收集言辞证据的态度。由此给我们的启示在于，行政证据的转化运用方式，究竟是应当直接使用还是重新收集，非常关键的一处就是相关的证据是否属于"易变性"较强的材料，对于可变性程度较高的证据从刑事案件办理的严谨性和公正性上考虑，还是应当重新收集，也正是基于此，笔者主张对于鉴定意见、认定意见等行政证据最好还是重新收集，毕竟这些材料也属于相关主体作出的主观陈述性结论。

二、"两法"衔接中证据转化运用的现实图景

在对行政证据转化运用于刑事程序进行了原因揭示、法规梳理和规范分析的基础上我们需要加以考察的问题便是当前这种证据转化的现实情境如何，法律及其解释性文件所确定的各项证据转化规范在具体落实中是否呈现出了相应的问题，对其加以整理是解决实践问题和进一步完善证据转化规范的基本前提。据笔者对有关资料的调查研究，目前在刑行衔接的证据转化上呈现出如下现实图景。

---

① 周佑勇、刘艳红：《行政执法与刑事司法相衔接的程序机制研究》，载《东南大学学报（哲学社会科学版）》，2008 年第 1 期，第 51 页。

（一）环境行政证据与刑事证据存在部分种类衔接不畅

现行的《刑事诉讼法》第五十条规定了八种证据种类：物证；书证；证人证言；被害人陈述；犯罪嫌疑人、被告人供述和辩解；鉴定意见；勘验、检查、辨认、侦查实验笔录；视听资料、电子数据。环境行政执法机关查办案件中所收集的证据材料要转为刑事证据，必须能够归入这八种法定证据种类中。而对比《行政处罚法》第四十六条和《行政诉讼法》第三十三条可以发现，后者中出现了"当事人陈述"和"现场笔录"两种不一致之处，而如果与《环境保护行政执法与刑事司法衔接工作办法》对比，还出现了执法办案中所谓的监测报告、检验报告和认定意见，对这些形成于行政执法中的材料应当如何转化实践中陷入困境，各级各地司法机关分别将其纳入八种不同的刑事证据种类，这显然削弱了刑事案件办理的严肃性，并对法制统一性有一定弊害。当然，从立法角度看，这在根本上还是由于我国尚未制定统一的证据法。

法定证据种类的差异所带来的转化不畅已经成为不可忽视的实践问题。以当事人陈述为例，固然可以提出观点认为，行政活动中行政相对人的陈述常常为当事人陈述，但是进入刑事诉讼领域则可能演化为犯罪嫌疑人、被告人的供述和辩解，但是这种对应方式并不能实现完全的契合。正如有学者所说："仅从文字表述可知，当事人陈述与被害人的陈述，犯罪嫌疑人、被告人供述和辩解在内涵上并不一致，此外两种证据还存在着巨大差异，即被害人陈述与犯罪嫌疑人、被告人辩解的证明力明显不同。"[①] 实际上，刑事案件中存在加害人和被害人两方的言辞证据，这本身没有问题，但是行政执法中的当事人陈述并不限于行政违法者和受

---

① 蒋云飞：《环境行政证据向刑事证据转化机制研究》，载《重庆理工大学学报（社会科学）》，2021年第7期，第130页。

害者两方，其所指涉的对象包括所有行政相对人。举例而言，污染企业中未被追究刑事责任的其他股东或者管理者等主体所做的陈述，在行政执法中当然可以被归为当事人陈述，但是将其作为刑事证据，显然既不是供述与辩解，又不是被害人陈述，而应当认定为证人证言更为合适。或许会有论者认为，既然言辞证据原则上应当重新收集，那么行政证据的当事人陈述并不会在刑事程序中成为特别的困难，但是笔者有意指出的是，当前言辞证据的重新收集的例外规定在实践中已经被滥用了，对此后文会做介绍。再以现场笔录为例，2015年4月23日生态环境部印发了《环境执法人员行为规范》，其中第十条规定：现场检查时，应当场制作检查记录，内容包括当事人基本情况、环境管理手续情况、污染治理设施运行情况、污染物排放情况及检查实施情况等。检查记录应当真实、明确、规范。第十四条规定：调查案件时，应当制作现场笔录或者询问笔录。现场笔录应当有环境执法人员签名和当事人签名、盖章。由此可见，环境行政执法中的"现场笔录"至少包括这两种不同的情形，一个是检查记录，一个是现场笔录。这显然是与刑事证据中的勘验、检查、辨认和侦查实验笔录不能完整对应，因为行政证据中的现场笔录甚至会包括相关的询问内容，这些材料又已经属于言辞证据了。实践中，为避免对环境行政执法"现场笔录"的认定与甄别出现麻烦，侦查机关往往选择将案件退回环保部门补充调查，对此现象，媒体早已有所报道，如"2014年，晋江市环保部门共移送涉嫌环境犯罪案件39起，其中不少案件被公安机关退回要求补充调查取证，有些案件甚至被频繁退回。"① 除了以上两种行政证据之外，其他的像监测报告是属于书证还是电子数据，检验报告和认定意见是属于刑事证据中

---

① 叶兴灿、李良：《晋江探索打击环境犯罪新举措》，载《中国环境报》，2015年5月6日，第8版。

的书证抑或鉴定意见，这些都在实务中被差异化地做了处理。这种证据种类的衔接对应不畅，一定程度上会导致环保部门"有案不移"与公安机关"有案不立"的怪现状。

（二）重新收集的证据转化方式被虚置

对于行政证据转化运用于刑事程序的两种具体方式，即直接使用与重新收集，前文已有分析。原则上，稳定性较强的实物类客观证据可以直接使用，而易变性较大的言辞类主观证据则要重新收集，只有在特殊情况下，才可以经过严格审查后使用行政机关执法办案中收集的言辞证据。对这种特殊的例外情形，2012年试行的《人民检察院刑事诉讼规则》第六十四条第三款是如此规定的：确有证据证实涉案人员或者相关人员因路途遥远、死亡、失踪或者丧失作证能力，无法重新收集，但供述、证言或者陈述的来源、收集程序合法，并有其他证据相印证，经人民检察院审查符合法定要求的，可以作为证据使用。当前的实践中对这种例外情形存在滥用的问题，即重新收集言辞证据的原则性规定在实践中被虚置了。

如何理解"确有证据证实无法重新收集"的例外，相关主体的死亡当然容易被确认，但是此规定中的"路途遥远"之类的情形又该如何解释呢。在当前的现实背景之下，当事人身处疫情严重的境外而无法回国当然属于"路途遥远"，但是如果当事人只是在刑事办案机关所管辖区域之外的国内某地是否属于路途遥远呢？这恐怕就不太容易判定了。由此可见，路途遥远并不是一个事实性的概念，而是需要进行具体判断的规范性要素。"这种要素作为评价性的陈述，不会有真实与否的问题。因为评价性的概念依其本性不可能是精确的，所以他经常被拿来和不精确的概念（也就是模糊的概念）画上等号。实务界的任务即在于将这些模糊性的概念予以精确化，必要时还要让这个精确化适应改变的社会环境。"① 然而，我国实践中却长期存在着"曲意释法"的现象，"公、检、法机关的曲意释法现象，并不局限于刑事辩护环节，而是贯穿于整个刑事诉讼各个阶段和环节的普遍现象。"② 证据收集和运用中也未能避免这种情形。实践中，侦查机关通常会以相关涉案人员出差在外，无法查明居住地等各种理由来论证其"无法重新收集"而直接使用了行政机关收集的言辞证据，应当说这种做法都是违背例外性规定的。有学者通过在基层调研后指出："从实务情况看，这一例外条款，被部分基层司法机关所滥用，成为规避法律的工具。"③

其实从例外规定的严格性表述来看，是否符合这种情形即应在实践中被十分有限地加以认定，而不是轻易地以各种理由即予认可。除了上述滥用直接适用的例外情形之外，实践中，司法机关还存在着"有限重新收集"以及"双重笔录"等做法。所谓有限重新收集即是指公安司法机关虽然重新收集了言辞证据，但是仅限于其中部分其认为关键的涉案人员，而并未全面收集言辞证据。而双重笔录即是指在刑事案卷中，既存在行政执法机关收集的言辞证据，又存在公安司法机关收集的言辞证据，同时将二者作为定案的依据予以认可。比如在环境污染罪的案卷中，通常既存在环境监测机构收集的调查询问笔录，亦存在公安司法机关收集的询问笔录与讯问笔录。前者的有限重新收集，只选取了公安

---

① ［德］英格博格·普珀：《法学思维小学堂：法律人的6堂思维训练课》，蔡圣伟译，北京大学出版社2011年版，第11页。
② 万毅：《"曲意释法"现象批判——以刑事辩护制度为中心的分析》，载《政法论坛》，2013年第2期，第16页。
③ 万毅：《检察机关证据规则的修改与完善——对〈人民检察院刑事诉讼规则（试行）〉"证据"章修改建议》，载《中国刑事法杂志》，2014年第3期，第66页。

司法机关认为重要的部分言辞证据,这在准确还原案件事实方面是会受到负面影响的,进而会直接影响定罪的问题。而后者的双重笔录,在一些场合还会影响到刑罚的裁量。例如,实践中出现过污染环境案件中,环境监测机构在检查过程中对当事人做了调查询问笔录,但该涉案人员隐瞒了真相。检验报告结果出来后,发现涉嫌犯罪,调查询问笔录随案移送至公安机关,公安机关电话通知该涉案人员去接受讯问,涉案人员如实供述。对于这种情形,实践中认定为自首没有争议,但是由于其在前期的执法检查中未做出如实供述,办案机关会据此在量刑中影响对其从轻或者减轻处罚的程度。当然,总的来看,不论是有限重新收集或者双重笔录,抑或实践中其他的各种做法都对案件的定罪量刑产生直接或者间接的影响。刑事取证主体还是应当严格执行言辞证据重新收集的原则性规定,避免滥用或者选择性适用例外规定的各种不规范操作。

(三) 环境执法取证无法达到刑事指控的证明标准

如前所述,行政证据与刑事证据的证明标准不同,前者采取优势证据标准,后者则是排除合理怀疑标准。目前各种规范性法律文件及相关解释性规定虽然广泛认可行政证据可以进入刑事诉讼程序当中,但是对于性质不同的两类证据之间的标准差异问题并未解决,而只是规定经过相应的审查即可。但是后期审查并不能弥补前端行政证据证明标准要求低所带来的各种取证瑕疵等问题,随之而来的后果便是公安司法机关将案件发回执法机关补充调查或者不予立案,依旧不能解决两法衔接的困境。

环境行政证据目前在提取固定和保存过程中存在的瑕疵通常是取证主体、流程和方法等存在不规范之处。《行政处罚法》第四十二条规定:行政处罚应当由具有行政执法资格的执法人员实施。执法人员不得少于两人,法律另有规定的除外。第五十六条规定:行政机关在收集证据时,可以采取抽样取证的方法;在证据可能灭失或者以后难以取得的情况下，经行政机关负责人批准，可以先行登记保存，并应当在七日内及时做出处理决定，在此期间，当事人或者有关人员不得销毁或者转移证据。类似这些规定都为执法取证提供了基本的规范指引。但是环境行政证据在提取过程中一般会存在各种问题。比如在取证主体上，通常环境污染监测数据并不是由专门具有执法资格的人员提取，而是相关的第三方监测机构工作人员，类似这种主体的瑕疵，还有由工厂工作人员提取的情形，实践中辩护律师提出的相应的意见也并未得到支持。[1] 再如在污染物提取方法上，某案的判决书中这样表述："2017 年 3 月 14 日，某市环保局对该电镀厂进行执法检查，对该电镀厂的电镀车间地面废水排放口、电镀车间清洗桶、公路旁山体侧边沟进行取水采样。经市环境监测站检测：公路旁山体侧边沟处水样锌浓度为 7650 毫克每升，电镀车间地面废水排放口水样锌浓度为 8330 毫克每升，分别超过《电镀污染物排放标准》所规定的总锌排放标准的 5099 倍、5552.33 倍。"[2] 但是按照《电镀污染物排放标准》（GB21900—2008）第 5.1.1 规定：对企业排放废水和废气的采样，应根据监测污染物的种类，在规定的污染物排放监控位置进行。有废水废气处理设施的，应在该设施后监测。在污染物排放监控位置须设置永久性排污口标志。第 5.1.3 规定：对企业污染物排放情况进行监测的频次、采样时间等要求，按照国家有关污染源监测技术规范的规定执行。进一步参照《地表水和污水监测技术规范》（HJ/T 91—2002）第 5 条可知，其对于污水监测的布点与采样有非常详细的规定，污水监测应当按照规定的监测频次和采样频次，在特定的采样位置进行，同时还应当关

---

[1] "宁波芦家山净化科技有限公司、石某犯污染环境罪一审刑事判决书"（2015）甬北刑重字第 1 号。

[2] 马倍战：《污染环境罪处理实务》，法律出版社 2019 年版，第 90 页。

注测定流量等多重变量因素,才能得出科学的监测数据。从本案的污水采样位置来看,显然是不符合相关技术规范的,因而这种监测数据也不具备相应的科学性与证明力。又如在污染物的保存方法和移交流程上,鉴于通常是由环境执法机关进行最初的物证提取,此时是否涉嫌犯罪还未可知,当然也不能苛求其遵循刑事物证的保存和移交规定。但是如前述,物证这类客观证据又是可以在证据转化中直接使用的,这就天然带来了一些指控证据上的瑕疵。比如在某起污染环境案件中,辩护人提出如下辩护意见:"盛装污水样品的容器不符合要求,执法人员用于盛装样品的容器是在工厂随手拿的塑料瓶,而不是执法专用且洁净的容器,不能排除该容器已事先受到污染。采样方法、样品保存、移交方法不符合要求,执法人员是在工厂停工1小时后采样的,所提取的是污水积水的瞬时水样,具有偶然性和随意性,不能反映工厂实际排放污水的浓度。而且执法人员并未按照要求装满容器,仅装了四分之三瓶,会影响到水质的稳定性。本案从采样后添加保存剂到样品运输、移交、分装、移送、检测各环节均未在管理卡上进行记录,不能排除其他因素介入影响检测结果的准确性。"[①] 类似的质证意见通常会出现在环境资源犯罪案件的辩护中,这并非偶然现象,正说明对于物证提取后的保存方法和移交流程在实践中存在的各种瑕疵使得证据的同一性受到了质疑,"刑事证据的同一性审查,旨在确定出示证据与主张证据是否同源的问题。若证据不具备同一性,那么,其与案件事实的实质关联将随之割裂。"[②] 自然,其作为指控环境犯罪的证据资格也随之动摇。

[①] "裘某、郑某等犯污染环境罪一审刑事判决述"(2014)绍柯刑初字第647号。

[②] 孙锐:《论刑事证据的同一性审查》,载《当代法学》,2020年第5期,第110页。

由于环境行政证据的提取主体、固定方法和移交流程等各方面存在不规范之处，其所带来的直接后果便是依靠前期收集的可以使用的有效证据无法形成完整的证据链条。须知要实现对犯罪事实的有效指控，必须形成排除合理怀疑的完整证据链条。"只有当全案证据形成了不自相矛盾、能够互相印证的证据链，生态环境主管部门才能够依法做出相应的处罚决定。但在基层生态环境执法时，有的执法人员由于缺乏证据链意识，走完检查、询问、拍照、责令改正、送达的流程，却没有将证据收集到点上，使得证据之间不能相互印证，甚至出现矛盾，更易产生诉讼风险。"① 对这一问题，2017 年 2 月 14 日环境保护部环境监察局负责人就《环境保护行政执法与刑事司法衔接工作办法》答记者问中就已经明确谈道："少数环境执法人员对涉刑案件证据的收集缺乏经验，使得案件证据之间缺少内在逻辑关联，难以完成刑事司法流程。"② 从司法实践中的情况来看，环境犯罪案件的处理通常过多地依赖鉴定意见或者检验结论等单一的证据形式，只要提取了相关污染物，再经过检验鉴定，确认是否超过相关标准之后便据以出入罪，这种简单化的做法并不能真正完成刑事指控的证据链条要求。而"司法人员过分迷信鉴定意见又存在严重风险：有些鉴定技术的原理可能不可靠；鉴定人员可能因受到动机偏见、认知偏见的影响而出具错误的鉴定意见。我国刑事司法对鉴定意见的审查机制极为薄弱，办案人员迷信鉴定意见的现象非常普遍。"③ 在科学光环

---

① 杨羽迪：《在生态环境执法中，怎样才是一条完整的证据链?》，载《中国环境监察》，2019 年第 10 期，第 80 页。

② 环境保护部环境监察局负责人就《环境保护行政执法与刑事司法衔接工作办法》答记者问，载生态环境部网站，https://www.mee.gov.cn/gkml/sthjbgw/qt/201702/t20170214_395836.htm?keywords=，访问时间 2021 年 12 月 21 日。

③ 陈永生：《论刑事司法对鉴定的迷信与制度防范》，载《中国法学》，2021 年第 6 期，第 264 页。

的笼罩下，裁判者被这些披着科学外衣的结论、报告或意见所蒙蔽，整个刑事诉讼程序被左右，犯罪嫌疑人、被告人的权利保障面临着诸多潜在风险，环境犯罪领域也概莫能外。

（四）环境行政证据的转化审查流于形式

前述各种肯定行政证据转化运用的规范文件与解释性规定多有这种表述，即"经审查符合法定要求的，可以作为证据使用"，可见公安司法机关对于行政证据在刑事诉讼中的使用是以"审查通过"作为前置性条件的，这种原则性规定是值得肯定的。然而令人遗憾的是，这种设想在实践操作中却有些走样，与立法初衷有些背离。在环境资源犯罪的治理中，由于涉案证据的专业性较强，办案机关难免欠缺相应的专门性知识，因此对环境行政证据的转化前审查并不能真正落到实处，这种情形在其他涉及两法衔接的专门性领域也通常存在。

行政证据的转化审查，其审查的内容当然是作为定案依据的证据"三性"：合法性、客观性和关联性。实践中对环境行政证据的审查流于形式的表现之一就是公安司法机关更多地侧重于客观性，亦即强调证据的真实性和对案件事实的证明力，只要该证据无碍于对指控事实的还原，那么取证过程中存在的各种瑕疵都可以视而不见。当然通常的操作是由办案机关出具所谓的情况说明，自己证明自己所提供的指控证据没有问题，即完成了瑕疵的弥补。总的模式是只要主体、形式与程序上的瑕疵不影响证据的真实性，就可以忽略这些瑕疵。

实践中对于证据真实性审查的侧重，有如下一些具体体现。第一，在有关环境刑事案件的材料中，即便出现了取证主体不符合法定要求，但该证据能与其他证据实现相互印证，依然会将其作为定案依据。第二，如前述的言辞证据本来是以重新收集为原则的，行政机关收集的言辞证据不宜再作为刑事证据使用，对这种情况，公安司法机关在证据审查中本应当发现这些问题，并予以排除，但实际情形并非如此，而是呈现出前述的双重笔录，这同样是因为这些证据对于佐证或者印证指控事实有利。第三，实践中甚至还出现了将行政机关收集的言辞证据包装为实物证据使之进入刑事诉讼流程中作为证据使用，而规避重新收集言辞证据的做法，这是极不妥当的。比如在行政执法中存在大量的笔录类证据，生态环境部颁布的《环境执法人员行为规范》第十四条规定：调查案件时，应当制作现场笔录或者询问笔录。以现场笔录为例，其包含的内容很广，包含"现场检查笔录、现场询问笔录、现场检验笔录、现场制作的音像视听资料等等。"① 虽然这些形式不一的案件材料都可以被称为现场笔录，但是其本身所反映出的证据形式并不完全相同，因此虽然都叫现场笔录但并不属于同种类的证据，由于前面分析过的，两法衔接中存在证据种类不一致的问题，所以实践中，这种包含内容非常广泛的现场笔录通常会被简单地归类为刑事诉讼中的"勘验、检查笔录"而赋予其刑事证据资格，但是不加区分的这种实践做法是有违证据法的一般原理的。从证据法学上看，主要应当从证据的内容以及所要证明的事实来确认其具体属于哪种证据形式，而不是单纯地看其载体，更不是以其名称作为归类依据。现场笔录中如果涉及有不同主体之间问答内容的记载，应当视其与案件事实的关系，分别被认定为证人证言等言辞证据，这种证据在原则上都是要重新收集的，而不能借由其他证据之名直接使用。正如有学者分析道："行政执法过程中的询问规则与刑事侦查过程中的询问规则有很大的不同，在实践中由于两者的执行力度不同，这就决定了直接将现场询问笔录赋予刑事证据资格具有客观上的风险，也容易遭受公正性质

---

① 高家伟、张玉录：《论现场笔录》，载何家弘主编：《证据学论坛》（第6卷），中国检察出版社2003年版，第357页。

疑。更重要的是，这对犯罪嫌疑人、被告人的权利保护是不利的。因此，对于现场询问笔录不宜直接赋予其刑事证据资格。"[1] 总的说来，对于这些实践中的不当操作本应当由公安司法机关在对行政证据的审查中及时发现并予以纠正和排除，但现实情形并非如此，而是多数被作为刑事案件的定案依据附在案卷材料当中。

对证据三性的审查除了侧重于真实性的上述问题外，在对行政证据的合法性甄别上也存在着"重形式轻实质"的问题。虽说各种规范文件都要求经审查符合法定要求，但是实践中通常只是简单地审查一下证据的提取固定是否符合法定的程序和相应的证据形式要求。比如，移送材料是否齐全、审查签字是否完整、是否存在比较明显的问题证据等，如果没有相关问题即直接予以认可附卷作为定案证据。这种形式化的审查方式在可以被转化的证据种类不断扩充的背景之下日趋严重，正如我国有学者所分析的："刑事审判实践中，对于物证、书证、视听资料、电子证据等实物类行政证据，尚未出现一起未被采信的实例，言辞类证据也是大量被采信。行政执法中，大量存在借助行政程序替代刑事侦查取证的现象。这样势必虚置了刑事诉讼非法证据排除规则。"[2] 出现这种局面的原因当然是多方面的，行政证据审查流于形式化是重要的一个侧面。在这种形式化审查的大背景之下，环境行政证据由于前述的专业性较强和复杂程度较高，更是难以被公安司法机关有效审查证据与待证事实的关联性以及证据的证明力等一众问题。由重形式轻实质所带来的另一个直接的问题就是，当现有行政证据不足以达到刑事追诉的门槛之时，公安机关惯常的做法便是退回环保执法部门重新调查或者补充调查，而且其还有相应的

---

[1] 杜磊：《行政证据与刑事证据衔接规范研究——基于刑事诉讼法第52条第2款的分析》，载《证据科学》，2012年第6期，第662页。
[2] 张泽涛：《论刑事诉讼非法证据排除规则的虚置——行政证据与刑事证据衔接的程序风险透视》，载《政法论坛》，2019年第5期，第67页。

规范依据，即 2017 年的《环境保护行政执法与刑事司法衔接工作办法》第八条第二款的规定：公安机关审查发现移送的涉嫌环境犯罪案件证据不充分的，可以就证明有犯罪事实的相关证据等提出补充调查意见，由移送案件的环保部门补充调查。环保部门应当按照要求补充调查，并及时将调查结果反馈公安机关。该规定在实践中已经成为公安机关推卸环境犯罪案件刑事侦查取证职责的依据，只要审查发现证据不足，或者移送检察机关被告知不符合起诉条件，即予以退回，由环保部门继续补充调查，这种以调查之名行侦查之实的做法既混淆了不同机关之间的职权划分，也有违两法衔接的本来意图，更为致命的问题在于，由于环保部门的调查职权有限，导致其收集证据的能力也相应受到限制，这种频繁退回补充调查的做法实际上已经表现出不能及时有效地实现对环境资源犯罪的治理的问题。因之，当前对环境行政证据审查形式化的趋向必须及时予以扭转，否则其表面上看似将大量行政证据放进了刑事程序中，但在实际上反而阻碍了环境执法与刑事司法的及时有效衔接。

第三节　衔接机制：证据鸿沟与刑行对接的有效畅通

一、跨越环境行政与刑事证据的鸿沟

在我国环境资源犯罪二元化法治治理模式的前述规范依据和现实图景的基础之上，如何实现环境行政证据和刑事证据在法治轨道上的顺利有效转化，是解决环境犯罪治理刑行衔接的重要课题。立足长远来说，制定统一的证据法并在此基础上完善具有中国特色的二元治理模式下的证据法学是解决证据转化问题的核心通路之一。但在此目标达成之前，笔者以为围绕实践中呈现出的

诸多问题，有针对性地建构具有现实可行性的行政证据转化规则、行政证据转化咨询制度以及强化行政证据的转化审查力度乃是当下实现两法衔接中证据转化的合理方案。

（一）建构行政证据的类型性转化规则

如前所述，当前环境行政处罚和刑事干预中存在证据种类衔接不畅，在这种情况下，对于环境执法机关收集的各项证据材料依其内容和形式当然可以被分别划归到现行刑事诉讼法的证据种类之中，但这只能是权益之策，而且由于不同的办案机关对于不同形式的行政证据材料的性质认识不同还会出现归类上的差异，须知这并非简单的名称之别，公检法机关对于不同种类的刑事证据的判断是有其具体的审查要点的，一旦归类有误将会直接影响相关环境行政证据能否被用于刑事指控。因此，面对能被刑事认可的日益扩张化的行政证据材料，如何妥当地实现转化成为关键的一环。笔者以为，对个别的证据材料进行逐一分析是不明智的做法，毕竟随着环境犯罪形态的不断变化，由此而衍生的证据形式也层出不穷。可行的做法还是从常见的环境行政证据入手，对其加以类型归纳，进而确定不同类型的行政证据的转化规则之重心，如此方能较为周延地实现环境行政证据的转化。

环境行政证据的种类繁多的，按照《环境保护行政执法和刑事司法衔接办法》第六条第二款的规定，环保部门向公安机关移送涉嫌环境犯罪案件时，应当附下列材料：案件移送书、案件调查报告、现场检查笔录、调查询问笔录、现场勘验图、涉案物品清单、现场照片、录音录像资料、监测检验报告、突发环境事件报告、认定意见等。第二十条规定，环保部门在行政执法和查办案件过程中依法收集制作的物证、书证、视听资料、电子数据、监测报告、检验报告、认定意见、鉴定意见、勘验笔录、检查笔录等证据材料，在刑事诉讼中可以作为证据使用。

对于这些名目繁多的环境行政证据材料如何加以类型划分，是较为棘手的问题。前面在行政证据的转化方式中曾经主要以证据的载体形式为据，将之区分为实物证据和言辞证据两类，这种划分方法大体上仍是可行的。目前有效的相关规范性文件或者解释性规定也使用了实物和言辞证据这对范畴，笔者大体予以认可的同时，主张在环境行政证据的转化问题上，还可以证据的具体内容为标准，将之分别认定为"客观证据"或者"主观证据"。对这两类环境行政证据的转化分别确立其所应当侧重的具体规则。当然，这里需要先做出说明的是，主客观证据的侧重并不意味着其他证据规则的排除适用，只是意在强调对环境行政证据的转化运用中应当着重强调的证据规则。大体说来，"在刑事诉讼中采纳并非在最终判决中采信行政证据，则行政证据既要严格遵循刑事诉讼中的'非法证据排除规则'，又要做好瑕疵证据的解释与补正。"①

主观证据以排除非法为侧重。环境行政执法中的主观证据主要是由各种调查询问笔录构成，当然也包括其他以个人意见为主要内容的证据形式，如所谓认定意见、鉴定意见等，均可以视作意见做出者个人的见解，因此才会赋予当事人在诉讼过程中申请补充鉴定或者重新鉴定的权利。前面已多次谈到，涉及事实审查领域中证据问题的刑行转化和衔接，言辞证据是以重新收集为原则的，只在例外情形下才允许使用行政证据，而当前的现实情境又是公安司法机关虚置重新收集的例外规定。那么需要解决的问题便是，对于放进刑事诉讼程序中的这些主观证据，在转化使用上应当重点强调何种证据规则。在证据法学中，证据规则的内容很多，如传闻证据规则、意见证据规则等，这些理当在主观证据

---

① 李清宇：《行政证据在刑事诉讼中的应用疑难问题研究》，载《青海社会科学》，2015年第4期，第94页。

的审查中得到适用,但是笔者以为就环境违法与环境犯罪的刑行衔接来说,对主观证据的例外转化应当以"非法证据排除规则"为侧重。现行《刑事诉讼法》第五十六条二款规定:采用刑讯逼供等非法方法收集的犯罪嫌疑人、被告人供述和采用暴力、威胁等非法方法收集的证人证言、被害人陈述,应当予以排除。收集物证、书证不符合法定程序,可能严重影响司法公正的,应当予以补正或者做出合理解释;不能补正或者做出合理解释的,对该证据应当予以排除。从确立非法证据排除规则的这一基本法律规范来看,立法机关对于主观证据的非法排除采取了相对坚定的立场,只要是采取刑讯逼供等非法方法收集的主观证据,都应当予以排除,而未给其留有其他余地。笔者认为,这一立场尤其应当体现在环境行政证据的转化审查中,理由主要是以下几点。第一,当前的大背景是主观证据重新收集被虚置而大量进入刑事流程,那么即便其进入了公安司法机关的案卷中,也应当附加非常严格的审查规定,以保证刑事案件办理的严肃性。第二,如前文所述,允许主观证据转化的一个重要前提是淡化了传统意义上刑事证据取证主体的束缚,即环境执法机关做的询问笔录也可以成为刑事证据,但是这种对主体要求的淡化是有附加条件的,即严格取证的手段和方式方法的合法性,因此排除以非法方法收集的主观证据必须成为环境行政证据转化中的核心要求。第三,之所以要坚定排除非法获取的主观证据的立场,还因为即便允许对此类证据进行补正,其补正的方法实际上还是在重新收集,如对于环境执法机关违法法定程序获取的当事人陈述,如果公安司法机关对其予以补正,其所能采取的方法还是向陈述的主体进行核实,既然如此,不如干脆对其予以排除而直接由公安司法机关重新收集。而且,由于主观证据通常情况下可以重复获取的特征,即便将非法获取的予以排除,仍然不会妨碍到证据链的完整性。

客观证据以补强转化为核心。对于从内容上看属于客观性质的证据，如物证、书证、视听资料、电子数据、勘验笔录等，在证据转化中通常是经过公安司法机关审查符合法定要求后直接使用。但是允许直接使用并非对其没有任何其他要求，特别是前面描绘过的当前证据转化的现实图景中存在的各种问题，如对污染物的提取固定和保存移交过程中出现的各种瑕疵，这既是由于环境行政执法与刑事司法对证据收集过程要求的严格程度不同，又是因为不同污染物的证据提取都有非常复杂的规范要求，所以出现些许瑕疵，在一定程度上是可以被接受的，属于环境刑事诉讼证明过程中"可被容认的证据风险"。但是这种可被容认是有附加条件的，即对于转化环境行政证据过程中出现的瑕疵应当予以有效补正，亦即以补强转化作为客观证据的转化核心。对客观的瑕疵证据作出这种要求的理由主要如下。第一，证据补强旨在保证证据的真实性和认定案件事实的可靠性，客观证据的补强说明较主观证据容易，即便附加此要求也不至于对公安司法机关附加过重的证明负担。第二，客观证据一般对于证明案件事实起着关键作用，且通常需要及时提取固定，否则容易灭失。如果因为难以避免的瑕疵便予以排除，不利于有效惩治环境犯罪，因此允许对其予以补正后成为刑事证据。第三，客观证据的稳定性较强，稳定性强的另一种表述就是不易变不易失真，所以对于略有瑕疵的环境行政证据，通过公安司法机关的后续核实，仍然能够满足刑事证据的三性要求，可以赋予其刑事证据能力。

最后需要简单做出说明的是，有研究者认为"证据转化规则，是我国刑事诉讼立法上未见规定但在司法实务中一直沿用的一项证据规则，它指的是侦查机关采取一定手段，将形式上（如取证手段、取证主体以及证据种类）不符合法定要求因而无证据能力的证据转换为合法证据的规则。这种做法可能会通过漂白架空非法证据排除规则。"① 笔者的回应如下：第一，证据转化并不意味着放弃对环境行政证据的审查，相反，复杂多样的环境行政证据要转化成为刑事证据在司法机关的审查中倒是有可能被排除，简言之，证据转化规则并不排斥非法证据排除规则的适用，自然不必担心架空的问题。第二，当前的证据审查存在的形式化问题并非证据转化本身所带来的，对其解决的努力方向应当付诸强化审查力度，而非否定证据转化本身。第三，证据转化规则的缺失是我们需要解决的当务之急，"需要尽快建立行政证据与刑事证据的衔接制度，赋予证据转化的法律依据，依法认定侦查机关依据刑事证据的标准对行政证据进行严格审查后可以作为刑事证据使用。"② 诚如有研究者的建议，"应建立一部统一的证据规则，融诉讼证据和行政执法证据为一体，具体规定衔接程序中证据如何转换的问题，如规定行政执法证据和刑事诉讼证据哪些可以通用，哪些不可通用的问题"。③

（二）探索环境行政证据转化的双向咨询

环境行政证据的转化之所以出现前述实践中的许多问题，不可为我们忽视的重要原因之一便是其专业性过强，涉及许多环境要素方面的专门性知识，而公安司法机关虽然长于办案，但在这些特殊领域也不免有捉襟见肘之感。此时，面对环保部门移送来的纷繁复杂的证据材料，既然无力予以甄别，不如只做简单审查。于是才出现前面谈到的证据的划归差异、重新收集的原则虚置、

---

① 万毅：《证据"转化"规则批判》，载《政治与法律》，2011年第1期，第130，136页。

② 周兆进：《环境行政执法与刑事司法衔接的法律省思》，载《法学论坛》，2020年第1期，第141页。

③ 孙康：《行政证据与刑事证据的衔接与转化》，载《学习论坛》，2012年第3期，第76页。

证据审查形式化等现象。

职权的区分和专业能力的差异带来的环境领域刑行衔接的问题已经引起了最高司法机关的重视。2017年环境保护部联合公安部和最高人民检察院发布的《环境保护行政执法与刑事司法衔接办法》第二十四条规定：环保部门、公安机关、人民检察院应当建立双向案件咨询制度。环保部门对重大疑难复杂案件，可以就刑事案件立案追诉标准、证据的固定和保全等问题咨询公安机关、人民检察院；公安机关、人民检察院可以就案件办理中的专业性问题咨询环保部门。受咨询的机关应当认真研究，及时答复；书面咨询的，应当在7日内书面答复。2021年9月6日最高人民检察院《关于推进行政执法与刑事司法衔接工作的规定》第十三条明确：行政执法机关就刑事案件立案追诉标准、证据收集固定保全等问题咨询人民检察院，或者公安机关就行政执法机关移送的涉嫌犯罪案件主动听取人民检察院意见建议的，人民检察院应当及时答复。书面咨询的，人民检察院应当在七日以内书面回复。人民检察院在办理案件过程中，可以就行政执法专业问题向相关行政执法机关咨询。这些规定为环保部门与公安司法机关之间搭建双向沟通互动的桥梁提供了规范依据。

虽然有了以上规范依据，但是如何将双向咨询的制度安排落实到环境行政证据的转化运用上，还值得进一步探索。2014年由重庆市检察院起草，并与市公安局、市环境保护局、市林业局等14个单位商定会签的《关于建立行政执法与刑事司法衔接案件咨询制度的意见》对此做了有益的尝试，值得进一步推广。就双向咨询制度而言，初步看来至少应当包括以下几个方面的内容：确定咨询工作原则，划定案件咨询范围，明确案件咨询的管辖、案件咨询的方式、人员组成与具体程序、咨询意见的法律效力确认等。公安司法机关办理环境犯罪案件过程中，可以就相关行政证据的疑问，在遵循工作原则的基础上，通过既定的程序向有管辖权的环保行政部门提出咨询,参考其给出的咨询意见决定是否将某项行政证据作为定案的依据。反过来也是一样,环保部门在查办案件的执法过程中对于是否涉嫌犯罪有疑问的,可以同样的方式咨询公安司法机关。此外,笔者的初步建议是,应当建立这种证据双向咨询的常态化沟通机制,至少目前可行的方案是由环保部门和公安司法机关内设的法治部门牵头开展日常的咨询工作。而且,在这种双向沟通制度不断成熟之后,一定程度上还可以考虑引入系统外的社会力量共同参与证据咨询,以兼顾案件事实审查的权威性和专业性。

(三) 强化环境行政证据审查力度

多重原因导致的环境行政证据司法审查形式化问题,其直接指向的问题解决之道便是强化审查力度。由此至少产生两个问题,即审查的主体和审查的内容如何确定。对于审查的主体,来自立法机关的意见是:"侦查、检察、审判机关对于进入刑事诉讼后的行政执法证据都具有审查判断的义务。"[1] 这也是当前主流的见解,这种观点不能说错误。但是应当做出一点说明,因为不同司法机关对环境行政证据的审查存在一定的性质差别。龙宗智教授对此做出过说明:"从审判中心主义的角度出发,法院最终决定行政证据是否具备证据能力、能否作为案件事实认定的依据,即审判机关才是行政执法证据审查的最终责任者。"[2] 或许可以认为,侦查检察机关所负担的证据审查义务是确定环境行政证据可用于犯罪事实指控,而审判机关则成为决定是否以环境行政证据定案的最终责任者。

---

[1] 全国人大常委会法制工作委员会刑法室编:《中华人民共和国刑事诉讼法解读》,中国法制出版社 2012 年版,第 115 页。

[2] 龙宗智:《司法改革与中国刑事证据制度的完善》,中国民主法制出版社 2016 年版,第 423 页。

关于审查内容的问题，如前述主要是证据的三性，这也是我国学术界的主要看法。① 这种观点当然是正确的，但是需要追问的是，对环境行政证据的合法性审查应当以何者作为依据呢？亦即是选择行政法的标准还是刑事诉讼法的标准。显然，如果选择前者则不利于人权保障，而若选择后者则大量的环境行政证据可能会被排除。对这一问题，我国有学者做了比较法的考察，"对于行政执法证据进入刑事诉讼的审查可以分为两种模式：第一，单一审查模式，即通过单一的规则来审查行政执法证据能否进入刑事诉讼中使用。这又包括三种立法例：一是在刑事证据规则较少的国家，主要通过行政程序法的规定来判断，如在瑞典。二是依据刑事证据规则来判断，如英国《1984年警察与刑事证据法》中规定，警察通过盘查获得的证据必须符合相关规定，否则不得作为证据使用。这里并不区分作为刑事证据还是行政证据使用。三是人权标准，主要以欧洲人权法院的实践为代表，即欧洲人权法院在审判中并不设定具体证据的可采性标准，而是从总体上审查行政执法证据在刑事诉讼中使用是否违背了《欧洲人权公约》第6条规定的公正审判权。第二，分段审查模式，是指在取证主体、取证程序上适用行政法的规定，而在证据排除规则上适用刑事诉讼法的规定。主要代表国家是德国、美国。其重要原因在于，行政执法中尚不清楚相关行为是否构成犯罪，要求行政执法机关遵循刑事诉讼法的取证程序规定，不具有现实性、合理性，也将导致诸多行政执法证据无法进入刑事诉讼中使用。"② 从这番比较分析来看，笔者认为，分段审查模式可能具有更强的合理性。理由大致有以下几点：第一，既然如前述，环境行政证据的转化是建

---

① 陈光中：《〈中华人民共和国刑事诉讼法〉修改条文释义与点评》，人民法院出版社2012年版，第62页。
② 冯俊伟：《行政执法证据进入刑事诉讼的规范分析》，载《法学论坛》，2019年第2期，第126页。

立在淡化取证主体严格取证方法的基础之上，那么分段审查模式中在取证主体和程序上以行政法的规定作为标准就是当然的逻辑推论。第二，证据排除规则适用刑诉法的规定并不意味着必然将环境行政证据完全祛除，因为如前述还有重新收集和证据补强的余地。第三，分段审查模式使得取证过程与证据的采信本身适当分离，前者依据行政法，后者依据刑诉法，而且严重违反行政法的取证同样会因为其非法性而被排除，这种模式具有层次性与合逻辑性的特点。

解决了审查主体与审查内容之后，需要做出强调的便是，公安司法机关要严格按照行政法和刑诉法的规定，对环境行政证据进行审查，既要审查其形式要件，又要审查其实质内容，不但要求程序合法，也要做到实体正当。"总而言之，证据审查作为避免非法环境行政证据进入刑事领域的一道关键防火墙，必须强化公安机关和检察机关的审查力度，明确证据审查的内容，借由严厉审查来促进环境行政证据向刑事证据的有效转化。"[①]

二、环境治理刑行衔接的工作机制搭建

在区分认定环境违法和环境犯罪的规范分析以及实现环境行政证据的司法转化基础上，试图解决生态环境的二元化法治治理模式所带来的行政执法和刑事司法的衔接问题，还应当在具有不同职责的国家机关之间搭建行之有效的工作机制。正如有学者所提出的，"要从根本上解决这一问题，必须着眼于两者相衔接的程序机制，建立和完善涉嫌犯罪案件的移送、受理与处理机制，证据收集与转换制度以及相配套的信息交流机制、联席会议机制和

[①] 蒋云飞：《环境行政证据向刑事证据转化：影响因素与完善路径》，载《中南林业科技大学学报（社会科学版）》，2020年第1期，第37页。

提前介入制度"。① 刑行衔接的程序性工作机制涉及许多方面，从当前环境治理的现实需要来看，笔者认为案件移送、联合调查、信息共享和检查监督这四项内容是较为紧要的。

（一）健全案件移送机制：工作配合与制度改革

环境行政机关在日常查办案件过程中，发现相关不法行为涉嫌犯罪，及时有效地移送公安司法机关立案侦查是其当然的工作逻辑。但是，由于包括前述的证据问题以及对立案追诉标准理解上的差异等不限于此二者的多重原因，导致环境案件在行政和司法机关之间的移送出现不畅的现象。以 2019 年为例，生态环境部发布的《2019 年中国生态环境统计年报》显示，全国当年生态环境部门下达处罚决定书共 16.3 万件，罚没款金额共 118.8 亿元。而《2020 年最高人民法院工作报告》载明，2019 年全国共审结一审环境资源案件 26.8 万件。须知近 27 万的环境一审案件是同时涉及民事、行政以及环境公益诉讼在内的，去除这些占据主要的案件，一审环境犯罪案件数量无疑与行政处理的规模之间存在较大悬殊。如果再往前观察，这种现象就更加明显，笔者简单梳理了 2002—2007 年《全国环境统计公报》的数据，这五年间的环境行政处罚案件数分别是 100103、92818、80079、93265、92404、101325，而同期的环境犯罪案件数量却分别是 4、1、2、2、4、3。如此悬殊的环境违法与环境犯罪案件数量差距，其背后的深层次问题值得我们思考。笔者这里要强调的是，环境案件刑行衔接的移送受阻必然在其中扮演了重要角色。

环境案件从行政部门到司法机关这种流程的转变出现问题，至少存在两方面的原因，即有案不移和有案不接。对此问题，《环境保

---

① 周佑勇、刘艳红：《行政执法与刑事司法相衔接的程序机制研究》，载《东南大学学报（哲学社会科学版）》，2008 年第 1 期，第 47 页。

护行政执法与刑事司法衔接办法》第五至十九条就此类案件在环保部门、公安机关和检察机关之间的移送办法作了较为全面的规定，这本身是值得肯定的。但是同时要指出的是，也要避免相关规定被滥用，如此前谈过的公安部门存在依照该办法第八条第二款的规定，反复退回环保部门补充调查的现象，对此就有必要在后续的修改中进行完善，如可以规定公安机关退回环保部门补充调查应当有一定的次数限制，以免案件反复在不同机关之间轮转。

健全环境案件刑行衔接的移送机制，在根本上来说就是行政权与司法权之间权力运行的有效序接。笔者认为，要解决权力运行在该领域存在的矛盾，可以从短期的工作配合和长期的制度改革两个方面入手。短期而言，当然就如前述的《办法》那样，由环境案件所涉及的部门牵头，制定案件移送的工作规范以供遵守。这种做法短时有效，可以在一定时期内缓解案件移送的难题，但也不得不承认此种工作配合方案具有短期性和效力低等问题。

长期来看，笔者认为尝试制度改革或许是可行之策，这种制度改革的目标就是要实现环境行政执法权和环境犯罪侦查权之间的深度合作，以从根本上解决案件移送的难题。目前来说，这种制度改革的具体举措，就是探索建立我国的"环境警察"制度。当前我国已有部分地区在该制度的探索方面走到了前面，"如河北省公安厅、辽宁省公安厅和重庆市公安局等成立了环境安全保卫总队，江苏省公安厅设立食品药品和环境犯罪侦查总队，贵州省公安厅成立了生态环境安全保卫总队等。各市、县公安机关也相应组建环境执法支队和大队。从实际效果上看，警察权在环境保护领域的积极作用已经开始凸显，极大改变了以往环境执法手段偏软、强制性不足的状况。"[①] 实际上，环境警察制度并非创设了

---

① 化国宇：《我国环境警察权的基本构成要素》，载《中国人民公安大学学报（社会科学版）》，2018年第4期，第102页。

一项全新的权力类型,这种制度安排的根本在于将环境领域的专业性和警察权的强制性融合在一起。类似的情形在我国如当前已有的全国各级公安机关内设的经济犯罪侦查部门等;在域外,"美国、德国、法国、俄罗斯都有较为健全的环境警察制度,澳大利亚、乌克兰、白俄罗斯、乌兹别克斯坦等国家也都成立了各自的环保警察队伍;从世界范围来看,上述各个国家的环境警察虽然在职责权限、机构定位等方面存在一定的差异,但是在执法方面所取得的效果应当是获得公众认可的。"[1] 因此倒也不必对其心怀排斥。环境警察制度"运用警察权在生态安全领域的介入,对于维护国家生态安全,防范、化解环境风险,遏制环境违法与犯罪有着不可替代的作用,扮演着独特的、不可或缺的角色"。[2] 当然,从目前有限的实践经验来看,在我国探索环境警察制度还存在着法律依据不足、部分规定缺乏可操作性、队伍建设受限、职责和权限与其他部门存在重叠等问题。对这些问题的解决还是应当两条腿走路,一方面继续在实践中不断推进"环境警察"制度尝试,另一方面从理论上不断加以归纳梳理,为环境警察制度的落地扫除理论障碍,近来我国已有学者做了这方面的理论整理工作,值得肯定。[3] 就宏观方面来说,在我国构建环境警察制度,目前应当从以下几个方面发力:第一,建构与我国当前的环境治理国情相适应的环境警察执法体制与模式;第二,合理划定环境警察的职权范围;第三,完善环境警察的权力运行机制、内外监督机制与协同办案机制。总而言之,笔者认为,环境警察制度对于解决环

---

[1] 张伟珂,刘璐璐:《域外环境警察制度摘编》,载《现代世界警察》,2018年第3期,第26—27页。

[2] 邢捷:《生态安全视阈下环境警察的定位与实践问题思考》,载《环境保护》,2018年第1期,第21页。

[3] 邢捷:《现代环境警察制度研究》,中国社会科学出版社2020年版,第1页。

境行政权环境司法权之间的矛盾，实现二者间的合作，进而在根本上消除案件移送难题大有助益，当然，要实现这一目标还有赖于此制度的不断改革完善。

（二）试行联合调查机制：联席会议与办案协同

案件移送是建立在对环境违法事实有了基本调查和判断的基础之上，由此便引申出了环境治理刑行衔接的一个重要问题，即对于涉案违法行为的调查如何在法治的轨道上合理运行，特别是在上述论及的环境警察制度还未全面完善之前，对环境违法事实的调查难题更为凸显。如果单纯由环保执法部门开展调查工作，固然能实现其对涉案领域专业性的保证，但是由于欠缺公安司法机关的强制性手段，又妨碍了其凭借专业基础对案件事实进行全面调查。反之，倘若只由公安司法机关介入环境违法事实的查处，因其不是专职部门，虽然具备有力的调查手段，但又有失专业性，形成错案风险高的局面。

在现有环境行政权和环境司法权分离的职权划分背景下，要解决前述调查的专业性和手段的强制性之间的矛盾，最为直接的做法便是实现两者的合作，即开展环保行政部门和公安司法机关的联合调查。实际上，环境行政机关较早便意识到了这一机制的重要性，早在2001年国务院便批准建立了"全国环境保护部际联席会议制度"，并确立了该制度的主要职责和议事制度。这种部际联席会议制度的建立本身值得肯定，但是也应当明确其所存在的以下几点不足：从职责上看，其主要负责的是全国环保工作的宏观问题，并不涉及具体案件的办理；从部际协同上看，虽然包括了国务院众多相关职能部门，特别还包括公安机关在内，但是并未明确各个机关在联席会议中要发挥的作用；从会期上看，该机制设定了半年一次的会期制度，尽管还可以根据需要召开全体成员会议和部分成员会议，但这对环保案件查办工作而言仍显不足；

从机制的纵向设置来看，这种部际联席会议仅限于国家最高行政机关内部的工作协同，全国各级地方并未进行此种联席会议机制的搭建。由是观之，以上不足之处对于环境违法和环境犯罪案件的及时查办并未起到预期作用，因此完善环境保护领域的联席会议制度势在必行。

《环境保护行政执法与刑事司法衔接工作办法》第二十三条明确规定：环保部门、公安机关和人民检察院应当建立健全环境行政执法与刑事司法衔接的长效工作机制。确定牵头部门及联络人，定期召开联席会议，通报衔接工作情况，研究存在的问题，提出加强部门衔接的对策，协调解决环境执法问题，开展部门联合培训。联席会议应明确议定事项。该规定为环境行政机关和公安司法机关在具体案件中的合作查办提供了依据。"行政执法机关、公安机关与人民检察院定期召开联席会议，针对行政执法与刑事司法衔接过程中遇到的矛盾和问题进行研讨和交流，对于加强相互之间的工作联系与协调配合，切实解决涉嫌犯罪案件移送存在的突出问题，使行政执法和刑事司法有效衔接，促进执法资源的合理利用，提高工作效率，都具有十分重要的作用。"[①]

联席会议机制要真正发挥其在环境案件办理中的实效，避免各个机关之间互相推诿、议而不决、决而不行等问题，关键要靠制度保证。笔者认为，目前需要从以下几个方面具体予以完善。第一，在牵头组织上，应当由作为法律监督机关的人民检察院负责组织和主持，由其协调环保行政部门与公安机关的合作。第二，在联席会议的主体范围上应当允许适时适度的扩大，必要时可以请其他相关职能部门以及第三方机构参加。第三，联席会议应当有明确的议定事项，具体而言，就是要针对特定的环境违法案件

---

① 刘艳红，周佑勇：《行政刑法的一般理论》，北京大学出版社2008年版，第185页。

本身加以讨论,这当然要涉及案件的事实认定以及法律适用等多个方面。当然,联席会议的议题可以分别由环保部门或者公安机关等向检察机关提出。第四,联席会议的决议应当对相应的机关具有约束力,并分别由参会机构予以落实和反馈,由检察机关对决议实施情况进行监督。第五,联席会议应当建立定期和不定期两种会期制度,以保证突发环境案件能得到及时高效处置,根据生态环境部公布的《2016—2019年全国生态环境统计公报》显示,这四年间分别发生了304、302、286、261起突发环境事件,因此不定期会议要成为会期制度的重要组成部分。第六,涉及重大疑难环境案件应当由检察机关牵头成立专案组,指导环保部门和公安机关等职能部门协同办案,实现环境违法案件办理的质量和效率的统一。第七,应当建立自上而下的环境案件联席会议制度,并确立管辖原则以及工作指导方案等。当然,上述建议还不全面,仍然需要环保案件查办的联席会议制度在实践中不断探索完善。

（三）推动信息共享机制：信息平台与多方联通

目前实践中妨碍刑行衔接的重要原因之一就是案件信息的不通畅。环保部门在前端掌握着大量的环境违法甚至涉嫌环境犯罪的案件信息和线索,但是在其没有走完自己内部的执法流程之前,除非发生了重大影响性的突发环境事件,其他部门,特别是公安司法机关鲜有渠道获知涉案信息,由此自然也不会发生多部门共同有效参与环境案件办理的情形。一切都有赖于环保行政机关自行决断是否进行案件移送,这也是前述的环境案件行政和刑事数量悬殊的原因之一,大量的案件都在其他机关尚未知情的情况下被环保部门内部消化了。

解决环境案件信息不对称的问题,当然就要加强不同职能部门之间的信息沟通,亦即推动建立信息共享机制,特别是可以考虑搭建"环境案件信息共享平台"。对于信息共享平台,有研究者做出过生动的描绘:"如果说行政执法与刑事司法常常是一座座'信息孤岛',那么,信息共享平台无疑为各级行政执法机关与公安、检察机关之间架起了一座桥梁。"① 如果十数年前就能搭建起这种信息共享平台,那么今天借助大数据以及高速便捷的信息通信技术,这种信息平台的建设在硬件上更不存在过多的难题。当前所面对的可能是这种涉环境案件的信息平台的建设形式,信息共享的范围以及对信息的协同处理等问题还需要实践中各部门之间不断地摸索配合,当然,这些都是建立在信息平台搭建起来的基础之上的。

《环境保护行政执法与刑事司法衔接办法》第三十三条至第三十五条就环境执法和司法的信息共享机制问题作了初步规定,这是值得肯定的。但是也应当看到其可能存在的问题,即比较侧重于案件流程的信息化处理,即要实现涉嫌环境犯罪案件的网上移送、网上受理和网上监督。但是单纯地实现案件办理的信息化并不能真正解决刑行衔接的问题,这不过是将案件材料的线下移交转到线上而已,所以还是要探索真正意义上的环境案件信息共享和推送,以供平台上的各机构共同参与、研判和监督。"完善信息共享机制,应当明确信息录入内容、录入标准与不依法录入的法律责任。具体而言,信息录入的内容应当包括案由、基本案情、移送依据和理由、移送文书及其编号、案件调查报告、物品清单等。在相关责任追究上,对于不及时、不全面录入信息的责任者,应当根据后果严重程度追究相关机关直接责任人和主管人员的行政纪律责任乃至刑事责任。与此同时,为督促环保部门与刑事司法机关及时录入案件信息,可将信息录入情况纳入考核,以真正

---

① 孙恂:《感受"组合拳"的力量——全国首个"行政执法与刑事司法信息共享平台"亮相浦东》,载《浦东开发》,2006年第7期,第62—63页。

督促相关部门录入并共享案件信息。"① 当然也应当力求避免单纯为了应对量化考核而将案件全部推送到其他机关办理的问题。此外，像前面谈到的对公安机关退回环保部门补充调查的次数附加限制的设想就可以在这种信息平台上得到实现，例如以两次为限，超过之后即不能再次操作退回，只能由公安机关决定是否立案，其后进入其他程序，如立案后的协同办理或者不立案的检察监督等。总而言之，这种信息平台的建设可以在相当程度上填补目前环境案件办理的信息鸿沟，在制度改革之前，为刑行衔接问题提供一定的信息对称渠道。

（四）完善检察监督机制：全面审查与提前介入

环境治理刑行衔接最后仍需要强调的一项工作机制便是强化检察监督。毋庸讳言，当前的检察监督实际上是存在一定问题的，包括在环境案件的刑事立案监督、侦查监督，以及移送监督等方面都显得力度不足，当然检察机关也面临着案多人少等实际困难，这也是当前我国实现高质量发展的转型期的阶段性矛盾集中的客观现象。"衔接监督上的困境主要体现为监督主体虚置、监督依据缺少，以及监督效果堪忧等方面。产生这些困境，既有理论研究上的原因，也有立法上的原因，还有衔接运作机制上的因素。"②因此，要实现环境案件的有效衔接，完善检察监督机制成为不可规避的关键一环。

目前强化环境领域刑行衔接的检察监督力度，可以从实体和程序两个方面予以展开，实体方面即加强检察机关对环保行政和

---

① 蒋云飞：《环境行政执法与刑事司法衔接机制：内涵、构成与完善》，载《湖南行政学院学报》，2020年第4期，第92页。

② 练育强：《行政执法与刑事司法衔接困境与出路》，载《政治与法律》，2015年第11期，第135页。

公安机关的调查侦查活动等收集固定的证据合法性、认定的案件事实的准确性以及法律适用的妥当性进行全面审查；程序方面则可以考虑在特定的环境案件中采取检察机关提前介入的方式进行早期干预，进而实现对重点案件的全流程监督。

　　实体上，对事实审查和法律适用的监督，重点是前面已经分析过的证据问题和立案追诉标准问题，解决了这两个问题点，环境行政和刑事司法之间就能够实现适当的衔接。这里简要地对环境行政和刑事证据的衔接审查问题做一点分析。第一，对于证据转化方式的审查要避免绝对化。前面谈到，客观证据直接使用，主观证据重新收集；这是环境行政证据转化的一般原则，但应当注意这并不是完全绝对的。客观证据虽然较为稳定、易变性不大，但同样要对其合法性、客观性和关联性进行审查，而不能不加区分直接将之用于案件事实证明。主观证据虽然原则上重新收集，但是在当下滥用例外规定的情况下，对主观证据的审查也特别要注意严格把关，允许例外使用环境行政主观证据的应当附加一定条件，如经当事人确认、确有特殊情形，对关键案件事实的证明有重大影响等。第二，对环境行政证据的转化审查应当严格落实刑事诉讼法的非法证据排除规则。详言之，证据审查中可能会出现三种情形，一者，按照行政法和刑事法均应排除相关证据；二者，按照行政法应当排除，但是按照刑事法则不应排除；三者，按照行政法不必排除，但是按照刑事法则应排除。对于这种情况如何处理，笔者以为应当严格按照刑事诉讼法的排除规则处断。对于第一种情形当然应当将某种证据排除，这没有疑问；对于后两种情形，则应当统一以刑事诉讼法的规定为准，第二种情形既然按照行政法的规定应当排除，就不宜将其纳入刑事证据审查的范围，否则可能会使得连证明违法事实的资格都没有的材料倒成为证明犯罪事实的证据；而第三种情形，既然相关证据已经转到了刑事审查，不符合刑事法的规定自然应当予以排除。总的来看，对环境行政证据的转化审查要严格以刑事诉讼的非法证据排除规则作为准则之一,由此可见,前述有学者质疑证据转化可能虚置非法证据排除规则的看法并不能成立。第三,对环境行政证据的转化审查应当尽量选取证明力较大的证据。前面曾经谈过,目前在环境案件的卷宗中存在着双重笔录等现象,实际上不止于此,案件在经过环保部门调查之后,公安机关有时会对已经有充分证据的事实再次进行证据收集,例如鉴定、勘察等。这就在案卷中形成了多份相似的证据,进而造成了一种司法印象,即行为人的环境违法事实证明已经达到了确实充分的地步,而实际上是否如此则不可一概而论。因此,在检察机关的证据审查中应当着重注意审查相关证据是否都是证明相同案件事实的,如果是,则应当选取其中证明力度较大的证据作为指控依据即可,避免全部移交审判机关造成审判机关的误判。第四,检察机关对环境行政证据的转化审查还应当重点关注有利于行为人的证据。刑事诉讼法规定了证据收集应当全面,包括有罪罪重和无罪罪轻,虽然环保部门和公安机关肩负着查办案件的职责,但是检察机关作为法律监督者,尤其应当注意审查是否遗漏了有利于行为人的证据,如行为人是否及时采取了防止污染扩大的措施,是否只是由于一时疏忽,事后是否对环境污染进行了及时修复,如此等等,这些对定罪量刑有影响的证据也应当成为案卷材料的重要组成部分。以上对检察机关加强环境案件的证据审查和事实认定的监督进行了简要讨论,关于法律适用问题,重点就是行为性质的区分认定,前文对此已有了分析,不再赘述。

程序上,对于重大疑难复杂的环境案件,检察机关可以采取提前介入的方式,以强化衔接监督力度。"检察机关提前介入作为强化环境行政执法与刑事司法衔接检察监督效果的制度创新,其理论正当性源于检察权对行政权和司法权的监督制衡,检察机关提前介入的独特优势、实践探索以及以审判为中心的刑事诉讼制度改革的推进,使其实施具备了充分的可行性。当前检察机关提前介入在适用原则、案件范围、启动方式方面均存在不明之处,亟待通过确立'依法、适时、适度'介入原则、明晰提前介入的案件范围,采取商请介入与主动介入双启动模式等方式来完善检察机关提前介入制度,以便进一步强化环境行政执法与刑事司法衔接的法律监督。"① 我国学者的这番论述还是较为客观的,当前,既要适时适度地允许检察机关提前介入环境案件的查办,又要避免这种介入造成职权划分等体制性的矛盾,关键是要实现提前介入的及时性和有效性的同时,保证其合法性,特别是要避免对行为人的诉讼权利的过度侵入。这些都是我国环境违法案件的查办过程中,在程序方面试行检察机关提前介入时需要注意的问题,这些都有待于实践中不断地进行探索、理论上持续性的归纳和制度上针对性的改革。

---

① 蒋云飞:《环境行政执法与刑事司法衔接的检察监督——基于检察机关提前介入视角》,载《重庆理工大学学报(社会科学)》,2019年第4期,第105页。

第四章　环境监管失职犯罪的立论基点：监管过失理论

环境污染等问题的严峻复杂形势，除了污染者所实施的不法行为之外，负有监管职责者的监督不力同样是其重要原因。我国已在《刑法》中设立了环境监管失职罪，对于该罪的立法沿革回顾与司法现状的分析，在本体意义上有助于对其形成初步认知，但仅此并不能实现对本罪设置的合理性证成。因此从更深层意义上探寻环境监管失职罪的立论根基势必成为无法回避的研究任务，而且，以本罪为例的分析将为刑法所规定的其他监管失职类犯罪进一步研讨提供思路。在笔者看来，环境监管失职罪以及传染病防治失职罪等，其共通的理论根基即为"监管过失论"，因此本章从规范层面对其做一初步分析。

第一节　过失犯的本体构造论纲

环境监管失职罪作为过失犯罪的典型代表本身没有过多的疑问，但包括本罪在内的监管失职类犯罪之过失犯的学理构造并非凭空产生、也就是说监管过失理论有其自身的产生，发展和确立的过程。而作为具体讨论的前提，有必要先对过失犯论的历史脉络做一梳理。

一、例外处罚原则生成的社会史线索

纵观各国刑法,没有疑问地秉持以处罚故意犯为原则,以处罚过失犯为例外。但只从呈现出的制度本身是无法真正理解这一刑法学教义的,毋宁说,追问这种制度生成的原因才更具价值。人类组成国家这种共同体形式,并由国家进行立法来处罚相应的行为以维持共同体的平稳存续和持续发展,但是在人类的社会生活中完全回避触及他人利益是不可能的,因此自古以来延续的观念是唯有当行为人故意侵犯他人利益之时才是可罚的,因此,人类社会具体从哪个时点开始处罚过失犯罪便成为刑法史学的一大难题。日本学者大塚仁认为:"欧洲从罗马法时代便存在处罚过失犯的规定,中国处罚过失犯的历史可以追溯到周代,日本则是在学习中国的唐律之后才有了过失犯的规定。"[①] 这一历史考察的观点基本符合史实,"在中国古代刑法中,过失也被称为'眚',《尚书·舜典》中就有'眚灾肆赦'的记载,此处的眚即指过失。"[②] 而在罗马法中"对过失犯罪的处罚,在于行为人疏忽而未认识行为的违法性,或者由于行为人之错误,致使未认识其行为之结果,凡此均可因有所需要之注意而得予避免"。[③] 及至十二世纪,随着意大利注释法学得以发展,有关非故意犯罪的分析开始呈现出理论化的趋向,法学研究者们开始"尝试区别故意与过失,并以行为人对犯罪结果的预见、认识作为区别的标准"。[④] 近代以后,受

---

① [日]大塚仁主编:《大注解刑法》(第3卷),青林书院1999年版,第277页。
② 陈兴良:《刑法哲学》,中国政法大学出版社1997年版,第180页。
③ 蔡墩铭:《唐律与近世刑事立法之比较研究》,台北汉苑出版社1976年版,第160页。
④ [日]真锅毅:《现代刑事责任论序说》,法律文化社1983年版,第43页。

启蒙思想的影响，以处罚故意犯为原则，以处罚过失犯为例外便成了刑法学的一项公理。

然而在笔者看来，对处罚过失犯的时点这一问题仅从刑法学理上是无法分析出结论的，而且亦不存在适用各国或者地区的普遍法则，因为开始处罚过失犯及其成立范围本质上是与当时当地的经济社会发展状况相关联的，因而更是一个刑事政策问题，要从社会保安等角度进行探寻。历史地看，古代社会的过失犯通常是社会生活中因为疏忽而引发火灾或对火药等处理失当而导致的人员死伤等小规模的偶发事件，对这些事件的解决并不存在特殊的困难，也就是说，其时只有在涉及重大法益的侵害情境之下才例外地动用国家刑罚加以干预。这基本是由于古代社会的生产力水平低下以及经济社会发展缓慢所致，因为在当时并不存在广泛的值得动用刑罚干预的过失侵害法益的情形。伴随人类社会的发展，特别是在进入20世纪以来，高速交通运输的产生和推广普及导致立法和司法都不得不关注形式愈发多元化的过失侵害重大法益的案件，正如罗克辛教授所述："过失犯罪的实践意义，随着日益增多的技术化和由此产生的危险（尤其在道路交通中，以及在生产和管理中），呈现出跳跃式增长的态势；在所有的犯罪行为中，已经大约有一半是过失犯罪了。"① 然而即便如此，受到根深蒂固的传统观念影响，人们依旧认为"故意犯罪是行为人在对犯罪事实有认识的情况下积极的违反规范的行为，而过失犯罪则是行为人因不注意而消极的违反规范的行为；两者的人格态度不一样。"② 正如我国台湾学者黄仲夫所说："主观主义的立场以行为人对法规范的态度作为责任的根据，虽非故意，但某些仍应处罚以

---

① ［德］克劳斯·罗克辛：《德国刑法总论》（第1卷），王世洲译，法律出版社2005年版，第712页。

② 贾济东：《外国刑法学原理》，科学出版社2013年版，第192页。

警疏懈之实。"① 由此，过失犯的例外处罚原则至今虽然仍被坚守，但令人不免疑问的是，现今对过失犯的处罚范围还是不是所谓的例外，值得重新审视。比如为我们所认可的监管过失实际上便已经呈现出对传统过失范围的突破，当然这也是应对现代社会风险的必要之举，在发生现实的法益侵害之前对监管者赋予相应的注意义务以降低侵害发生的概率，其相对合理性还是存在的。其实，过失理论发展至今，"过失行为受到非难的根据并无实质分歧，按照客观主义的立场，过失行为承担刑事责任均需较为严重的法益侵害后果发生。但对非难的本质及程度的认识却循着由传统农业社会发展至风险技术社会的不同现实要求而调整变化。德国刑法学者恩吉施基于过失理论长期附属于故意理论而无法与之比肩的历史发展出发，将过失犯论形容为刑法学的'私生子'；然而考察十九世纪以来的社会变迁，我们甚至可以认为过失犯论已然成为风险技术社会的'亲生子'。"②

二、过失犯构造论的学说演进

既然现代刑法较为广泛地处罚过失犯，那么作为过失犯的理论构造便不能不为我们所考察。有关过失犯的论争，其实既牵涉到整个犯罪论的本质，从而引发我们反思构成要件、违法与责任论的关联，又直接和交通、公害和医疗事故等现代犯罪现象紧密相连。大致而言，在过失犯的构造上"存在着将预见可能性作为过失的实体的见解和将违反结果回避义务作为过失的实体的见解。"③亦即旧过失论和新过失论乃至超新过失论，当然理论上也

---

① 黄仲夫：《刑法精义》，五南图书出版有限公司 2000 年版，第 128 页。
② 方泉：《犯罪论体系的演变》，中国人民公安大学出版社 2008 年版，第 231 页。
③ 张明楷：《刑法学》（第 5 版），法律出版社 2016 年版，第 284 页。

有学者另辟蹊径提出不同于此的其他过失犯的本体论观点。

传统的旧过失论从法益侵害出发，主张在违法性阶段过失犯和故意犯没有本质区别，所区别者在责任阶段，过失与故意在内容上不同，前者强调的是对结果的预见可能性和预见义务，由此这种旧过失论便以结果预见可能性作为过失犯论的核心，只要行为客观上造成了法益侵害结果，便考察行为人有无预见此一结果的可能性，得出肯定结论时便成立过失犯罪。由于法益侵害的存在与否具有客观性，因而不受故意或者过失的影响，所以才主张故意过失不是违法性阶段的问题，乃是两种并列的责任形式，所以，传统的旧过失论便与结果无价值论之间存在亲和关系。概言之，"被称为传统的过失论的旧过失论，在应当预见犯罪事实，而且尽管能够预见却由于欠缺意思的紧张而没有预见这一点上寻找过失非难的根据"。[①] 这种传统的旧过失论受到两个方向的诘问：第一，可能预见结果便成立过失存在扩张过失犯处罚范围的嫌疑；第二，倘若只将注意义务的内容理解为结果预见义务则无法解释有认识的过失。面对质疑，旧过失论阵营出现分化，部分研究者转向后述的新过失论，也有学者开始对旧过失论进行修正，如曾根威彦认为"旧过失论基本是正确的，但是应当从违法性的观点出发，独立评价过失犯"。[②] 平野龙一则主张以旧过失论为基础，而在旧过失论中，"过失行为，并不只是单纯与结果具有因果关系的行为，而是对结果发生具有'实质的不被允许的危险'的行为，只有发生了这种作为危险现实化的结果时，才能处罚过失犯。将这样的'行为的危险性'作为犯罪的成立条件而要求，是对'只

[①] ［日］冈部雅人：《过失不作为犯における"注意义务"について》，载［日］高桥则夫等编：《曾根威彦·田口守一先生古稀祝贺论文集》（上卷），成文堂2014年版，第197—918页。

[②] ［日］曾根威彦：《新旧过失犯论争总括——自旧过失论的立场》，载《现代刑事法》，2000年第15号，第45页以下。

要行为与结果之间具有因果关系就可以了'这一传统观点的一个修正"。① 也就是说,将过失犯的实行行为限定为具有发生结果的实质上不被容许的危险行为,如此,在过失犯中既要求行为的危险性,还要求危险的现实化。这些理论修正为旧过失论的延续发挥了重要作用,井田良教授作为行为无价值论的代表性学者也指出:"即使在德国,直至20世纪60年代,旧过失论都是作为通说的立场而得以主张的见解。"② 然而,毋庸讳言的是,包括修正说在内的旧过失论在应对传统的田园牧歌式的社会中过失侵害法益的情形虽然足以奏效,但面临二十世纪中叶以后复杂的现代社会生活,传统的旧过失论则显得措手不及。

旧过失论偏向于对个人权利的保护的思路渊源于传统的"慢节奏"和"简单化"的社会历史现实,然而伴随科技和经济的发展,现代社会步入高速运转乃至于转型的时代,大量看似平常的行为举止在一定程度上存在危险,如果仍坚守以预见可能性为核心的旧过失论则必然过度束缚人类的自由且阻碍现代科技向纵深发展。刑法理论为应对这种社会现象,提出了以"被容许的危险"和"信赖原则"为学理根基的新过失论。前者"容许的风险是排除过失责任的特殊标准,它部分地取消了对'避免(抽象)危险的行为方式'的要求,从而也阻却了对建立归责的注意义务违反性的认定"。③ 后者则是虽源自交通运输领域,但早在该原则被引入刑法学之初,西原春夫教授即提出:"在过失犯的场合,特别是由第三人或被害人的行为惹起结果的场合,可将信赖原则广泛用

---

① [日] 平野龙一:《刑法总论Ⅰ》,有斐阁1972年版,第193—194页。
② [日] 井田良:《过失犯理论の现状とその评价》,载《研修》,2005年第686号,第3页。
③ [德] 乌尔斯·金德霍伊泽尔:《容许的风险与注意义务违反性:论刑法上过失责任的构造》,载江溯主编:《刑事法评论:刑法的科技化》(第43卷),陈毅坚译,北京大学出版社2020年版,第235页。

于过失犯的认定。"① 其基本观点是："被告人合理信赖被害人或者第三人会采取适当手段的行动时，即使由于这些人的不适当行为产生了犯罪结果，被告人也无需对该犯罪结果承担刑事责任。"② 后续的研究中，"这种信赖原则被运用在划定医疗过失、公害过失、企业灾害、监督过失中注意义务的范围"。③ 因此，就其内容而言，笔者认为，被容许的危险缓和了旧过失论对行为人所应具有的结果预见义务的要求，而信赖原则则在此基础上缓和了行为人所负担的结果回避义务。通过这种对注意义务的双重缓和作用，一定程度上收紧了旧过失论偏重于结果预见义务所导致的过失犯罪圈扩张的现象。由是观之，在前述学理基础上提出并于第二次世界大战结束后获得进一步发展的新过失论主要具有以下三方面的特点：第一，过失不再只是责任问题，同时也是构成要件和违法性的问题，这主要是由于"二战"后关于故意作为主观违法要素的见解开始获得较多支持，既然如此，那么过失同样也应当被视为违法要素，所以导致在过失犯中也要考虑有别于故意犯的，属于过失犯的自己的"行为"，而此时，新过失论中所强调的对结果回避义务的违反便顺势登上了过失犯论的舞台。第二，将以结果预见可能性为核心的过失观念转变为以结果回避义务为核心。因此，即便存在预见可能性，举凡行为人履行了避免结果发生的应尽义务，便否定过失犯的成立。由于这种新过失论实际上是将过失确定为懈怠一定的回避措施，即当为之行为，因此乃是以不作为犯的构造来理解过失，而由于构成要件中又不可能具体规定相当于作为义务的结果回避义务，所以过失犯的构成要件便成为

---

① ［日］西原春夫：《交通事故と信赖の原则》，成文堂1969年版，第14页。
② ［日］前田雅英：《刑法总论讲义》，曾文科译，北京大学出版社2017年版，第182页。
③ ［日］佐久间修：《刑法总论》，成文堂2009年版，第152页。

开放的构成要件。第三，新过失论重视对社会有益的行为，通过缓和注意义务来限定过失犯的处罚范围。从以上三点内容看，新过失论中对过失犯违法性的探求不再单纯诉诸法益侵害，而开始转向对标准行为的偏离，即"违反结果回避义务，因而明显是基于行为无价值论的学说"。① 这种新过失论虽然矫正了旧过失论所存在的问题，但也并非没有疑问的。首先，其认为法应当容许部分危险行为的实施，但是如何将法所容许的限度控制在合理的范围则成为理论抛给立法和司法实践的难题；其次，"现代社会频发的医疗事故、公害事故、企业灾害、监督过失等领域如何适用'信赖'，至今并无公认的规则"。② 最后附带提出的是，为新过失论奠定理论基石的被容许的危险和信赖原则等法理，当前在旧过失论等其他理论中也在被适用，因此在后续研究中还会再次进行探讨。

从以上新过失论中演变出的另一种过失构造论学说即"超新过失论"，首先表明笔者的立场，在笔者看来，超新过失论本质上仍属于新过失论，因为其在论证逻辑以及规范构造上都是一样的，都将过失的重心置于结果回避义务，都主张注意义务同时包括结果预见义务和结果回避义务，所区别者无外乎是对结果预见义务的确定不同：超新过失论提出对结果的发生无需预见具体的因果流程，只要一般人具有该结果发生的预见可能性，这种预见可能性乃是一种抽象的预见，体现为对结果的危惧感和不安感（因而也被称为危惧感说）；而新过失论所主张的则是对结果发生的具体预见可能性。正是由于这一点差异，导致两者在过失犯的认定方向上呈现出恰好相反的局面：新过失论限定过失犯的成立，而超

---

① [日] 中山研一：《口述刑法总论》，成文堂 2005 年版，第 245 页。
② 赵姗姗：《再论过失犯中信赖原则的适用——对深町晋也教授化解危险接受困局思路的扬弃》，载《国外社会科学前沿》，2020 年第 9 期，第 27 页。

新过失论则通过对结果预见义务的要求的放松来扩张过失犯的范围。之所以如此,乃是 20 世纪 60 年代后期以来受到公害、药害以及企业灾害等现象的触动,以藤木英雄为代表的日本刑法学者借助德岛地方法院关于"森永牛奶案"的判决所做的理论提炼,而这一学理归纳也恰好契合了高度风险社会中国民被高概率侵害,体感治安降低,因此需要再次扩张过失犯罪圈以强化国民安全感的现实需求。然而超新过失论自提出以来便广受批评:第一,即便该学说可用以应对公害犯罪等现代型过失犯罪,但由于危惧感的认定极具模糊性,推广开来便会导致极端地扩大过失犯的成立范围;第二,"这种学说基本走向了一元的行为无价值论,使对过失犯的处理倒退到结果责任的时代"。① 使得责任概念形式化和空洞化,"危惧感说的目的是想对最尖端的科学技术在进行新的发明发现时就其未知的危险追究刑事责任,但在真正未知的领域里,开拓者们无论做出最大的努力,在良心上也难以避免危惧感,所以不能认为仅仅存在危惧感就够了"。② 由此,日本司法实践中也有判例明确否定超新过失论。但值得关注的是,晚近以来,学界对超新过失论开始有了新的认识,正如笔者一开始所说,超新过失论本质上是由新过失论演变而来的,而新过失论所强调的结果回避义务乃是以行为人具有结果预见可能性为前提的,也就是说,作为赋予结果回避义务的前提,必然要求行为人存在预见可能性,然而在逻辑上吊诡的是,倘若不存在可以赋予行为人履行结果避免义务的现实契机,便不应要求行为人履行这种义务,"但是,如果只要是赋予结果避免义务的现实契机即可的话,就不会必然要求行为人对构成要件该当事实存在具体的预见可能性。这是因为,

---

① [日]山口厚:《刑法总论》,有斐阁 2007 年版,第 227 页。
② [日]大塚仁:《犯罪论的基本问题》,冯军译,中国政法大学出版社 1993 年版,第 245—246 页。

如果对某种危险性有认识之可能，就完全可能以此为契机而赋予结果义务。在此意义上，如果彻底贯彻新过失论的逻辑，势必走向危惧感说"。① 所以，近年来开始有部分学者发掘超新过失论的理论价值，桥爪隆教授便明确指出："要成立过失犯，首先，必须违反了结果避免义务，这就要求存在结果避免可能性；其次，还必须对于犯罪事实存在预见可能性，自然，虽要求对具体的被害客体存在预见可能性，但这种预见可能性是以某种程度的概括的、抽象的形式来判断。"② 井田良也认为，"只要肯定预见可能性的法益关联性，就应当支持危惧感说。"③ 其实，根据笔者的理解，如前述，既然超新过失论与新过失论之间的逻辑构造是相同的，所不同的只是结果预见可能性上的抽象和具体之别，因此既然刑事立法上设立了过失犯罪，便赋予了行为人回避结果的义务，此时便等同于立法者反向地承认了行为人是具有预见结果的可能性的，因为回避结果是以预见结果为前提的，那么这种隐含认可的预见可能性从具体走向抽象则是一定程度上所无法避免的。由此，超新过失论的产生除却前述社会现实原因，显然还具有论理逻辑上的必然性。总之，对超新过失论当前还是应当抱持客观理性的评价态度，值得关注的是，监管过失理论本身也是从包含超新过失论的新过失论阵营中衍生出来的过失学说，所以对此学说的认知直接关涉对监管过失类犯罪构造的分析。

有关过失构造论的学说，长期以来为我们所关注的主要是以上三种观点，但必须指出的是，在客观归属论日益盛行的当下，

---

① 陈家林：《外国刑法理论的思潮与流变》，中国人民公安大学出版社2017年版，第227—228页。

② 桥爪隆：《过失犯的构造》，王昭武译，载《苏州大学学报（法学版）》，2016年第1期，第117页。

③ ［日］井田良：《变革时代中的理论刑法学》，庆应义塾大学出版社2007年版，第154页。

由日本学者山中敬一所提倡的"客观的归属构成要件说"理应引起我们足够的重视。按照他的意见:"客观的过失本来是违法的要素,它以一般人的结果预见可能性以及避免可能性为基础,判断行为人是否违反注意义务,因此客观的注意义务被肯定就具有违法性,被否定就没有违法性。如果行为人违反了注意义务,在形式上就具有违法性,违法性的本质是对应于行为无价值的规范违反。如果这样,注意义务的违反和违法性的判断就没有直接关系。因此,过失犯的构成要件乃是客观归属的问题,其中只要具有危险制造和危险实现,行为即符合过失犯的构成要件。"① 这种观点试图"避免行为无价值和结果无价值对于过失犯成立要件的争议,主动放弃客观的注意义务的概念"。② 但未免可惜的是"山中对因果论以及作为因果论标准的'客观的预见可能性'的检讨,立足于和被检讨对象相同的范式上,而没有把握现代化范式危机及其转型之于刑法学的影响"。③ 而且他以事前的立场考察危险制造以及以事后的立场考察危险实现进而确定对过失犯行为归属的做法,虽然颇为新颖,但仍然存在具体运用中忽略了对一般人有关行为的预见可能性的分析,所以难说根本性地解决问题。这一观点早在山中1999年版的刑法体系书中便已提出,然而二十余年来并未能获得太多的认可,一定程度上可以说,山中将客观归属学说嫁接在过失构造论上的方案至少截至目前还未获得成功。诚然,由于客观归属论的持续深入探讨,这一理论设想并非完全没有施展的余地,毕竟目前所通行的有关制造和实现法所不容许的风险的客观归属论与为前述新过失论奠定理论基础的"被容许的危险"之间抱持着相同的过失归责的立场,因此"山中说"与新过失论

---

① [日] 山中敬一:《刑法总论》,成文堂2015年版,第392页。
② 童德华:《外国刑法导论》,中国法制出版社2010年版,第128页。
③ 童德华:《评山中敬一的客观归属论》,载《当代法学》,2009年第5期,第73页。

之间便借由被容许的危险架设了一座理论桥梁。其实，不管是被容许的危险，抑或山中的客观归属说，最终都要以是否合乎规范保护目的作为归责标准，具体再来判断行为人是否违反了注意义务。当然，必须指出，客观归属论中的规范保护目的理论本身蕴含着将过失责任中注意义务客观化的趋向，从此处着眼即可发现，山中说的方案如欲获得成功还是需要注意将注意义务规则化，即过失责任客观化。以交通领域为例，交通运输规则的日益繁细带来道路交通事故责任认定的明确，而这恰是过失责任客观化和规范化的当然结果，所以前述的山中放弃客观注意义务的做法并不可取，实践中还是应当注重对一般人预见可能性的分析，唯此方有可能将客观归属论运用在过失犯的学理构造之中。

三、科技时代与风险社会下新过失论的立场抉择

从前述过失构造论的学说演进来看，理论上对过失犯的成立范围大体上存在着一个"扩张——限缩——扩张"的基本脉络，及至客观的归属构成要件说开始试图以制造和实现危险来再次建构过失犯论，实际上多少隐含着再次限缩过失犯范围的思路，尽管其尚未获得成功。这种学说的演变除却作为论理分析的结果之外，当然也隐藏着内在的历史逻辑：科技进步助推社会转型的同时也潜移默化地改变人们的价值观念，其中便包括设定犯罪与刑罚的刑法观，理论上自然及时因应这些改变，提炼总结出各种新的过失犯构造论，以满足社会治理的刑法需求。那么由此便顺势产生一个问题，面对当前的社会现实，我们应当选择何种过失构造论作为应然的理论模型。笔者以为，从理论分析和历史逻辑来看，包含超新过失论的新过失论不失为可取之策，其也为后续监管过失论的生成奠定了基础。

有必要指出，在违法性问题上持结果无价值观点的部分学者

从其基本立场出发，认可旧过失论或其修正方案，并对新过失论提出了不少商榷意见，笔者有意择其要者做出部分回应。

第一，张明楷教授指出："新过失论在构造上没有与具体的预见可能性相联系，容易转化为后述的超新过失论。"① 此质疑并不能成立，同样持结果无价值论的前田雅英教授即明确将新过失论与具体的结果预见可能性相关联。② 而西田典之教授同样指出："如果不采取危惧感说，而以具体预见可能性作为前提，旧过失论（预见可能性说）与新过失论（基准行为说）在具体的结论上几乎完全相同。"③ 由此可见，新旧过失论的区别并不在（具体的）预见可能性上，至于容易转化到超新过失论的问题正如前述分析，这是将新过失论的逻辑推演到极致才可能出现的局面，即便目前开始对超新过失论做出重新评价，也尚未普遍地形成放弃具体预见可能性的意见。

第二，新过失论为了避免所设定行为基准的恣意性便援引行政法规的义务，结果非但未能限缩反而扩大了过失犯的成立范围。如平野龙一教授在提出修正的旧过失论时便批判性地认为："以'慎重的行动远离危险的发生'的先行行为作为过失的本质，则不作为的要件与过失的要件就混淆在一起了，又将回到旧的客观主义的结果主义上。且新过失论无视结果的发生或者行为的危险性是过失犯的实体，如果脱离这一基准而予以处罚也将处罚'不采取合理行为者'而造成无限制的处罚违反罪刑法定主义。"④ 这一

---

① 张明楷：《刑法学》，法律出版社2016年版，第285页。
② [日] 前田雅英：《刑法讲义总论》，曾文科译，北京大学出版社2017年版，第184页。
③ [日] 西田典之：《日本刑法总论》，刘明祥、王昭武译，中国人民大学出版社2007年版，第210页。
④ [日] 中山研一、西原春夫、藤木英雄、宫泽浩一主编：《现代刑法讲座（第三卷）》，成文堂1982年版，第55页。

批评的合理性在于点出了新过失论在设定行为基准上的困难,但笔者以为这并不能成为彻底否定新过失论的理由:首先,与修正的旧过失论诉诸具有法益侵害危险的过失实行行为相比,新过失论援引行政法规的义务在设定行为基准上应当说更具明确性,特别是面对当前的法益抽象化局面,与其相比,难说新过失论的做法扩大了过失犯的范围。其次,如前述,自然应当承认新过失论的特色之一即是将不作为犯的逻辑运用在了过失犯构造中,但是过失犯构成要件的开放性并不能完全归咎于新过失论,即便在修正的旧过失论那里,对过失犯实行行为的确定同样无法完全由类型化的法益侵害行为得到圈定,因此在行为基准设定困难的新过失论之下,过失犯构成要件的开放性并不必然导向结果责任,反倒是旧过失论更具有这种倾向,虽然各种修正说在试图挽回这种局面,毋宁认为"新过失论以规范责任论为理论基础,强调从行为无价值的角度探求过失犯的违法性及其责任根据,以期待可能性为可归责的前提及根据,以违反结果回避义务的不注意为过失的本质"① 的做法更能实现对结果责任的规避。

第三,新过失论所设定的一般行为基准在面对行为人具有特别认知的场合易造成难以成立过失犯的局面。这种批评在笔者看来显然不能成立,即便符合一般的行为准则,但在行为人特别认知到其行为具有法益侵害的现实危险性时,依旧实施行为的情境下,这已然不是过失犯的问题,而是至少存在未必的故意的情形,不至于存在处罚漏洞。诚如许玉秀教授所说:"作为一种风险标准,自然必须是客观的,风险可能因为行为人个人特质而有高低,亦即因为行为人个人特质而满足不同的不法程度,但有没有风险是针对法益而言的,对法益是否有危险可能性,是有一般客观判

---

① 林亚刚:《德日刑法犯罪过失学说介评》,载《法学评论》,2000 年第 2 期,第 146 页。

断标准的。"① 而这种一般标准即应指对新过失论中行为基准的违反。

第四，新过失论的言说逻辑导致是否具有过失犯的实行行为性完全依赖于行为人的主观内容。如甲在得知流浪汉乙经常翻寻自家垃圾箱后向其中投掷了容易导致食物中毒的腐败食物，嗣后乙中毒身亡。井田良教授认为："根据行为无价值论的理论构造，倘若甲想让乙中毒而特意这样做，其行为就可能具有伤害或者杀人的实行行为性。与之相对，如果在没有故意的场合，即是对结果具有预见可能性，由于欠缺客观注意的外部行为的要件被否认，就能够认定该行为不是过失犯的实行行为。"② 这就是说，在没有故意的场合，甲的行为便没有违反注意义务，乃是被容许的危险行为，进而欠缺过失犯的实行行为性。在笔者看来，井田良教授的分析结论是合理的，并不存在特殊的疑问。至于论者的质疑，在本质上乃是立足于结果无价值的批评，但是过失构造论由旧过失论演变到新过失论恰好正是因为"受到目的行为论以及'人的不法论'之影响，不仅在责任阶段有主观要素存在，构成要件以及违法性阶段也有主观要素存在，这便使得传统的违法性论关于'所有客观要素归违法，所有主观要素归责任'的命题被瓦解；再者从 Welzel 的人的不法论中所推导出来的结果无价值和行为无价值的二元论表明违法性的有无与强弱程度不仅关系法益侵害或侵害危险的结果反价值，同时也关系到脱离社会相当性的行为反价值。依此观点，过失犯的成立，不仅关系行为人心理状态的问题，同时也关系过失行为的问题；甚至可谓过失行为即不注意之举止

---

① 许玉秀：《当代刑法思潮》，中国民主法制出版社 2005 年版，第 345—346 页。

② ［日］井田良：《刑法总论的理论构造》，成文堂 2005 年版，第 112 页。

乃过失犯之核心"。① 而井田良教授作为行为无价值二元论者,对前述案件的分析结论并没有逸脱于其基本立场,所谓过失犯的实行行为性只能由行为人主观内容决定的质疑不过是结果无价值论者对行为无价值论观点的过度夸大,在后者的逻辑中,从来没有否定对行为本身的判定,正如前述陈子平教授所说的,新过失论本就将"不注意举止"视为过失的核心。

第五,新过失论帮助公害犯罪行为人摆脱罪责,且其"对于结果预见可能性的判断而言,对于可能成为处罚对象之行为的范围较之旧过失论要理解得更为宽泛"。② 在笔者看来,将旧过失论对过失犯范围界定宽泛的弊端归咎于新过失论扩张理解预见可能性的指摘显然是难以成立的,因为旧过失论萌发于运转缓慢、关系简单的田园牧歌式社会时代,故即便对预见可能性做完全等同的理解,当历史的车轮驶入20世纪以来,这种对预见可能性的判断也必将导致过失范围的扩张,因此这一局面并非新过失论的责任,毋宁认为是传统学说已然无法与新的时代环境相接洽所致。而至于新过失论帮助公害犯罪摆脱罪责的批评,按照前述论者的逻辑,我们也完全可以说这是旧过失论限缩地理解了结果回避义务,如果适度扩张的理解结果回避义务,公害犯罪行为人当然不能摆脱过失责任。因之,对于过失犯罪的范围问题,在新旧过失论之间,究竟是前者扩张了后者的预见可能性抑或后者限缩了前者的回避义务?历史地看,笔者认为后一选项更为符合现实。总之,对新过失论前述质疑意见均难成立。

从论证方法上看,做了反批判并不能完全证立新过失论,换言之,他者的不合理性并不能证成论者自身。从理论逻辑上说,

---

① 陈子平:《刑法总论》,中国人民大学出版社2009年版,第146页。
② [日]山口厚:《刑法总论》,付立庆译,中国人民大学出版社2011年版,第229页。

新过失论是在为了解决社会问题，转向结果回避义务而从旧过失论中衍生出来的。超新过失论的呈现不过是将新过失论推演到极致的结果。至于客观的归属构成要件说实则与新过失论存在贯通的理论通道即被容许的危险法理，此种贯通乃是由于"新过失论本身具有浓厚的价值评价特色，与客观归责论之间在方法论上具有内在一致性；预见可能性和避免可能性等判断，实际上承担了过失犯的客观归责判断的任务"。①由是观之，新过失论处在了各种学说之间的连接点位置，正是这种既没有过于激进（超新过失论），又没有因循保守（传统旧过失论）的理论地位才使得马克昌教授认为："比较起来，当以新过失论为可取。"②笔者赞同这一学说站位，正如费孝通先生在论及礼法之治时指出："在一个变迁很快的社会，传统的效力是无法保证的；尽管一种生活的方法在过去是怎样有效的，如果环境一改变，谁也不能依着法子去应付新的问题了。"③刑法学中同样如此，在放弃传统旧过失论的同时，至少目前还不宜"奋勇前行"地选择超新过失论，而鉴于方法论上的相通以及适用的安全、简便和高效等考量，较之其他学说，新过失论还保有比较优势。而在笔者看来，这种优势的核心并不仅在于逻辑构造自身，更在于其对过失犯范围的恰当圈定，解决这一问题是当前高科技时代和风险社会所提出的现实难题，新过失论所蕴含的价值考量的思维恰好为妥当确定过失犯铺就了路基。所以，结合前文的分析，笔者此处无意再从逻辑上论证新过失论的合理性，而试图选择以科技的发展以及风险社会到来的现实视角进行观察。

上文已有述及，过失犯论在学说史上被裹挟在故意犯之中，

---

① 周光权：《刑法总论》，中国人民大学出版社2016年版，第166页。
② 马克昌：《比较刑法原理——外国刑法学总论》，武汉大学出版社2002年版，第257页。
③ 费孝通：《乡土中国》，中信出版社2019年版，第74页。

甚至在今天的教科书体例中，有关故意犯的学说就其内容而言实则是故意和过失的区分学说，由此可见一斑。而在立法上"直至1871年德意志帝国刑法典中还没有故意和过失的规定，不过是在1919年刑法修正案草案第14条才规定犯罪过失以及后来出现无认识过失、有认识过失和重大过失的分别"。① 这种不均衡的发展应当认为不只是理论自发的原因，细察其时间点，更应承认有其他因素的作用，最为显著者，在笔者看来乃是科学技术的发展，因为自19世纪以来对人类社会翻天覆地的变迁作用最大者即是科学技术的应用，这种应用不仅在物质上改变了我们的社会生活，更是深刻地影响了包括认识论在内的哲学观念，由此波及刑法学过失论自不可避免。伴随科学技术的迅猛发展和社会化应用，人类已由传统社会步入科技时代的风险社会。在法益保护与社会发展之间实现平衡不免要对过失犯论提出要求，所以才呈现出过失构造论的前述脉络，也就是说，过失犯论的发展轨迹乃是依循着科学技术的不断发展提出的调整要求而进行的，"科技的发展促进人们法律观念的革新，提出了一些新的法律思想和法学理论，如近年来出现的法律信息论、法律系统论、法律控制等，就是这方面的例证"。② 过失犯论当然也是例证之一，对此亦可从心理学角度做一简要分析。

传统心理学通常将人类精神现象分为"知情意"三种，据此将心理现象看作有意识的，但弗洛伊德研究后认为，"精神分析不能接受意识是心理生活本质的看法，但很乐意把意识看作心理生活的一种属性，意识可以和其他属性并存，也可以不存在；有意识的是一个描述性用语，但是意识状态瞬息万变，一个现在有意识的观念片刻之后便不再是有意识的，那么对这个观念的中间阶

---

① 廖正豪：《过失犯论》，三民书局1993年版，第1—18页。
② 张文显主编：《法理学》，高等教育出版社2018年版，第386页。

段,我们可以说它是潜伏的,它能够随时成为有意识的,即潜意识,在这个意义上说,潜意识是和'潜伏的和能够成为有意识的'相一致的;因此将心理生活划分成意识和潜意识成为精神分析所依据的基本前提。"① "毫无疑问,正是弗洛伊德第一个指出了心理的无意识特征,他最早的这种关于精神结构与功能的概念被称为心理定位模型,在这个模式中,意识成为冰山一角,而潜意识则被视为原始愿望和冲动的存储仓库;弗洛伊德在这种可用的心理定位模型基础上又发展出来一种更为复杂和灵活的结构模式,即心理包括自我、本我和超我三种成分。"② 正是基于潜意识的"非理性、冲动性、无道德性、反社会性、非逻辑性、非时间性、不可知性和非语言性"③ 等特征出发,弗洛伊德通过从事实观察入手,选取经常可以遇见却并未被注意过的现象进行了过失心理学的分析后,得出"过失是有意义,所谓意义就是指重要性、意向、倾向,以及一系列心理过程中的一种"④ 的结论,可以认为,过失心理学上的这一结论从基础科学的层面支持了刑法学中犯罪论过失责任论的发展。总体来说,不论是过失心理事实构造的解释论或者是我们对过失责任的规范要求都能自觉地发现源自科学技术应用的影响,因之,过失论的发展正是对科学技术社会化的回应,而新过失论正是各种回应中不失平衡的妥当方案,姚万勤教授指出:"在构成要件符合性以及违法性阶段具体判断客观的注意义务,在有责性阶段具体判断主观的注意义务;这种新过失论与其

---

① [奥]弗洛伊德:《自我与本我》,载车文博主编:《弗洛伊德文集》(第6卷),长春出版社2004年版,第117—118页。
② [英]简·米尔顿等著:《精神分析导论》,施琪嘉、曾奇峰译,中国轻工业出版社2005年版,第30—31页。
③ 车文博:《西方心理学史》,浙江教育出版社1998年版,第464页。
④ [奥]弗洛伊德:《精神分析引论》,高觉敷译,商务印书馆1984年版,第41页。

他的理论相比优势显著,特别是能够确保科技发展的重要性,且通过新过失论成立要件的双层判断,而不至于使科技发展止步于刑法对风险的不正当干预。"[1] 可以大胆料想的是,在科学技术所构建的风险社会中,过失犯论终将比肩故意犯理论而成为罪与非罪的调节器之一,所以在新过失论的基础上,恩吉施关于过失犯"私生子"的论断恐怕要发生相应的变更了。

以科学技术为主要助推力所带来的社会转型同样对过失犯论的立场抉择产生了重要影响。日本在这方面是典型的代表,大体而言,"日本环境法制经历了以下变化:其一,从公害防止型转变为环境保全型;其二,从事后治理转变为未然预防;其三,从防止损害转变为风险管理。"[2] 应对制度转型的理论方案便是超新过失论的提出和应用,换言之,这一理论就是为适应日本20世纪六七十年代经济高速发展、公害现象成为日益严重的社会问题而提出的。及至今天,人类已经迈入风险社会成为不能否认的事实,按照德国学者贝克的表述:"工业时代的风险是个人的风险,而不是对整个人类的全球性威胁;在较早的阶段,风险有勇敢和冒险的意思,而不意味着地球上所有生命自我毁灭这样的威胁。而今天的风险和危险,在一个关键的方面,即它们的威胁的全球性(人类、动物和植物)以及它们的现代起因,与中世纪表面上类似的东西有本质的区别,它们是现代化的风险;由此,风险的概念直接与反思性现代化的概念有关,风险可以被界定为系统地处理现代化自身引致的危险和不安全感的方式。"[3] 为合理应对现代化风险的挑战,刑法不得不适时地发挥其作用,"风险刑法理论"也

---

[1] 姚万勤:《新过失论与人工智能过失刑事风险的规制》,载《法治研究》,2019年第4期,第107页。

[2] [日]松村弓彦:《环境法》,成文堂1999年版,第3—4页。

[3] [德]乌尔里希·贝克:《风险社会》,何博闻译,译林出版社2004年版,第18—19页。

在国际学术界应运而生，当然在从正面肯定性地做了引介式的研究后，近期我国理论界开始对此进行一定程度的批判和反思，如有学者认为："风险刑法理论与风险社会理论之间存在错位，风险刑法理论不仅不能起到应对现代性环境风险的作用，还具有突破刑法谦抑性、违背罪刑法定原则的危险。"[①] 这种批评意见在笔者看来较为僵化地理解了贝克所界定的现代风险。所谓风险刑法理论与风险社会理论的错位，其意在指摘我国学界赞成风险刑法理论者所探讨的风险多为传统工业社会的风险，因而借用贝克的风险社会理论，实际上是对贝克所讲的风险进行了扩张式的宽泛理解，建立在这种理解之上的风险刑法理论便形成了前述危险。但在笔者看来，这种意见并不能成立，正如芬兰著名刑法学家Kimmo教授所梳理："工业化或者现代化发展到今天充满了很多新型的风险，贝克教授的一个核心观点便是关于环境的风险问题，其认为环境的风险问题在现代化阶段出现了新的情形，需要新的解释；还有学者认为，在分配财富的时候同时也在分配风险，对于环境污染问题，不仅要讨论财富分配给了哪些人，实际上环境污染往往使得穷苦人受害，因为他们很难逃避。"[②] 在贝克那里，工业社会和后工业社会或者说现代社会的风险当然有所差异，但在不同的社会背景下均存在相应的环境风险却是毋庸置疑的，不能说贝克主要讨论的是工业社会的环境风险，我们便应恪守这种风险的界定，因此与其说是所谓的错位，毋宁认为用发展的眼光来看待当前的环境风险才是可取的。贝克教授出版《风险社会》的同一天，苏联发生了切尔诺贝利核电站泄漏事故，其惨痛影响波及至今。而当前正在全球持续扩散蔓延的新型冠状病毒肺炎疫情

---

① 全理其、陈玮璐：《现代性环境风险的风险刑法应对之批判》，载《广西大学学报（哲学社会科学版）》，2020年第5期，第85页。

② 梁根林主编：《当代刑法思潮论坛（第三卷）：刑事政策与刑法变迁》，北京大学出版社2016年版，第291—292页。

也同样证明着人类的风险控制能力乃是极为有限的。正是面临这些现代化的环境风险危机,贝克才将现代社会描绘为"生活在文明的火山上"。

刑法学中的过失犯论作为犯罪圈的调节器之一不可无视这种现代化的环境风险。没有疑问的是,不管哪种理论,过失责任的核心现在都被界定在"注意义务"这一范畴上,新旧过失论的立场之别即为对此范畴的认知差异:是将其定位为结果预见义务还是结果回避义务甚或是感受危惧的义务。风险社会下对此问题不得不作出回答。结合上文,以风险社会的高科技研发及应用为例进行分析。

当前存在风险的高科技既包括前沿技术的初期研发又包括已经转化为一般行业行为的技术应用。针对前者,鉴于是初期研发,对特定高新科技所潜藏的风险完全欠缺预见可能性,因而也不可能采取相应的结果回避措施。而对于后者,既然技术已然实现了社会化的应用,则对其风险便处于尽人皆知的状态。针对这两种局面,旧过失论将结果预见可能性作为注意义务的核心得出了如下结论:由于前者没有预见可能性,无论发生何种以及多大程度的法益侵害结果,都不应承担过失责任;对于后者既然已经有了预见可能性,则只要发生法益侵害结果,同样不论其种类和程度,亦不管行为人抱持何种谨慎之态度都必须承担过失责任。这种结论显然是难以为人们所接受的,为此,也出现过修正意见,日本学者藤木英雄曾提出:"第一次使用高科技者因为史无前例,无法确定其预见可能性而难以论罪;而第二次使用该高科技者,因为有第一次的法益侵害之存在,便可以认定其有预见可能性,因此可以成立过失犯罪或者未必故意的犯罪。"① 这种观点有些类似于借鉴了分析原因自由行为的逻辑,但实则并未能真正解决问题,

---

① [日]藤木英雄:《刑法总论》,三民书局1993年版,第167页。

首先,即便如此也不能解决由高新技术研发所造成的首次法益侵害结果,而无论这种法益侵害的具体种类和规模程度;其次,现实中也根本不可能去实地的探查所谓的第一次或者第二次,毋宁说以高新技术成熟和普及的程度为宜,但这又将使得处罚与否陷入不明确的泥沼中去了。

解决前述问题,新过失论和逻辑结构相同的超新过失论提出了可行的替代方案。针对高新科技的首次研发而导致的欠缺具体预见可能的公害事故,超新过失论借助于危惧感使得行为人负担刑事责任。而对于为众人皆知且已经社会化应用的高新科技则借助于新过失论的结果回避义务来减免行为人的刑事责任,由此实现技术时代所带来的风险负担的责任平衡。当然必须指出,超新过失论鉴于其所存在的合理性问题,虽然逻辑结构相通,但还未能得到一般性的认可。由此,新过失论便成为技术时代下的风险社会所不得不选择的过失构造论,其借由结果回避义务的灵活设定实现了对过失犯罪圈的适度扩张与合理限缩,这种理论张力充分体现了该说的现实可行性,例如其完全可以被妥当地运用在当前所讨论的基因科技的风险技术研发和应用当中去。总之,风险社会背景下的过失构造论还是应当以结果回避义务作为核心,当然这并非否认结果预见可能性的作用,毕竟回避还是以预见为前提的,只不过其重要性被隐含在所应采取的回避措施之中,而过失责任的核心则只能是被客观化和规范化的结果回避义务。唯有如此才能一方面解决旧过失论在风险社会对过失责任的不当扩张,以实现对科技研发和进步的保护;另一方面解决超新过失论虽能保护重大法益,但存在适用范围狭窄和结果责任的问题。综合而言,风险社会演变至今,倘若不通过过失责任来限制人类自身行为,则难免沦入自我毁灭的黑洞。当然为了人类文明的持续进步,同样不能将过失责任回归到旧过失论的老路上去,利弊权衡之下,笔者以为当以新过失论为恰当的理论抉择。

第二节　监管过失的基础理论铺陈

上文对过失犯的基础理论做了部分介绍，其意义在于为环境监管失职罪的立论根基"监管过失理论"的展开提供线索。通常的过失犯情境是行为人对自己违反注意义务的行为承担责任，但这并不排斥主体对第三人的行为负担结果回避义务，换言之，行为人对第三人的法益侵害行为所承担的过失责任即监管过失所研究的问题，这也是一般过失和监管过失之间的基本区别所在。

一、监管过失的内涵外延与理论渊源

笔者所称谓的"监管过失"在理论上通常被称为"监督过失"，但在具体的归纳中，我国学者又将其表述为："概括起来说，监督过失主要发生在两种场合：一是没有履行对人的监督义务（狭义的监督过失，间接防止型）；二是没有确立安全管理体制，后者也可以说是一种管理过失（直接介入型）。"① 这种用语表述的差异体现的乃是对监督过失的范围界定问题，从文献上看，大体可将惯常表述的监督过失分为狭义、中义和广义三类。狭义的监督过失场合，监督者只对被监督者的过失行为所造成法益侵害承担过失责任；中间意义上的监督过失则认为监督者对被监督者的不法行为包括其故意和过失行为都应承担过失责任；而广义的监督过失则除了前述中间意义的内容外，还涵盖了管理过失。还有学者基于监督者与法益侵害结果之间的关系距离上提出："狭义的监督过失是指对结果发生而言，监督者仅仅没有履行监督者的作为义务，是处于监督者监督支配之下的被监督者的行为直接引起

---

① 张明楷：《外国刑法纲要》，法律出版社 2020 年版，第 211 页。

结果的发生；广义的监督过失是指监督者本人的行为与结果发生有直接关系，监督者的行为与被监督者的行为都是结果发生的原因；最广义的监督过失则包括狭义、广义和管理过失。"① 当然，文献中还存在其他的界定意见甚或不做区分的设想，但立足我国实际情况，笔者以为还是应当承认最为广义的监督过失。第一，在监督过失的理论策源地日本，所谓"监督"的用语本身即内在地包含着"监察管理"之义。第二，"管理过失"的概念源自1986年7月所召开的日本关西地区刑法学会，当时的与会者认为，"企业爆炸事故、矿山事故、火灾事故等有两种过失犯罪，一种是监督过失，另一种就是管理过失"。② 可见，管理过失概念本身就是对实践中过去被归纳为监督过失的情形的重新准确表述。第三，从我国立法实践看，以环境监管失职罪为例，罪状中所明确表述的即是"负有环境保护'监督管理'职责"的，因此，将管理过失排斥在监督过失研究范围外的意见恐难成行。第四，如果要将管理过失排斥在监督过失的研究论域之外，则必须指出两者存在核心本质不同，然而"管理过失的场合，在命令从业人员完善物资配备、人事制度的时候，也存在对该从业人员的行为进行监督的问题，因此其和监督过失的区别是相对的，将二者进行区别，并不具有理论上的意义。"③ 第五，从便于理论研究的角度出发，对于新兴概念界定和归纳，基于其意义核心并结合监督过失的本质特征更为妥当，而对其外延争议，则应给予较为开放的空间以留做进一步讨论和研究。因此，承认传统监督过失中存在管理过

---

① 韩玉胜，沈玉忠：《监督过失论略》，载《法学论坛》，2007年第1期，第44页。

② 张凌：《论过失犯罪中的监督过失责任》，吉林大学1995年博士学位论文，第24页。

③ 高铭暄，赵秉志主编：《过失犯罪的基础理论》，法律出版社2002年版，第86页。

失较为适宜。基于前述理由，笔者在本书中将监督过失改称为监管过失，以彰显其中所应存在的管理过失。

既然选择了最为广义的监管过失，那么便应分别讨论其中的内容。在此之前首先解决监管者与被监管者两者间的主观要件的问题。监管过失，在我国理论界通常被纳入"过失竞合"中加以探讨，如陈子平教授指出："有关复数行为人过失之竞合的情况之一即为直接过失与管理、监督过失之竞合。"① 按其意见，在监管过失的场合，监管者与被监管者两者均为过失造成法益侵害结果。然此理论归纳与实际情况并不相符，以环境监管失职罪为例，完全存在被监管者故意实施不法行为，而监管者过失未能履行职责的情形，实际上应当承认这种情形在实践中常见多发，毕竟被监管者通常所触犯的污染环境罪本身都是故意犯罪。其他监管之类的犯罪也存在同样的问题。因此，笔者主张，监管过失并不完全是过失竞合，过失竞合只是其中的一种情形。合适的结论是，既然是监管过失，那么监管者只能是过失的，而被监管的行为则既可以是故意也可以是过失造成法益侵害。在这个基础上，我们再来分别讨论监督过失和管理过失。

所谓监督过失，我国台湾学者廖正豪的界定颇为准确："系指二人以上有从属关系之人，即监督者与被监督者之间，由于被监督者所实施之故意或过失之行为，而追究监督者之刑事过失责任之谓。"② 由此可见，此处的监督过失，"其监督的对象是被监督者的行为，监督者在事前要进行教育、指导、指示、指挥、命令等，在事中要进行监督，在事后要进行检查。"③ 所谓管理过失，日本学者大谷实界定为"管理者自身对物力、人力、设备、机械、人

---

① 陈子平：《刑法总论》，中国人民大学出版社2009年版，第157页。
② 廖正豪：《过失犯论》，三民书局1993年版，第225页。
③ 张明楷：《监督过失探讨》，载《中南政法学院学报》，1992年第3期，第2页。

员体制等管理上有不善而构成过失的情况。例如具有使火灾自动报警设施处于正常运转状态的管理义务的人由于疏忽履行该义务,引起火灾,造成多数人死亡的场合,就是管理上的过失。"① 学理上对此当然还有多种界定,但是共同的意见是将管理过失指向一定的安全管理体制。此处的管理体制,在笔者看来既包括人也包括物,换言之,管理过失既包括对人又包括对物的过失。监督过失与管理过失的区别主要在于两点:第一,监督过失是间接防止型的,在监督者与法益侵害结果之间介入了被监督者的故意或者过失行为;而管理过失通常是直接介入型的,管理者与危害结果之间一般存在直接的因果流程。第二,与第一点区别相关联,监督过失主要是对人的监督,管理过失则在此之外还包括了对物的管理。当然应当指出,当两者共同指向被监管者的时候,如"管理过失中,如果管理者向部下做了灾害预防的指示,而这种指示在具体的案件中是否充分成为焦点时,管理过失与狭义的监督过失就具有共通的性质,两者的类型发生了交错。"② 正是在这个意义上,两者间便呈现出区别的相对性。而我国早期司法实践中恰好发生过此种案件,如发生于 1994 年的新疆克拉玛依大火案,陈兴良教授认为,"本案被告人赵某的责任分为两个阶段:一是组织环节,二是现场环节。现场施救不力只是玩忽职守责任的一个方面。更为重要的是,在演出组织过程中,赵某应当承担何种责任及其根据是什么?辩护人认为其应当承担责任,但不应承担刑事责任。而判决也只是简单地论及赵某对未成年人未能正确履行法定的监护职责,而未做深入论证。即使在代理意见中,也只是提及被告人赵某等演出活动的具体组织者和领导者,对汇报演出事先没有向友谊宾馆或者其上级主管机关提出安全要求,没有采取

---

① [日]大谷实:《刑法总论》,黎宏译,法律出版社 2003 年版,第 156 页。
② [日]山口厚:《刑法总论》,有斐阁 2007 年版,第 240 页。

安全措施等。"① 其实，在笔者看来，本案正是同时存在监督过失和管理过失，且两者在对人的监管上存在交叉，如赵某作为副市长在组织环节对分管消防安全人员的监督上以及在现场施救环节在组织指挥上的失策等，正是这些因素使得被告人的过失责任显得错综复杂。总的来说，监督过失与管理过失存在一定的区别，但这种区别又是相对的，所以笔者将其合称为"监管过失"后又分别做了简要介绍。

监管过失理论由日本学者倡导并进行了深入的研究，与源自实务案例的期待可能性理论相同，监管过失源于日本的森永牛奶案②。本案中，"德岛地方法院基于新过失论，认为制造方法本身并不能生产出有害物质、信赖了药店等理由，否定了行为人的过失责任，但高松高等法院则认为此种情况下的预见可能性不要求

---

① 陈兴良：《过失犯论的法理展开》，载《华东政法大学学报》，2012年第4期，第45页。
② 日本森永乳业公司德岛工厂是一家生产婴儿奶粉的工厂，为了提高奶粉的溶解度，自1953年起，将奶粉中掺入一定比例的第二磷酸苏打的药品（安宁剂），该药品是向当地盛名的药材商协和产业公司陆续购进的。德岛工厂从协和公司购进的第二磷酸苏打一直用作安宁剂而渗入奶粉中，历时颇久，从未发生任何事故。但自1955年4月起至五月止，协和公司所供的第二磷酸苏打含有多量砒素的特殊化合物（松野制剂），德岛工厂对此特殊化合物不加检查，将之加入奶粉中出售，造成日本西部一些人工营养乳儿出现死亡、中毒症状。德岛工厂厂长及协和工厂厂长被依业务过失致死罪提起公诉。本案一审经过八年的审理，判决不能认定被告人在订购药剂时有过失，也不能认定购入药剂后未加检查有过失，因而宣判无罪。检察官不服提起上诉。二审法院基本上采纳检察官的主张，认为采购物品时应有一种可能混入其他物质的不安感，并肯定森永公司在整个企业方面都有过失。此案发回重审，经审理认为，德岛工厂在使用第二磷苏打作为食品添加物时应有某些不安感，基于这种不安感，就应有危险的预见，有指定购买纯度较高且有品质保证的物品的注意义务。违反此注意义务造成了严重后果，就应负过失犯罪的责任，最后判决被告有罪。参见黄丁全：《过失犯理论的现代课题》，载陈兴良主编：《刑事法评论（第7卷）》，中国政法大学出版社2000年版，第475—476页。

是能看到具体的因果关系的可能性,只要有达到某种虽无法特定但无法完全忽视危险存在程度的危惧感就够了。"① 日本学者藤木英雄据此案归纳总结出了前述的危惧感说(超新过失论),按照他的意见:"在引起刑事上应当产生责任的危害(实害或者危险)时,实施了直接引起该危害之行为的人、处于应当防止正在发生的危害立场中且有防止可能的人、处于应当防止危害扩大立场中或者有防止可能的人等,都对引起危害具有直接或者间接的关系;对被认定为提供了原因的人追究过失犯的刑事责任时,只要审查其违反了客观和主观的注意义务即可实现。"② 从"森永牛奶案"中衍生的超新过失论本身即为解决大规模的食药事故以及环境污染等案件中的归责问题,倘若以行为人所处的地位较高作为免除其责任的理由则不免出现有失公正的局面,因此依照藤木博士前述的逻辑,处于监管者地位的行为人对被监督管理的人和物所导致的法益侵害自然也应当承担过失责任。

沿着以上历史线索,理论上通常认为,监管过失乃是超新过失论的副产品,如彭凤莲教授认为,"监督过失论本质上是新新过失论的一种。"③ 韩玉胜教授亦指出,"监督过失归责的根据在于以危惧感说为基础的新新过失论。"④ 但笔者认为这一观点有待商榷。理由如下:

第一,根据本书此前的分析,由于超新过失论所存在的弊端,其本身并未得到较多学者认可,但令人不免奇怪的是,作为其理论产物的监管过失却得到了较为广泛的接受,"尤其是在日本,不

---

① [日]浅田和茂:《刑法总论》(补正版),成文堂2007年版,第340页。
② [日]甲斐克则:《责任原理与过失犯论》,谢佳君译,中国政法大学出版社2016年版,第83页。
③ 彭凤莲:《监督过失责任论》,载《法学家》,2004年第6期,第59页。
④ 韩玉胜,沈玉忠:《监督过失论略》,载《法学论坛》,2007年第1期,第43页。

仅刑法学者将监督过失作为过失犯罪理论中的独立理论进行研究,而且司法实务界也将其广泛适用于医疗事故、食品卫生事故、生产责任事故等的处理中"。① 作为方向相同,即均扩张过失犯范围的理论方案,否定超新过失论而肯定监管过失,合理的解释只能是,现今的监管过失学说已不再将超新过失论视作其立论根基。

第二,不容否认的是,监管过失从概念到理论都是从前述"森永牛奶案"中所引申出来的,而本案又是超新过失论实践资源,但是森永牛奶案的这一历史契机并不能充分说明监管过失是以超新过失论为理论基础的,毋宁认为监管者与被监管者之间的关系在各国历史生活中都长期存在,如早在古代的团体责任时期,基于特定的关系而为他人的侵害行为承担刑事责任的情形即已存在。此外"在判例中,诸如医生因护士的过失而被究以监督者之过失责任,从不乏其例,只是这些判例在当时几乎没有在意识上用'监督过失论'从正面加以议论而已。"② 这也就是说,有关监管过失的问题实则早已被讨论,不过并未形成这一被广为接受的概念而已,唯在森永牛奶案之后始为学术界所自觉使用。

第三,如果将超新过失论作为监管过失的理论基础,那么势必在预见可能性问题上采取危惧感说,从解决环境污染等大规模事故案件中的监管者责任问题上看,此说为实现对监管者的刑事处罚提供了方案,但是否合理还值得怀疑。在过失犯的注意义务中,结果预见义务和结果回避义务之间并不是同时并列的,只有在行为人具有预见可能性的场合才使得其产生采取措施以回避结果的义务。倘若采取危惧感说以追究监管者的过失责任,那么对其而言,结果的发生与否、种类乃至程度都是事先所未知的,在

---

① 张爱艳:《论监督过失责任》,载《山东社会科学》,2010年第5期,第92页。

② [日]前田雅英:《监督过失》,吴昌龄译,载《刑事法杂志》,1992年第2期,第38页。

如此模糊的抽象预见情境下去要求行为人采取具体的结果回避措施无疑是天方夜谭，因为从抽象的预见中根本无从推导出具体的回避措施。正是因为此，我国学者黎宏教授才正确地指出："在监督过失中，也要求对所发生的结果具有具体的预见可能性。如在事故或者火灾中，由于教育指导的不完善，防火管理体制的不充分，没有疏散措施，没有采取确认安全体制的措施等，可以说，是能够具体预见到事故或者火灾的时候可能会发生多数人员伤亡的结果的。如果在监管过失中适用危惧感说，将预见可能性一般化、抽象化，导致有关人员由于处于监督者的地位，就必须承担过失责任。这种结局并不妥当，应当说，即便在监督过失当中，和通常的过失场合一样，对于作为发生结果的基础的事实必须具有具体的预见。"① 由是观之，监管过失并未站在超新过失论关于抽象预见的关键平台之上，而这也是其能被广为接受的重要原因。

第四，从我国的刑事立法实践来看，立法机关对监管过失认可的同时也并未采取超新过失论的主张。《刑法》第一百三十四条第二款规定了"强令、组织他人违章冒险作业罪"，作为过失犯罪，"本罪的行为主体包括对生产、作业负有组织、指挥或者管理职责的负责人、管理人员、实际控制人、投资人等人员"②，也就是说，本罪的主体在相当层面上是监管人员，所以其承担的过失责任自然是监管过失，而在立法者所明确规定的这种监管过失场合，其通常的案件情境乃是监管人员明知自己的决定违反安全生产的各项规章制度，由此可能引发重大财产损失或者伤亡事故，但出于各种动机仍然强令违章作业。比较明确的是，作为监管者其对违反安全法规，强令工人违章冒险作业可能造成责任事故发生的后果显然是有具体认识的，因此其对所发生的结果的预见便

---

① 黎宏：《日本刑法精义》，法律出版社 2008 年版，第 223 页。
② 周光权：《刑法各论》，中国人民大学出版社 2016 年版，第 197 页。

不能认为是抽象的,而只能是具体的。从本罪可以看出,我国体现监管过失原理的具体罪行也并非没有超新过失论便无法认定。

第五,监督过失与超新过失论虽有方向上的同向性,即扩张过失犯的范围,在应对风险社会上有其合理性,但必须意识到任何风险防范措施同样会导致新的制度性风险,所以才"有必要借助刑事责任基本原则对风险刑法进行规范与制约"。① 而超新过失论被拒绝的重要理由之一便是其所存在的背离罪责原则的问题,因之不可能用来限制监督过失的制度性风险,所以我们只能将视角转移到旧过失论和新过失论中了。既然旧过失论将过失核心置于结果预见可能性,所以其相对较宽的处罚范围在前田雅英教授看来"便对监督过失体现出了一定程度的善意"。② 然而这种处罚范围上的趋同性并不能模糊旧过失论与监管过失之间的重要区别,在旧过失论那里,预见可能性乃是具体的,即是指对具体的法益侵害结果的具体预见可能性,按照西田典之教授的说法,即是"对特定的构成要件性结果以及导致该结果发生的因果关系的基本性部分产生具体的预见"。③ 但在监管过失这里,特别是针对人的监管场合,监管者并不是直接造成了法益侵害结果,而是由被监管者的行为所致,此时如果要求监管者具备与旧过失论所主张的那样对具体结果的具体预见可能性,无疑存在违背监管过失的"间接性"的特性,毋宁认为,监管过失中的具体预见乃是对抽象结果的具体预见可能性。因此监管过失与旧过失论虽然都强调具体的预见可能性,但是在预见对象上发生了差异:前者指向抽象

---

① 劳东燕:《公共政策与风险社会中的刑法》,载《中国社会科学》,2007年第3期,第126页。

② [日]前田雅英:《监督过失》,吴昌龄译,载《刑事法杂志》,1992年第2期,第60页。

③ [日]西田典之:《日本刑法总论》,刘明祥、王昭武译,中国人民大学出版社2007年版,第227页。

结果,后者指向具体结果。正是基于此,日本学者三井诚教授批评道:"对于为追究上级干部之监督过失责任提供便宜之解释理论危及刑法的基本责任理论,虽然不可否认将出现愈接近现场愈易被追究罪责的倾向,但此乃彻底之个人责任的界限。可见,在旧过失论的理论体系中,并不具备发展监督过失的空间。"[1] 由是观之,如果强行在旧过失论中寻求监管过失的踪影,恐将无助于对其制度性风险的有效限制。如此一来,我们只能再将视线转向各种学说交汇点的新过失论。根据本书此前的分析,新过失论一方面改变了旧过失论只将过失作为责任要素的做法,而在违法性阶段即分析注意义务等问题;同时又把主观注意义务即结果预见义务客观化,将违法性层次的结果回避义务即客观的注意义务作为过失构造论的核心。另一方面,新过失论又通过被容许的危险和信赖原则等法理来分别缓和结果预见和结果回避的主客观注意义务。这些努力在相当程度上实现了对监管过失责任的适度限制,因之,从限制过失责任的功能发挥角度上看,还是应当以新过失论作为监管过失的理论根基。诚然,超新过失论与监管过失之间存在一定的亲和性,但从制度风险规避出发,只能退而求之于新过失论,毕竟如前分析,即便超新过失论也不过是将新过失论的逻辑构造推演到极限所形成的结果而已,所以选择新过失论作为监管过失的理论基础也不存在特殊的逻辑障碍,而且具有充足理论张力的新过失论作为足以应对高新科技风险挑战的过失犯构造理论,以其指引监管过失议题的展开能够妥当地实现对监管者过失责任的适时伸缩认定且不至于违背刑法的基本原则。

---

[1] 李蕤宏:《监督过失理论研究》,载陈兴良主编:《刑事法评论(第23卷)》,北京大学出版社2008年版,第405页。

二、监管过失的实行行为探查

明确了监督和管理过失的基本内涵及其新过失论的论理基础后,需要着手解决的即是监管过失的规范构造问题,这对环境监管失职罪等具体监管类犯罪构成要件的解释起着举足轻重的作用。就目前来看,理论界对监管过失的既有讨论实际上还是比较松散的,这也导致其规范构造的不明晰。日本学者日高义博教授即明确指出:"有关管理、监督过失的判例已多有积累,例如,川治王子饭店火灾事件、千日百货商场大楼火灾事件、新日本饭店火灾事件等。在司法实务中,以管理、监督过失作为处罚根据的观点正积极地推行。然而肯定管理、监督过失的理论构成仍不明晰。"① 在笔者看来,监管过失的构成要件与一般过失犯罪的构成要件之间既有相同之处,当然也存在重要区别。就主体和结果而言,虽然监管过失场合由于监管者与被监管者的从属关系问题,导致监管过失犯罪的行为主体不同于一般过失犯,但在笔者看来这基本上是一个立法问题,毕竟何者成立监管过失犯罪需要立法者来具体确定,如环境监管失职罪中的国家机关工作人员。而监管过失犯罪的结果也无外乎是刑法所明确规定的法益侵害及其危险。此二者在监管过失中不成为特殊的问题。对比而言,监管过失的实行行为及其因果关系便成为其规范构造的重要议题,而这两者之间当然也存在着内在关联,毕竟因果关系的两头分别挑着行为与结果,对监管过失的行为及其因果的判定直接涉及过失犯范围的圈定,不能不为我们所考察。

监管过失的实行行为问题,存在以下几点值得讨论:首先,作为前提的过失犯罪的实行行为是否存在以及如何具体界定;其

---

① [日]西田典之:《日本刑法总论》,刘明祥、王昭武译,中国人民大学出版社2007年版,第225页。

次，监管过失的实行行为是否仅限于不作为，亦即是否存在作为的监管过失；最后，认定监管过失行为所需的注意义务的内容、来源及其判准何以理解。以下主要结合这些问题对监管过失的实行行为进行讨论。

（一）过失实行行为的二元论框定

无行为则无犯罪是现代刑法学的公理，在刑法中所讨论的实则是"实行行为"，尽管近来文献上有学者认为"实行行为概念在我国于法无据，且其功能已经瓦解并容易造成思维谬误"[①]进而主张消解实行行为概念，但不容抹杀的是，我国自古以来所具有的实质判断的传统在将一般意义上的身体举动限定为刑法中的实行行为上还是起到了重要作用的，因此在我国实质层面上理解的实行行为在笔者看来显然是值得保留的，且贸然解构实行行为势必导致思维的混乱，不足可取。故意犯的实行行为广为关注，所涉问题已经多有讨论，而过失犯的实行行为作为过失犯罪成立的客观方面要件在较长的时期内为研究者所忽视，甚至我国有学者提出："过失犯是因伴随结果的发生而对目的行为的一种评价，导致结果发生的是目的行为，并且，只有在结果发生以后才能从目的行为中抽象出过失行为，不存在独立的过失行为。因此过失犯没有自己独立的行为，也没有实行行为。"[②]形成这种现象的理论原因在笔者看来主要是两点：第一，与故意犯相比，过失犯的实行行为缺乏定型性，可以说这是自处罚过失犯以来就固有的内在问题；第二，在旧过失论占据支配地位的较长历史时期，由于将过失视为责任要素，只要发生的结果与行为人主观上不注意的心理

---

① 吕翰岳：《实行行为概念之解构》，载《北大法律评论》，2016年第2辑，第116页。
② 周铭川：《论过失犯的行为构造》，载《中国刑事法杂志》，2008年第11期，第13页。

态度之间具有相当的因果关联，过失犯即告成立。按照李斯特的说法："行为人实施违法行为而没有预见符合构成要件的结果，但根据客观情况他应当预见，并以合法行为代替非法行为，此时过失犯罪成立。"① 在这里，他只把作为责任要素的过失视作行为人内心的心理事实，而又把此种心理事实作为结果发生的原因，由此便模糊了过失"行为"，亦即过失犯实行行为的性质。只是到了特定时期后，修正的旧过失论中的"平野说"为了限定处罚范围才开始重视过失犯的实行行为。

关于过失犯的实行行为，总体上看可以认为存在两种不同的分析维度：一种是基于法益侵害的实质危险的视角，另一种是基于客观注意义务违反的视角。在前者看来，既然犯罪的本质在于法益侵害及其危险，那么"具有导致构成要件结果发生的实质危险的行为便是过失犯的实行行为"。② 这是修正的旧过失论的看法，如前分析，其与结果无价值之间存在着高度的契合性，也可视为结果无价值论者的一般见解。在后者看来，违反作为客观注意义务的内容的结果回避义务是过失犯的实行行为，它是逸脱一定基准行为的行为，恰如大塚仁教授所述："过失犯中的实行行为，可以认为是行为人开始实施过失犯构成要件行为的违反注意义务的行为。"③ 就内容而言，其显然是新过失论的见解，鉴于新过失论与行为无价值的亲和性，因此这种观点可被视为新过失论者的通常看法。由是观之，在过失犯的实行行为问题上，呈现出了倾向于结果无价值的修正旧过失论和倾向于行为无价值的新过失论的立场对立。

---

① ［德］弗兰茨·冯·李斯特：《德国刑法教科书》，徐久生译，法律出版社 2000 年版，第 303 页。

② 黎宏：《刑法总论问题思考》，中国人民大学出版社 2007 年版，第 266 页。

③ ［日］大塚仁：《刑法概说（总论）》，冯军译，中国人民大学出版社 2003 年版，第 158 页。

首先需要强调的是，笔者虽然在立场上支持新过失论，但在过失犯实行行为上并不纯粹采取新过失论的见解，在笔者看来，上述两种观点都存在一定程度的疑问，而且由于违法性本质和行为理论之间千丝万缕的联系，导致过失犯的实行行为最终回到行为无价值与结果无价值的立场之争上去了。

第一，如果只强调行为人对注意义务的违反，即按照行为无价值的新过失论的观点，虽然应当承认其强调客观注意义务的一定程度的合理性，但是这种过于形式化的设想正如本书以上分析的，容易存在平野龙一等修正旧过失论者所批评的援引行政法规范作为行为基准，进而扩大过失犯范围的问题。山口厚教授对此做了详细说明："极端地说，在建筑火灾的场合，其实行行为可以追溯到违反消防法等行政法规而没有确立安全体制的注意义务的违反行为，这实际上是混同了行政法上的义务违反和刑法上的过失犯的注意义务，其结果必然是将惹起一定的结果作为成立要件的过失犯，统统视作违反行政取缔法规行为的结果加重犯。"① 如此，将导致违反行政法规的行为都存在成立过失犯实行行为的可能性，这为大开过失犯之门提供了便利。正是因为坚持这种观点所存在的确定过失实行行为所要参照的基准行为的困难，我国学者王志远教授指出："引进注意义务和注意能力这两个概念虽然有助于使过失心态认定更为精确，但显然不能彻底解决传统理论片面地从危害结果引出的处罚要求所具有鲜明的结果归责倾向；要实现过失刑事责任范围的合理限定必须借助'过失基准行为'这一理论工具，在过失犯认定过程中赋予'行为'以实质作用。过失基准行为则是指'包含法不容许的危险的行为。'"② 借助于"法

---

① [日]山口厚：《刑法总论（第2版）》，有斐阁2007年版，第226页。
② 王志远：《过失基准行为论：过失犯刑事责任范围的限定》，载《中国刑事法杂志》，2010年第7期，第15页。

不容许的风险行为"来限定过失犯的实行行为,虽然在解决形式化思考的问题上能起到一定作用,但是仍不免抽象,因此其限定作用势必受到阻隔,甚至在一定程度上会更为扩张过失犯的范围而起到反作用,因为除行政法规范之外,还存在众多生活中的危险行为可被视为不被容许的。再者正如笔者以上所认为的,作为新过失论的理论基础的"被容许的危险",其功能指向乃是缓和结果预见义务,这里再用其来作为过失行为的参照基准,不免存在失调之感。所以只从注意义务违反这一个角度来界定过失犯的实行行为的方案看来是无法获得成功的,即便从理论上还可以提出各种补救修正的观点,但终究不能从根本上解决问题,因为这是在行为论上只强调行为无价值的必然。

第二,倘若按照修正旧过失论者关于过失实行行为乃是对法益具有侵害或者危险的行为的看法,与前述行为无价值的不同之处在于其通过结果来诉诸对过失行为的实质考察,这对限定过失犯的范围来说在一定意义上比新过失论的基准行为说显得明晰一些。然而其弊端恰好也出现在这里。按照结果无价值论的意见,其思路实际上在于从法益侵害的实质危险层面来界定过失犯的实行行为,当然,在结果无价值论者那里,法益侵害的危险同样也是结果,这样一来,其逻辑虽然还能勉强说得通,但是存在以下三点问题:首先,将法益侵害的危险同样视为结果,这是结果无价值的一般看法,但已然导致结果要素的超载。其实,"《德国刑法典》关于过失犯的危险犯的规定,完全不同于过失结果犯,德国学者称为'没有造成结果的过失',这种所谓没有造成结果的过失,其实就是一种过失的未遂。但在刑法理论上,从来都认为过失犯不存在未遂或者过失犯的未遂不处罚的。"[①] 这与我国过失

---

① 陈兴良:《过失犯的危险犯:以中德立法比较为视角》,载《政治与法律》,2014年第5期,第11页。

未遂并不受刑罚处罚的情况基本一致,"绝大多数的过失犯罪以某一结果的发生为条件,当然也存在过失危险犯的例外,如妨害传染病防治罪和妨害国境卫生检疫罪"。① 然而按照以上结果无价值论的逻辑,其所界定的过失犯的实行行为本身就是具有法益侵害的危险行为,此时在过失危险犯的场合,便出现了"从危险来界定危险"的尴尬局面,因此在危险犯这里,过失犯的行为根本无从界定,也正因为此按照结果无价值论者的逻辑才会存在扩张过失犯范围的风险。其次,按照以上思路,从法益侵害的结果来逆向地推导出行为的危险性,进而界定过失犯的实行行为,"但是在法益侵害结果或者危险发生之前,过失犯是无法得以成立的,进而也就无从判定过失犯的实行行为。换言之,只有在过失犯成立的场合,才使得行为人实施的具有导致结果发生的现实危险的行为的特定化,从而才有追溯性地考察该种过失犯罪实行行为的可能和必要"。② 如此一来,对过失犯的实行行为便只能进行事后的考察,然而这种事后考察陷入两方面的危机之中:一方面,只有在结果发生且构成犯罪之后才回过头来判断过失犯的实行行为显然过晚了,结果无价值论者寄希望于对实质危险的考察来实现对法益的保护,然而在其逻辑之下,法益保护显然落空了,毋宁说在结果无价值这里,已经受到侵害的法益从来没能得到有效保护,过失实行行为便是适例;另一方面,事后站在上帝视角来观察导致法益受到现实侵害的行为,将导致所有存在危险性的行为都成为过失实行行为,毕竟从已经发生的现实看,正是这些行为导致了结果的发生,这无疑与其实质化考察过失实行行为的最初设想背道而驰,并由此进一步导致过失犯范围的扩张风险。最后,修

---

① 冯军、肖中华主编:《刑法总论》,中国人民大学出版社2008年版,第220页。
② 钱叶六:《监督过失理论及其适用》,载《法学论坛》,2010年第3期,第27页。

正旧过失论者关于界定过失行为的方案显然存在方法论上的错误，因为其试图"从结果倒推行为"，可以说，自从因果行为论不再为学术界普遍认可以来，结果便从行为中抽离，对实行行为的判定试图仅从结果要素中进行推导实则是重心的偏离，从作为法律思维形式的事物本质角度来看，"稳固的风格，总是从对象中获得法则，从事物本质中推导出他的规则"。① 因而，对过失实行行为的判定还是应当从其本身来找寻，当然这并不排斥将结果要素作为重要的参考资料，但考察的重心还是应当置于行为本身。所以纯粹结果无价值论者所提供的这种方案在一开始的方法论上便出现了偏差，因而才呈现出前述的问题。

综合以上分析，倾向于结果无价值的修正旧过失论与倾向于行为无价值的新过失论所界定的过失实行行为各自均存在一定的弊病，这当然是由其最初的立场所不可避免带来的。而在笔者看来，违法性的本质显然应当是二元的，即兼有行为无价值和结果无价值，只偏重一方的极端主张都是不合适的，不应为了立场之争而忽视起码的由生活事实中引申出来的经验法则和理论逻辑。陈璇博士对此做了较为精到的分析："对于中国刑法不法理论来说，从德国刑法学的演变中可以得出几条基本经验：第一，只要承认不法具有确定犯罪类型的功能，那么二元论就拥有难以撼动的内在合理性；第二，强化法益侵害对于不法的基础性意义，这是现代法治国家刑法理论发展的大势所趋；同时，行为无价值也完全可以和法益保护立场相一致。第三，结果无价值与行为无价值应以法益侵害和结果归责为纽带建立起紧密的内在联系。"② 因此，现在的结果无价值或者行为无价值如果"仍从刑法的基本立

---

① ［德］古斯塔夫·拉德布鲁赫：《法哲学入门》，雷磊译，商务印书馆2019年版，第219页。
② 陈璇：《德国刑法学中结果无价值与行为无价值的流变、现状与趋势》，载《中外法学》，2011年第2期，第369页。

场出发去指责对方,多少会让人产生'本是同根生,相煎何太急'的感叹。时至今日,我们越来越难以从两者中看到自由主义与国家主义、客观主义与主观主义的对立。在关涉刑法基本立场的大是大非的问题上,二者在很大程度上已结成了一个战壕中的战友"。①

在以上理论和现实背景之下,仍然固守以上新旧过失论对实行行为的界定无疑是逆势而动的。其实,陈璇博士从基本原理出发所做的分析,刚好可以从过失犯的实行行为这一问题中得到检验,在笔者看来,以上新旧过失论对过失实行行为的界定并不矛盾,而是可以互为补充。曾根威彦教授对此举例说道:"如在限速40公里的道路上,行为人以60公里的时速将A撞死。新过失论认为,不从60公里减速到40公里的这种不作为,是对应该40公里时速行驶的这种标准行为的偏离,它就是过失犯的实行行为;但在修正的旧过失论这里,以60公里的时速这种危险的速度行驶的作为乃是过失犯的实行行为。"② 从这个例子可见,抛开作为或者不作为的争议,关于造成法益侵害结果的实行行为本身来说,两者的指向是完全一致的,所指涉的都是相同的事项即行为人以危险速度行驶,只不过修正旧过失论从正面说明,而新过失论则从反面论证,二者均寻求界定行为的危险性,无外乎是路径的差异。而这种差异并不是对立的,毋宁说正反结合更能准确界定本案中过失犯的实行行为,亦即"行为人没有减速至40公里而以60公里的时速行驶"才是本案的实行行为。借此可窥见有关过失犯的实行行为同样可以得到这种进路的具体界定,按照违法性的二元论见解,过失犯的实行行为乃是"违反社会生活上所必要的注

---

① 陈璇:《结果无价值与二元论之争的共识、误区与发展方向》,载《中外法学》,2016年第3期,第799页。
② [日]曾根威彦:《刑法的重要问题(总论)》,成文堂2005年版,第173—174页。

意义务而具有造成法益侵害的现实危险性的行为"。其中,对注意义务的违反体现的是新过失论所强调的行为人没有按照其所具体预见的危险采取相应的结果回避措施,而具有现实性的法益侵害危险则彰显了修正旧过失论从结果层面限定过失行为的意旨。这种界定从正反两个方面回答了过失实行行为的问题,应当说这种在方法论上符合刑法学研究的辩证思维的主张较之于前述观点更能全面地实现对过失行为上的判定,而最为核心的优势在于,此种界定,非但可以在极大程度上缓解前述新过失论的观点在寻求作为参照对象的过失基准行为的模糊性问题,而且能够克服旧过失论观点所存在的扩大过失犯范围的风险,这一点对于控制监管过失犯罪的入罪范围而言极具价值。

(二) 监管过失之作为与不作为的行为方式证立

在明确了过失犯所存在的实行行为及其二元论界定之后,需要着手解决的即是前文所提出的在监管过失的场合实行行为是否仅限于不作为,换言之,是否存在作为的监管过失的问题。在回答此问题之前,从理论基础上说,应当先就一般过失犯的行为是否包括作为进行初步的分析。

对于一般过失行为是否包括作为问题,学理上有两种基本立场:第一是肯定说,如高桥则夫教授指出,"在误开来复枪而将他人杀害的情形中,以下图示性对立基本是可能的。具体而言,根据旧过失论,由于与故意犯的实行行为做同样的理解,其结果就将过失的实行行为求诸于不注意地发射来复枪的杀害行为上;根据新过失论,由于过失的实行行为被理解为结果回避义务的违反,其结果是过失犯的实行行为就被求诸本应该注意不打中人却不注意这一不作为上。实行行为实际上共通于故意犯和过失犯,其结果,在上述例子中,得出如下结论:一方面将实行行为诉诸发射行为即作为上;另一方面将注意义务违反诉诸结果回避行为的懈息即不作为上。但是在违反注意义务时，如果存在抽象危险，此时实行行为性就被肯定，当在比较了结果回避行为与实行行为之后，发现两者不一致时，该行为就接受'注意义务违反'的评价，注意义务违反只要与行为同时存在就足够，没有必要与实行行为同时存在。因此过失犯的实行行为既可能是作为，也可能是不作为。"① 第二是否定说，甲斐克则教授指出："与故意犯相同，在过失犯中，实行行为是必要的。但随着新过失论的普及，一般情形下，与故意犯相比，过失犯的实行行为变得较为宽松可行。这与过失犯被理解为不作为犯结构的强烈倾向有关。也即是旧过失论在责任阶段中理解的注意义务违反被作为实行行为来理解，在以作为构成可能的情形中，以'由于没有尽到一定的注意义务而导致结果发生'的形式，导入不作为的因果关系理论，从而强化了从注意义务违反与结果之间的关系来理解的倾向，因此远离了存在论基础，以至于论理上必然进行价值关系的假定因果判断。"②

其实，从以上两种立场的观点表述来看，我们发现基本的争议点仍然在于旧过失论从正面观察过失犯的实行行为，因而得出存在作为过失犯的结论；而新过失论则从客观注意义务违反的反面角度出发，认为过失行为是对社会生活基准行为的偏离，因而是不作为犯。而根据上文对过失犯实行行为的二元论界定，笔者认为，在过失犯的场合理当有作为犯的存在空间。监管过失作为一种特殊情境下的过失犯，同样可由作为的形式构成，所以本书拟以监管过失为例就此观点进行必要的论证。

实际上，"与普通过失领域中观点的鲜明对比不同，在监督过失的场合绝大多数学者，甚至包括修正的旧过失论学者都主张将

---

① [日]高桥则夫：《刑法总论》，李世阳译，中国政法大学出版社2020年版，第210—211页。
② [日]甲斐克则：《责任原理与过失犯论》，谢佳君译，中国政法大学出版社2016年版，第85页。

监督过失以不作为犯或者说是不真正不作为犯的形式来把握。"①因而在监督过失行为这里,争议并不显著,甚至可以说新旧过失论在不作为犯这个问题上达成了相当程度的共识。这也是笔者选择以监管过失为例来说明过失犯的实行行为包括作为的重要考量之一,如果能在监管过失这里证成了作为犯的存在,其他场合自不待言。之所以形成这种共识,如前述,重要的原因之一还是在科技时代和风险社会的现实背景下,深受新过失论之理论逻辑的影响。除此之外,还有部分学者从其他角度提出了新的论据。

大致有以下三种代表性意见:以招揽顾客的建筑物发生火灾为例,首先,以内藤谦教授为代表的"危险充足说"主张"将未能履行安全监督管理体制的不作为视作监督过失的实行行为,原因在于此种情形下所存在的接待客人等其他的作为形式尚未达到刑法评价所要达到的危险程度"。②按照这种意见,由于未履行义务的不作为充分满足了发生法益侵害的危险性程度要求,因而监督过失系由不作为构成。

其次,以林干人教授为代表的"利益比较说"认为,"较之于违反监管体制的不作为,特定场所的待客行为具备更大的社会有用性,原因是,违背监管义务只为行为人自身带来利益,而违反监管义务待客的作为则同时给顾客本身提供了诸多便利,虽然在案发的场合造成了法益侵害结果,但是在事前,基于这种较高的社会有用性,是不可能对监管者附加停止待客之义务的。"③所以从是否有用的比较上看,只能选择在事前对行为人附加履行监管义务的要求,进而监管过失便由不作为构成。

---

① 刘期湘、廖剑聪:《论监督过失的实行行为》,载《求索》,2011年第1期,第170页。
② [日]内藤谦:《刑法讲义总论(下)》,有斐阁1991年版,第1175页。
③ [日]林干人:《刑法の现代的课题》,有斐阁1991年版,第5—6页。

最后，以井田良教授为代表的"团体责任避免说"认为，"之所以将违反监管义务的不作为视为实行行为，主要目的是将监管者的个人责任从经营场所等整体经营活动本身中抽取出来。换言之，如果将场所的整体经营活动（待客行为，即作为）视作监管者的个人行为，进而将其认定为作为犯，则存在一种团体责任的嫌疑，也就是让监管者额外负担了被监管场所的责任，这与现代刑法所坚持的罪责原则的个人责任是相违背的，所以为了明确个人责任，必须对整体中的每个主体的义务及其违反进行特定化。"①总之，为了避免团体责任，明确个人责任，有必要将违背监管义务的不作为视为实行行为。从其内容看，这种观点也可称之为"个人责任析出说"。

以上三种观点在说明不作为形式的监管过失犯罪场合自有其一定的价值，但是这些见解也都存在着不能忽视的弊端。第一，按照其所举的案例进行分析，当然可以说此种场合的监管过失是不作为犯，但这并没有代表性，换言之，此种案例之外当然可以存在作为犯的监管过失。笔者这里就可以环境监管失职罪为例试举一例：负有特定职责的监管人员因业务知识的欠缺，在日常对污染监管设备进行调试的时候，将达到污染程度的监测下限调高且自己还不知情，后续发生严重的环境污染事故，此时，就应当认为行为人日常调整监测设备的作为便是本案中的行为，所以本案即属于由作为形式构成的环境监管失职罪。第二，就危险充足说而言，如果说考察与结果发生的距离远近，当然应当承认行为人待客的行为即作为与结果之间相比其违反监管义务与结果的距离要更为接近，因此从经验法则上看，行为人的作为更具危险性，此时按照危险充足的观点却将不作为视作实行行为，这显然是有

---

① ［日］井田良：《犯罪论の现在と目的的行为论》，成文堂1995年版，第205—207页。

疑问的，毕竟实行行为的本质即为具有发生结果的危险性的行为。第三，利益比较说认为经营场所待客行为的社会有用性高于行为人不履行监管义务的行为的社会有用性，这种论证无疑是有逻辑问题的，因为首先行为人未履行监管义务的不作为谈不上什么社会有用性，至多存在行为人自身所获取的非法利益，将这种非法利益与顾客合法所获得的便利进行比较，无疑在比较物上都存在偏差。而且，按照笔者前文所界定二元论的过失实行行为，违反监管义务的情形下的待客行为实乃是实行行为的正反面，论者将其人为区分开后，主张一种的社会有用性较大而另一种的社会有用性较小，这在逻辑上也是矛盾的。第四，团体责任避免说关于从整体经营活动中析出个人责任的设想，并非完全没有道理，但是问题在于经营场所接待客人的行为方式是否便超脱于行为人监管职责之外，换言之，行为人所肩负的消防安全管理体制的监管义务，其涵摄范围并非仅限制在建筑物即经营场所本身而与经营场所的活动完全无关，答案应当是否定的。易言之，在笔者看来，试图从整体经营活动中析出个人责任的方案其可行性是应当受到质疑的，其原因在于行为人所负担的监管义务实乃是与整体的经营活动有机结合的。这也正是笔者上述的此种案件场合的作为与不作为实则是"未履行监管职责下待客"之实行行为的正反面而已，因为作为同一个行为，实难做出切割。

当然应当指出，针对监管过失的行为方式，即便诸多研究者支持不作为的观点，甚至在德国刑法学中存在将监管过失都归类为不作为且将其称之为"过失不作为犯"的意见，但仍有部分学者对作为的监管过失抱持肯定态度的。如日高义博教授即明确表明立场："在管理监督过失的场合，其过失实行行为的形式，既有作为也有不作为。"① 而近来，有学者通过对德国和日本有关监管过失的判例进行梳理和对比研究后也认为，"过失犯同故意犯一样，在构成要件的实行行为方面也具有作为与不作为的不同行为构造。在有关监督管理过失问题中，德国判例关注的重点在于被告人的行为是作为还是不作为以及对两者的区别问题上；日本则主要围绕酒店、商场火灾事故中社长或防火管理者的所为展开讨论。在对监管过失做判断时，应将违法评价的重点放在作为与不作为上"。② 可见，承认监管过失的作为犯目前已经开始引起学界的重视，在笔者看来，这并非偶然现象，而是有其内在的必然性。

从事实层面上看，一般过失犯罪的场合无疑是存在作为的，如过失致人死亡的典型情境即是行为人以作为的方式实现的，而前述以环境监管失职罪所做的例举亦说明在监管过失场合作为犯也有存在空间。再以《刑法》第一百三十四条第二款规定的强令、组织他人违章冒险作业罪为例，不论监管者出于何种动机，其强令他人违章冒险作业而发生事故的场合，强令行为无疑是作为，可见在我国立法者这里同样肯定了监管过失犯罪的作为形式。之所以如此，就存在论上而言，根本的原因乃是因为所谓作为的方式，就其行为形态本身而言便内含着过失造成法益侵害的现实可能性，而且这种可能性在一定程度上高于不作为。如以对物的管理过失为例，此时通常不存在被监管者的行为介入，即由管理者自身的管理行为导致侵害结果，而这里的管理行为无疑不会仅指不作为，而当然存在作为的空间。当然，这并不是说存在被介入者的监督过失场合，即没有作为，同样也可能表现为监督者的积极作为，例如不当的命令、指挥，从而导致被监督者实施了产生

---

① [日] 日高义博：《管理、监督过失与不作为犯论》，载《神山敏雄先生古稀祝贺论文集（第1卷）》，成文堂2006年版，第140页。
② [日] 大山彻：《论监管过失中的作为与不作为——围绕德国火灾事故判例展开的研讨》，余秋莉译，载《中国刑事法杂志》，2015年第1期，第130页。

危害结果的行为。总之,如果以行为所违反的是禁止规范还是命令规范来区分作为或者不作为,那么在监督和管理过失的场合,显然是存在违背禁止规范的适当余地的,甚至可以说对禁止和命令规范的违反不过是监管过失行为的一体两面,正如以上对过失行为所做的二元论界定。而如果按照我国近来有研究者重拾的"能量说"以实现作为与不作为区分的目的理性思考,即"按照是否通过保证人地位限缩处罚范围这一目的指引,将停止能量投入应被合目的地理解为能量不投入即不作为,其他特定方向上的能量投入皆为作为"①的主张,在监管过失领域更是存在作为的空间,因为在行为人未履行监管义务时通常都存在指向其他方向上的能量投入。总体而言,从监管过失的本体构造上看,理当有作为犯的存在空间。

从规范层面说,作为的监管过失与不作为的监管过失应当进行等同的价值评价。"评价的过程作为一种主观心理活动,它带有极大的目的性,人们不可能无目的地对生活周围的所有事物都进行评价,人们通常只是根据自己直接的生活目的在无限多的事物中选择与自己目的相关联的客体进行评价。"②监管过失行为的不作为说,之所以被广为接纳同样受到这种评价的目的性的影响,新过失论者为了实现其将过失构造的重心转移至结果回避义务之上的目的而推导出不作为犯的结论,进而选择了只与自己目的关联的客体即客观回避义务做了评价,而其他立场的学者也受其理论逻辑之影响,将注意义务违反与作为义务违反做等同理解。其实,学理上通常存在的疑问乃是对不作为的价值评价问题,因而

---

① 吕翰岳:《作为与不作为之区分的目的理性思考——以德国判例与学说为借镜》,载《环球法律评论》,2017年第4期,第87页。
② 冯亚东:《理性主义与刑法模式》,中国政法大学出版社1999年版,第85—86页。

才有"不作为也是行为"①的法理展开,而监管过失的论域中,问题却颠倒过来了,但是这种颠倒对论证作为犯存在的障碍而言并不显著。首先,在具体犯罪中,除却真正不作为犯如《刑法》第一百三十九条的消防责任事故罪只能以不作为来违反注意义务,其他场合实在难以设想只能由不作为构成犯罪的情形,毕竟作为形式是犯罪行为的常态,监管过失场合同样应是如此。其次,论证不作为也是行为的逻辑相同的可被运用在作为的情形中,在监管过失犯罪中,由作为方式实现的过失侵害法益的情形与未履行监管义务的不作为的情形实则是等同的,换言之,等价性或者相当性此时同样可被运用。最后,如果说以违反结果回避义务为核心而将监管过失全部理解为不作为犯,那么将这种逻辑推演到极致,将会出现所有的犯罪都是不作为犯的结果,正如何庆仁博士所质疑的,"所有的犯罪都是违反义务"②的情形那样,因为在其他所有的犯罪中,包括故意犯罪中都是因为行为人没有采取适当的措施去回避法益侵害结果。"对于过失犯,罗克辛教授原来也全部是作为义务犯来对待的,他从违反注意义务的一般的人的要素中得出结论说,该义务违反不仅确立了不法的构成要件,而且也是正犯的决定因素。不过他的看法很快就遭到了斯特拉藤韦特和雅各布斯的严厉批评,认为他将过失犯全部视为义务犯完全模糊了决定可罚性的一般义务和决定正犯性的特别义务之间的区别。罗克辛教授后来坦然地接受了这一批评,改变了自己的观点,他说:按照我现在的理解状况,我不想再将过失犯视为义务犯,总的看来,构造了不法的对一般注意义务的违反不过表明每个市民都承担的避免义务,这也是故意的构成要件的判断基础。毋宁说人们在过失的构成要件中如同在一切领域中一样,只有在刑法之

---

① 张明楷:《刑法格言的展开》,北京大学出版社2013年版,第216页。
② 何庆仁:《义务犯研究》,中国人民大学出版社2010年版,第91页。

外的特别义务导致了特定的、不是每个人都可以具备的正犯前提时,通常才可以谈到义务犯。"① 所以,从提出"义务犯"概念的德国学者罗克辛关于过失犯问题的立场转变便可生动地说明问题,以义务违反为核心而将监管过失全部视为不作为犯的逻辑在规范层面上是不能成立的。

既然在事实与规范层面都应当肯定监管过失的作为犯的存在,那么需要简要分析的下一个问题便是作为的监管过失犯罪通常存在哪些具体类型。笔者认为,作为的监管过失,其核心情境是监管者虽然履行了相应的监督和管理义务,但是并未正确履行该义务,由此而造成的法益侵害。此时可具体化为三种情形进行说明:第一,监管者根据错误的事实判断而作出失当的监管行为导致结果发生,如日本曾经发生的"北海道煤气案"中,煤气企业的高层管理者对拟开展的具体工作缺乏了解,导致工作日程违背了安全生产的基本要求,而施工人员亦未对此进行必要的修整,最终发生煤气泄漏事件。此案中即是因事实误判而实施的失当监管行为。此外,上文所举的环境监管失职罪的案例也属于这种类型。第二,监管者的监管行为本身即违反法律的禁止性规定,如前述的强令违章冒险作业,违反消防管理法规却又拒绝执行消防监督机构的改正措施的情形等。第三,监管者超越职权甚或无权实施监督管理行为而导致的侵害结果,例如在环境保护监督管理部门从事公务的国家机关工作人员甲具体负责企业生产的排污监管工作,但因为负责市场经营污染的同事乙因故不在岗,甲帮助乙完成工作,却因业务不熟导致污染事故发生。此类案件中便因为甲超越职权履行监管义务所导致的危害后果,此时便应当追究甲和乙的环境监管失职罪。以上三种情形只是对作为形式的监管过失

---

① 何庆仁:《德国刑法学中的义务犯理论》,载陈兴良主编:《刑事法评论(第 24 卷)》,北京大学出版社 2009 年版,第 247 页。

犯罪所做的初步类型划分，无法充分包含所有作为的情形是不可避免的。但也从正面再次证实监管过失犯罪同时存在作为与不作为两种行为方式。

三、监管过失之注意义务违反：内容与来源、对象与程度、判准与限制

过失的核心概念乃是注意义务，对此上文已做了较为充分的解读。目前的主流见解将注意义务区分为结果预见义务和结果回避义务。当然这种观点的形成也并非朝夕之功，而是经过了"结果预见义务说、结果回避义务说以及将二者并合思考的混合说"[①]的长期对峙，这种对峙背后无外乎仍是新旧过失论的对垒，这里不再赘述，混合说是我们当然的立场选择。不过，至于注意义务的具体内容、预见的对象及至能否预见的判断标准等刑法都没能做出进一步的规定，显然也不可能做出具体的规定。倘若我们再去观察民法理论的研究成果便会发现，相当发达的民法理论也没能对此问题做出更为深入的解答。监管过失作为过失犯罪的具体种类，在这些问题上更是有待理论回应，这也是上文将监管过失行为界定为"违反社会生活上所必要的注意义务而具有造成法益侵害的现实危险性的作为与不作为"之后必须承担的任务，因为只有这样才能通过注意义务的途径将监管过失的独特属性从一般过失中区别出来。

（一）内容与来源

简单说来，结果预见义务与结果回避义务是监管过失注意义务的当然内容，但是在监管过失这里呈现出了一定的特殊性。以对人的监管为例，由于在监管者与法益侵害结果之间介入了被监

---

① ［日］曾根威彦：《刑法总论》，弘文堂2008年版，第171页。

管者的行为，所以直接使得监管者负担过失责任的前提的结果预见义务不同于一般过失，鉴于回避义务是建立在预见义务之上而顺理成章产生的而且其具体内容势必无法穷尽，所以这里以预见义务的内容作为考察的重心。

在对人的监管场合，因为介入因素的存在，林亚刚教授据此认为，"由于危害结果的发生并非由监督者的行为直接引起，因此监督者的预见义务并非是对结果发生可能性的预见，而是对因自己的行为与被监督者的过失行为引起结果发生，对两行为之间的可能性的预见。"① 同样从这种因为介入因素存在的角度考虑，日本学者大塚仁教授与之不同地认为："不是有义务给预见、避免由自己的行为直接发生犯罪结果提供动机，而是有义务给预见由自己的行为引起被监督者的过失行为、从而发生犯罪结果并为避免该结果而采取行动提供动机。"② 张明楷教授基本持与之相同的见解："并不是客观上没有履行监督义务的行为就必然成立过失犯罪，还需要行为人主观上具有过失，亦即，能够预见不履行监督义务的行为可能造成法益侵害结果。"③ 更为明确的表述同样见之于文献之中："监督过失中行为人的预见对象，既包括对监督者的过失行为与被监督者的过失行为之间直接因果关系的预见，也包括监督者对自己的过失行为与最终危害结果之间间接因果关系的预见。"④

对比以上观点，我们可轻易发现其中的争点所在，即监管者是否需要预见到自己的监管行为与最终的法益侵害之间的因果关

---

① 林亚刚：《犯罪过失研究》，武汉大学出版社 2000 年版，第 247—248 页。
② ［日］大塚仁：《刑法概说》，冯军译，中国人民大学出版社 2003 年版，第 244 页。
③ 张明楷：《刑法学》，法律出版社 2016 年版，第 296 页。
④ 刘丁炳：《监督管理过失犯罪研究》，中国人民公安大学出版社 2009 年版，第 45 页。

联。第一种观点持否定说，认为只需要预见到监管行为与被监管行为之间的关系即可；第二种观点则持肯定说，认为还需要监管者预见到其行为与法益侵害之间的间接因果性。笔者赞成肯定说。虽然否定说看到了在对人的监管场合的过失责任的"间接性"的特点，因此强调对监管行为与被监管行为之间可能性的预见，但也由此忽略了监管过失作为犯罪的本质仍在于法益受到了侵害本身这一点。正如上文所说的监督者在事前要进行教育、指导、指示、指挥、命令等，在事中要进行监督，在事后要进行检查。正是因为监管者与被监管者之间所存在的上下位之间的从属关系，在监管过失责任的场合，处于上位者的监管者对从属于其的被监管者肩负着指导督促检查等职责，以确保被监管者的行为合乎规定而不至于发生法益侵害结果。所以笔者认为，在对人的监管的场合，监管者的预见义务内容不仅应当包括对自己监管行为本身及其可能发生的结果，这里包括非构成要件结果的预见，还包括被监管者的行为及其可能发生的结果的预见。总之，从监管过失犯罪的法益侵害本质出发，监管者不仅应当预见自己的行为可能导致的后果，还要预见被监督者的行为可能导致的后果，在这个意义上说，监管者预见义务的内容乃是双重的。

既然是结果预见可能性，自然包括行为与结果之间的直接和间接的关联，但仅此恐怕并未能全面说明监管过失预见义务的内容，因为不存在疑问的是，导致法益侵害发生的不止包括监管者与被监管者的行为，还包括具体案件中所有具备侵害危险的情境因素。诚然，如果究其本质，这仍属于监管者对法益侵害结果发生的危险性的预见，形成与一般过失之间区别的地方在于，由于在对人的监管场合，因为监管者处于上位者的地位，这种地位上的特殊性使其主要表现为对被监管者的注意，但如果考察一般过失即可发现，监管者的注意义务显然不能仅限于此，因为在一般过失的场合，行为人尚且需要预见到各种可能造成侵害的情境因素，那么在监管过失这里当然不可能取消这种预见要求。所以，在监管过失中，预见义务的内容还包括被监管者之外的其他人员的介入情况以及所有其他的案件情境因素等，当然，这些因素的共通之处在于具备侵害法益的危险性。举例而言，驾校的教练员在工作时，其不仅应当对被监管者即学员的驾驶行为与可能的结果有所预见，还应当对自己的监管过失行为与可能发生的结果之间的因果关联有预见，除此之外，对驾驶培训的环境等都要有必要的观察使之符合既有规则，以避免教学培训事故的发生。如果只将教练员的注意义务限定在学员的行为与结果之间的因果关系，无疑没有根据地限缩了其作为监管者的注意义务范围，特别是这些义务还均和可能的法益侵害之间存在必要的联系，所以这种限缩势必有违背监管过失责任本质的嫌疑。

在对物的管理过失场合，因为管理者的过失和法益侵害之间发生了直接的因果关联，其预见义务与一般过失基本是相通的，这里不再赘述。总而言之，以过失犯罪的法益侵害本质为指引，在对人的监督和管理过失中，监管者的预见义务，其内容是对自己的监管行为和被监管者的行为以及两种性质不同的行为可能造成的危害结果的预见。此外，作为上位的监管者，还应预见到具体案件中所有具备法益侵害危险的情境因素。唯如此才能为采取具体的结果回避措施奠定基础。

明确了监管过失中注意义务的基本内容后，所应追问的便是此项义务的来源为何。正如黄荣坚教授所说："无论如何，关于义务的建构，都必须有法律上的依据，这是法治国家的基本原则；因此如果说不需要法律依据而可以建构所谓的注意义务，至少在论述上是违背法治国家的基本原则。"[①] 在刑法学中，讨论义务来

---

① 黄荣坚：《基础刑法学（上）》，中国人民大学出版社2009年版，第251页。

源问题集中在不作为犯的理论当中，即便注意义务被公认为过失犯的核心，学理上也并没有对此项义务的来源加以研讨，这当然是有其内在的原因的。究其要者，对一般过失犯罪的注意义务来说，其源自全部社会生活领域，这种开放性导致了在普通过失犯罪中根本不具有将义务来源特定化或者类型化的必要性和可能性。受到这种研究思路的惯性影响，理论界在监管过失的注意义务中未能展开充分的研究。但不得不指出的是，监管过失犯罪不同于一般过失犯罪，后者的注意义务虽然来自全部社会生活领域，但是前者作为新兴过失，其注意义务显然与之不同，差别正是在于监管者的注意义务源自刑法意义上监督和管理关系，这种关系乃是基于监管者与被监管者的地位从属差别而生的，而这种地位差别的本质就在于处于上位者的监督和管理职责，所以，把握住了监督管理职责也就牢牢抓住了监管过失中注意义务的来源，监督和管理职责作为社会生活领域中人际和人物关系的狭小部分，完全存在特定化和类型化的现实可能性，这便为确定监管过失注意义务来源问题打开了一扇门。

固然有关监管过失注意义务来源问题尚未能在学术界得到深入讨论，但仍有研究者敏锐地捕捉到了这一议题。我国学者王良顺教授便对此做了有益的探讨，按照他的意见："监督管理职责存在三个方面的依据。第一，法律法规的规定，即监督管理职责是由法律法规明确规定的，规定管理、监督职责的法律法规主要是规范企业生产经营秩序和行政行为的行政法律法规。第二，职务的要求。即行为人因为所担任的某种特定职务而具有管理、监督职责。常见的事例之一是医师对护士的护理行为所负有的监督职责。这种类型的管理、监督职责或许在立法上没有明确的规定，但是它是医疗等行业的基本要求。第三，单位管理制度、合同的约定或者法人机关的授权。单位的管理和监督职责的大部分是通过单位管理制度分配到具体成员身上，相关人员因此而负有管理、监督职责，而企业章程等都是常见的单位管理制度。此外，单位还可能以合同的方式约定某个成员对某些单位事项具有管理与监督职责，甚至以授权的方式临时赋予某个成员以管理、监督职责等"。① 应当认可，从以上三个角度出发足以涵盖绝大多数情境下的监督和管理职责的来源，但笔者有意在此基础上做出一点补充，在实践中还较为广泛地存在另一种"基于行业规范、业务分工而产生的监督管理职责"。具体而言，这种职责所指涉的情形是，在工作业务范围之内，两人以上为完成某项工作而进行分工作业，当然，这种分工的期限、具体原因和根据等都不受限制，问题的关键也并不在此，而仅关注于分工本身，举凡明确了各个行为主体的职责，各行为人便应当承担相对应的职责；在这种分工中所产生的上下位之间的监管者与被监管者的关系便产生了监管职责。

概言之，使得监管者负担过失责任的注意义务的来源大致可归类为四种，分别是法律法规的规定，职务的要求，单位管理制度、合同的约定或者法人机关的授权，基于行业规范、业务分工而产生的监督管理职责。需要说明的是，这种从形式层面上所做的类型化在较高的概率上是无法穷尽监管职责的来源的，这是由案件事实以及过失犯构成要件的开放性所致，即便将其限定在监督和管理领域，也必须承认，产生监督管理职责的来源还会在社会生活中衍生出新的具体种类。

（二）对象与程度

以预见义务为切入点来讨论监管过失的注意义务，并分别介绍预见义务所指向的内容和对象，在一定程度上会发生重叠现象，

---

① 王良顺：《管理、监督过失及其判断》，载《政法论坛》，2010年第6期，第151—152页。

如都会涉及结果和因果关系等问题,但笔者仍有意就此进行分别的探讨。其原因是,以法益侵害为指引所介绍的预见义务内容,其指向较为宽泛,不止结果与因果关系,而且还包括"行为发生时的条件以及具体的附加因素、对事物发展及其可能变化的预测以及对于危险成为现实和它的效果的思考"①等,不过就预见内容而言,也仅限于这些具体的事项本身,并无涉其他,正如日本学者樋口亮介所说,"关于预见可能性的内容、程度的观点多种多样,是过失犯论混乱的重要原因"。②由此他才主张"放弃结果的预见可能性的理论,通过比例原理构建注意义务的筛选规则"③,但是这里要展开讨论的预见对象则有所限制,仅限于结果和因果关系,而且此二者还直接牵涉围绕"对象"本身的预见程度。

原则上来说,监管过失犯罪的预见可能性的对象理应与故意犯做相同的理解,概而言之是指"犯罪事实",具体则包括结果以及因果关系等。首先,关于结果的预见可能性,文献中近来有主张关于预见可能性并非指结果而是指危险的观点,对此有必要做一点简单的说明,由于过失犯在绝大多数情况下是结果犯,所以如果将预见对象变更为危险,恐怕与例外才处罚过失危险犯的基本原理不符;再者,我国刑法明确规定的过失即是指应当预见自己的行为会发生危害社会的"结果"。比较来看,其实危险不过是结果的提前表述,其根本意图在于强调对法益的早期保护,只是这种早期保护是否妥当还有待考量。所以笔者认为将"结果"作

---

① 李海东:《刑法原理入门——犯罪论基础》,法律出版社1998年版,第147页。
② [日]樋口亮介:《刑事过失と依赖の原则の系谱的考察とその现代的意义》,载《东京大学法学大学院ローレビュー》第4号(2009年),第175页以下。
③ [日]樋口亮介:《注意义务の内容确定基准——比例原则に基づく义务内容の确定》,载[日]高山佳奈子、岛田聪一郎编:《山口厚先生献呈论文集》,成文堂2014年版,第218—227页。

为过失预见对象仍是基本可行的。与故意犯相同，在监管过失这里也不要求对结果的详细的形态有精确的认识，不过应当指出的是，这并非是对"具体的结果观"的否认，只在于强调并不要求监管者对结果的详细形态有所预见。实践中对此容易产生的疑问是，这里对于结果的预见，是仅指行为人实际的预见，还是也包括可能性的预见？以一般过失为例，日本在这方面曾发生过实际案例，行为人驾驶汽车因过失导致其所不知情的溜进后车厢的人员死亡，日本法院的意见是既然行为人驾驶汽车，其理当预见到自己的过失行为会造成人员伤亡事故，因此即便没有实际预见到死伤者，也应当对后车厢的死伤结果负责。不过，日本学术界对这一裁判观点不甚认可，中山研一认为，"这种结论与危惧感说实质上没有区别。"① 山口厚教授也"从具体符合说的立场处罚，认为必须对侵害对象有具体的预见可能性。"② 对此，笔者认为，行为人对结果的预见应当是实际的预见，这一点在监管过失中有其重要性，毕竟涉及人的监管场合，对结果的预见存在所谓的间接性，如果在这种间接的预见中还只要求一种可能性，那么多少存在扩张监管过失责任的可能，而监管过失本就是对过失责任的扩张，如此再行扩张，恐难言妥当。

关于因果关系的预见问题，监管过失中存在与故意犯面临的相同争议。前田雅英教授明确指出："因果关系的预见可能性对于过失责任而言不重要。行为时，对于结果之外的还要求对因果经过的基本部分有预见可能性，这是不妥当的；有了对结果的预见可能性，因为没有对现实的因果经过的预见而否认责任，是不合理的。"③ 彻底否定对因果关系的预见在笔者看来是不能成立的，

---

① [日]中山研一：《口述刑法总论》，成文堂 2005 年版，第 248 页。
② [日]山口厚：《刑法总论》，有斐阁 2007 年版，第 235 页。
③ [日]前田雅英：《刑法总论讲义》，东京大学出版会 2006 年版，第 285 页。

就拿监管过失来说，无论是对物的管理抑或对人的监督，监管者对物或者人的行为的预见与法益侵害结果之间是无法截然分离的，正是由于被监管的人或者物与结果之间存在因果关系，所以监管者在预见到结果时，实则已然潜在地预见到了其中的因果关联，所以基本不存在监管者预见到了人或物的危险性却没有预见到因果性的情形。如果认为广义的因果关系本身存在着相当程度的价值判断，而按照休谟的关于评判式判断不能从任何仅仅包含事实陈述的前提中推导出来，也就是说"世界是由事实和事物组成的，价值判断不是这个物质世界的组成部分，对事实的评价总是在关于人的某方面的态度、感情和决断的基础上发生的，关于事实的知识不告诉我们关于事实的价值，当一个人仅以事实陈述去论证价值判断的可接受性的时候，他就犯了逻辑错误，因为在结论中所提供的信息并不储藏在前提之中"。① 据此而否认在预见到行为和结果时，却不能预见到包含价值判断的因果关系，这在笔者看来，实际上是犯了不可知论的错误，如果这个逻辑成立的话，那么整个刑法学的大厦根基都被动摇了，毕竟"价值判断不仅是犯罪构成符合性判断的灵魂，而且是整个刑法问题的核心"。② 总之，监管过失犯罪中，监管者对因果关系的预见还是必要的。需要附带说明的是，这里所认为的对因果关系的预见并不需要对所有的因果流程都有认识，而只是需要监管者对因果经过的基本部分或者说是本质部分有所认识即可。

最后需要归纳作出说明的是，这里对监管过失注意义务中对结果与因果关系的预见程度都只能是具体的预见，而非抽象的预见。这也是新旧过失论即便存在过失规范构造论上的巨大争议的

---

① ［美］R. B. 培里等：《价值和评价——现代英美价值论集粹》，刘继编选，中国人民大学出版社1989年版，第177—178页。
② 齐文远、苏彩霞：《犯罪构成符合性判断的价值属性辩正》，载《法律科学（西北政法大学学报）》，2008年第1期，第77页。

同时，在此问题上所形成的共识，毕竟抽象的预见，在相当程度上涉嫌违反罪责原则。

(三) 判准与限制

明确了监管过失中源自监管职责的预见内容及其特定对象和程度之后，对具体确定监管过失行为来说所面临的最后一个问题即是注意义务的判断标准与相应的限制性要素，以下分别就预见义务和回避义务作一简单探讨。

在一般过失的场合，根据何种标准判断行为人"应当"预见自己的行为会发生危害社会的结果，向来存在争议，而且这种争议在中外学界的观点立场对立上基本相同，具体而言，都存在主观说、客观说和折中说的争议，所区别者可能还有其他一些零星的见解，如能力区别说等，但即便是所谓的能力区别说，就其内容而言，在笔者看来也不过是分别属于主客观说或者折中说而已。

主观说以道义责任论作为思想基础，主张能否预见应当以行为人本人的主观能力作为标准。陈兴良教授赞同这种观点并指出，"我亦赞同主观说，因为相比较而言，主观说的缺陷较小，不会伤及无辜之人。过失之有无，根据行为人个人的情况进行个别性的判断，是更为可取的。"① 这种观点面临两方面的质疑，首先是在一般人不能预见而行为人却能够预见时如何处理，其次是与之相反，在一般人能够预见而行为人不能预见时又该如何处理。对于前者，有学者认为，"由于法律是以通常人为对象加以制定的，因而应当认为这种情况下不能施加法的非难"。② 对于后者，按照主观说的逻辑，既然行为人不能预见则否认其过失注意义务。两相对比即可发现主观说所存在的重大缺陷，按照主观说的观点，对

---

① 陈兴良：《教义刑法学》，中国人民大学出版社2010年版，第492页。
② [日] 浅田和茂：《刑法总论》，成文堂2007年版，第342页。

于前者本应当认为行为人有预见义务的,但论者否定了这一点。可见,无论是行为人的预见能力高于或者低于一般人,在主观说这里都否认其预见义务,所以如果将主观说贯彻到底,恐怕整个刑法的判断都将陷入混乱,刑事法治也荡然无存。

客观说则以社会责任论作为其思想基础,主张以社会一般人的预见能力为判断标准。这种观点原本是刑事近代学派的主张,因为没有达到一般人预见能力的行为人存在其应受惩罚的社会责任,不过现在主张这种观点的学者已经抛弃了主观主义的立场,而是站在客观主义立场上展开分析。我国已故刑法学泰斗马克昌教授持这种观点,不过其理由较为别出心裁,他认为,"因为在违反避免结果的义务中,是以成为一般人社会生活上应采取的避免结果的行为的前提的预见可能性为关注的问题,当然以客观的事理为必要,所以应当认为客观说是妥当的"。① 亦即他是从结果回避义务来倒推结果预见义务的客观标准,有一定程度的合理性。客观说被追问的问题是什么是其所采取的"一般人标准"。我国学者黎宏教授主张"行为人所属的同一领域的一般人,或者说是处于同一立场的人"。② 日本学者高桥则夫的解释较为明确,"一般人是谁,这并不是以全体国民为分母的平均人,而是属于行为人的生活领域的一般人。如果行为人是汽车驾驶员,则一般人指的是'一般的汽车驾驶员';如果行为人是医生,则一般人指的是'一般的医生'。这是因为行为规范是在行为人所属的生活领域这一共同体关系中具体的发挥作用的"。③ 其实,就各个学者所分析的"一般人标准"来看,笔者以为在它们之间不过是表述不同,并没

---

① 马克昌:《比较刑法原理——外国刑法学总论》,武汉大学出版社2002年版,第260页。
② 黎宏:《刑法总论问题思考》,中国人民大学出版社2007年版,第282页。
③ [日]高桥则夫:《刑法总论》,李世阳译,中国政法大学出版社2020年版,第206—207页。

有本质的差异，共通之处在于否认一般人并不是社会上一般意义上的通常人，而是与行为人同类型的一般人，换言之，也可以理解为一种"类型人标准"。就此而言，笔者认为客观说较为妥当，特别是在监管过失中，客观说显现了相当程度的合理性，钱叶六教授对此作了分析："监督过失责任人大多处于特定生产、作业领域的领导者、组织者或者管理者的地位，他们往往具有高于社会上一般人的预见能力，因而在预见能力上就被提出了更高的要求。而且，以行为人所属的一般人的标准来判断，既没有放低对他们的要求而导致放纵犯罪的结果；同时，这一判断标准也没有苛刻的要求他们，因为，在行为人所属的领域中的一般人能够预见的时候，就当然地可以认为行为人应当能够预见，即便行为人的预见能力低于所属领域的一般人，也应认定其有预见的可能性。否则，就会陷入主观说的窠臼。"① 所以在笔者看来，如果正确圈定了行为人所属的"类型人"，客观说并不会存在所谓的强人所难。

折中说意在调和主客观之间的争端，它认为"解决这个问题要坚持主客观相统一的原则，既要考虑行为人的年龄、知识、智力、发育、工作经验以及所担负的职务、技术熟练程度，又要考虑行为人当时所处的具体环境和条件。将这两方面的情况综合起来加以考虑，进行科学分析，作出符合行为人实际情况的判断"。② 然而在具体表述折中的观点时，却又认为，行为人的能力比一般人高的情况下，就以一般人为基准；比一般人低的情况下，则以行为人为基准。张明楷教授则主张，"对于过失责任应当从知能水平到规范能力进行判断，从知能水平上说只能采取主观的标准，

---

① 钱叶六：《监督过失理论及其适用》，载《法学论坛》，2010年第3期，第29页。

② 高铭暄主编：《新中国刑法学研究综述（1949—1985）》，河南人民出版社1986年版，第253页。

在规范能力方面则必须采取一般人标准"。① 由此可见，折中说并未真正做到折中，包括张明楷教授等所提倡的从客观标准到主观标准的顺序的判断方法，究其本质而言仍属于主观说，因为在他们这里只是把客观标准作为了比照对象而已。持折中说者对此倒也全然不避讳，明确说道："折中说坚持以主观说为根基，同时将以客观说得出的结论与以主观说得出的结论进行相互的反复比较、印证，就为主观说得出的结论的正确性提供了保障，因此，可以说，折中说完全克服了客观说和主观说的不足，而兼具了两者的长处，应当是判定行为人是否具有注意能力的正确见解。"② 然而这只是表面现象，既然其本质上是主观说，那么主观说所存在的所有问题它都无法回避。马克昌教授总结道："折中说看似更科学，但是对于一般的过失，由于其具有广泛性，涉及每一个公民，而为数众多的普通人在各方面又是千差万别的；同时，过失又涉及社会生活领域的每一方面，在这种情况下要把确认预见的标准类型化是不可能的，所以折中说并不是完美无缺的。"③

综合以上讨论来看，笔者认为，就监管过失注意义务的预见可能性而言，应当采取客观说的标准，因为客观说所提供的"一般人"并非通常人，而是处于行为人地位的类型人，即行为人所属的一般人。这种标准与监管过失中监管者所处的特殊地位具有很强的亲和性。

就监管过失注意义务的结果回避可能性而言，同样存在着前述主客观说以及折中说的争议，基于同样的理由，笔者以为在结果回避可能性的判断标准上同样应当采取客观说。首先，监管过

---

① 张明楷：《刑法学》，法律出版社 2016 年版，第 289 页。
② 高铭暄、赵秉志：《过失犯罪的基础理论》，法律出版社 2002 年版，第 27 页。
③ 马克昌主编：《犯罪通论》，武汉大学出版社 2005 年版，第 356 页。

失发生在特定的领域中，如环境监管、食品药品监管等，由于这种职务上的特殊性，使得监管者较之于领域外的社会一般人具有较高的结果规避能力。再者，监管者作为从属关系中的上位者，也具备处理相关事件的丰富经验和能力，因而不同于一般作业人员。所以笔者主张，对监管过失的结果回避可能性而言，同样采取"行为人即监管者所属领域的类型人标准"，这也契合于国际学术界通常"将监管过失视为业务过失"①的主流观点。

综合前述讨论，笔者认为，对于包括结果预见和结果回避在内的监管过失的注意义务，其判断标准应当采取"监管者所处的同行人或者说是类型人"的一般标准，即客观标准。在具体判断时，"应当以（医生、汽车司机、税务顾问等）相应的交往圈中具有洞察力者的相应标准人格通常所具有的认识，或者他们通过可期待的询问或者具有可期待的注意力时能获得的认识为准。"②

采取客观标准判断监管过失行为所违反的注意义务本身问题不大，但也应注意到其所潜在的风险，如上分析，监管过失理论以超新过失论为其产生的契机，所以该理论暗含着扩张过失犯的风险。当然，本书主张以新过失论作为监管过失的论理基础，由此便顺势产生了为新过失论奠定基础的被容许的危险和信赖原则在监管过失中适用的问题，毕竟这两项原则都是为了限制过失范围而生的。如果能在监管过失中得到恰当适用，势必有助于遏制监管过失的风险点。此前已经谈到，在本书看来，被容许的危险和信赖原则在新过失论中分别缓和了结果预见义务和结果回避义务，通过这种双重缓和来限定旧过失论的宽泛界定。在监管过失中同样如此。

---

① 吕英杰：《德日刑法上的监督管理责任》，载陈兴良主编：《刑事法评论（第31卷）》，北京大学出版社2012年版，第69，83页。
② ［德］乌尔斯·金德霍伊泽尔：《刑法总论教科书》，蔡桂生译，北京大学出版社2015年版，第331页。

首先,被容许危险的法理的标志性口号即"如果禁止一切危险,社会就会停滞"。其实毋宁说,如果禁止一切危险,人类便无法共存。因此这项源自 19 世纪末期的德国理论得到发展并广泛运用在典型性的风险领域。被容许的危险所坚守的可以说乃是一种功利主义价值观。它的产生乃是根据为达成有益于社会之目标而允许社会生活上已付出必要注意义务之人所为的必要危险行为,亦即在社会有用性高于危险性时所秉持的宽容。而监管过失这里,却是为了解决对监管者的归责而生,两者在宽容与禁止之间发生了抵牾。当然这种对立正是前者对后者进行缓冲的空间。问题在于,如何实现这种缓冲,大致而言可认为是对注意义务的缓和,但笔者认为这里主要是对结果预见义务的缓和,当然并不否认其中也有对结果回避义务的缓和作用,但是主要是指前者。

在一般过失场合,黄荣坚教授举例道:"驾驶员依法行驶时,路面被附近居民任意倾倒油渍物品,导致车轮打滑而发生事故。此时驾驶车辆的速度应当说并非容许的风险,但是由于驾驶人对当时的情况根本不会想到,因此并无预见可能性而不具备过失。"① 在监管过失的场合,由于通常涉及高危行业,监管者根据其能力和职责自然应当预见到相应的危险,但是如果其根据相应的线索,监管者确信并严格遵守行为规范的情况下,又否认了这种危险现实化的可能性,此时便可认为监管者乃是根据被容许的危险取消了其对结果的预见可能性,自然也不应当承担监管过失责任。被容许危险法理所体现的利益衡量的功利主义思想限制监管过失的途径,我国有学者提出了两条具体道路:"即分别从监督者与被监督者两个路径展开被允许危险的判断。一是将监督者放松管理、指挥或指导的行为的'社会有用性'与因此使被监督者可能致害

---

① 黄荣坚:《基础刑法学(上)》,中国人民大学出版社 2009 年版,第 248—249 页。

的'法益侵害'间进行权衡。二是将被监督者的行为的'社会有用性'与因其所生之'法益侵害'予以比较"。① 这一路径基本是可行的，其实正是在这种"社会有用性"的比较之间，监管者在遵守规范的情形下才基于其行为的较高价值，否认了结果现实化的可能，因而才不具备履行结果预见义务的前提，自然也谈不上后续的履行结果回避义务和承担监管责任。当然了，被容许的危险对监管过失责任的限制也是有限度的，因为"容许的风险只是容许抽象危险性的举动，因此，在抽象危险性突变为具体危险性的情况下，比如驾驶者不能躲避突然闯进车道的行人，行为人不再对具体的危险性负责。如果具体的危险性不是从抽象的、被容许的危险性中发展而来，那么缺乏具体的可预见性也就不能被容许的风险所覆盖。"②

其次，从被容许危险法理中引申出来的信赖原则在过失犯论中也已经取得了独立地位。具体内容是指，"行为人在实施某种行为之际，当信赖第三人或者被害人会采取适当的行动是相当的情形中，即使因为被害人或者第三人的不适当行动而发生结果，也不对此承担责任，从而否定过失犯成立之原则"。③ 信赖原则虽然产生于交通运输领域，但现在已被广泛运用在过失犯论之中。因为在规则之治下，"现代法治社会的一个重要任务，就是要确保这些规则得到有效地执行，使那些无视规则甚至恶意违背规则行事的人受到相应的追究。只有这样，才能建立起人们彼此之间的信

---

① 马涛：《监督过失责任限制论要——基于新过失论的耦合式架构》，载《石河子大学学报（哲学社会科学版）》，2017年第3期，第24页。
② ［德］乌尔斯·金德霍伊泽尔：《容许的风险与注意义务违反性：论刑法上过失责任的构造》，载江溯主编：《刑事法评论：刑法的科技化》（第43卷），陈毅坚译，北京大学出版社2020年版，第254页。
③ ［日］高桥则夫：《刑法总论》，李世阳译，中国政法大学出版社2020年版，第203页。

赖，使人的行为具有可期待性，进而增进整个社会的安全感"。①但是问题在于监管过失领域可否适用信赖原则，张明楷教授早期便指出，"监督过失与信赖原则具有相互抵触的一面；当监督者可能信赖了被监督者的行为时，两种学说之间适用何者便成为问题，如果适用信赖原则，监督过失理论便没有存在的余地"。② 其实正是这种抵触才为限制监管过失责任的蔓延提供了工具。不过关于信赖原则限制过失犯的路径在理论上还存在对立，"大致可分为'否定预见可能性'之立场与'否定注意义务'之立场"。③ 在这两种立场对立中还存在大约五种具体观点，文献上也有学者对这种观点对立是否存在实际意义持质疑态度，所以此处不再展开。面对这种学说争议，笔者原则上赞同我国学者孙运梁的观点："信赖原则同时限制注意义务本身即预见义务与结果避免义务才是合理可取的。"④ 但同时要强调的是，信赖原则虽然能同时限制注意义务整体，但其主要功能发挥应在于结果回避义务，能限制整体注意义务是因为其本身源自被容许危险的法理，正如上文谈到被容许危险也同样能在一定程度上限制到结果回避义务一样，信赖原则也能在一定意义上制约结果预见义务，但主要的还是在于结果避免义务，"在于有预见可能性的情况下，减轻注意义务（结果回避义务）的负担，在体系上是认定结果回避义务的一个基准要素"。⑤ 具体而言，"结果回避义务应当依据各种情况的特别规则而

---

① 刘仁文：《遵守规则方能避免风险——"信赖原则"很重要》，载《北京日报》，2020年8月31日，第014版。
② 张明楷：《德日刑法中的过失》，载《法律学习与研究》，1992年第4期，第91页。
③ 陈子平：《刑法总论》，中国人民大学出版社2009年版，第151页。
④ 孙运梁：《刑法中信赖原则基本问题研究——新过失论语境下过失犯的限缩》，载陈兴良主编：《刑事法评论（第28卷）》，北京大学出版社2011年版，第132页。
⑤ ［日］藤木英雄：《刑法讲义总论》，弘文堂1975年版，第249页。

定,所以必须以价值的利益保护理念为基础,在具体情形中提出必要措施,而信赖原则正是于具体化之际,有用的一种前提原理"。①

信赖原则适用于监管过失领域的具体路径,我国有学者近来作了探讨:"对于信赖原则适用条件的考察应当以前提条件、实质信赖关系以及社会相当性考察三部分为主体,其中前提条件与实质信赖关系是在正向意义上肯定信赖原则适用条件,而社会相当性的考察则是在反向意义上否定哪些情况不得适用信赖原则,由此构建起信赖原则在监督管理过失犯罪中的评价体系。"② 将分工关系的建立作为前提条件,将实质的信赖关系作为根本条件,并辅之以反向的社会相当性的考察。这种正反结合的思路在方法论上是可行的,基本能够保证信赖原则较为妥当地实现对监管过失责任的有效制约。

四、监管过失的因果关系与结果归属

在行为与结果之间搭建桥梁的因果关系理论成为每种犯罪类型中都要讨论的议题,本书此前在污染环境罪的章节中已作了部分研讨,其中在事实因果关系的判断中采纳疫学因果关系理论,而在结果归属层面则采取客观归属理论。首先要申明的是,这一基本立场在监管过失犯罪中同样为笔者所坚守。前文论述中涉及的一般性的原理和方法自然也能在此处得到运用,因此这里只重点讨论监管过失犯罪中因果关系问题的特殊性所在,共通的地方则不再赘述。

---

① [日]川端博:《刑法总论二十五讲》,余振华译,中国政法大学出版社2003年版,第141页。
② 李腾:《论信赖原则在监督管理过失犯罪中的功能定位与应用》,载《犯罪研究》,2020年第2期,第21页。

(一) 监管过失的因果关系困境

通常意义上由行为直接造成法益侵害结果，在判断是否存在因果关系时，可以具体运用学理上所提供的条件说、原因说、相当因果关系说、合法则的条件说或者重要说等理论工具以满足实践需求。虽然这些学说在过失犯罪中同样能够得到适用，但不容否认的是，在监管过失的场合，监管过失行为与最终的法益侵害结果之间的因果流程呈现出了不同于一般犯罪的特殊性，这种特殊性使得对此类型犯罪的因果关系判断落入一定的困局之中。

首先，在涉及人的监管场合，监管过失的因果关系呈现出"间接性"。这一独特之处是较为显见的，所以已经为学者们所讨论，有研究者以玩忽职守罪为讨论平台涉及了这一问题，指出："危害后果之所以发生，往往存在介入因素，由于中间介入了其他人的行为或者其他情形，最终造成危害后果。危害后果的发生往往不是玩忽职守行为所直接造成的，而是与玩忽职守行为有关的他人的行为所直接造成的，表现出'一果多因'的特征。玩忽职守行为与危害后果之间的联系具有间接性。因此，相关案件一旦发生，被告人往往抓住'介入因素'和'一果多因'进行抗辩，强调自身的玩忽职守行为并不必然导致危害后果发生，不构成犯罪。"① 环境监管失职罪作为特殊类型的玩忽职守犯罪，显然存在同样的问题。这正是后文中将要分析环境监管失职罪所面临的适用率极低的司法现状时的一个重要原因所在。监管过失的因果关系，表面上只是在监管者和结果之间介入了被监管者的行为，似乎可以通过"介入第三人行为"的理论解决此问题，日本司法实

---

① 牛克乾：《玩忽职守犯罪中因果关系的认定与追诉期限的计算》，载《中国审判》，2011年第11期，第94—95页。

践中确实也已经作了这方面的尝试,如在"夜间潜水案件"① 中,日本最高法院便在介入第三人行为的思路下认为,即便发现潜水教练不见了的助手和被害人没有采取适当的自救措施而溺水身亡,但这也是由于被告人的行为所引起的,因此,被告人的行为和被害人的死亡之间,具有因果关系。在案情并不复杂的监管过失中,运用这种学说确实能在一定程度上解决问题,但是只考虑介入因素这一点恐怕并不能全然妥当处理包括环境监管失职罪在内的复杂因果流程。有学者提出在监管过失场合,存在着"间接的因果关系",而"间接因果关系同样是事物之间必然本质的联系,追究监督者的刑事责任时,如果监督者当时尽了监督的职责,能影响或者阻却被监督者的过失行为,防止危害结果的发生,那么就可以推定监督者的监督过失与原本应影响或者防止但并未被影响或防止的结果之间存在因果关系"。② 这种观点采取了假设条件存在的方法,其本质上还是条件说的思路。虽然也能部分解决归因问题,但是条件说所面临的诘问同样会出现在这里,因为论者先是在内心已经确认了监督义务未履行与结果的发生之间存在引起被引起关系,之后再借助于没有前者便没有后者的形式逻辑进行推理,先入为主的阴云始终笼罩在条件说及其司法运用中。即便在德国刑法学中条件说仍然占据重要地位,但为解决前述问题,已经发展出了合法则的条件说,"目前通行的由耶塞克教授提出的关于'合法则性条件说'则认为'一个行为是否与在时间上与紧随

---

① 被告人是潜水教练,在教授夜间潜水的时候,没有考虑到学习者的情况,不经意之中就从学习者的身边消失了。剩下的助手和其他学习者为了寻找被告人,就向海中移动,其中一个学习者由于氧气瓶中的氧气用尽而陷入恐慌,因为不会采取自救措施而溺水身亡。参见黎宏:《日本刑法精义》,法律出版社2008年版,第113页。

② 刘期湘:《过失犯中的违反注意义务研究》,经济科学出版社2009年版,第187页。

其后发生的外部世界的变化之间是合法则性的联系在一起的,且这种外部世界的变化时该当构成要件的结果'。对合法则性关系的宣示意味着对经验的合法则性的援引。经验的合法则性意味着原因与效果之间的关联并不是个别的、偶然的,而是一般的、普遍的。但是与过去一样,人们究竟将这种'经验的合法则性'理解为什么,依然是不明确的"。①所以,只以尚不明确的条件说为据,恐怕并不能解决这里的监管过失因果关系问题,简言之,以何者为根据来说明正是因为行为人没有履行监管义务才导致结果发生尚不能得到确切的答案。再者即便肯定了事实因果,但只解决归因问题显然也是不甚全面的。

其次,在监管过失场合,其因果关系问题呈现出极端的"复杂性"。这种复杂性具体体现在以下几个方面:第一,较为常见的涉及过失不作为问题。在作为的监管过失因果经过尚未明朗的背景下,处理过失不作为便更显其困难,学理上通常将过失不作为形象地称为"忘却犯",虽然不甚准确,但也能说明一定的问题,在过失犯和不作为犯竞合的监管过失场合,判断过失不作为与结果之间的因果关联是否属于刑法意义上的因果关系势必陷入巨大困难之中,因为一切都只能建立在未发生的假设前提之上。而更为棘手的问题是,虽然很多监管过失和不作为有关,但实践中更多的乃是多个不作为再加上一些乱作为才最终导致结果发生,因此监管过失中的因果关系辨别起来困难重重。第二,存在纵横两个维度的监管过失竞合问题。由于在监管过失这里,最为简单的情形下也存在监管者和被监管者两重主体,而且通常并不止于此,与结果有关的行为主体的多重性决定了因果关系的复杂性。如作为企业主的监管者与行政主管部门的监管者之间,如果由于行政

---

① [德]埃里克·希尔根多夫:《德国刑法学:从传统到现代》,江溯、黄笑岩等译,北京大学出版社2015年版,第274页。

监管者违反注意义务的决定引发了作为下级的企业监管者的错误行为，而最终导致危害结果时，如何判断因果关系，可以说这是纵向的多主体之间的监管过失竞合。而在横向上，同样存在这种多主体间的监管过失竞合问题，如两个或者两个以上的监管者在未进行意思联络或者沟通的前提下，分别在各自的职责范围内出现了严重失职行为，进而共同引起危害结果的发生，这在实践中并非罕见，"因为我国现在对于某一事项的监管往往采取'多部门齐抓共管'的模式，这就客观上增加了监管过失竞合的可能性和空间"。① 面对这种纵横两个维度的多主体之间的监管过失竞合情境下的因果关系判定问题，有学者立足于过失竞合的立场作了分析："判断监督过失因果关系应当采用三个步骤：一是形式符合性判断，即考察监督过失行为与构成要件结果之间是否形式上符合刑法典内设的因果关系类型；二是充分关联性判断，即考察监督过失行为与构成要件结果之间是否有紧密的关联性；三是中断性判断，即考察监督过失行为与构成要件结果之间是否有导致因果中断的因素。"② 首先，如前述，笔者并不认为监管过失完全属于过失竞合，因为当然存在被监管者故意实施不法行为的情形。其次，这里论者虽然提出了解决前述纵横维度的监管过失竞合因果关系的判断步骤，但其并不具有现实的可操作性，因为所提出的所谓"符合性、关联性和中断性"的标准都过于模糊而且未能作出进一步的展开说明。其实有必要指出的是，这里为着论述清晰的目的，将纵横两个维度作了区分，而在实践中通常还会出现纵横交叉的现象，即上级监管者和下级分别负责的平行监管者之间共同出现监管过失问题，导致最终的法益侵害结果，此时如何判

---

① 侯国云：《过失犯罪论》，人民出版社1996年版，第431页。
② 易益典：《共同过失视域下的监督过失犯罪》，载《江西社会科学》，2016年第7期，第149页。

断因果关系则显得极端复杂化了，由前述论者所提出的较为模糊的判断方法无疑难以应对这种极端复杂的局面。第三，"一果多因"现象在监管过失犯罪中也是常见的。来自实务部门的同志指出，"刑法分则第九章犯罪因果关系的特殊性在于原因的多重性，也就是我们平常说的一果多因。该类犯罪案件危害结果的发生，其原因往往有多个，其结果为多个原因所致，而非单个原因所为。在多个原因中，有的是其他人的违法行为，有的是被害人的自身行为，有的是自然因素。"① 环境监管失职罪可以说正体现着此一问题的复杂性，不止于此，因为监管失职类犯罪中涉及的案件要素通常十分繁杂，这势必导致因果流程的考察陷入僵局之中。面对这一困难，有学者甚至有倾向于放弃考察的立场，如利子平教授从风险社会角度切入谈道："在风险社会，由于风险来源的日益复杂，使得行为与结果之间单纯的'一因一果'形式出现的可能性日益减少，而'多因一果'、'多因多果'等因果关系形式将逐渐增多。以监督过失责任为例，如果刑法立法固守传统的罪责自负原则，势必难以实现对监督过失责任的追究。因为传统的罪责自负原则强调行为人的行为与结果之间的直接因果关系，因此，不可能对危害结果仅负有监督责任的人员追究刑事责任。然而，基于监督者与行为人之间的特定关系，现代刑法理论普遍认为，监督者的过失对于危害结果的发生也负有一定的责任"。② 笔者当然认可其结论，但是对其中关于监管过失的因果流程与罪责自负原则的关系的表述不能认同，所谓"固守传统罪责自负原则"的看法并不能成立。换言之，不能因为监管过失场合因果关系的多重性，据此便认为对各种监管者追责的做法便属于对罪责自负原

---

① 王江华：《渎职案件查办难的法律分析》，载《中国刑事法杂志》，2009年第8期，第93页。
② 利子平：《风险社会中传统刑法立法的困境与出路》，载《法学论坛》，2011年第4期，第28页。

则的突破,两者之间显然没有冲突,借由突破罪责自负原则的说辞来证成对监管过失场合多重因果关系放弃考察的意图难以为笔者所认同。毋宁说,在并不冲突的前提下,对罪责原则的坚守和对监管过失多重因果经过的考察都要得以实现。

(二) 监管过失的客观归属破局

面对监管过失犯罪因果关系的间接性和复杂性困局,从学理上提出适当可行的解决方案是理论界当前的重要工作,解决了这个基础性问题才能顺理成章地因应下文将要讨论的环境监管失职罪在实践中适用率极低的现象。

目前从文献上看,对客观归属理论的一般引介和具体展开已经成为我国刑法学因果关系论的重要研究取向。在处理监管过失的前述问题上同样如此,近来有研究者在一般意义上指出,"在过失犯的认定中引入客观归责论,可以突出故意犯与过失犯二者在客观构成方面的不同,明确过失犯的因果关系、判断逻辑及内容,符合限定过失犯成立的初衷和新过失论的发展方向"。① 也有同志具体从监管过失的角度作了相应的分析,"为正确认定本类型犯罪的因果关系,归因时应以条件说为主、疫学因果说等为辅对被监督者行为、监督者作为行为与环境污染结果间是否存在条件关系进行判断,以监督义务的假定履行作为监督者不作为行为与环境污染结果间条件关系存在与否的判别标准。归责时以相当因果关系说为工具,对监督者'诱发'被监督者行为的相当性、被监督者行为的异常性及监督者行为与环境污染结果间关联性等问题进行推进判断"。② 这里需要附带简短说明的是,虽然论者在归责问

---

① 史山庚、张依萱:《风险社会背景下过失犯判断逻辑的反思与修正》,载《湖南广播电视大学学报》,2021年第2期,第90页。
② 李紫阳:《监督过失型污染环境犯罪因果关系的判断》,载《河北法学》,2019年第8期,第169页。

题上采取了相当因果关系说,但是,第一,就其区分归因和归责的思路上看,这在方法论上实则与客观归属论是相一致的;第二,就其所采取的相当性判断标准看,也与客观归属的规范论思考并行不悖。因此笔者认为这实质上应当属于客观归属的理论主张。

但是,客观归属论的解决方案还受到部分学者的质疑,李冠煜博士便以过失犯为观察视角,较为具体地指出客观归属论的问题:"风险创造关联的判断不具有确定性,没有明确注意规范保护目的的认定方法,未能划定合义务替代行为的适用边界,对自我危险案件进行推理的论据不足,评价同意他人造成危险行为的法理缺位;因此即使不全面引入客观归责论,也能合理追究过失犯的刑事责任。"[①] 刘艳红教授也认为,"客观归属论已超越对归责问题的探讨,而渐至成为与可罚性概念相当的犯罪成立理论。它在客观归责的同时其实也一直在进行着主观归责。它以模糊三阶层犯罪论体系为代价进行归责判断,从而极大地削弱了阶层犯罪论体系所具有的人权保障机能。它不是一个自洽的理论,而是统合了各种不同内容的混合体。解决我国刑法因果关系问题不必引进客观归责理论,相当因果关系说可作为予以借鉴的学说"[②]。由此可见,反对者从一般意义层面到具体的运用在过失犯上都对客观归属论进行了批驳。

面对这种学术论争,我们应当何去何从,特别是具体到本书这里所要涉及的监管过失问题是否还应当采取客观归属问题,显然有必要进行适当的分析。首先需要表明的立场是,笔者认为客观归属论对解决监管过失因果流程考察所面临的前述间接性和复杂性的困局是有相当助益的,概然拒绝的观点并不可取。鉴于本

---

① 李冠煜:《客观归责论再批判与我国刑法过失论的完善》,载《法学家》,2016年第2期,第162,164—165页。

② 刘艳红:《客观归责理论:反思与质疑》,载《中外法学》,2011年第6期,第1216页。

书在污染环境罪的章节中已经对客观归属论的方法论优势进行了多角度的分析,为避免重复,这里便只对以上的否定意见作出一些必要的简单回应。

首先,关于李冠煜博士提出的一系列有关客观归属的下位规则的问题,当然应当承认这些问题的客观存在,"确实也有部分德国学者对客观归属论持有不同的主张,尤其是对其基本概念和下位规则的具体内容有着不同的见解。但是该理论在德国和其他国家得到发展以及在法院判决中得到广泛运用的现实是不可否认的,诸多具体问题的解决都被纳入客观归责论中进行讨论,其所指引的刑法上必须进行规范判断这一大方向完全是没有问题的,特别是在对结果能否归属于行为人、是不是行为人的作品进行规范判断这一点上,在大多数德国和日本学者中并无人真正反对。至于是否非得适用德国学者所提倡的判断归责倒不是最紧要的。只要承认结果归属,承认传统因果关系之外的规范判断,就应该认为其接受了客观归责论,至于下位规则的理解,则见仁见智"。①

其次,刘艳红教授谈到的可直接运用相当说来解决我国因果关系问题的意见也是学术界一项重要代表性观点。虽然应当承认"从个案处理的角度看,客观归责理论和相当说的结论基本没有差异,而且两者的核心内容存在重叠之处,而且客观归属论的部分下位规则也可以用相当说来解释"。② 以相当说来实现客观归属功能的主张在日本更是广为接受。其实,面对客观归属理论,日本学术界基本存在两个阵营:部分论者主张全面认可客观归属论的优越性,并全面采纳其名称、体系和方法论;而另一部分则仅承认其实质意义上的优越性,但主张对传统体系进行一定程度的改

---

① 周光权:《刑法公开课》,北京大学出版社2019年版,第56—57页。
② 周光权:《刑法客观主义与方法论》,法律出版社2013年版,第56—57页。

造，这主要是源于对相当说危机的反思。但是据日本学者的分析，"传统的相当因果关系说与客观归责论存在天然的联系，例如，都是为了限定客观不法的处罚范围，均属于归责理论，部分内容存在重合等。然而，客观归责论与修正的相当因果关系说毕竟存在较大的区别，例如，归责基准不同，类型化程度不同，适用范围不同等。或许正因为如此，在日本，以相当因果关系说的修正形式部分吸收客观归责论，占据了支配地位"。① 在美国，弗莱彻也认为，"在因果关系的感知过程中要注入习俗所具有的通常和可预期的标准。"② 这基本可视为相当说的意见。而我国前述的在归责层面采用相当说的主张实际上也可认为是这种改造论的观点。

但是单纯只运用相当说，恐怕并不能解决全部的因果关系问题。相当说的主要功能在于反向检验，即将不具有相当性或者说因果关联异常的情形排除在结果归属之外，但在某些社会观念上实则是"不相当"的情形依然不得不进行归责，如对于不知情的中立帮助行为下所发生的结果，按照相当说是必然要得出肯定因果关系的结论的，但不知情的中立帮助者并未控制或者制造社会所不容许的风险，实际上并未控制因果流程，所以根本不应当进行归属。反过来说，在社会观念上实际上是相当的，但按照相当说要否定归责。如发生在日本的"大阪南港案件"中，被害人因为甲的杀害行为而失去意识，其后遭受了异常介入的殴打而最终死亡，最终查明，介入的殴打使得死亡提前了数分钟。对本案，如果按照相当说，介入的异常因素导致被害人提前死亡，此时便应当切断甲的杀害行为与死亡结果间的因果关联，但是本案的承办人大谷直人法官明确指出，"虽然存在异常的因素介入，但仍然

---

① ［日］吉田敏雄：《因果关系与客观归属》（下），载《北海学园大学学园论集》，2010年第146号，第196页。
② ［美］乔治·P.弗莱彻：《刑法的基本概念》，王世洲等译，中国政法大学出版社2004年版，第37页。

应该承认因果关系,如果这样考虑,接下来的问题是,根据相当说以什么样的判断方法把本案中的第三方的介入行为从判断根据中排除出去,这并不清楚。并且相当说强调介入因素是否异常,这与实务上的思考方法有不匹配之处,实务上的思考方法是具体查明行为人的行为与结果之间的关联,由此来认定对结果发生是否有贡献、贡献的样态,再基于认定结果来判断因果关系。这里指出的问题作为相当说的危机,引起了颇大反响"。[1] 由此可见,相当说只运用反向检验的方法在正反两个方面实际上都容易受到指摘。

最后,客观归属论在解决监管过失因果关系的间接性和复杂性问题上,具有一定程度的比较优势。如前述,在解决监管过失因果经过的间接性问题时,有学者选择了条件说路径,但仅此并不能终局式地解决问题。在对人的监管中,监管过失的基本流程是由于行为人未能履行法定职责而制造或者升高了不被容许的抽象风险,这种风险再借由被监管者的故意或者过失行为形成一种具体的危险,嗣后这种危险逐渐现实化为侵害结果。所以,如果按照传统方案由行为到结果的辨别思路显然并不能解决问题,面对由"行为到行为再到结果"的模型,"这种特殊性使得对于监督过失,有必要按照事实归因与结果归责下二阶判断法进行"。[2] 在危险由抽象到具体再到现实化的过程实际上就是监管过失的整个因果经过,而这种危险程度的不断增强实则与客观归属的危险增加理论是相吻合的。再来看监管过失因果流程的过失不作为、纵横过失竞合乃至交叉竞合以及多因一果等复杂性问题。这些因素固然增加了判断难度,但是"客观归责理论具备一套精细化的审

---

[1] [日]佐伯仁志:《刑法总论的思之道·乐之道》,于佳佳译,中国政法大学出版社2017年版,第57页。
[2] 吕露鹏:《监督过失犯"归因—归责"路径之厘定》,载《重庆广播电视大学学报》,2021年第1期,第37页。

查体系，通过制造法所不容许的风险这一判准进行正面认定，并结合一系列归责排除情形作反面考察，能够更科学、准确地认定过失实行行为，从而进一步确定过失不法，使得判断过失犯罪成立与否的过程更加规范化、合理化。"① 其实，客观归责在根本上说就是在事实因果关系被证成之后所进行的规范评价和实质判断，而且由"罗克辛所提出来的规范保护目的、被容许的风险、构成要件的效力范围等原则，都是尝试将法秩序的要求具体化，且他们本身也都是实质的标准"。② "客观归责理论的下位规则，从表面上看似乎纷繁复杂、叠床架屋，但是，其核心或者难点主要是在第二层次的检验即判断危险行为是否导致结果发生当中"。③ 而以干预和禁止风险实现作为基本遵循的客观归属论所适用的诸多实质标准蕴含着丰富的价值评判色彩，从评价的角度看，这为恰当回应前述相当说等传统理论无法解决的问题提供了多重思路。

概言之，鉴于前述众多原因，即便条件说和相当说还分别在德国和日本占据重要地位，但是也不容否认"与德国一样，最近在日本，把义务违反与结果之间的关系从'客观归属论'观点来理解的见解，逐渐成为有力说"。④ 所以，在借鉴该理论的方法论意义的基础上，尝试具体加以展开理当成为眼下的研究任务之一，对于监管过失犯罪的因果经过考察不失为恰当的契机。

---

① 赵许：《过失实行行为的认定——以客观归责理论为主线》，载《上海法学研究》集刊，2020年第17卷，第115页。
② 陈兴良：《从归因到归责——客观归责理论研究》，载《法学研究》，2006年第2期，第85页。
③ 周光权：《客观归责理论的方法论意义——兼与刘艳红教授商榷》，载《中外法学》，2012年第2期，第233页。
④ ［日］甲斐克则：《责任原理与过失犯论》，谢佳君译，中国政法大学出版社2016年版，第86页。

(三) 监管过失的结果归属考察

正如一开始的立场申明，笔者在监管过失犯罪中依旧认可客观归属论，在具体践行该理论之前便应当注意的是扭转"历来在犯罪论中讨论的因果关系概念，将自然科学和社会科学中所使用的范畴论的概念与法律上的目的论的概念混为一体"① 的现象。所以必须在解决事实归因的基础上才能谈论规范归责的问题，当然也不得不承认作为范畴论的因果关系亦不能与自然及社会科学的基本常识相差甚远，如关于"死亡"的界定便不能远离现代生物学和医学，否则将现代科学所无法理解的"死亡"结果归责于行为人便缺乏说服力。因此，在作为结果归属前提的事实归因问题上，笔者认为还应当采纳通行的"条件说"，即根据现有的生活经验法则进行"若无前者则无后者"的辨别。当然，在监管过失领域，这种简单的公式并不能保证结论的准确性，所以与污染环境罪相同，还应当辅之以"疫学因果关系"，根据前文的分析，在适用"疫学四原则"的同时还要有补充性、有限性、精准性和有效性以及反证许可四重限定。大致说来，依据生活经验的条件说和科学法则的疫学原则与限定，在正反双重考察之下，基本能保证监管过失犯罪事实因果关系判断结论的确实可靠。

解决了事实因果的前提问题后，即应具体分析由于行为人的监管过失所导致的法益侵害结果的归属问题。需要说明的是，本书这里运用德国学者罗克辛的结果归属框架来具体展开，因为现代客观归属理论"真正的产生时间乃是 1970 年，而且是经由 Roxin 在《霍尼格纪念论文集》中所发表的论文而产生的，他超越了霍尼格对可归责性的定义是通过人的意志来加以支配的观点，而将人的意志的支配可能性和对于构成要件法益的侵害制造了法

---

① 张明楷：《外国刑法纲要》，法律出版社 2020 年版，第 91 页。

律上重要的风险这个标准相结合。由此，罗克辛将霍尼格、恩吉施和韦尔策尔三人写于 20 世纪 30 年代有关客观目的性、社会相当和危险实现的三篇文章组合成一个完整的思想"。[①] 在他看来，故意犯和过失犯的本质都是制造和实现了法所不容许的风险，所以确定了结果归属的三项基本规则：第一，制造法所不容许的风险；第二，实现法所不容许的风险；第三，结果的发生没有超出构成要件的效力范围。在这三项正面肯定结果归属的规则之下，罗克辛又分别汇集了诸多反面否定结果归属的下位规则。通过这种正反结合的方式保证了判断的层级性、完整性和准确性。在这样的方法指引下，对过失犯的结果归属同样按照这三个步骤作出判断，罗克辛甚至直截了当地谈道："人们可以总结说，归责于客观行为构成是以实现一种在行为构成范围内部的、由行为人创设的而不是由允许性风险所容忍的危险为条件的。尽管一般提供的例子是故意犯罪，但是，客观归责理论的实际意义，主要存在于过失犯罪之中。"[②] 所以，以下以监管过失范围为例，遵照前述审查步骤来分析对监管者的结果归属问题。

首先，监管过失行为制造了法所不容许的风险。"对法所不容许的风险的认定，过失犯是不同于故意犯的。故意犯中通常表现为行为是否为法所禁止上，只要某种故意行为是被法所禁止的，其由此产生的风险必然也是为法所不容许的。而过失犯中，法所不容许的风险则应当根据注意义务是否得到遵守加以判断，在没有遵守注意义务的情况下造成的风险，就是法所不容许的风险，

[①] 许玉秀、陈志辉主编：《不移不惑献身法与正义：许逎曼教授刑事法论文选辑》，春风煦日论坛，2006 年，第 548 页。
[②] ［德］克劳斯·罗克辛：《德国刑法学总论》（第 1 卷），王世洲译，法律出版社 2005 年版，第 246 页。

应当肯定归责"。① 那么在监管过失中，行为人所制造的风险便是由于监管者未履行监管义务所导致的，对此，有研究者从监管过失行为的作为与不作为角度进行了解释，"从监督者作为的角度来看，监督者的过失行为是否制造了直接的危险或者危险的状态。例如，当监督者发出错误的命令、指挥时，是否直接增加了被监督者实施得以造成危害结果的行为的危险或者创造了危险的状态。从监督者不作为的角度来看，监督者在能够减少、消除危险或危险状态的情况下是否维持了危险或危险状态。例如，在被监督者的行为可能导致危害结果发生的场合，监督者没有进行必要的监督、警示。"② 需要引起我们关注的问题是，监管过失中行为人的前述作为或者不作为制造了不被容许的风险的根据是什么，其实，这里不被容许乃是不被刑法所容许，但是刑法又不可能对监管义务作出全部规定，"过失犯的注意义务之未规定属于立法者未能详尽描述出的犯罪行为构成要素，这样，根据条文对犯罪构成要件的规定还无法推断出行为的违法性，还必须由法官对注意义务作必要的补充判断。"③ 我国学者吕英杰博士对监管过失行为所制造的不被刑法所容许的根据作了诠释："要证明监督过失中监督者、管理者的行为是否制造了刑法所不允许的危险，首先必须查明其行为是否与刑法规范所要求的义务以及受侵害的法益具有某种密切的关系，这种密切联系借由行政法上的安全保护规范、社会交

---

① 陈兴良：《从归因到归责——客观归责理论研究》，载《法学研究》，2006年第2期，第77页。
② 童德华、马嘉阳：《刑法中监督过失的适用条件及归属限制》，载《社会科学动态》，2020年第6期，第18页。
③ 刘艳红：《过失犯的构成要件构造及其适用》，载《政治与法律》，2003年第1期，第42页。

往规范以及组织体内部的安全制度等得以建立。"① 其实，就其内容看，吕英杰博士这里的讨论基本可以视为对监管者所赋予的注意义务的来源，对此前文已有讨论，不再赘述。

按照结果归属的反向排除规则，在以下几种情形中则应当否定对监管者的归责。第一，监管过失行为降低风险时，排除归属。例如，在现有环境监测体制机制和科学认知并不健全的背景下，监管者严格遵守既定规章制度，在其履行某项监管职责的同时，但由于制度的冲突或者污染物的化合作用而忽略另一污染物将会造成的结果，但是该结果发生的程度和范围如果没有监管者的过失行为介入时将会更为深广，这种场合便应当否认被监管者所忽略的污染结果的归属，因为其过失行为实际上降低了风险。但应当强调的是如果该危害结果在监管者认真履行注意义务时可以避免，即使监督过失行为降低了危害结果的严重程度，也不应当排除对监管者的归责。第二，监管过失行为制造的风险被容许时，排除归属。例如，监管者怠于履行职责，致使被监管的企业向环境中排污，但是因为该企业的生产能力有限，所以污染物的排放规模始终在规定的范围之内。这种场合便应当承认监管过失行为制造的环境污染风险还在容许的范围之内。第三，监管过失行为虽然没有降低风险，但也没有以重要的方式升高风险时，排除归属。例如，环境监管者虽然错误履行职责，但是即便其严格履行职责也无法阻止污染企业排污，虽然监督者的过失行为同时和被监督者的故意行为创设了实现危害结果的危险，但是相对于被监管者的故意行为而言，监管过失行为所创设的危险缺乏重要性，此时便应当否定归属。

其次，监管过失行为实现法所不容许的风险。将法益侵害结

---

① 吕英杰：《监督过失的客观归责》，载《清华法学》，2008 年第 4 期，第 111—113 页。

果归属于监管者的第二项审查要件即是由其监管过失行为所制造的法所不容许的风险的现实化,也就是要实现这种不容许的风险。在危险增加理论看来,通常由于监管者的过失行为导致被监管者的故意或者过失行为造成法益侵害结果,由前者的监管过失行为所制造的抽象风险在借由后者的行为提升为具体的危险,及至最终现实化的场合,将结果归属于监管者没有问题。但是也存在着以下几种应当否定归属的情形。第一,监管过失行为制造的危险没有实现时的归责排除。要实现归责,必须在结果中实现了监管者所制造的风险,"因此,当行为人虽然为保护的法益创设了一种危险,但是这个结果不是作为这种危险所发生的影响,而是仅仅在偶然的关系中与其一起出现的时候,归责就首先排除了"。① 例如,环境监管者虽然未履行职责制造了形成事故的风险,但是在事故发生以前由于其他因素的介入而独立的提前导致了污染事故,此时,监管者虽然制造了风险,但是风险并未能在结果中实现,即应排除归属。第二,监管过失行为没有实现不被容许的风险时的归责排除。例如,负责环境污染的监管者没有履行职责,但是鉴于新型污染物的特殊性,即便其履行职责也不可能制止该污染的场合,便应当否定结果归属。换言之,只有在监管者对最终的结果具有操纵可能性时才能肯定归属。"按照'风险升高原则',如果遵守规范有可能避免结果的发生,那么未遵守规范的行为,便是升高了风险,因而可被归咎"。② 反过来说,在没有结果回避可能性的场合,即便监管者存在过失,也不宜进行结果归责。第三,监管过失行为在不符合谨慎规范保护目的的结果中排除归责。例如,环境监管者未履行职责而制造了相应的风险,但是被监管

---

① [德]克劳斯·罗克辛:《德国刑法学总论》(第1卷),王世洲译,法律出版社2005年版,第253页。

② 林东茂:《刑法综览》,中国人民大学出版社2009年版,第68页。

者超越了监管者的职权范围实施排污行为,此时,监管者虽然违反了注意规范,但是最终的结果发生却不是由于其违反注意规范所造成的情形,简言之,与规范目的不相干的情形下应当否认结果归属。

最后,监督过失行为导致的危害结果没有超出构成要件的效力范围。"仅仅在结果与肇事者所制造的不被容许的风险之间有因果关系,尚不足以满足客观构成要件,必须此一结果落在避免危险的构成要件效力范围之内,客观上始可归责。具体而言,就是检验系争结果是否属于他人负责或者自我负责的领域"。① 在监管过失犯罪中,对构成要件效力范围的考察同样应当进行自我负责和他人负责的辨析,其中前者主要还是参与他人故意自损行为即自己危险化的参与和基于合意的他者危险化。对于这种自我答责的分析应当说不成为此处的重点。监管过失中,成为构成要件效力范围之重要考察对象的乃是"防止结果发生属于他人责任领域"的问题,其原因是监管者所负担的监管职责本身就是明确的,对于不属于其职责范围内的结果自然不应当归责于他。正如我国学者的分析:"环境监管者对被监管对象不具有实质的监管职权。对于形式上具有环境监管权,但是实际操作中,其所具有的形式监管权对被监管者不起作用,因其不具有实质的环境监管义务而排除其责任。如直接负责环境监管的环保局副局长一职,在形式上其直接主管环境监管工作,具有对其辖区内的涉及环境的单位均具有监管义务,但在实际的运作中,如环保局局长实际指挥或者又授权其他副局长行使该职权。若由于辖区发生符合环境监管失职罪构成要件性结果的环境危害,而追究形式上具有监管职责的

---

① 林钰雄:《新刑法总则》,中国人民大学出版社2009年版,第131页。

环保局副局长的责任则有违责任主义之原则。"[①] 由此可见，对于因属他人负责领域而排除结果归属来说，在监管过失场合的问题之关键落在了实质性考察行为人与他人之间的监管职责划分上，只要就应由他人负责这一问题得出了肯定答案，否定监管者的结果归属便是理所当然的。

综上所述，如果监管者违背监督和管理职责的行为制造了不被允许的危险，并且该危险不被阻断地在构成要件效力范围内现实化为法益侵害结果，那么监管者就应该对所发生之法益侵害结果承担过失责任，尽管在通常涉及对人的监管中，侵害结果不是或者往往不是由监督或者管理上的过失行为直接造成的。

第三节　环境监管失职罪的立法流变、司法现状与困境突围

在环境犯罪的论域中，以第三百三十八条所规定的污染环境罪为代表的现行《刑法》分则第六章第六节的诸多罪刑规范无疑是理论界所关注的核心议题。从破坏环境资源保护这一同类客体出发，可以认为本节构筑了我国环境刑法学的基础，但是也应当注意到散见于其他各章节的与环境犯罪相关联的重要刑法规范。《刑法》第四百零八条所规定的环境监管失职罪正是其适例。晚近以来，我国理论和实务界对此"环境犯罪"的课题并未引起足够的重视。这种应当予以扭转的不良现象背后实际潜藏着对"环境犯罪"的片面认知：通常在传统意义上将环境犯罪理解为包括自然人和单位在内的行为人对各种环境生态及人类法益的侵害，这一理解本身当然没有问题，但其是单一向度的。换言之，行为人

[①] 李国庆、秦鹏：《环境监管失职罪归责的规范分析》，载《北京理工大学学报（社会科学版）》，2017年第6期，第153页。

对人类与环境利益的侵害固然以通常形态呈现出来，但是作为环境保护的监管者对此类行为的疏于干预实际上构成了侵害人类与环境利益的另一维度。以侵害方式为标准，或许可以把环境资源犯罪区分为一般意义上的环境资源犯罪和环保职务犯罪，前者直接侵害人类与环境的共同体利益，而后者则包括环保领域的贪污贿赂和失职犯罪等，正是在直接加害者所实施的污染等行为和监管者疏于履责的共同作用下才形成各种重大环境污染事件，这在实践中屡见不鲜。可以说，环境犯罪与环境监管的失职犯罪在一定程度上互为因果，紧密联系，相伴而生。笔者认为，环境监管失职罪与其他环境犯罪之间实际上形成一种双向互动的关系，共同侵害了人与环境的共同体利益，对此罪刑规范不得不进行理论分析和实践考察。

一、环境监管失职罪的立法沿革回顾

现行《刑法》第四百零八条所规定的环境监管失职罪是在1997年系统修订刑法时增设的新罪名，此罪的增设体现了我们在环境犯罪治理观念上的进步。环境监管失职罪的确立在整体上呈现出三个阶段：首先是萌芽时期，1979年《刑法》中虽然已经规定了破坏环境资源保护罪的相关罪名，但是囿于历史原因，其时工农业生产等并未带来严峻的环境问题，立法者也自然没有关注到与环境犯罪相关的失职类犯罪，在此历史时期，对环境监管失职行为需要予以刑事干预的，从解释论上看，只能按照1979年《刑法》第一百八十七条所规定的玩忽职守罪定罪处罚。其次是形成时期，1979年《刑法》颁布出台之后，适逢我国改革开放，工农业生产发展高歌猛进，由此导致各种新兴的犯罪现象频发和社会问题丛生，为了发展经济而在环境犯罪领域衍生出的失职行为开始为立法者所关注，彼时所颁布的

《海洋环境保护法》和《水污染防治法》等规范性法律文件中开始有意识地针对环境监管人员的失职行为加以规制，如1989年审议通过的《环境保护法》，1995年修订的《大气污染防治法》和1996年修订的《水污染防治法》都明确规定：环境保护监督管理人员滥用职权、玩忽职守、徇私舞弊的，由其所在单位或者上级主管机关给予行政处分；构成犯罪的，依法追究刑事责任。在有附属刑法的时期，于其他部分法律规范中以专门条款的形式规定了环境监管人员的行政和刑事责任的立法例为处罚环境监管失职行为提供了比较明确的法律依据，由此也形成了环境监管失职罪的雏形。最后是确立时期，鉴于旧刑法时代环境失职犯罪的立法缺失，以其他法律规范加以规制的操作又存在保护范围受限、处罚力度较小等现实障碍。再者随着科技发展和工业生产的快速进步，自20世纪末以来，环境污染已经成为广为关注的社会问题，在片面的政绩观的指导下，肩负监管职责的公职人员为追求经济发展而玩忽职守等环境失职违法行为使得在刑法中不得不对其予以犯罪化，进而实现对此类侵害人与环境共同体利益的行为的及时有效干预。由此，从玩忽职守罪中将环境监管失职行为作为一种具体的犯罪行为独立出来进而形成1997年《刑法》第四百零八条的规定。这里值得关注的一点是，自1997年将环境监管失职行为入罪以来，《刑法》第四百零八条的表述没有发生任何变化。在《刑法修正案（八）》之前，本罪和当时的重大环境污染事故罪在条文表述上应当说是相互关照的，都要求"发生重大环境污染事故，致使公私财产遭受重大损失或者造成人身伤亡的严重后果"，这本身没有问题。但是在《刑法修正案（八）》颁布实施之后，《刑法》第三百三十八条只要求"严重污染环境"，而第四百零八条的环境监管失职罪至今仍保留着过去的规范表述，由此带来的问题是，对本罪在解释方向上应当以何者为参照，笔者以为，从客观解释论的立场出发,应当以修订后的包括第三百三十八条污染环境罪在内的其他破坏环境资源保护罪的现行罪刑规范为参照来具体理解环境监管失职罪的构成特征。当然,这属于解释论的问题,只是在二十余年来环境失职犯罪立法未曾与相应的环境犯罪协调修正而附带产生的。

总体而言,环境监管失职罪的立法沿革,经历了从只能适用玩忽职守罪的时期逐步发展到在专门的环境保护法律规范中规定行政与刑事责任条款以补充适用,最后在分则第九章犯罪中实现独立的犯罪化的三个阶段。这种演进过程非常明显地体现出我国立法者对环境失职犯罪的认知不断深化,特别是将环境监管失职罪从一般意义上的玩忽职守罪中独立出来,不仅细化了玩忽职守罪的具体罪名体系,更为重要的是实现了对环境领域的监管力度的强化。此外,环境监管失职行为的独立成罪在一般预防层面也发挥了重要作用,特别是在 2014 年 11 月,国务院办公厅下发《关于加强环境监管执法的通知》,提出支持地方环境保护行政主管部门独立执法监管。由此,地方环境保护行政主管部门的独立监管权日渐实然化。正如 19 世纪英国历史学家和政治思想家阿克顿所说:"权力导致腐败,绝对权力导致绝对腐败。"环境监管权力的实际行使过程中出现失职现象不可避免,所以环境监管失职罪的独立入罪在及时有效地处置此类违法犯罪行为的同时,也对行使环境监管权力的公职人员起到督促和警示作用。总之,"环境保护行政职权的行使直接影响着一般环境资源犯罪的行为模式与法益侵害后果,故有必要借助刑事手段督促环境保护行政职权的规范运行;严惩一般环境资源犯罪背后的失职犯罪是督促环境保护行政主管部门正确、及时、有效履行职权以制止或预防严重侵害环境法益之行为的重要手段。我国《刑法》规定的环境监管失职罪是对履行环境保护管理职责严重不负责任且造成严重后果的行为的追责"。①

二、环境监管失职罪的司法现状揭示

尽管环境监管失职罪自1997年以来即独立成罪,但二十余年来其在实践中的适用频率并不高。据相关文献记载,本罪第一次被适用发生在武汉市,"1997年,武汉市汉南区一化工公司将生产除草醚替代品时封存的化工废料197桶,送到武汉市洪山环保固体废弃物交换中心并交付处置费用19900元。两年后,由于原洪山区环保局副局长王某等人的失职,这批含有苯酚毒性化学物质的废料在没有经过严格化验的情况下,交给两位无业游民方某、何某处理,最终导致废料泄漏,使汉阳区永丰乡、仙山村、龙阳湖及周边地区环境遭遇严重污染,经济损失惨重。2003年王某被汉阳区人民检察院以'环境监管失职罪'提起公诉,方某和何某被检方指控犯有'重大环境污染事故罪'"。②自入罪到全国范围内首次适用间隔了长达7年的时间,而在此后,本罪也并未得到过多的司法适用。近十余年来,严惩"环境犯罪"已经成为全社会的广泛共识,如2014年最高人民检察院开展了"破坏环境资源专项立案监督活动","严肃查办一批背后职务犯罪"是此次专项活动的重要目标。严肃查办环境资源犯罪背后的职务犯罪,是督促环境保护行政职权落实到位的最严厉方式,也是切断权力寻租、权力俘获与严重侵害环境法益行为之间关联的核心手段。但是从当年的数据上来看,这一专项活动是否实现了"严肃查办一批背

---

① 侯艳芳:《环境监管过失的注意义务与司法认定》,载《政治与法律》,2016年第12期,第72页。
② 戴劲松、郭嘉轩:《新刑法"环境监管失职罪"在湖北首次启用》,载《新华每日电讯》,2004年2月2日,第008版。

后职务犯罪"的既定目标或许存在疑问。据学者的统计,"2013年7月至2015年12月,全国新收环境监管失职罪刑事案件48件,审结49件,生效判决涉及人数63人"。①而根据最高人民法院的工作报告显示,2014年全国审结环境资源犯罪案件1.6万件,2015年全国审结环境资源犯罪案件1.9万件。两相对比即可发现,即便是在最高司法机关开展专项整治期间,环境监管失职罪在同期环境资源犯罪案件的总量中所占的比重仍然极低。近年来我国实行裁判文书上网制度,笔者以"环境监管失职罪"为关键词在裁判文书网进行全文检索,在未进行具体内容筛选的情况下,所检索到的相关文书也仅百余件。由此我们发现,二十余年来,环境监管失职罪相较于高发的环境资源犯罪,呈现出极低的适用频率,对本罪的这一司法现状不得不作出必要的分析。毕竟环境监管失职罪所规制的不法行为对应着全面的环境资源犯罪,而监管职权的行使与相关环境资源犯罪之间存在着较为关键的联系:如果监管到位,在一定程度上自然会使得实践中的环境资源犯罪率下降,同时监管失职犯罪率也会下降;倘若监管缺位,则环境资源犯罪和监管失职两罪的犯罪率同时上升。因此,在理想状态下,环境监管失职罪与环境资源类犯罪之间应当呈现出一种正向的比例关系。然而目前的现实数据显示两罪之间的比率严重失调:一边是环境资源犯罪率的大幅度上升,而另一边却是环境监管失职罪的极低适用率。按照前述的正比例关系,我们不得不提出疑问:果真都已履行监管职责的话,环境资源犯罪率为何会在近年来有较大幅度的上升呢?以下拟对环境监管失职罪的这一司法现状进行分析。

在具体探讨本罪适用率较低等现状之前,必须事先说明一个

---

① 喻海松、马剑:《〈关于办理环境污染刑事案件适用法律若干问题的解释〉实施情况分析》,载《中国环境报》,2016年4月6日,第1版。

问题,即适用率的低下是否说明环境监管失职罪本身属于"象征性立法"。首先,必须明确一点,"象征性立法"不同于"立法的象征性","'象征性立法'或'象征性刑法'的概念最早源于20世纪60年代北美学者有关政治和象征性的讨论。20世纪70年代以后,在德语文化圈中,有学者开始在法律社会学和批判刑法学的领域内开展对象征性立法问题的讨论。到20世纪80年代末,'象征性立法'的含义在刑法学范畴内被特定化,学者们用其来概括某些新近立法规定的特征并进而对其提出系统批判"。① 在较长时期的批判中,象征性立法也成了一个带有贬义色彩的用语。然而"立法的象征性"或者说"刑法的象征性"则与之不同,只要承认刑法规范作为评价规范和行为规范并具有"行为规制机能"等,就不得不认可任何罪刑规范都有其象征性,特别是当立法者追求预防目的的实现时更是直接说明了这一点,由此,象征性刑法不可与刑法象征性等同而语。其次,环境监管失职罪是否属于象征性刑法的适例呢?笔者对此持否定意见。固然,我国台湾学者古承宗指出:"刑法为了确保自身的规范有效性,只好再透过刑法及刑罚持续强化法信赖与忠诚,如此一来形同简化为类似规范论思考的'刑法及刑罚只是为了确保刑法有效性而存在'。简单地说,当法规范存在的目的就是为了法规范本身的时候,所有原本应备的法治国基础恐怕将轻易地遭到舍弃。"② 借此批判象征性刑法具有陷入循环论证的巨大风险,这一论断本身在逻辑上当然是可以成立的。但是,环境监管失职行为的独立成罪绝非仅仅为了维护规范有效性自身,更是为了人类与环境的共同利益,其适用率过低实际上是因为存在着非常复杂的法律和社会原因,并不是

---

① [德]托马斯·李希特:《象征性刑法及其带来的问题———德国的讨论状况》,[日]中空寿雅译,《比较法学》第39卷第3号。
② 古承宗:《刑法的象征化与规制理性》,台湾元照出版有限公司2017年版,第98页。

仅仅为了满足象征性的体感治安的做法。总之，笔者并不否认象征性立法在现行刑法中的存在，但是必须强调应当慎重地区分何者系象征性法，动辄扩大化的做法看来并不妥当，至少在笔者看来，环境监管失职罪不属于象征性立法，即便其适用率极低也不能成为其仅具象征性的论据。

三、环境监管失职罪的司法困境突围

环境监管失职罪在严惩环境资源犯罪的现今社会背景下形成现在这种司法适用的局面，其背后存在着极为复杂的社会和法律因素等，对此有必要作一梳理。

（一）环境监管执法权的权能不足与纾困

应当承认，"改革开放40年来，我国生态环境监管执法体系经历了从无到有，从以排污收费为核心内容，到以改善生态环境质量为根本目的，再到更加注重保护执法相对人合法权利的变迁和跨越。总体而言，环境监管执法队伍在全国各级政府不断建立，环境监管相关之事权与权责更加明晰，环境监管执法能力不断强化，环境行政管理体制不断理顺，环境法律制度体系更加优化，环境治理之主体和手段更加多元"。① 2018年9月13日，生态环境部办公厅印发《关于进一步强化生态环境保护监管执法的意见》，明确要求地方各级生态环境部门要继续保持严打的高压态势，坚持零容忍、零懈怠、零缺位，严惩重罚违法犯罪行为；坚决惩治任性违法，坚持有案必查，严肃查处屡查屡犯、弄虚作假、拒不纠正、虚假整改等违法乱象。这一初衷当然是良好的，然而现实的问题是，"随着大部制改革和放管服改革的深入，执法职能

---

① 张忠利：《改革开放40年来生态环境监管执法的回顾与展望》，载《中国环境管理》，2018年第6期，第29页。

的增加和下沉，基层监管执法的负荷有增加趋势，执法人员的职业风险也因此增大。如因此导致生态环境部门的人才外流，基层监管执法能力不足与执法不力有可能陷入恶性循环之中"。① 观察现实中环境监管执法权的行使逻辑，通常的做法是先获取违法线索，然后按照法定程序调查取证，最后依法下达行政处罚决定。环境资源类的违法行为人在承担了处罚决定所施加的法律责任之后，为盈利等目的依旧实施类似违法行为。这种环境监管执法权的运行机制已然陷入了一个难解的怪圈之中：违法、处罚、继续违法，循环往复直至发生重大环境污染事故。而在事故发生之后，司法机关依法追究相关污染行为人的刑事责任时却不能认定负有监管职责的环境行政人员涉嫌环境监管失职罪，因为相关的监管工作在每次违法行为发生之后都已经落实，调查与处罚都已经完结，监管工作人员根本不存在所谓的"严重不负责任"，自然也不应论以监管失职罪。由此我们发现，环境监管执法权的权能不足一方面无法尽早遏制潜在的环境资源类犯罪现象的发生，另一方面也使得环境监管失职罪在司法实践中形同虚设。总体来说，在环境执法过程中，基层环境行政机关面临着执法任务最重，监管执法权能却最为薄弱的矛盾局面，这一现实矛盾直接导致我们所观察到的环境监管失职罪的司法现状。

　　解决前述矛盾是理清环境资源类犯罪与环境监管失职罪之间逻辑关系的前提。对这一矛盾的解决，在笔者看来，应当从两个面向入手：第一，正面强化环境监管执法权能当然是必须的措施，正如外国学者所说，"国家推行相关法律以保证每一个人获得公平的生态空间之权力需要强化。"② 这势必要求我们应当继续全面深

---

① 周卫：《我国生态环境监管执法体制改革的法治困境与实践出路》，载《深圳大学学报（人文社会科学版）》，2019年第6期，第85页。
② Mark J. Smith、Piya Pangsapa, Environment and citizenship: integrating Justice, responsibility and civic engagement, Zed Books, 2008, p.76.

化生态环境体制改革，进而实现环境监管执法的"权能责相匹配"。第二，建立健全《环境保护法》等生态环境法律法规的守法激励机制才是解决监管执法权能不足的长远之道。分析而言，环境违法犯罪行为和与之相对应的监管行为之间存在一种对抗性的矛盾，当权能不足导致违法犯罪行为增加时，会反过来进一步削弱执法权能，因此二者的现实关系陷入恶性循环之中，所以需要正面强化监管执法权能，但是应当注意到这种权能的强化仍然是立足于二者的对抗性矛盾所展开的，不过是试图通过权能的强化来压制违法犯罪行为。而守法激励机制的建设却是立足于监管者与被监管者之间的合作关系，换言之，激励被监管者自觉主动守法，并同时保障守法者具有公平竞争的机会方能彻底扭转二者现存的对抗性矛盾。制度运行的良善及时高效会使得相对人积极认可和自觉加入这种制度逻辑之中，因此不再过分地依赖于外部的执行机制，通过这种方式营造一种良好的守法氛围，进而从根本上提高环境监管执法的效能。美国在生态环境守法激励机制方面的建设经验值得借鉴，其监管执法能力的优化和其守法促进机制的保障密切相关。"它主要由守法监测、守法援助和守法激励三个方面构成。联邦和州的守法监测是有效的环境合规和执法计划的关键组成部分；守法援助是环保部门对管制对象提供生产、管理过程中所需要遵守的信息或服务，促进企业以更高效、更低成本方式达到监管要求；守法激励则是一种提高排污者守法自觉性和积极性的利益诱导机制。"[1] 总之，在环境执法的监管者与被监管者之间构建一种良性的互动机制才是解决前述权能不足矛盾的治本之策。

---

[1] 美国国家环境保护局：《环境执法原理》，王曦、王凤理、李广兵、柯坚译，民主与建设出版社 1999 年版，第 50 页。

（二）环境监管失职罪的规范迟滞与参照

如前述立法沿革的回顾，1979年刑法中并不存在当前的环境监管失职罪，只是在1997年系统修订现行刑法时增设了第四百零八条的本罪。立足于当时的立法现实，本罪的条文表述和规范构造与包括污染环境罪（当时罪名为重大环境污染事故罪）在内的环境资源类犯罪之间是相互协调的，但是在其后多次刑法修订中，环境资源类犯罪多有改动，由此也导致了前文所述的本罪解释的参照方向问题。尽管从解释论的立场出发，笔者主张以修订后的环境资源类犯罪的罪刑规范作为环境失职犯罪的解释参照，但是不能否认这种做法只能是一种无奈的妥协之举，而更为关键的是，构成环境监管失职罪明确要求在具体案件中呈现出法定的结果，这是无论如何参照或者运用何种解释技巧都无法回避的。按照未曾变动过的现行《刑法》第四百零八条的规定：负有环境保护监督管理职责的国家机关工作人员严重不负责任，导致发生重大环境污染事故，致使公私财产遭受重大损失或者造成人身伤亡的严重后果的才能构成本罪。对于罪状中的"严重不负责任"如何理解直接关系到本罪的适用，像前述的环境监管执法现实，在监管人员每次都已经依法作出处理决定之后污染行为人多次违法以致发生事故的场合，是否应当认为监管人员"严重不负责任"，恐怕很难做出肯定的回答。正是由于这种规范表述的高度抽象性，使得司法实践中在考虑本罪适用时很容易进行出罪化的操作，由此为环境监管人员免于承担刑事责任提供了充分的空间，这也是本罪在实践中适用率低下的立法现实原因。此外，如前述，所谓"致使公私财产遭受重大损失或者造成人身伤亡的严重后果"不仅限定了本罪的法定结果，而且明确指向了人类利益本身。也就是说，环境监管失职罪的现行立法所侧重保护的仍是人类自身的生命健康权和财产权，但是既然目前的污染环境罪等所保护的法益已经转向了人与环境的共同体利益，那么作为环境失职犯罪，其保护范围仅限于人类利益显然失之过窄，由此所导致的后果是当环境受到相当程度的污染之后，却没有出现第四百零八条所规定的公私财产的重大损失或者人身伤亡的结果，那么只能认为特定案件事实不符合环境监管失职罪的构成要件，进而无法实现对相关监管人员刑事责任的追究。

总体而言，污染环境罪等环境资源类犯罪的立法趋向已经在从过去的以报应为主转向以预防为主。唯有在污染行为具有造成严重污染环境的现实危险时即及时加以制止，才能切实有效地实现对人与环境共同体利益的保护，这也正是环境监管执法人员履行监管职责的现实意义，等到前述财产损失与人身伤亡的条件成就才启动追究监管人员刑事责任的司法程序未免过晚。正是由于环境监管失职罪的规范构造未能因时而动、停滞不前才使得其司法适用陷入目前的困境之中。此外，也是出于目前环境监管失职罪适用的现实困境，在出于各种原因而不得不追究监管人员的刑事责任时，司法机关还存在转而适用《刑法》第三百九十七条，对其论以一般意义上的玩忽职守罪的操作方法，而这也使得环境监管失职罪的适用更加困难。面对这一困局，除了从解释层面作出努力之外，学界也自然将目光再次投向了立法论，毕竟从与时俱进的层面考虑，对本罪的规范构造加以全面修订的时机已经成熟了。因此有研究者建言，"在刑法修改时，将本罪改为：负有环境保护监督管理职责的国家机关工作人员违背职务要求，导致发生环境污染危险的，处三年以下有期徒刑或者拘役，并处罚金；情节特别严重的，处三年以上七年以下有期徒刑，并处罚金；导致发生重大环境污染事故的，处七年以上有期徒刑，并处罚金。

犯本罪的,可以同时宣告不得从事特定职业"。① 笔者以为,这一修法建议还是有其自身相当程度的合理性的。首先,将环境监管失职罪由现行的结果犯调整为危险犯,这与提早预防发生"重大环境污染事故",进而敦促监管公职人员切实履行职责的预防型环境刑法立法走向是一致的。其次,设置多档法定刑,根据所造成的后果的严重程度的差异实现本罪法律后果的轻重衔接,这也能为从严惩处环境监管失职行为提供充分的法律依据;特别是增设罚金刑,能为遏制因经济利益而引发的犯罪动机起到一定作用,毕竟实践中的监管失职行为在相当多的场合是因为存在收受贿赂等贪利动机所引发的,罚金刑的科处在限制和剥夺其经济能力的同时能够破其所图、灭其所欲,尤其是"对于情节较轻的贪利犯罪,有时科处罚金刑可使得犯罪人感到在经济上不仅无利可图,而且得不偿失,不得不对自己的行为重新估价,从而发挥刑罚的预防功能"。② 这也是建议对监管失职行为的第一档法定刑即设置罚金刑的原因,其对于遏制行政级别较低的监管公职人员因贪利而引发的犯罪动机颇有价值。最后,建议对本罪设置从业禁止的保安处分看来也是必要的,因为对环境监管失职行为追究刑事责任的根本目的并不在于惩罚本身,面向未来为真正实现对人类与环境共同体利益的保护才是其最终的依归。因监管失职而被追责的公职人员在刑罚执行完毕之后,因对特定职业领域的熟知,依旧从事相关工作的可能性较高,作为限制人身自由的从业禁止也是"以行为人所具有的社会危险性为基础,在对其进行社会保安的同时,以改善、治疗行为人为目的的国家处分"。③ 所应注意的是,这种对人身自由的限制,从自由保障本身出发,还是应当有

---

① 王太宁:《环境监管失职罪的刑事立法完善研究》,载《中国犯罪学年会论文集》,2011年度,第553页。
② 马克昌主编:《刑罚通论》,武汉大学出版社1999年版,第194页。
③ [日]川端博:《刑法总论讲义》,成文堂2006年版,第714页。

一定的期限,当然,这在我国《刑法》总则部分的第三十七条之一的立法中已经得到一般性的制约,这还是值得肯定的。

(三) 环境监管失职罪的因果难题与归属

在前述立法层面的原因外,本罪多年来适用率极低还存在司法实践方面的难题,首要的便是其因果关系问题。应当说,因果关系判断与结果归属确定本就是刑法学理和刑事司法实践中的一大难题,而在环境监管失职罪中这一问题变得更为棘手。诚如王良顺教授所言:"就环境监管失职罪而言,其因果关系变得更加复杂而难以确定。这是因为,污染环境后果的出现,是由污染环境的行为直接造成的。环境监管失职的行为从外观上看,与污染环境的后果之间没有直接的引起与被引起的关系。在司法实践中,司法机关往往仍然运用一般的因果关系原理进行认定,很难得出环境污染案件与监管过失存在因果关系的结论,进而造成了犯罪人难以得到相应的刑事制裁的局面。"[①] 这一论断点明了环境监管失职罪因果关系实践判定的两个痛点,一方面是现下通行的因果关系理论在本罪中难以得到有效适用的问题;另一方面则更为关键,即本罪因果关系的判定与其他犯罪之间所具有的重大差异,在行为人的监管过失行为与法定的危害后果之间介入了被监管者的行为,这看似一个简单的第三方行为的介入因素,却在实践中成为本罪因果关系判定的最大障碍。由此,监管过失犯罪的因果关系问题成为刑法学不得不作出回应的理论课题,而对这一问题的回答不仅涉及《刑法》第四百零八条的环境监管过失罪,更是直接影响到传染病防治失职罪等其他相关犯罪的适用,甚至会影响到监管过失乃至过失犯的构造等基础理论。因此,对本罪因果

[①] 王良顺、胡玉川:《环境监管失职罪的反思与完善措施》,载《环境保护》,2014年第13期,第24页。

关系的实践证明，从理论层面作出回答成为研究者的首要任务。当然这并不是说应当忽视实践层面，相反，司法实践中对具体证据种类的筛选以及证据规则的准确运用对具体判定本罪因果关系仍旧发挥着不可忽视的重要作用。

(四) 环境监管失职犯罪的侦防障碍与跳脱

在现代科学技术加持的当下，通常的侦查手段足以应对为数众多的犯罪行为，然而仅凭现代科技显然无法解决全部的问题，特别是在环境监管失职犯罪中体现得尤为明显。第一，侦查实践中证据提取与固定难度较高。本罪行为人的环境监管人员被明确规定为国家机关工作人员，此类主体通常具有较高的文化素质和复杂的社会关系网络，更为甚者，其在实施环境监管失职行为伊始便有意为自己设置"防火墙"，这种反侦查能力的实际运用导致其犯罪证据难以被固定，进而难以被追责。第二，在我国毋庸讳言的一个现实侦查问题即是偏重于犯罪嫌疑人被告人的供述。陈兴良教授指出："在古代司法制度中口供定罪几乎是刑事诉讼的规律。即使在犯罪已经有其他证据证明的情况下口供对于定罪来说仍然是不可或缺的。因此整个刑事诉讼活动是围绕着获取口供而展开的。"[①] 实则及至今日，这种现象并未根本扭转。因此在环境监管失职罪的侦查中，同样付出了巨大的努力以获取行为人的供述，甚至寄希望于借由供述来实现对其"严重不负责任"的证明，但令人遗憾的是，抛却前述的环境监管执法的权能问题，即便是行为人确有失职之处，其自身在特定监管领域的知识储备也优越于侦查人员，导致最终形成的供述并不利于对其刑事责任的追究，更遑论在诸多场合，其是否果真存在监管过失行为以及相应的罪

[①] 陈兴良、周光权：《正确对待口供》，载《人民法院报》，2002年06月14日。

过心理尚未可知，因此才会出现实践中行为人多以工作失误为由进行自我辩解。第三，在环境监管失职案件中，比较多的是以共同犯罪面貌呈现出来，所涉人员众多直接带来责任分担的问题，在无法妥当均衡分配时便选择保守处理以留有余地，这既是司法人员的无奈之举又是多人案件中罪责均衡的困境使然。第四，环境监管失职案件的侦查防控还深受地方保护主义的困扰。发展作为硬道理是任何地方都不敢丝毫大意的，但一个时期以来，对发展的认知不免存在偏差，特别是受到错误政绩观的影响，一些地方和部门甚至存在着"如果违背环境权益保护的要求，违背管理职责，则地方 GDP 数量可能会有所上升，而违背监管职责者也会因此而受益。由此，监管人员不惜以失职作为获取非法利益的筹码。监管人员为了金钱和相关利益而违背法律法规所赋予的监管职责，甚至充当起了保护伞"① 等错误观念和做法，甚至还存在案发后拉拢侦查人员的现象。这种地方保护主义，根据学者新近的研究主要体现为，"一方面，地方保护主义下行政机关内部互保导致本罪刑罚适用缺乏必定性；另一方面，地方保护主义下司法机关外部偏袒导致本罪刑罚适用缺乏严厉性"。② 内外交困之下，环境监管失职罪难免成为牺牲品以至于呈现出前述的司法适用之局面。第五，侦查实践中对立案标准的衡量把握也成为本罪适用的壁垒之一。固然根据前述 2016 年"两高"《关于办理环境污染刑事案件适用法律若干问题的解释》第二条，对本罪的构成要件结果作出了明确规定，但此种规定无疑仍旧存在可衡量把握的空间，如其中所包括的造成公私财产损失 30 万元以上的情形，直接经济损失当然是容易判定的，但是环境领域的犯罪行为所造成的间接

---

① 董邦俊：《环境监管失职犯罪之侦防研究》，载《南昌大学学报（人文社会科学版）》，2013 年第 4 期，第 112 页。

② 安汇玉、汪明亮：《环境监管失职罪司法适用面临的问题及化解路径》，载《河南警察学院学报》，2020 年第 4 期，第 42 页。

乃至潜在的经济损失是否应当计算在此处的财产损失之内便令人生疑，在难以作出具体准确的判断之时，公安司法机关则倾向于先做行政处理以留有余地，如此也在一定程度上削弱了环境监管失职罪在实践中的适用力度。以前述环境监管失职第一案"王华楚案"为例，本案中，"武汉市环保部门当时测算的直接经济损失仅20万元左右，随后就予以赔偿。而构成犯罪必须是直接经济损失达30万元，由于对损失认识不统一，检察、公安两家撤出此案。2003年4月，汉阳区检察院案件查办部门接到仙山村的举报信：污染依然存在，犯罪分子却逍遥法外。污染在继续，就表明损失也在继续，汉阳区检察院决定再次展开调查，湖北最大的一起环境污染事故案才就此立案"。① 由此可见，本案中实际上认可了潜在的经济损失，而此时距行为人实施行为已经三年，作为本罪的首案便因为对立案标准的把握存在疑问而受阻，其在实践中的适用阻力可见一斑。总体上，立案标准的模糊导致侦查实践受限，而且不无疑问地是前述司法解释所描述的是对《刑法》第四百零八条构成要件结果的确定，是否属于严格意义上的立案标准还值得拷问，换言之，立案标准是否等同于法定的结果要件尚不确定。可以预见的是，影响环境监管失职罪侦查防控的具体因素并不局限于前述内容，这些因素的综合作用下才形成我们所看到的本罪适用率极低的现状。

正如有学者分析道："追究环境犯罪的效率低下，'以罚代刑'的现象普遍存在，大量的环境犯罪分子逍遥法外，这样只会导致环境刑法的法律收益越来越低。环境刑法的效率低下还会直接促使一般环境违法现象增多和环境行政处罚案件数量上升，进而直接导致环境执法成本的急速上升，也就是导致环境刑事司法、执

---

① 廖华：《湖北"环境污染第一案"与环境监管失职罪》，载《武汉科技学院学报》，2006年第9期，第68页。

法、守法的难度增加和社会支出成本的加大。由于法律收益不断降低，法律成本不断加大，环境刑法必然会出现整体法律效率低下的问题。"① 有针对性地解决前述侦查防控问题，增强对环境监管失职行为的查处力度，进而将对整体式的提高环境刑法的效率起到助推作用。

在笔者看来，解决以上侦控问题，至少可从以下方面入手。第一，切实提高监察调查人员对环境失职犯罪的侦控能力。早在十年以前，来自实务部门的研究者便提出："针对环境失职犯罪这类新型职务犯罪，应当加强业务培训，以尽快提高侦查人员发现线索的能力，讲究侦查策略和办案技巧，提高办案质量和水平。"根据既往的实践经验，实施本罪的行为人通常还存在收受贿赂等其他职务犯罪，而在当时的司法体制之下，检察机关内设的反贪和反渎机构分属于不同的侦查部门，在包括对办案权的争取等多重因素作用下，此类案件通常被以受贿或者其他职务犯罪查处，因而导致环境监管失职罪的适用空间被限缩。而审视当前的司法体制改革，将所有行使公权力的公职人员统一纳入国家监察机构监督以构建统一的国家监察体系，虽然有助于解决以上的分散监察的问题，但改革实践中也应当注意到，监察机构的系统建立首要的便是充实人员队伍，其次是理清权责。前一个问题由"转隶"解决，目前的监察机关工作人员基本由各地党的纪律检查机构和原检察系统的反贪反渎部门组成。而按照《监察法》第二十三条的规定，监察机关调查涉嫌贪污贿赂、失职等严重职务违法或者职务犯罪。环境监管失职罪理当属于监察权限范围之内，但具体负责监察调查的队伍构成却不仅有过去富有经验的反渎人员，还

---

① 蒋兰香、吴鹏飞、唐银亮：《环境刑法的效率分析》，中国政法大学出版社 2011 年版，第 153 页。

包括了纪检人员,此类人员往往缺乏失职类犯罪的侦控经验,因此在有效应对此类犯罪行为上难免捉襟见肘,其实"针对行使公权力人员职务犯罪的监察调查权本质上是'刑事侦查权'"。① 而"侦查权"的行使有其内在逻辑,这绝非简单的转隶就能解决的难题,如何在"后反贪反渎时代"化"转隶为转机"是对我国司法体制改革的重大考验。具体到包括环境监管在内的系列监管类失职犯罪的调查,都对全面完善监察机关队伍构成、切实提高监察调查权的行使能力提出迫切需求。这也是"国家监察体制改革得到宪法、法律层面的肯认之后,需要《刑事诉讼法》修改调整检察机关的侦查职权,进而解决监察制度与刑事诉讼制度衔接的重大问题之一"。②

第二,持续扭转失职类案件中对犯罪嫌疑人被告人供述的过分依赖的现状,侧重于客观证据的调查收集。其实,古今中外对包括被告人供述在内的主观证据的依赖并不罕见,而主观证据虽然也存在真实性,但由于"受人的主观影响较大,可靠性、稳定性较差,容易失真,其客观真实性容易被侦查员忽视"。③ 所以现代证据法学便转向对客观证据的探求,且已经延伸到纪检监察工作中,如从事审查调查工作的人员便撰文指出,"通过'主观性证据客观化'的过程,可以使因被审查调查人、证人的记忆或其他原因出现的供述(陈述)不实、虚假供述(陈述)被排除,确保无误的供述(陈述)被固定下来"。④ 而对客观证据的偏重,也使

---

① 井晓龙:《监察调查权与检察侦查权衔接研究》,载《法学杂志》,2020年第12期,第113页。
② 卞建林:《检察机关侦查权的部分保留及其规范运行——以国家监察体制改革与〈刑事诉讼法〉修改为背景》,载《现代法学》,2020年第2期,第171页。
③ 吴康忠、吴冰清:《主观性证据客观真实性的认识和思考》,载《中国刑事警察》,2019年第5期,第23页。
④ 赵宇宾:《主观性证据客观化 客观性证据合法化》,载《中国纪检监察报》,2020年5月6日第008版。

得部分学者产生质疑,如左卫民教授便对重罪案件中的客观证据裁判规则提出质疑:"重罪案件证据裁判开始走向高度客观主义,不可否认这一趋势的积极意义,但过于理想化、绝对化的色彩既与诉讼制度和纠纷解决的实践逻辑存在诸多背离,也可能导致证据收集、运用与评价的一些问题。"[①] 当然应当承认此一批判意见存在的合理性,但是不能因此便否认客观证据的重要功用,特别是在贪污受贿以及失职类案件的调查中,客观证据具有应对此类案件的天然优势,即便仍要收集固定被告人供述等主观证据,此类案件中毋宁如龙宗智教授所述的:"不能孤立看待客观化验证的证伪效果,而应注意其对整体证据构造的影响;以客观化的经验法则为基础的主观性证明标准,在客观化验证中具有重要功能。"[②] 由此,在环境监管失职罪的审查调查中既应当侧重对客观证据的收集,又不能忽视对主观证据的客观审查机制的构建,以保证办案质量的同时实现对环境失职犯罪的及时有效查处。

第三,侦控实践中应全面综合分析案件事实,特别应注意行为人所负担的特定环境监管职责等参考资料,以这些资料为依据,具体研究行为人所应承担的责任,实现罪责的妥当分担。特别应当注意回避两种错误做法:一是以罚代刑,二是责任失衡。前者将导致环境监管失职罪愈发失去适用余地,后者则使得本罪被错误适用,所应注意者,在笔者看来并非行为人肩负着监管职责,其所应承担的罪责越大或者相反,关键应当分析其是否存在"严重不负责任"的失职行为,以及失职行为与其监管职责之间的关联性大小和程度。整体而言,环境监管失职罪的多人责任分担还应回归该问题本身,而不宜绕过问题借由其他手段作出处置。

---

① 左卫民:《反思过度客观化的重罪案件证据裁判》,载《法律科学(西北政法大学学报)》,2019年第1期,第112页。
② 龙宗智:《论贿赂犯罪证据的客观化审查机制》,载《政法论坛》,2017年第3期,第94页。

第四，施行有条件的环境失职犯罪异地侦查制度，破局地方保护主义。为解决前述多地存在的程度不一的地方保护主义问题，实践中有研究者提出："对此罪的侦查应充分利用上级指定管辖权，实行异地管辖。"① 笔者原则上认同此见解，但同时认为应当附加一定的要求。据学者的实证分析发现，我国异地侦查制度在实践中还存在"缺乏具体制度规范、跨省异地管辖程序不确定性明显、异地管辖办案程序衔接不畅以及部分案件异地跨度过大、司法成本高昂"② 等现实问题，因此对所有的环境失职犯罪都施行异地侦查制度恐难实现，可行的做法还是"在必要的情况下"实施异地侦查、起诉、审判，或者借调异地办案人员参与本地案件调查工作，以避免司法机关碍于地方复杂利益关系而对环境监管失职行为作轻刑化乃至出罪化处理。至于何为"必要的情况"，笔者以为应当进行实质化的审查判断，基本的标准还是待决案件在本地无法实现不受非法干扰的处理。除此以外，根据实践中总结的经验，对环境监管失职罪等职务犯罪在施行异地管辖时还应坚持"属地管辖、管辖法定、人格保护、严格审批以及统筹兼顾"③ 等原则，以确保失职犯罪的异地管辖收获良好效果。

第五，准确理解和综合权衡以利于对环境监管失职罪的立案标准的把握。如前述，对于何谓"致使公私财产遭受重大损失或者造成人身伤亡的严重后果"，2016年"两高"《关于办理环境污染刑事案件适用法律若干问题的解释》第二条进行了明确界定，有观点认为此解释性规定便属于本罪的立案追诉标准，如有学者

---

① 崔孟森、朱青春：《环境监管失职罪案应实行异地管辖》，载《人民检察》，2007年第18期，第60页。

② 谢小剑、崔晓立：《重大职务犯罪案件异地管辖实证分析》，载《昆明理工大学学报（社会科学版）》，2018年第1期，第6—7页。

③ 方文辉：《职务犯罪案件异地管辖须坚持五项原则》，载《人民检察》，2016年第10期，第78—79页。

根据 2013 年"两高"的司法解释列举了 9 项应当立案的情形。①在笔者看来,两次司法解释所作的界定毋宁认为是对本罪构成要件结果的情形列举,应当与立案追诉的规格进行一定的区分。换言之,没有达到司法解释所界定的情形并不意味着不应当立案,因为完全可能存在实施了相应的监管失职行为,但因行为人意志外的因素而导致法定结果未发生,呈现出未遂的局面。如果在实践中一概要求出现司法解释所界定的结果才能立案,那将导致本罪不存在未遂的可能性,这种做法显然与我国刑法总则原则上处罚未遂犯的规定相冲突,因此注意到本罪在实践中具有未遂犯的存在空间将在一定程度上对其极低的适用概率问题解决提供思路。此外,对环境监管失职罪的立案标准,不能仅从形式上理解,还应当进行实质性的权衡,这在"两高"2013 年和 2016 年两次颁布的司法解释中也能发现端倪。本罪在数十年的修法中始终未作变更,要求前述的相应法定结果,而且将这种结果限定在了公私财产损失和人身伤亡上,也就是说其立法之初的主要意旨还在于保护人类自身的利益,因此长期以来在立案标准上主要是以人类利益的损害作为参照。然而伴随我国经济社会发展和生态环境的破坏,环保意识的改变也自然反映到刑法的适用当中来,所以"两高"在两次颁布的司法解释中对环境监管失职罪的构成要件结果要素的界定,均已经突破了人类利益的束缚,如按照 2016 年司法解释第二条的规定,"具有本解释第一条第(十)项至(十七)项规定的情形之一"的即符合本罪结果要件,而第(十)项所规定的却是"造成生态环境严重损害的"情形,这显然并非财产损失或者人身伤亡等人类利益,而是对生态环境本身的保护。笔者以为,最高司法机关对本罪结果要素的这种扩张解释具有当然的合

---

① 马倍战主编:《环境犯罪案件实务指南》,法律出版社 2013 年版,第 111—112 页。

理性,这完全是在立法未作修订的情形下所作的同时代解释,也正是笔者在前文中所说的基于客观解释论的立场,应当以修订后的包括第三百三十八条污染环境罪在内的其他破坏环境资源保护罪的现行罪刑规范为参照来具体理解环境监管失职罪的构成特征的应有之义。恰如德国学者罗尔夫·旺克所述:"如果一项法律生效不久,则依据主观理论,应当如立法者所理解的那样对其进行解释;若法事实或者规范环境发生了变化或者二者均发生了变化,则无论依据主观理论还是客观理论,均应当对此加以考虑。因此,如若所涉及的应当是解释而非恣意,则发生改变的解释必须通过指出发生改变的事实或规范与价值来得到证立。"① 如此,过去按照立法意旨将环境监管失职罪的结果要件限定在人类利益,当前参照其他环境资源犯罪的修改,从客观立场出发扩张解释本罪结果要素自然是合理可行的。结合以上讨论,既然最高司法机关对本罪的结果要素都进行了实质性的权衡和扩张性的解释,那么比结果要素要求更低的立案追诉标准更应当作出同向的界定,易言之,将本罪的立案标准进行适度的扩张在当前的时代背景下并无不妥。此处的适度扩张在笔者看来可以考虑从两个方向推进:一是从监管失职行为本身的严重行为不法入手,二是从对人与环境共同体利益的侵犯等结果不法入手。当然应当强调,这里的立案追诉规格的降低并不意味着可以随意出入人罪,罪刑法定作为现代刑法的基本原则仍应严格遵循。总之,面对环境资源犯罪高发,而监管失职犯罪无法得到及时有效适用的现实困境,按照符合历史逻辑和解释原理的原则,将环境监管失职罪的立案追诉标准进行适度的扩张性理解,不失为法律未作变更时的可行之道。

---

① [德]罗尔夫·旺克:《法律解释》,蒋毅、季红明译,北京大学出版社2020年版,第58—61页。

第五章　环境监管失职罪的规范构造与适用逻辑

　　本书已于此前的章节中对我国《刑法》第四百零八条所规定的环境监管失职罪进行了立法沿革和司法现状的梳理。作为监管过失的具体犯罪种类，上文对监管过失的一般性的学理探讨都能运用在本罪当中，例如，本罪的行为方式当然同时包括作为与不作为，对失职行为与环境污染事故后果之间的因果关系和结果归属的判断同样也可运用前述客观归属理论，且笔者也多以本罪为讨论平台作了例举。所以，前文在基础理论分析中已有涉及本罪介绍的部分，这里都不再赘述。本章主要围绕环境监管失职罪的部分特定问题进行展开。在笔者看来，为解决本罪司法适用率极低的现实问题，除了上文所探讨的强化环境监管执法权能、完善本罪构成要件及法律后果、运用客观归属论解决因果证明难题以及综合使用多种侦控措施之外，还有必要将视线转移到本罪的规范构造本身，在刑法教义学的知识论域之中开展具体的研究，如此方能实现"法教义学针对规范适用、规范评价和规范塑造展开的理论建构所能发挥的司法与立法两个基本面向的功能"。① 所以，下文拟以环境监管失职罪的规范构造和适用逻辑作为研讨的主要议题。

---

　　① 姜涛：《法教义学的基本功能：从刑法学视域的思考》，载《法学家》，2020年第2期，第29页。

第一节 真正身份犯的主体范围框定

实施犯罪的行为主体主要由自然人构成,"但在刑法构成要件体系中,有为数甚多的构成要件类型,其成立除要求一定行为之外尚对于行为主体的资格加以限制,即所谓特别犯之规定。对于此类构成要件的实现,并非一般人均得以为之,必须行为人具有特定之主体资格,方有成立之可能"。① 我国台湾学者这里所说的特别犯即身份犯,通常我们将身份犯分为真正与不真正两种,后者于定罪无关而影响刑罚的轻重,即所谓不真正之故;而前者则直接关涉犯罪成立与否,亦称之为构成身份。环境监管失职罪就是这里的纯正身份犯,《刑法》第四百零八条的构成要件直接将其明确为"负有环境保护监督管理职责的国家机关工作人员"。所以,行为人是否具备这种身份,直接成为本罪能否适用的前提性问题,也是司法实践中需要首先作出审查的。

一、国家机关工作人员圈定的三重维度

从文义上看,立法者所确定的本罪主体由两个关键词构成,即"负有环境保护监督管理职责"和"国家机关工作人员"。基于文理解释的语义分析方法可以说是刑法解释的起点,而"对语义学的自然性及其结构特征的意义分析,最基本的假设就在于,自然语言的语形结构必须与它所表征的概念相关联,并且这种表征通过翻译或一致性规则的集合来进行。在这里,概念包括人类认识的所有丰富性及其内在的相互关联"。② 所以,立法者所使用的

---

① 柯耀程:《刑法的思与辩》,中国人民大学出版社2008年版,第117页。
② 郭贵春:《语义学研究的方法论意义》,载《中国社会科学》,2007年第3期,第83页。

这两个短语组成的语形结构必然是要和其所欲表达的概念意义有关的，而此种意义又充满了丰富性。笔者这里所说的丰富性，从静态语义学上看，概念所表达的是信息的具体内容。但动态语义学则开始关注承载着具体内容的信息之变化。具体而言，"负有环境保护监督管理职责"和"国家机关工作人员"，二者所组合的整体作为偏正短语，其核心在后者即"国家机关工作人员"，而前者主要起到修饰、指引和限定作用。这两个概念本身当然各自承载着信息的内容即意义表达，但更为重要的是，随着语言的演进发展，向来的意义自然会呈现出不一样的面貌，因此，对何种行为人属于"负有环境保护监督管理职责的管家机关工作人员"必须结合本罪所要适用的当下进行具体考察，而不应固守既往的意义表达。例如，伴随我国对环境资源保护重视程度的提升，全国各地多有级别不等、名称各异、职责混杂的环境保护国家机关或者各种性质的单位，这些单位的人员是否属于本罪行为主体都要结合其岗位职责作出具体分析。前面说到语义分析可视为解释的起点，其实笔者更欲说明的是，语义本身还应当成为解释的终点，所以，对本罪主体的概念表达必须从静态和动态两个维度进行分析，当然，最终还要落脚到其当下应然的涵摄范围之内。

关于国家机关工作人员，我国现行《刑法》虽并未作出明确的范围界定，但《刑法》第九十三条在明确"国家工作人员"之时，第一款便将国家机关工作人员确定在内，可见其重要地位。根据 2002 年 12 月 28 日全国人民代表大会常务委员会《关于〈中华人民共和国刑法〉第九章犯罪主体适用问题的解释》规定：在依照法律、法规规定行使国家行政管理职权的组织中从事公务的人员，或者在受国家机关委托代表国家机关行使职权的组织中从事公务的人员，或者虽未列入国家机关人员编制但在国家机关中从事公务的人员，在代表国家机关行使职权时，有失职行为，构成犯罪的，依照刑法的相关的规定追究刑事责任。虽然全国人大常委会未明确说明这是对"国家机关工作人员"的解释,但是第一,《刑法》分则第九章犯罪行为主体绝大多数为各种类别的"国家机关工作人员";第二,单就内容看,也能发现这一立法解释基本属于对"国家机关工作人员"的大致圈定。而根据 2003 年 11 月 13 日最高人民法院《全国法院审理经济犯罪案件工作座谈会纪要》(法〔2003〕167 号),就贪污贿赂罪和失职类犯罪的主体问题作了解释,其中第一条明确了对"国家机关工作人员"的认定,除了上述立法解释所划定的范围外,其一般性地认为,刑法中所称的国家机关工作人员,是指在国家机关中从事公务的人员,包括在各级国家权力机关、行政机关、司法机关和军事机关中从事公务的人员。除此之外,该纪要还认为,在乡镇以上中国共产党机关、人民政协机关中从事公务的人员,司法实践中也应当视为国家机关工作人员。

从以上立法解释和司法解释的内容来看,我们可以发现以下两点规律:第一,最高立法机关主要从"职权来源"和"从事公务"两个方面来界定国家机关工作人员。第二,最高司法机关主要从"机关性质"和"从事公务"两点来确定国家机关工作人员。其中将"机关性质"扩张解释为包括中国共产党乡镇以上机关和人民政协机关。所应注意的是,由于我国只在县级以上设立中国人民政治协商会议,所以这里仅指县级以上人民政协机关。此处需要回应的一个问题是,这一扩张式的司法解释是否存在合宪性。因为中国共产党和人民政协并非本来意义上的国家机关;前者属于社会团体,后者则属于统一战线组织,两者都不属于《宪法》中国家机构的组成部分。对此,笔者认为,司法机关的扩张解释并不存在所谓的违宪问题。首先,乡镇以上中国共产党机关和县级以上人民政协机关虽然不属于专门的国家机关,但是由于中国特色的社会主义民主政治体制,这两者实质上都在一定程度上行使国家管理职权。其次,乡镇以上党委和县级以上政协虽不属于

《宪法》中国家机构的组成部分，但是《宪法》在序言中指出，中国人民政治协商会议在进行社会主义现代化建设中将进一步发挥其作用。在第一条明确，中国共产党领导是中国特色社会主义最本质的特征。这些都说明了这两者机关的重要政治和法律地位。由是观之，将在这两机关中从事公务的人员确定为国家机关工作人员并无不妥。

以上立法和司法机关在界定国家机关工作人员时的重合之处在于"从事公务"。刑法学中在界定"国家工作人员"时，向来存在"身份论"和"公务论"的争议，前者认为行为人必须取得相应的身份资格，后者则主张行为人只要从事公务即可。对此，应当认为"公务论"是更为符合理论和立法实际情况的，劳东燕教授近来作了较为精到的说明："我国《刑法》第九十三条对国家工作人员的定义明显是以从事公务为核心而展开。从立法表述来看，总则对国家工作人员的定义本身就不是根据形式上的身份或编制，也就是并非组织意义上的，而是根据其从事的业务或工作内容来确定，即采取的是实质的功能定义。鉴于总则的条文对于分则相关规定均应具有可适用性，故首先可确定的是，分则所规定的国家工作人员的犯罪，行为人是否符合主体资格要件的判断，不能依据形式上是否有干部身份或相应的编制，而取决于是否'从事公务'的实质性考量。在认定国家工作人员时采实质的功能论，也是我国司法实务的通行立场。不偏重编制或身份，而关注行为人是否在实质上从事公务，也符合国外实践中的做法。"[①] 所以，公务论的主张是较为合适的。同样的，在国家机关工作人员的确定中，立法和司法机关既然重合在"从事公务"上，亦应当采取"公务说"。至于何为从事公务，大体可以认为是指代表国家机关、

---

① 劳东燕：《论受贿罪中的国家工作人员》，载《东方法学》，2020年第2期，第23—24页。

国有公司、企事业单位和人民团体等履行组织、领导、监督和管理等职责。公务可以主要表现为与职权相联系的公共事务，纯粹技术性的或者劳务性的事务不应视为公务，因此，从事公务主要是指从事具有"裁量性"的事务。

综合以上最高立法和司法机关的表述，我们可以将国家机关工作人员作出如下界定，刑法中的国家机关工作人员是指以下几类主体：第一，在各级国家权力机关、行政机关、司法机关和军事机关，以及乡镇以上中国共产党机关和县级以上人民政协机关中依照法律、法规规定履行组织、领导、监督和管理职责或者从事其他公务的人员。第二，在受上述国家机关委托代表国家机关行使职权的组织中从事公务的人员。第三，虽未列入上述国家机关人员编制但在国家机关中代表国家机关行使职权从事公务的人员。这里糅合前述立法和司法机关所界定的"国家机关工作人员"的同时兼容了机关性质、职权来源和从事公务三个方面的标准，但其核心仍在于"从事公务"本身。毕竟还有并非在国家机关中以及职权来源多样但仍属于"国家机关工作人员"，其原因当然还是在于所从事的公共事务。当然，在司法实践中，"对出罪与入罪应坚持相同的行为职责说标准，同时辅之以审查行为职责的法律法规来源性、国家机关授权、委托的合法性，以行政合法性作为国家机关工作人员刑法主体识别的合法性前提，对于兼职和挂职的案件，尤为必要"。①

二、负有环保监管职责的"权责统一"之提倡

在圈定了国家机关工作人员范围之后，于环境监管失职罪的行为主体来说，"负有环境保护监督管理职责"便成为问题的关

---

① 朱德宏：《国家机关工作人员的刑事司法识别》，载《政法论丛》，2021年第2期，第115页。

键，上文谈到，这一表述主要起到三个作用，即修饰、指引和限定作用。修饰作用自不待言，任何法律用语都多少存在一定程度的这种作用。关键在于指引和限制，可以说，"负有环境保护监督管理职责"既为我们解释本罪主体提供了方向，同时也划定了边界。问题在于怎么理解这一用语，《环境保护法》在第十三至二十七条中专章规定了"监督管理"，但是从其内容看，该法所规定的多为国务院和地方各级行政机关的监督管理职责。没有疑问的是，根据前文的分析，"国家机关工作人员"显然不只是行政机关，而是广泛地包括权力机关、司法机关和军事机关等，所以如果将"负有环境保护监督管理职责"按照《环境保护法》的规定，解释为仅指国务院等行政机关，实则是没有根据地极大限缩了本罪主体的范围，在权力机关等国家机关中无疑也是存在着负责环境保护监督管理职责的具体工作部门的，如各级人大常委会中负责环境保护工作的专门委员会，其本身除了参与立法解释等工作外，还实际进行执法检查等工作，这些工作人员如果严重不负责任，同样可能会造成重大环境污染事故，理当属于本罪主体。所以，笔者这里想要说明的观点是，"负有环境保护监督管理职责"虽然指引和限定了本罪中"国家机关工作人员"的解释方向与边界，但是，后者仍然有其相对的独立性，而不能因为实践中国务院等各级行政机关实际上构成了环境资源保护监管执法主体的主体部分，便断然将本罪中的"国家机关工作人员"限定在行政机关内部，这种做法乃是犯了将事实与规范相混淆的错误，"将'熟悉与必须相混淆'是人们常犯的错误，人们在解释具体犯罪的构成要件时，总是习惯于将自己熟悉的事实视为应当的事实，进而认为刑法规范所描述的事实就是自己所熟悉的事实。然而，人们所熟悉的只是部分有限的事实，构成要件所描述的则是犯罪类型，所以将规范的涵摄范围限定为解释者所知的有限事实并不合适"。①总之,在笔者看来,所有国家机关工作人员,只要其负有环境保护监督管理职责,而不论其机关性质或者职权来源如何,均可成为环境监管失职罪的犯罪主体类型。

至于如何具体判定某一国家机关工作人员是否"负有环境保护监督管理职责",有研究者认为,"应从法定职责和监管能力来判定犯罪主体。对其具体范畴,环境保护法、海洋环境保护法、大气污染防治法、固体废物污染环境防治法以及水污染防治法等专门法律从不同侧面作出较为明确的规定。至于如何判断'行为人是否负有环境监管职责',可以从两个方面来看: 是判断其是否负有环境监管的义务,即是否属于法律授权的环境监管责任主体;二是判断其是否具备履行环境监管职责的能力。如同时具备以上两点,则可以认定其负有环境监管职责"。②按照论者的这一观点,行为人是否负有本罪的监管职责,应当考察其是否具备法定的监管义务以及是否具备充分的履责能力。对此观点,笔者有选择性地认同。第一,对于考察行为人是否具备法定监管义务的主张应当是能够成立的,但是这里的环境监管义务不一定全然是法定的,按照前文中有关监管过失犯罪的基本法理的研究,监管者注意义务的来源除了法律法规的规定以外,还有职务的要求,单位管理制度,合同的约定或者机关的授权以及基于行业规范、业务分工而产生的监督管理职责,因此在考察特定的国家机关工作人员是否"负有环境保护监督管理职责"时,应当综合以上来源进行实质层面的考量。第二,履行职责的能力不应当成为判定行为人是否具备监管职责的要素,这显然是两回事,是否具备履

---

① 张明楷:《刑法分则的解释原理》,中国人民大学出版社2011年版,序说第9页。
② 余书金、殷耀刚、方洪亮:《重新审视环境监管失职罪确有必要》,载《检察日报》,2014年9月3日,第003版。

责能力与是否具备监管职责是两个不同的问题。如果在根据前述监管者注意义务的来源进行实质判定得出肯定结论的场合,应当径直承认行为人具有相应的监管职责,且这种职责乃是客观存在的。至于其是否能够履行职责则是其个人主观层面的问题;倘若按照论者的观点,使得履责能力成为判定要素,那么必然会在实践中出现被告人主张自己并不具备相应的能力进而不具备监管职责,如此,则本罪的司法适用又要回到判断行为人主观上能与不能的履责能力上去了,最终导致刑法的适用陷入主观性当中。总之,监管职责存在与否是一种客观性的判断,不应当受到行为人履责能力等主要要素的动摇。

判断国家机关工作人员是否具备"环境保护监督管理职责",实际上应当从"责与权"这两个方面进行。所谓"责"当然是指这里的监管注意义务,其具体来源如上文所说,不再赘述。而所谓"权"则是指具体的监督管理权限,某一国家机关工作人员虽然具备上述监管义务,但如果其并不具有实质意义上的监管权限则不应当认为其负有"环境保护监督管理职责"。正如阴剑峰教授所分析的那样,"行为人在具备特定监督管理义务的前提下,还需实质上享有与所负义务相当的监管权限才能对危害结果施加实质的影响力和控制力,从而成立监督管理过失犯罪主体"。[①] 对此主张,亦可从 2007 年 2 月 28 日最高人民法院和最高人民检察院《关于办理危害矿山生产安全刑事案件具体应用法律若干问题的解释》中发现端倪,该解释的第一条和第二条将重大环境污染事故罪和强令违章冒险作业罪的主体界定为"对矿山生产作业'负有组织、指挥或者管理权限'的负责人、管理人员、实际控制人、

[①] 阴建峰、张丽萍:《监督管理过失犯罪主体研究》,载赵秉志主编:《刑事法治发展研究报告(2014—2015 年卷)》,法律出版社 2017 年版,第 261 页。

投资人等人员"。① 而之所以将实际控制人和投资人纳入相关犯罪的主体中，在最高司法机关看来，乃是因为"基于投资权益，投资人享有'生产经营管理权'，理当对生产安全事故负责"。② 这种在监管过失犯罪中对行为人"监管权限"的要求也为日本司法实践所认可，日本最高法院在"新日本饭店火灾案"判决中阐明："本案在防火管理方面，董事长负有概括性权限并履行相应义务；而未担任消防法上管理权人、防火管理人的一般董事及中间层级管理人员，只要于实际层面并未承担任何防火相关管理业务，就既无防火管理义务，也无向上级提出防火建议、完善之义务。即使名义上担任防火管理职务，但未被赋予行使防火管理权限之人，也不具有防火管理上的义务。"③ 与前述日本实践中的做法不同，在我国，对于作为失职罪主体的国家机关工作人员的监督管理权限的要求实际上是被忽视的，而且正是由于这种忽视才造成了部分案件的定性错误。所以笔者以为，这种对监管过失犯罪主体所设定的"监督管理权限"的要求同样应当适用在环境监管失职罪当中，因此只有当某一国家机关工作人员实质上享有与所负的注意义务相当的监管权限时才能被认为负有环境保护监督管理职责。

总而言之，对于国家机关工作人员"负有环境保护监督管理职责"的认定，形式上要求其具备可源自多重方向的监管注意义务，实质上则应当享有与其所负义务相当的监管权限。通过这种注意义务与监管权限的结合，即形式与实质相统一的考察，才能最终确定行为人是否真正负有环境保护监督管理职责。

---

① 陈兴良：《判例刑法学》，中国人民大学出版社2012年版，第104页。
② 逄锦温、邱利军：《〈关于办理危害矿山生产安全刑事案件具体应用法律若干问题的解释〉的理解与适用》，载最高人民法院编：《刑事审判参考（第55集）》，法律出版社2007年版，第66页。
③ ［日］大塚裕史：《企业灾害与过失论》，黎宏译，载高铭暄、赵秉志主编：《过失犯罪的理论基础》，法律出版社2002年版，第56页。

三、本罪主体范围的具体展开

根据前述对负有环境保护监督管理职责和国家机关工作人员的讨论，这里可对本罪的主体作出如下具体例举。首先是行政机关，这是构成本罪行为主体的核心组成部分，"根据我国环境监督管理实行的'统管'与'分管'相结合的体制，其主体不仅包括在国务院、县级以上各级地方人民政府环境保护行政主管部门中从事环境保护工作的人员，也包括在国家海洋行政主管部门、港务监督、渔政渔港监督和各级公安、交通、铁道、水利、民航管理部门以及农业行政主管部门中依照有关法律规定对环境或资源的保护实施监督管理的工作人员"。① 在各级人民政府内部专设的环保行政主管部门，如各地环保局中的从事公务的工作人员自然容易理解，但是像前述的海洋、港务、水利等部门的工作人员便需要作出说明，其实不止于此，在县级以上人民政府的土地、矿产、林业等行政主管部门中依照有关法律的规定对环境资源的保护负有监督管理职责的工作人员，也都可以构成本罪的行为主体。举例来说，"国家海洋行政主管部门负责组织海洋环境的调查、监测、监视、开展科学研究，并主管海洋石油勘探开发和防止海洋倾倒废物污染损害的环保工作；港务监督部门负责船舶排污的监督及调查处理、港区水域的监视；各级交通部门的航政机关负责对船舶污染实行监督管理；各级公安、交通、铁道、渔业管理部门根据各自的职责对机动车、船舶污染大气实施监督管理。县级以上地方人民政府的土地、矿产、林业、农业、水利等行政主管部门，分别依照《土地管理法》《矿产资源法》《森林法》《野生动物保护法》《草原法》、《渔业法》《水法》的规定对有关资源的保

---

① 徐建平、胡显伟：《论环境监管失职罪的构成》。载《云南大学学报（法学版）》，2010年第5期，第95页。

护实施监督管理"。① 由此可见，凡是对环境保护负有监督管理职责的工作人员，无论在何种政府部门工作，都可以成为本罪的主体。

其次是权力机关，在我国作为国家权力机关的全国和地方各级人民代表大会，其最为日常且为我们所熟知的当然是立法及其解释工作。但其职权显然不限于此，最直观的按照《宪法》第六十二条，全国人大负有监督宪法实施的职权，而《宪法》第九条第二款规定：国家保障自然资源的合理利用，保护珍贵的动物和植物。禁止任何组织或者个人用任何手段侵占或者破坏自然资源。第二十六条第一款规定：国家保护和改善生活环境和生态环境，防治污染和其他公害。全国人大所负有的监督宪法实施的职权自然应当包括这两条有关环境和资源保护的条款。而在全国人大常设机构中具体负责此项工作的工作人员自然便成为环境监管失职罪的适格主体。例如，第十三届全国人大常委会先后用了4年的时间分别开展了大气污染防治法、水污染防治法、土壤污染防治法和固体废物污染环境防治法的执法检查。此类检查便属于由权力机关开展的环境保护监督管理工作，而这类环境执法检查不仅在全国人大层面，在地方人大中也属于重要的日常工作，因此当相关的机关工作人员严重不负责任时，自然可以构成本罪。除了这种专门组织的执法检查以外，在全国和县级以上地方各级人大中还都设有相应的专门委员会负责环境资源保护工作，如全国人民代表大会环境与资源保护委员会的主要工作任务便包括以下三项：一是防治环境污染立法与监督工作，二是生态环境保护立法与监督工作，三是自然资源保护立法与监督工作。在具体职责中也明确了应当协

---

① 马倍战主编：《环境犯罪案件实务指南》，法律出版社2013年版，第113—114页。

助全国人民代表大会常务委员会,对环境和资源保护方面法律的实施和国务院环境和资源保护方面的工作进行监督。所以,在全国和县级以上地方各级人大的环境资源保护的专门委员会中从事公务的人员亦应成为环境监管失职罪的行为主体。

再次是司法机关,就其职责而言,司法机关依法独立行使审判权和检察权,原本并不专职负责有关环境保护的监督管理工作。但是随着近年来我国对环保工作的重视程度不断提升,而涉及环境资源纠纷的案件也形成上涨趋势,因此2014年最高人民法院专门设立了环境资源审判庭,嗣后,全国各地各级法院也多有设立专门的环境资源法庭的举措。应当说,环境法庭的设立对实现我国环境司法专门化进而妥善解决相应的纠纷具有相当程度的助益,但也必须承认,"各地纷纷涌现的专门环境审判组织,从名称、机构设置、组织架构、人员配备到职权职责等诸多方面,由于均未经统一部署,导致了诸多的不一致和混乱"。[1] 而其中存在的职权职责的混乱便使得部分负责环境资源审判工作的司法工作人员实际上还在一定的范围和程度上肩负了有关环境保护的监督管理职责,此时,如果其严重违反应尽的职责造成了严重的后果,则应认为行为人也可构成环境监管失职罪。如果按照我国有学者所提出的相关顶层设计的建议,由"最高人民法院内的环境资源审判庭负责审理在全国范围内有重大影响的环境资源案件和上诉案件,监督指导地方各级环境法庭的司法审判工作,筛选并公布、编制相关的典型案例,起草环境资源领域的司法解释"。[2] 这种职责的设定无疑是明确了司法机关负担了相应的环境保护监督管理职责。除此以外,我国还建立了由检察机关提起环境公益诉讼的制度,

---

[1] 蔡学恩:《专门环境诉讼研究》,武汉大学2015年博士学位论文,第92页。
[2] 白明华:《我国环境法庭的窘境和化解》,载《郑州大学学报(哲学社会科学版)》,2016年第5期,第40页。

这也是为法律监督机关所明确赋予的环境保护监督职责。总之，由于监管注意义务来源的多样性，我国司法机关必然承担了一定的环境保护监管职责，其工作人员逻辑上当然可以构成本罪的主体。

除了前述的权力机关、行政机关和司法机关外，需要特别说明的是军事机关，由于其地位的特殊性，通常的研究中对国家军事机关工作人员存在一定程度的忽视。实际上，《环境保护法》第十条第二款已明确规定：县级以上人民政府有关部门和军队环境保护部门，依照有关法律的规定对资源保护和污染防治等环境保护工作实施监督管埋。而且早在21世纪初，中央军委就制定颁布了《中国人民解放军环境保护条例》，其中第三条明确：军队环境保护工作是国家环境保护事业的组成部分，应当贯彻执行国家环境保护的方针、政策、法律、法规，接受国家环境保护主管部门的指导和监督。第八条则规定：全军环保绿化委员会在中央军委领导下，统一规划、指导和协调全军环境保护工作，履行包括协调解决军队环境保护工作中的重大问题，监督有关机关和部门履行环境保护工作等在内的多项职责。这些法律法规都为军队环境保护部门的监督管理职责提供了明确的根据。例如军队环保部门便负责军用船舶排污的监督和军港水域的监视，类似的其他监管职责还有很多，所以，在军队环保部门中从事公务的人员自然也属于《刑法》第四百零八条所规定的"负有环境保护监督管理职责的国家机关工作人员"，进而可构成环境监管失职罪。

最后有必要附带提及的是，按照本书此前圈定的国家机关工作人员的范围，环境监管失职罪的主体显然并不局限在前述国家机关内部。从立法解释的精神来看，2002年12月23日，时任全国人大法工委副主任胡康生在第九届全国人大常委会第三十一次会议上就《刑法》第九章犯罪主体适用问题的解释作了说明："该解释将以下四类组织中的人员纳入本章犯罪主体范围：一是法律授权规定某些非国家机关的组织，在某些领域行使国家行政管理职权；二是在机构改革中，有的地方将原来的一些国家机关调整为事业单位，但仍然保留其行使某些行政管理的职能；三是有些国家机关将自己行使的职权依法委托给一些组织行使；四是实践中有的国家机关根据工作需要聘用了一部分国家机关以外的人员从事公务。这些人员在行使国家权力时，玩忽职守、滥用职权、徇私舞弊构成犯罪的，也应当按照刑法的相关规定处罚。"① 因此，只要行为人有合法来源地肩负环境保护监管职责，即便其在国家机关之外的组织中从事公务，亦可成为环境监管失职罪的主体。正如有学者所说："实践中，一些国有公司、企业和事业单位经合法授权从事具体的管理市场经济和社会生活的工作，拥有一定的管理公共事务和社会事务的职权，其中实际行使国家行政管理职权的公司、企业和事业单位工作人员实施失职行为构成犯罪的，应当依照《刑法》第四百零八条环境监管失职罪的规定追究刑事责任。"② 对此，最高人民检察院已经发布了指导性案例予以明确，2012年11月15日最高人民检察院《关于印发第二批指导性案例的通知》中，检例第4号崔某环境监管失职案中：崔某在担任江苏省盐城市饮用水源保护区环境监察支队二大队大队长期间，因多次收受标新公司法定代表人胡某的小额财物，对标新公司长期在盐城市二级饮用水保护区内的饮用水取水河蟒蛇河上游排污的违法行为未予查处，最终导致2009年2月发生盐城市区饮用水源严重污染事件，盐城市城西水厂、越河水厂水源遭受严重污染，所生产的自来水中酚类物质严重超标，近20万盐城市居民生活饮

---

① 贾济东：《渎职罪构成研究》，知识产权出版社2007年版，第46页。
② 竺效主编：《环境刑事实案释法》，中国人民大学出版社2019年版，第165页。

用水和部分单位供水被迫中断 66 小时 40 分钟,造成直接经济损失 543 万余元,并在社会上造成恶劣影响。本案审理中,阜宁县人民法院一审认定崔某犯环境监管失职罪。崔某上诉认为:自己对标新公司只具有督查的职责,不具有监管的职责,不符合环境监管失职罪的主体要求。二审中,盐城市中级人民法院查明:崔某所在的盐城市饮用水源保护区环境监察支队为国有事业单位,由盐城市人民政府设立,其系受国家机关委托代表国家机关行使环境监管职权,原判决未引用全国人民代表大会常务委员会《关于〈中华人民共和国刑法〉第九章犯罪主体适用问题的解释》的相关规定,直接认定崔某系国家机关工作人员不当,予以纠正。崔某身为国有事业单位的工作人员,在受国家机关的委托代表国家机关履行环境监督管理职责过程中,严重不负责任,导致发生重大环境污染事故,致使公私财产遭受重大损失,其行为构成环境监管失职罪。2010 年 1 月 21 日,盐城市中级人民法院二审终审裁定,驳回上诉,维持原判。

综合以上研讨可以发现,笔者对本罪主体的范围框定较为广泛,实际上应当承认,《刑法》第四百零八条的文本也并没有对本罪主体作出过多限制,所以,抛弃固有观念的禁锢,对本罪主体在符合罪刑法定原则的基础上作出宽泛的理解也是解决前述本罪适用率极低的司法现状的必要举措。因此,只要考察行为人所从事公务的职权来源和机关性质,在确定其属于刑法意义上的国家机关工作人员之后,对其进行环保监管职责之"权责一致"的形式与实质相统一的判断即可,如果得出肯定结论,便应径直认可行为人属于"负有环境保护监督管理职责的国家机关工作人员",进而成为环境监管失职罪的行为主体。

第二节 "严重不负责任"的规范解读

一、部分既有方案与规范目的纠偏

环境监管失职罪作为特殊的失职犯罪类型,《刑法》第四百零八条在其罪状中使用了"严重不负责任"的文字表述,因此,作为本罪主体的行为人的监管失职行为是否符合这一要素的要求便成为判定罪与非罪的重要界限。如何理解此一要素,目前有不同的方案,以下简单梳理三种具有代表性的见解作一讨论。

方案一:结果逆推法。首先,如果单纯从文本上看,"严重不负责任"所强调的是行为人对自己职责的背反程度较为深重,如我国台湾学者张丽卿教授以医疗事故罪为例认为,"我国医疗事故罪中'严重不负责任'这一概念认定为重大过失,因此在司法实践中,一般医疗过失不以刑罚处罚。我国使用'严重不负责任'这一标准作为筛选医务人员刑事责任的过滤网,不但可以减轻高风险执业行为人的责任,更能合理化刑事责任的认定,避免从业人员因惧于被诉而产生执业危机。"[①] 将此种理解运用在环境监管失职罪中大体上也基本可行,借此将一般的环境监管失职行为排除在本罪的范围之外,而将本罪视为重大过失犯罪。如此理解并非纯粹从文字本身得出的结论,因为环境监管失职罪的结果要件被表述为"导致发生重大环境污染事故,致使公私财产遭受重大损失或者造成人身伤亡的严重后果",其中出现了两次"重大",一次"严重"。这种结果的严重程度直接将监管过失行为对其职责

---

① 张丽卿:《医疗刑事责任认定与相关医疗法修正探讨》,载海峡两岸法学研究会编:《海峡两岸法学研究——两岸法治发展与社会进步》,九州出版社2014年版,第278页。

的违背程度导向了重大过失的地步。因此,对严重不负责任的理解便从结果发生的严重程度中获得了线索,结果逆推法的逻辑由此产生。

虽然将环境监管失职罪理解为重大过失犯罪,但是结果逆推法在理论基础和适用逻辑上都是难以成立的。此方法不得不面临以下两点质疑。

第一,显然应当区分一般的监管过失违法行为和本罪之间的界限,只要符合了过失犯罪的一般要件和本罪的特殊要件即应当构成环境监管失职罪。此二者间是罪与非罪的关系,而不应当存在所谓的一般过失犯罪不构成本罪的情形。由此,运用结果逆推法便产生了一个问题:当不同环境监管失职案件中发生的结果虽然都已经符合本罪要件,但是结果的严重程度存在差异的情况下,如何具体去推导行为人违背职责的严重程度?倘若进行简单化的处理,既然结果都已经符合构成要件,那么直接逆推行为人都属于严重不负责任,不再区分他们违背职责的程度。但不得不承认,这种做法对于结果严重程度较低的行为人来说是不公平的,因为将其与更为严重结果案件中行为人作等同理解没有准确评价其行为不法的程度。如果试图克服这一问题,还区分行为人违背职责的程度,那么从不同严重程度的结果本身出发逆推之后便发现,问题又转回到行为自身了,即"严重不负责任"的程度,而我们起初所要解决的正是这一问题。由此我们发现,结果逆推法的实际运用要么选择不充分评价案件事实,要么选择循环论证,显然,这两者都是难以为我们所接受的。

第二,以第一点为线索,实践中便通常简单地从结果倒推行为人是否严重不负责任。换言之,发生了严重的结果的即认为监管者严重不负责任,反之则不予认定。这种做法的逻辑是极为片面的,结果要素当然是判定行为人对监管职责违背程度的重要参考因素,但绝不是唯一的决定性因素。仅以结果要素来判定行人是否严重不负责任,存在着消解本罪的行为要件的结果归罪之嫌疑。易言之,对监管者是否严重违反注意义务还是要从行为本身来考察,当然这并不排斥将包括结果要素在内的诸多案件事实作为重要的判断资料。以本罪属于重大过失犯罪为由,完全从结果逆推行为人严重不负责任的方案本质上是偏向于结果无价值的做法。之所以如此,自有其深层次的理论原因,正如我国学者王安异教授指出的:"在侧重于结果无价值的犯罪中,其行为无价值的认定要难得多。因为:(1)在此类犯罪中,刑法的决定规范已在其他规范中得以充分地表达,如过失犯的注意义务、不作为犯的作为义务、某些法定犯中作为前提性的规范等,刑法的预防功能让位给这些非刑法规范,因而其行为无价值显得较为笼统而缺乏明确性;(2)对于行为无价值还必须进行程度上的评判,只有严重违反决定规范的行为才能构成刑法中的行为无价值,而何种程度的违法行为才构成刑法中的行为无价值还需要法律专家进行具体判断。"① 环境监管失职罪正是这段论述的适例,其注意义务多来自刑法规范之外,因而使得作为体现其行为无价值及其程度的"严重不负责"的判断陷入困境,于是这才出现了放弃从行为本身入手,而求诸彻底倒向结果无价值的结果逆推法。总之,从基础理论上看,完整的不法是由结果不法和行为不法来共同为其奠定基础的,舍其任何一者均不可行。

方案二:文义解读法。由于结果逆推法存在的较为显见的疑问,加之学术界在不法论上持行为无价值二元论者的理论自觉,从环境监管失行为违反注意义务的本身出发来判定"严重不负责任"的思路也成为较为常见的一种做法。如陈兴良教授认为,"关于玩忽职守罪的客观行为,刑法理论上均表述为'严重不负责

---

① 王安异:《刑法中的行为无价值与结果无价值研究》,中国人民公安大学出版社 2005 年版,第 164 页。

任,不履行或者不正确履行职责的行为';这一表述是正确的。在该表述中,'严重不负责任'和'不履行职责或者不正确履行职责'是同位语关系,前者表明了行为的性质、状态,界定了其实质特征,后者表明了行为方式,描述了其形式特征,严重不负责任表现为不履行或者不正确履行职责。不履行职责,是指行为人在有条件、有能力履行职责的情况下,由于严重不负责任而玩忽职守、违背职责的要求,没有履行自己的职责;不正确履行职责,指行为人本应切实履行自己的职责,但却违背履行职责的要求,敷衍塞责、马虎大意、草率从事,没有尽到自己的职责,没有做一个负责人的管理人员应该做到的事,而是做了不该做、不能做的事。"① 总之,这种方案将严重不负责任解释为"不履行或者不正确履行职责",当然,还有的文献中称之为不认真履行职责。这不过是语言习惯的表述差异,没有实质区别。

从"严重不负责任"自身着手,这在大方向上是值得肯定的,但是纯粹的文义解读的方法并不可取,无法真正阐明这种行为要素的内涵与程度,其在解释学的一般方法上也是立不住脚的。

第一,将严重不负责任解释为不履行或者不正确履行职责,所谓的"同位语",实际上不过是同义反复,同义替换。而且从前述论者的具体表述上看,其也确实多次颠倒重复地互相替换说明两者的涵义。就文字解读本身来说,其说法本身没有问题,是完全正确的,但是这种正确的表述相当于什么都没说,因为其在实质上并未对什么是严重不负责任作出有意义的解释。"传统的法学,将成文法视为一种符号技术,并以之为唯一的研究对象,法律本身即为目的,故为文义解释时,每多故步自封,不足为训。其实法律条文有限,社会事实无穷,不能就每一事项,纤细无误

---

① 陈兴良主编:《刑法各论精释(下)》,人民法院出版社2015年版,第1220页。

地加以规定,故条文字句若涉抽象晦涩,则需加以阐释,使得明确。阐释时不仅应当尊重法律之安定性,亦应注意其现在性,法律始能适应社会生活,发挥规范之作用"。① 单纯的文义解释、语词替换在没有争议的法律用语中或许能够成行,如"人"或者"死亡"等,即便如此,在智能机器人层出不穷和脑死亡以及头颅更换手术发展的当下,这些概念都已然不能被简单从字面解释了,更何况在环境资源这种更为复杂的领域中,论者试图对其监管失职行为的严重不负责任仅仅作出语言文字的解释,这无疑是不能为人们所信服的。

第二,究其本质,文义解读法的立论基础乃是形式解释论。"形式解释论主张忠诚于罪状的核心意义,有时候甚至仅仅是自己熟悉的法条的含义"。② 这种做法就容易"拘泥于法律的字面含义,在强调尊重字面含义的同时注重从概念推导出结论"。③ 所以,纯粹的形式解释论最终可能会滑向概念法学。而从概念法学的方法论出发,显然是不可能对较为抽象的法律用语作出恰当解读的,正如我国实务部门有同志认为,"严重不负责任实际上是对失职行为的高度概括,严重不负责任就是不履行和不正确履行职责。立法者考虑到实践中失职行为表现形式的多样性,所以在法条中未对'严重不负责任'的外延和内涵作出具体规定,而是留待司法部门在实践中根据具体情况加以认定。"④ 论者显然已经认识到,将严重不负责任进行概念替换并不能解决问题,于是干脆诉诸司

---

① 杨仁寿:《法学方法论》,中国政法大学出版社 2013 年版,第 138 页。
② 李立众、吴学斌主编:《刑法新思潮———张明楷教授学术观点探究》,北京大学出版社 2008 年版,第 67 页。
③ [德]阿图尔·考夫曼、温弗里德·哈斯默尔主编:《当代法哲学和法律理论导论》,郑永流译,法律出版社 2002 年版,第 158 页。
④ 包健:《如何认定渎职罪的"严重不负责任"》,载《检察日报》,2009 年 1 月 20 日,第 003 版。

法实践去具体认定,殊不知,我们开展刑法解释工作的目的就是要回应实践的需求。陈兴良教授认为,"形式解释论与实质解释论的根本区分仅仅在于:在对刑法进行解释的时候,是否先进行形式判断,然后再进行实质判断。换言之,在形式判断与实质解释判断之间形成逻辑上的位阶关系。"① 在笔者看来,问题的关键并不在于形式与实质的判断位阶,考验两者的真正试金石乃是是否认可实质入罪。只要支持实质入罪,即便先形式再实质也是实质论者;反之,纵使颠倒过来先实质再形式,根本上也是形式论者。这里以"严重不负责任"为例,形式论者所谓的"不正确履行职责"并未能明确其处罚范围的边界,而且,严重不负责任本身体现着程度的差异,不正确履行职责没能说明这一点,因此从这个意义上看,此种文义解读的方案势必陷入处罚与否的恣意性陷阱中。而按照实质解释的实质入罪和出罪的思考进路,根据行为人的环境监管失职行为是否达到了值得科处刑罚的违法性来综合判定其是否属于"严重不负责任",实际上是与此种违背职责的程度性要求相吻合的。如果有论者质疑这种实质解释也会形成恣意处罚的话,那么第一,比较起来,实质论的恣意性并不高于形式论;第二,任何解释都必然形成不同的结论,正如"伽达默尔所认为的,理解活动永远是一种创造而非复制的过程,如果我们一般有所理解,那么我们总是以不同的方式在理解;而解释学所能做的即是使我们抱持对解释学情境的反思性"。② 总之,形式论的文义解读方案是很难对"严重不负责任"作出恰当界定的,最终的破产结局也是可以想见的。而"实质的刑法解释论是对形式的刑法解释论的扬弃,它不仅与刑法规范的特点、结构、内容相一致,

---

① 陈兴良:《形式解释论的再宣示》,载《中国法学》,2010 年第 4 期,第 28 页。
② 梁治平:《解释法学与法律解释的方法论——当代中国法治图景中的法解释学》,载梁治平主编:《法律解释问题》,法律出版社 1998 年版,第 90 页。

具有方法论意义上的合理性,而且满足了我国刑事法治目标与罪刑法定原则兼具形式侧面与实质侧面的要求,适应了我国犯罪概念与犯罪构成体系形式与实质相统一的特点,具有优越的合理性"。①

方案三:逐步审查法。前两种方案可以说主要是由理论界提供的思路,而这里逐步审查法则是由实务界所倡导。《中国纪检监察报》作为由中共中央纪委和国家监察委员会主管的重要报刊,其所发表的观点对相关失职类犯罪案件的办理具有较强的指导意义。十余年来,其对如何理解"严重不负责任",至少提供了以下两种代表性方案。第一,三步审查法:"全面考虑各种因素,从以下几方面综合评价行为人的行为是否属于'严重不负责任'。首先,行为人是否具有承担某项公务的职责或特定义务,并且有履行这种职责和特定义务的现实能力;其次,行为人在履行职责和特定义务的过程中是否不履行或不正确履行;最后,行为人不履行或不正确履行职责和特定义务的行为是否达到了一定程度"。②第二,定性加定量法:"对于'严重不负责任',可以从定性和定量两个维度来认识;性质上,严重不负责任在玩忽职守罪中应被理解为客观构成要件;定量上,'严重'是对程度的限定,既然将'严重不负责任'归结为犯罪客观要件,那么,应当从'不负责任的行为'来把握'严重'的程度"。③

综合评价,以上两种具体审查方法各有优劣。三步审查法在超越此前方案上有其合理的一面,但同时也有着内在无法克服的

---

① 苏彩霞:《实质的刑法解释论之确立与展开》,载《法学研究》,2007年第2期,第38页。
② 张常军:《如何认定玩忽职守罪的"严重不负责任"》,载《中国纪检监察报》,2010年5月5日,第004版。
③ 刘冕:《如何准确界定玩忽职守罪》,载《中国纪检监察报》,2021年7月14日,第006版。

弊端；定性加定量法作为最近提出的方案，在方法论上实现了跨越，但由于其对"严重不负责任"的定性有误，由此导致了在定量上也必将出现不准确的问题。

第一，三步审查法逐一考察了行为人的监管职责和履责能力，不履行和不正确履行职责，以及违背职责是否达到特定程度。但是疑问在于，首先，行为人的监管职责和履责能力实则是分析"严重不负责任"的前提性问题，而并不属于其自身的要素，既然已经迈入判定严重不负责任这里，当然是已就监管职责和能力得出了肯定答案，而无需再浪费司法资源进行重复审查。其次，第二步骤的审查显然还是上述文义解读的方法，将严重不负责任作了简单的语词替换。以上文义解读法所存在的困惑同样会呈现在这里。最后，第三步的程度性审查是这种方案的核心优势，其发觉了前述结果逆推和文义解读的问题所在，点出了"严重不负责任"要素所附加的程度性要求，可以说，明确提出程度性审查是这种方法在以往研究上的重要推进，但遗憾的是，论者只点出了问题而没有解决问题，亦即将如何判断行为人违背职责的程度性作了搁置。总之，"三步法"既背负了此前研究思路的包袱，也在一定意义上实现了推进，但是背着沉重的包袱显然走不远。

第二，定性加定量的审查法与前述的三步法既有一定联系又存在关键区别。首先，论者敏锐地捕捉到试图解决"严重不负责任"要素的解释问题，必须首先搞清楚此要素的性质，这是此前的方案中所忽视的一个核心要点，所以，就方法论而言，这种审查方法没有问题，即先进行定性分析，再开展定量考察。这也是笔者所说的其实现的方法论式的跨越。其次，找寻到正确的方法不代表便当然地会形成最终的妥当结论。论者将"严重不负责任"作为纯粹的客观构成要件的定性结论在笔者看来是不恰当的，对此，后文会在分析该要素的性质时作详细讨论。最后，与三步审查法一样，论者都在最后考察行为人违背职责的程度，与三步法不同的是，这里是在将该要素作了定性之后的定量分析，提出了不同以往的标准。遗憾之处是由于只将"严重不负责任"确定为客观构成要件，导致在做定量分析时必然要忽略影响到行为人违背职责程度的相关的主观要素，由此最终导致定量失真，其后果直接表现为对行为人不负责任之程度的判定结论偏高或者偏低。

以上分别讨论了学术界和实务界在"严重不负责任"这一要素的理解上所提出的"结果逆推法""文义解读法"和"逐步审查法"。三种方案都各有其利弊，互相之间也都存在共同点和区别处。但正如笔者所分析的那样，单独拎出来任何一种方案都不可独行，而由于基本观念的抵牾，三者也不可能糅合后形成综合性的标准。所以，面对这一抽象性的立法用语，怎么理解，直接成为环境监管失职罪的解释进程上最大的拦路虎之一。形成这种局面的原因当然是多方面的，其中重要原因之一便是现行刑法在诸多罪刑规范的文本中使用了"严重不负责任"这一用语，因而形成了一定程度的混乱场景。要打开局面，必须找到解决问题的关键钥匙，这把钥匙在笔者看来就是"刑法的规范性思维"。

"实在法规范是刑法的基础，应该理解刑法规范，但更重要的是应该规范地理解刑法。应该从刑法规范的目的出发，对犯罪和刑罚进行理性的评价，以实现刑法规范系统内在的和谐，这就是刑法的规范化理念"。[①] 所以，面对"严重不负责任"的纷繁争议，以规范目的为原点来审视每一具体犯罪中的此要素才是可取的解决方案。"目的是法规范的灵魂，法规范一旦失去其目的性，就该归于消亡，否则只会沦为行尸走肉般的工具，恣意地侵犯国民的自由；对于最严厉的刑法规范来说，目的性显得尤为重要"。[②] 具

---

① 冯军：《刑法的规范化诠释》，载《法商研究》，2005 年第 6 期，第 71 页。
② 李世阳：《规范论在刑法解释中的作用》，法律出版社 2020 年版，第 11 页。

体到环境监管失职罪中,其作为监管过失犯罪的特殊类型,所对应的乃是污染环境等破坏环境资源保护罪,因而本罪的规范目的在笔者看来,并非仅限于对行为人失职行为的禁止,而是还包括对人类与环境的共同体利益进行保护的意旨。这就是说,环境监管失职罪的规范目的是双重的:既要保护国家机关公务的合法、公正有效执行和国民对此的信赖,还要保护作为监管对象的人与环境的共同体利益。"规范保护目的,作为立法者制定法规范时所欲实现的目的,其与法秩序目的、法益、规范违反等属于不同层面的范畴。规范保护目的理论可以成为法律解释及法域协调的理论模型。"① 所以,在规范保护目的论的指引下,才能实现对以上方案的纠偏,笔者下文会对环境监管失职罪中的"严重不负责任"作出规范化解读的尝试。

二、性质与方法:主客观相统一的规范要素及其数理演绎

前文已经谈到,对环境监管失职罪中"严重不负责任"的要素进行规范解读的重要前提之一是明确其性质。这里所谓的性质,即是指严重不负责任作为构成要件要素,其是客观的要素还是主观的要素,抑或两者兼而有之。此问题的解答直接关系到后续具体判定行为人违背职责程度的定量问题,其重要性可见一斑。目前关于"严重不负责任"的性质问题,主要存在主观说、客观说和主客观统一体说的争议。对此,有必要逐一作出适当的分析。

首先有必要说明的是,目前文献中多以《刑法》第三百三十五条所规定的医疗事故罪为平台讨论"严重不负责任"的性质问题,这主要是立法史的原因所致。"严重不负责任"这一术语最早

---

① 于改之:《法域协调视角下规范保护目的理论之重构》,载《中国法学》,2021年第2期,第207页。

可以追溯至 1963 年 10 月 9 日《中华人民共和国刑法草案（修正稿）》第一百五十五条关于医务人员由于严重不负责任，违反规章制度，因而发生重大事故，致人重伤、死亡的，或者明知对于病人不给治疗就会发生危险结果，没有正当理由而拒绝治疗，致人死亡的，处五年以下有期徒刑或者拘役的规定。此后，在医疗事故罪和玩忽职守罪的一些规范性文件中也多有"一贯不负责任""极端不负责任"等表述。由于同属业务过失类犯罪，所以，目前对医疗事故罪中严重不负责任的性质讨论，也同样可适用于环境监管失职罪当中，这是需要提前作出交代的问题。

　　持客观说的论者认为，严重不负责任是客观的构成要件要素，其具体内容与行为人主观方面不存在关联，对行为人违背职责的行为是否达到入罪的"严重"程度也应当从客观方面进行考察，而不应混杂有关行为人的主观要素。如我国台湾学者在研究医疗事故罪中的此要素时指出，"'严重不负责任'表现为客观方面的行为，'严重不负责任'从客观角度来说就是严重违反规章制度的行为。"① 还有学者在研究业务过失时认为，"应将严重不负责任认定为注意义务的违背，负有注意义务且具备注意能力的人员未履行专业的注意义务。"② 这一观点可以说由来已久，自 1997 年刑法颁布伊始，便有研究者明确针对本罪解释道："环境监管失职罪的客观方面表现为行为人'对工作严重不负责任'，导致发生严重环境污染事故，致使公私财产遭受重大损失或者造成人身伤亡的严重后果的行为。"③ 及至目前，客观说仍可以认为占据着相当程度的支配地位。

---

① 林萍章：《由实证研究看两岸医疗过失刑事责任研究》，载《金陵法律评论》，2010 第 2 期，第 26 页。

② 刘志伟、聂立泽主编：《业务过失犯罪比较研究》，法律出版社 2004 年版，第 195 页。

③ 赵秉志主编：《新刑法教程》，中国人民大学出版社 1997 年版，第 829 页。

客观说理由大致有以下一些。首先，在对《刑法》中所规定的"严重不负责任"作了类型梳理后发现其主要存在两种立法模式：一种是严重不负责任＋危害结果；另一种是严重不负责任＋具体行为＋危害结果。就这两种模式而言，前者的严重不负责任是对实行行为的高度概括，后者则是对实行行为的提示性或者限制性规定。因此都属于指向行为的客观要素，至于行为人主观的内容则需要从客观行为中进行推论。其次，如果将"严重不负责任"视为主观的要素，将会导致体系上的矛盾现象。《刑法》第三百零四条规定的"故意延误投递邮件罪"，其罪状表述是邮政工作人员"严重不负责任"，故意延误投递邮件的。本罪在学理上被视为故意犯罪，"过失延误投递邮件的行为，不成立本罪"。[①] 如果将严重不负责任视作主观的要素，将导致本罪表述中，既存在故意又存在过失，显然，按照明示排斥其他的解释方法，只能认为严重不负责任表征的是客观的构成要素。最后，就目前所通行的解释内容看，"严重不负责任"的指向多为不履行或者不正确履行职责的具体情形。常见的比如实践中已经出现的对建设项目任务书中的环境影响报告不作认真审查，或者对防止污染的设施不进行审查验收即批准投入生产使用；对不符合环境保护的企事业单位，发现污染隐患而不采取预防措施，不依法责令其整顿，以防止污染事故发生；对造成环境严重污染的企业或者事业单位应当提出限期治理意见而不提出治理意见，或者提出意见，令其整顿但不认真检查督促是否整顿治理以及是否符合条件；应当现场检查排污单位的排污情况而不做现场检查，发现环境受到严重污染应当报告主管部门而不报告或者报告不及时等情形。这些无法穷尽的具体情形都是严重不负责的客观表现。

对客观说的前述理由，总的来说有其合理的一面，也有存在

---

① 张明楷：《刑法学》，法律出版社2016年版，第1080页。

误解而需要澄清之处，笔者这里有意作一简单说明。第一，对于两种立法模式下的"严重不负责任"分别起到概括以及提示或限制实行行为的功能的说法，这一判断本身没有问题，严重不负责任确是与实行行为密切关联的，甚至可以说是本罪实行行为的另一种表达。但是这只能说明此构成要件要素在内容上存在重要的客观面向，而不能否定其可能存在的主观方面内容。当然，论者也发现了这一点，所以补充性地指出可以从客观要素中去推论行为人的主观内容。其实，在笔者看来，与其如此，倒不如直接承认该要素内在的包含主观内容。第二，关于故意延误投递邮件罪的问题。必须承认，立法者在这里使用的"严重不负责任"用语，造成了解释上的难题。如果试图解决，至少有以下三种路径：一者径直承认前述论者的逻辑，认为《刑法》中的严重不负责任是客观的要素，如此便和其故意犯罪的主流意见不相矛盾。二者还是认为严重不负责任是指主观方面的内容，但是同时强调，这里的故意延误投递邮件是指对行为的故意，但是后续的致使公共财产、国家和人民利益遭受重大损失的结果是严重不负责任的过失，由此本罪便成为过失犯罪，最终也能实现在本罪上的自洽。三者是如张明楷教授那样的做法，干脆将这种矛盾搁置起来，既承认"严重不负责任这一表述是对过失犯罪的描述，分则中出现这一条件的相关罪名都明确展示了所描述的犯罪为过失犯罪"。① 也认可故意延误投递邮件罪是故意犯罪。然而，笔者对以上三种路径都实难认可。首先，所谓搁置矛盾的做法无异于放弃解释任务，既认可严重不负责任的过失犯标志功能，又承认出现此标志的罪刑条款为故意犯，除非放弃其中一者，否则这种做法显然是不可行的。其次，至于对延误投递行为是故意的，对造成的结果是过失

---

① 张明楷：《刑法分则的解释原理》，中国人民大学出版社2004年版，第47页。

的，因而将本罪解释为过失犯罪以与严重不负责任对接的做法笔者实难认可，所谓"对行为是故意而对结果是过失的"论证逻辑，笔者在本书分析污染环境罪的罪过形态章节中已经做过系统的批判，这里不再重复。最后，三种方案中比较而言，第一种还是能够实现在故意延误投递邮件罪内部的协调的，但是一旦承认了其逻辑，还是会同样出现一开始的问题，即体系上的冲突。如《刑法》第四百条第一款规定了私放在押人员罪，第二款规定了失职致使在押人员脱逃罪，其中第一款是故意犯罪，那么无论是从立法技术或者各种角度看，第二款都是过失犯罪，且其使用了"司法工作人员由于严重不负责任"的表述。如果按照第一种方案将严重不负责任都视为与行为人主观方面无关的客观要素，那么势必导致第四百条第二款也成为故意犯罪，这显然是不可想象的，刑法不可能在同一条文中将同一个故意犯罪规定两遍还设置不同的法律后果。因此，这种方案只能说是补了东墙却推倒了西墙。解决这一体系上的问题，笔者提出与前述三种不同的第四种方案：应当承认刑法用语的相对性，在不同的条款中即便完全相同的用语，其涵义和功能也是存在差异的。《刑法》第三百零四条故意延误投递邮件罪中的"严重不负责任"不过是"故意"的修饰语，发挥着强调行为人是故意的作用，即便去掉这一表述，本罪依然是故意犯罪。而不能像上述有方案，为了说明严重不负责任的主观要素标志功能而将本罪确定为过失犯罪。而第四百条第二款中的严重不负责任则明显发挥着重要的标明过失的主观要素的功能，当然这里并不是说该款中的此用语没有客观要素的面向。总之，以《刑法》第三百零四条为例说明"严重不负责任"的要素在性质上只能是客观要素的论证逻辑在笔者看来并不能成立。第三，虽然当前通行的解释都在说明各种具体的严重不负责任的客观情境，但是还和第一点回应一样，这只能说明此要素存在重要的客观面向，而不能否认主观要素的存在。毋宁说，上述列举的每一具体客观情境在另一个侧面恰好说明行为人的严重不负责任的主观心态。

持主观说者认为，严重不负责任是主观的构成要件要素，其所表达的涵义是要说明行为人对发生法定的构成要件结果是应当预见而没有预见或者已经预见又轻信可以避免的主观过失心态。如李希慧教授以医疗事故罪为讨论平台，认为"严重不负责任在性质上应当归属为医疗事故罪的主观方面要件，在内容上包括违反医疗注意义务和具备医疗注意能力，是负有医疗注意义务、具备医疗注意能力的医务人员违反医疗注意义务的主观心理状态。它集中体现了医务人员的主观恶性，是医务人员承担刑事责任的主观根据"。① 还有论者认为，"玩忽职守罪主观方面只能是过失，对此不应当有异议，所以'严重不负责任'显然是对行为人主观方面作出的要求。刑法分则过失犯罪中'严重不负责任'的表述除出现在玩忽职守罪等犯罪外，在其他类型过失犯罪中也有出现。例如，国家机关工作人员签订履行合同失职被骗罪、医疗事故罪等。在规定'严重不负责任'的过失犯罪中，行为人多为特殊身份主体，从事的行业也非常重要，但是这里的'严重'并不是单指行为人实施的行为性质之严重，更不是描述行为所导致的危害后果，而是指行为人主观上的过失程度达到了严重的要求。也就是说，'严重不负责任'是对过失犯罪主观过失程度的要求"。② 照此逻辑，环境监管失职罪中的严重不负责任同样表明行为人犯罪过失的主观心态及其程度的要素。

梳理而言，主观说的理由大致有以下几点：首先，从立法沿革上看，"高铭暄教授在回顾中华人民共和国刑法的孕育和诞生的

---

① 李希慧、宋久华：《医疗事故罪之"严重不负责任"辨析》，载《人民检察》，2012年第21期，第14页。

② 张新凯：《犯罪过失理论研究——以过失犯罪"严重不负责任"的规定为切入点》，载《广西政法管理干部学院学报》，2016年第5期，第45页。

过程时曾经指出在论述过程中，有人曾建议在过失犯罪一条中'疏忽大意'前面增加'严重不负责任'一语，或者在'疏忽大意'后面增加'不负责任'以便作为责任事故方面犯罪的构成要件之一。但是经过研究认为，'严重不负责任'或'不负责任'的表现，不外乎是疏忽大意或过于自信，而这些内容在条文中已有规定，所以没有必要再增加了"。① 其次，虽然也存在故意延误投递邮件罪中的特殊情形，但是严重不负责任这一要素在刑法分则中绝大多数还是出现在过失犯罪的罪状表述中，因此，不论从日常生活或者专门的法律用语上看，这一表述都是与行为人的主观心态相关联的。与疏忽、发生事故等其他表征过失犯罪的用语相比，特殊之处只是在于"严重不负责任"呈现出了对过失程度的要求，即是一种重大过失犯罪。最后，从规范分析的角度观察，《刑法》第四百零六条国家机关工作人员签订、履行合同失职被骗罪，第四百零九条传染病防治失职罪，第四百一十九条失职造成珍贵文物损毁、流失罪等失职类犯罪和环境监管失职罪一样，都属于要求发生特定结果的过失犯，而且都是发生在特殊行业或者领域的过失犯，所以，与一般过失犯相比，更要强调的是行为人对违背其特定职责的主观心态，"严重不负责任"在此处就发挥着这种特殊的功能，所以还是应当将其作为主观的构成要件要素看待更为合适。

应当承认，主观说的这些理由还是有相当程度的说服力的。当然在具体论证中由于立场的绝对性也难免存在一些偏差，这里便做一些简要的分析。第一，已经存在的客观历史事实当然是不能否认的，早期立法草案的形成过程中出现的将严重不负责任添加在过失犯罪的一般条款中的见解非但在当时，即使今天看来也

---

① 高铭暄：《中华人民共和国刑法的孕育诞生与发展完善》，北京大学出版社 2012 年版，第 22 页。

并不存在非常严重的问题,但是这并不能成为在众多具体犯罪中的统一理解。易言之,这里存在着总则和分则、刑法用语解释的统一性和相对性的关系问题。也就是说,虽然从立法史发现了严重不负责任曾经被视为总则关于"犯罪过失"心态的一般表征功能的线索,但正如前文所述,为实现构成要件的规范保护目的,在分则为数众多的具体犯罪中不可能都严格地只将其限定解释为主观要素,至少在失职类犯罪中行为人对应尽职责的违反,进行客观层面的考察还是必要的。第二,严重不负责任这一要素确实主要出现在过失犯罪中,如上文的分析,笔者也认可这里的特殊点在于强调其为重大过失犯罪。虽然文献中还有主张"环境监管失职罪在主观方面一般表现为过失,但也不能排除间接故意的存在"① 的观点,不过这种意见极为罕见且并未获得较多支持。其实,对本罪罪过形式的探讨与"严重不负责任"这一要素的关联性并不十分强烈。换言之,具体犯罪的罪过形式的确定是由多重因素决定的,并不单纯系之于"严重不负责任"这一要素,"罪过形式属于犯罪的主观构成要素,根据'主观见之于客观'的基本原理,必须根据行为和结果这两大客观要素来判断罪过形式"。② 不能因为严重不负责任主要是用来表征主观要件的用语,而否认其中可能存在的客观要素。第三,关于严重不负责任主要是用来强调行为人在特定领域中对其职责违反的主观心态的说法,笔者在相当程度上还是认可的。但是要作出补充说明的是,既然严重不负责任可以用来强调其对特殊职责的违反的主观心态,那么这种主观心态的呈现势必要从其对职责违反的客观行为中彰显出来,因此论者在强调这一点时便相当于间接承认了其中客观要素的存在。

---

① 尹常庆、尹常健:《论环境监管失职罪》,载《环境影响评价》,1999年第6期,第13页。
② 苏永生:《罪过形式的判断根据》,载《法律科学(西本政法大学学报)》,2020年第6期,第73页。

综合以上笔者对客观说和主观说的述评，读者即可发现笔者在基本立场上乃是支持"主客观统一体说"的。换言之，关于"严重不负责任"的性质问题，在笔者看来，实际上主客观相统一的构成要件要素，在环境监管失职罪中，它既表征行为人犯罪过失的主观心态，又说明作为监管者对其监督管理职责的客观注意义务的违反及其程度。理由大致如下：首先，正如李兰英教授所述，"将'严重不负责任'理解为主观要件的内容抑或理解为客观的表现，都有它的道理。因为'严重不负责任'的字面本身就有双重的含义。换言之，'严重不负责任'能够同时肩负着表明行为人当时应受谴责的心理状态和行为人极端不负责任的行为的双重使命"。[①] 其次，不只是用语本身可能的涵义，单就环境监管失职罪而言，将"严重不负责任"视为主客观统一的要素也是有其规范层面的原因的。再次审视《刑法》第四百零八条的表述，我们发现，表述构成要件前端的主体"负有环境保护监督管理职责的国家机关工作人员"和后端的"导致发生重大环境污染事故，致使公私财产遭受重大损失或者造成人身伤亡的严重后果"，这两者无疑都是客观的要素，那么既然定罪遵循主客观相统一的原则，我们只能从"严重不负责任"这一要素中寻找定罪的主观根据，而正如上文所说的主观又要见之于客观，所以只能将严重不负责任视为主客观兼而有之的要素。最后，将"严重不负责任"视为主客观相统一的要素，对于妥善解决故意延误投递邮件罪和其他犯罪之间所存在的体系性冲突也能提供妥当的方案。因为兼有主客观构成要素的特点使得其具有一定程度上的灵活性，故意延误投递邮件中的严重不负责任主要是修饰其后的"故意"用语而表征主观方面要素的，当然这并不排斥其中对职责违反的客观要素。

[①] 李兰英、雷堂：《论严重不负责任》，载《河北师范大学学报（哲学社会科学版）》，2000年第4期，第118页。

同样的逻辑亦可运用在失职致使在押人员脱逃罪中。

总之，作为定罪要素之一的"严重不负责任"，应当承认其主客观相统一的规范要素的基本属性。唯有如此，才能在真正的定量分析时，准确体现出作为重大过失犯罪的程度性要求，这也是笔者试图纠正前述方案三定性加定量的努力。结论的恰当，不止建立在判定方法之上，还有赖于方法的准确运用。

现在，需要专门讨论的问题便是如何具体判定案件事实中行为人其监管失职行为是否达到了严重不负责任这种入罪的程度性要求。这里首先必须重申两点：第一，环境监管失职罪的规范保护目的是双重的：既要保护国家机关公务的合法、公正有效执行和国民对此的信赖，又要保护作为监管对象的人与环境的共同体利益；第二，严重不负责任在性质上是主客观相统一的构成要素。这两个基本点构筑了以下讨论的全部基石。

既然严重不负责任是主客观相统一的，那么判断此要素的具体标准中就要同时存在主观和客观的准则，同时，这种准则还要体现环境监管失职罪的双重规范目的。正是基于这种考量，笔者主张，对"严重不负责任"的判断，存在两个基本变量：第一，监管过失行为造成法定损害结果的客观可能性；第二，行为人主观上的过错程度。其中，变量一作为客观准则对应着环境监管失职罪对人与环境共同体利益的保护；变量二作为主观准则对应着环境监管失职罪对国家机关公务的应然保护。

严重不负责任的具体判断方法上，由上述两个变量的乘积而得来。也就是说，笔者提出这么一种公式：严重不负责任＝监管过失行为造成法定损害结果的客观可能性×行为人主观上的过错程度。在笔者看来，主客观相统一并不是主客观要素的简单相加，而是有机结合，体现在公式里便是乘积的形式。或许这一公式并不是百分之百准确，因为这两个变量本身的确定还是动态可调的，但其基本思路还是应当得到承认。正如周详教授所敏锐指出的那样:"追求确定性、精确性、逻辑性、体系性的数理逻辑是德日刑法教义学的根本思维;三阶层犯罪论体系中,构成要件符合性、违法性、有责性之基本属性的界定以及层层递进关系的构建,是按照数理逻辑发展史中的正数、负数、虚数的内在关系而建立并展开的;数理逻辑思维工具是发现、创造、论证刑法问题、原理、体系、知识形态的总发动机。中国刑法学要得到真正的发展,必须先学习并最终掌握数理逻辑思维工具。因此,有必要建立'数理刑法学'。"[1] 笔者这里所提出的公式,可以视作刑法学数理逻辑的一种体现。从上述公式还可以引申出来一个结论和另外两个公式。结论即是造成损害结果的可能性与行为人的过错程度呈反比例关系。也就是说,监管过失行为造成法定损害结果的客观可能性=严重不负责任÷行为人主观上的过错程度。同理,行为人主观过错程度=严重不负责任÷监管过失行为造成法定损害结果的客观可能性。

对前述公式有必要作出一些简要的解释。首先,既然严重不负责任由两个变量的乘积而得来,那么这两个变量的数值越高,行为人"严重不负责任"的程度就越高。其次,引申出来的公式说明两个问题:第一,当"严重不负责任"已经被明确为确定的数量程度时,那么造成损害的可能性越小,行为人的过错程度就越高;造成损害的可能性越大,行为人的过错程度就越低。第二,同样的运算逻辑,当"严重不负责任"已经被明确为确定的数量程度时,行为人的过错程度越低,那么造成损害的可能性就越大;过错程度越高,造成损害的可能性就越小。

以上变量的动态呈现虽然可以从乘除法公式中轻易推导出来,但显然还存在理解上的困惑,其实总结起来就是一个问题,为什

---

[1] 周详:《刑法教义学中的"数理逻辑"元思维》,载《法治现代化研究》,2017年第6期,第107页。

么造成法定损害结果的可能性与行为人的过错程度之间是反比例关系。由此将这个问题回归到两个变量自身。这里显然需要作出解释，根据笔者的理解，这两个变量背后分别还存在着另一对需要考察的因素，也就是说，对这两个变量的确定是由另外的因素决定的。其中，变量一造成法定损害结果的可能性主要是由"行为人制造的法所不容许的风险是否容易被发觉"决定的。详言之，当越容易被发觉时，由于会有其他因素的介入，那么造成损害的可能性就越小；而当越难以被发觉时，由于通常便不会有介入因素进行补救，那么造成损害的可能性就越大。变量二行为人的过错程度则主要是由其错误等级决定。易言之，当错误等级越高，由于在监管过失领域中，这种高等级的错误通常是较为专业型或者技术化，那么面对这种高等级的专业型过失，行为人便是较为可宽恕的，因此其过错程度实际上就越低；同样的逻辑，当错误等级越低时，即某种错误大家通常都不会犯，行为人却犯了，那么其过错程度实际上越高。

在明确了两个基本变量的决定性因素之后，我们再来分析两者之间为什么是反比例的关系。首先，作为讨论变量的前提，这里严重不负责任的数量程度还是已经被确定下来的。此时，当作为监管者的行为人犯了较为低级的错误，那么其过错程度就很高，由于这种较高的过错程度会直接导致人们轻易发觉其监管过失行为所制造的不被容许的风险，所以当补救性的措施作为介入因素出现后，造成相应损害结果的客观可能性就降低了；反之，当行为人犯了较高等级的错误，此时其过错程度较低，潜台词乃是这种错误一般人都可能会触犯，所以人们便难以发觉这种不被容许的风险，补救性措施介入的可能性便较小，所以造成损害结果的可能性便升高了。其次，同样的逻辑也可用来分析行为人的过错程度。当行为人监管过失行为制造的风险很容易被大家发觉时，那么其造成损害的可能性就会降低，虽然结果发生的概率降低了，但这说明行为人犯了较为低级的错误，此时其过错程度便是较高的；反之，当行为人制造的风险很难被大家发觉时，那么其造成损害的可能性就会升高，这里虽然结果的发生概率又提高了，但正说明行为人犯了个通常大家都难以避免的较高等级的错误，此时其过错程度便是较低的。

以上在严重不负责任的数量程度恒定的情况下，对两个变量即造成损害结果的可能性和行为人的过错程度之间为什么是反比例关系作了解释说明。其实，根据上述讨论，读者应当已经发现了其中的关键点。核心原因乃是由这两个变量分别的决定性因素即"风险是否容易被发觉"和"错误等级"之间的关系导致的。一言以蔽之，行为人所触犯的错误等级越低，那么其所制造的风险越容易被发觉；反之，当其触犯的错误等级越高，则由其所制造的风险越难以被发觉。再由于这两个决定性因素和严重不负责任的两个基本变量之间分别对应的反比关系，才最终形成了我们所看到的现象。从以上数理推导，读者也可轻易发现，为何本书提倡的严重不负责任要素的计算公式是由其两个变量的乘积得来，而不是主客观因素简单相加，正是由于其背后还存在着相对复杂的现实原因即补救性措施介入的可能性和对行为人错误等级的评估等因素所决定的，这些因素升高降低之间的动态比例关系不可能由简单相加而得以恰当说明。

综上所述，笔者根据环境监管失职罪的双重规范保护目的和作为主客观统一体之"严重不负责任"的性质定位，提出了定量分析行为人过失违反监管职责及其程度的具体判断方法。至于其能否被推广适用到其他失职类犯罪中"严重不负责任"要素判断中来，笔者以为还是应该具体分析各罪的规范目的以及该要素于各该罪中的性质定位，在论理逻辑一致的前提下，笔者以上所提倡的判断公式即能得到适用。以上便是本书就"严重不负责任"这一要素所提出的数理演绎方案，这种数理运算的方案尝试，正如我国自然辩证法学术界所提倡的"将数学作为辩证辅助工具和表现方法的同时,其也是科学研究和技术创造不能缺少的工具"。①而"一种科学只有成功地运用数学时,才算达到了真正完善的地步"。②

第三节　适用逻辑的外部衔接与内部竞合

上文选择行为主体和严重不负责任两个主题对环境监管失职罪作了分析,作为构成要件的重要成分的,如监管过失行为和因果关系在基础理论部分中已有探讨,而法益侵害结果由于司法解释已有明确适用指向,因此对其理论分析亦可参照污染环境罪的章节分析。就本罪的规范构造而言,应当说已有较为全面的介绍。但是这始终只能是《刑法》第四百零八条的罪刑规范本身之解读,虽不能抹杀其重要性,然仅此并不能完整解决环境监管失职罪的适用问题,就其所面临的司法现状而言,至少还存在内外两个面向的问题有待作出一些说明。

一、质量相区分的刑行衔接:基于规范目的之不法二元论

我国学术界近年来围绕刑行衔接、刑民交叉等主题结合众多具体的刑法问题作了规模宏大的讨论。对此并非没有质疑,如张明楷教授便鲜明地指出:"绝大多数刑事案件都会涉及民事法律关系,既然如此,刑民交叉概念的外延就没有边界,一旦外延没有

---

① 邓树增主编:《自然辩证法引论》,湖南大学出版社1987年版,第369页。
② [法]保尔·拉法格等著:《回忆马克思恩格斯》,马集译,人民出版社1973年版,第7页。

边界，对这个概念的使用就没有意义。"① 按照周光权教授的说法："所谓的'刑民交叉'案件，特指某种行为究竟应当被作为犯罪处理，还是认定为民事违法性质不明、'难办'的情形。因此，所谓的刑民交叉案件，也就是实践中的'难办案件'。对于刑事犯罪和行政违法难以决断的所谓'刑行交叉'问题，也应该在这个意义上加以理解。"② 首先，笔者要说明的是，刑民或者刑行交叉作为概念的创制和使用而言，目前确实存在一定程度上的混乱现象，但这种概念的产生并非纯粹源自理论工作者的自创，而是有一定的现实原因：高度转型时期的中国社会迸发出层出不穷的疑难复杂案件，再加之借由法治实现的社会治理能力现代化的渐进式发展，法律体系内部也不免存在重合或者矛盾等各种现象。此种背景下，所谓的刑民和刑行交叉的难办案件便产生了。其次，对由于现实中的疑难案件所衍生出来的以上概念，当然进行批判甚至否定。虽然也可以改头换面用其他概念来指涉此类案件，但不能否认的是，这些难办案件自身的客观存在，因此不论从探讨理论还是回应实践，都不得不对其进行讨论。

前文在分析环境监管失职罪适用率极低的司法现状时，便点出其原因之一即受到地方保护主义的限制。实践中，在对相关的国家机关工作人员的失职行为进行查处时，或者出于错误的政绩观发展观，或者出于保护干部等各种原因，不是特别严重的环境污染事故，经常出现宽缓处理的做法，要么作出党纪政纪处分，非得追究刑事责任时也判处较轻的刑罚，甚至只定罪而免于刑事处罚。还有常见多发的附着于受贿罪等其他犯罪事实中的环境监

---

① 张明楷：《刑法学中的概念使用与创制》，载《法商研究》，2021年第1期，第17页。

② 周光权：《"刑民交叉"案件的判断逻辑》，载《中国刑事法杂志》，2020年第3期，第3—4页。

管失职行为不被裁判者所评价或者作出错误的评价而模糊了监管过失的本质。细察以上实践乱象即可发现其共同指向了一个问题，即对相应主体的环境监管失职行为，其究竟应当是认定为犯罪而进行刑事干预，抑或只是存在行政不法而进行非刑事处理即可。对此当然可以很简单地作出回应，如严格按照刑法规定的构成要件进行认定，案件事实与之相符的便可作为犯罪处理。这不能说错误，毋宁说任何刑民或者刑行交叉案件都可以如此认定，但恐怕也并未真正提出解决问题的方案。

我国目前正在持续推进国家监察体制改革，按照《监察法》第十一条第（二）项和第（三）项的规定：监察委员会对涉嫌贪污贿赂、滥用职权、玩忽职守、权力寻租、利益输送、徇私舞弊以及浪费国家资财等职务违法和职务犯罪进行调查；对违法的公职人员依法作出政务处分决定；对履行职责不力、失职失责的领导人员进行问责；对涉嫌职务犯罪的，将调查结果移送人民检察院依法审查、提起公诉；向监察对象所在单位提出监察建议。由此可见，对包括环境监管失职罪在内的失职侵权案件的调查权现在已经由国家监察机关集中统一行使，调查权从原来检察机关的调整，意味着当前对行为人的失职行为是构成犯罪还是前期的行政违法的决定权由监察机关行使。以党的纪律检查委员会为班底组建的监察机关在人员构成、业务习惯和能力等各个方面更侧重于党纪政纪处分，因此在环境监管失职罪本就难以被适用的同时因为制度调整更受到一定程度的制约。除此之外，陈瑞华教授认为，"我国刑事司法实践中普遍存在着'行政法与刑法交叉适用'的问题。刑事追诉机关经常将行政不法事实与犯罪事实加以混同，要么将行政机关搜集的行政证据直接采纳为刑事证据，要么将行政机关制作的行政认定函或行政处罚决定书作为认定犯罪事实的根据。在程序和证据层面上，有必要对行政不法转化为犯罪的问题进行必要的限制。作为限制方案的层次性理论的核心在于将行政不法事实与犯罪事实视为处于两个不同位阶的法律事实，两者无论是在证明对象、调查取证的方式、对非法取证的救济还是在事实认定标准方面，都存在着实质性的差异。对行政不法事实的认定，是认定相关犯罪事实的前提。但要完成犯罪事实的认定过程，还需要有证据证明'特定犯罪构成要件'的成立。反过来说，我们一般不能将行政证据直接采纳为刑事证据，更不能将行政不法事实直接认定为犯罪事实。"①

从程序角度入手解决问题实践中的刑行交叉问题当然是可行的，但是笔者以为在此之前，还有必要在实体层面事先就特定行为人的环境监管失职行为是行政不法还是刑事不法的问题作出确定的回答，因为只有先解决了实体的界分，才能在此基础上有针对性地进行案件事实和证据的调查收集。当然，这并不是说先定性，之后才收集证据，而旨在强调实体的事前明确界分的重要性。

区分行政不法和刑事不法，通常意义上，刑法理论界提出了三种方法，分别是质的区分说、量的区分说和质量区分说。持质的区分说者认为，"刑事不法与行政不法的区别在于质的差异，即刑事不法与行政不法属于本质上不同的行为。由于质的种属上存在差异，两者的'量'也就不具有可比性。至于两者在质上具体存在何种差异，则因为学者们的着眼点不同，而形成了多种理论，如恶的差异说、法益侵害差异说、文化规范差异说、构成要素差异说等等。"② 在量的区分说这里，"行政不法与刑事不法之间不存在本质上的区别，两者的区别主要在于量，差异只在行为的轻重程度上，在具体行为方式上不存在根本性的质的差别。行政不法与刑事不法的行为只要具有构成要件该当性、违法性与有责性，

---

① 陈瑞华：《行政不法事实与犯罪事实的层次性理论——兼论行政不法行为向犯罪转化的事实认定问题》，载《中外法学》，2019年第1期，第92—93页。

② 林山田：《经济犯罪与经济刑法》，三民书局1981年版，第112—119页。

均具有可罚性，都应受到惩罚。唯不同的是，较一般的刑事不法行为，行政不法的行为具有较微小的损害性与危险性，表现在行为方式上则欠缺如同犯罪行为一般的高度可责性，故仅为种类上的差别，与性质是否涉及社会伦理之非难性无关"。① 而质量区分说，则有如罗克辛所述："犯罪行为和违反秩序行为的界限，虽然总是借助辅助原则的使用，并且不产生在内容上具有强制性的合法性问题，但是在违法行为的核心领域中的比较严重的犯罪行为，的确是通过内容上的标准来预先确定这种惩罚性的。因此，人们应当在内容的界限上，更好地讨论一种质量和数量相结合的思考方式，而不要仅仅讨论数量性的方式。"② 易言之，行政不法和刑事不法在质和量上都存在区别。

笔者无意介入以上三种观点的争议。第一，如前述，质的区分说内部还有众多分支，仅以构成要素差异说为例，如果像我国有的学者那样，从"区分行政处罚和刑罚的决定因素与适用的两个面向，根据行为的情节、后果、条件、数量和主体等因素确定给予行政处罚抑或刑罚"③，那么这无疑会存在和量的区分说中反映主观和客观的量的主张出现相当程度的重叠现象。第二，如果按照纯粹的质的区分说，将会出现具有刑事违法性而不具备行政违法行为的吊诡现象。倘若按照我国近来较为流行的一种所谓"前置法定性与刑事法定量的统一考量"④ 的观点，即"刑事犯罪的危害本质和违法实质，其实取决于前置行政法的规定，而犯罪

---

① 洪家殷：《论行政秩序罚之概念及其与刑罚之界限》，载《东吴法律学报》，1996 年第 2 期，第 100 页。
② ［德］克劳斯·罗克辛：《德国刑法学总论》（第 1 卷），王世洲译，法律出版社 2005 年版，第 28 页。
③ 章剑生：《违反行政法义务的责任：在行政处罚与刑罚之间》，载《行政法学研究》，2011 年第 2 期，第 10 页。
④ 田宏杰：《知识转型与教义坚守：行政刑法几个基本问题研究》，载《政法论坛》，2018 年第 6 期，第 29 页。

量的具备，即性质相同的违法行为与犯罪行为的区别界限，则在于作为部门法之后盾与保障而存在于法体系中的刑法的选择与规定"。① 这种单纯量的区分说，既瓦解了刑法对行为违法性判定的相对独立性，又将使得量的判断陷入无休止的论争中，实际上还是不能解决实践中的刑行衔接问题。第三，比较而言，还是质量区分说的主张更为全面些，既能兼顾法律性质的差别，又能保证判断结论的相对准确性，如果说质和量的区分说两者的差异会同时出现在作为折中观点的质量区分说中的话，也不能完全否认会存在此类现象，所以正如我国有学者所说的，"如何在区分刑事不法与行政不法时具体地运用质量的差异说理论，如何避免上述弊端的出现，关键要看是否能够明确质量的差异说的内涵，是否能够科学地构建该说的结构"。②

既然质量区分说具有方法论上的优势，则问题的关键就落在了如何运用此种方法。在刑法学论域中，区分刑事不法和行政不法，还是应当从前者即刑事不法着手，在理论层面上从刑事不法的本质加以把握的同时，需要强调的是，不能忽视具体罪刑条款的规范保护目的，不过是应当将这种目的性的指引融入刑事不法的本质判断当中罢了。从这两个面向将刑事不法与行政不法区分开来。当然，在行政法学那里，也可以运用同样的逻辑，不过是行政不法的本质和行政条款的目的不同而已。

刑事不法行为的本质，此前多有讨论，在笔者看来乃是违反行为规范的造成法益侵害，即是二元论的基本立场。既然如此，则作为刑事不法的行为必然要在本质问题上与行政不法存在区别，这种区别在环境监管失职罪这种法定犯中，既呈现在对行为规范

---

① 田宏杰：《以前置法定性与刑事法定量原则判断行为性质》，载《检察日报》，2019年5越24日，第003版。
② 闻冬梅：《论刑事不法与行政不法区别的理论基础》，载《学术交流》，2013年第9期，第53页。

的违反程度的不同，更表现在对法益侵害的本质性差异上。初始意义上，按照质量区分说和不法本质的二元论，在行为规范的违反和法益侵害上应当同时存在质和量的差别，但是作为法定犯，在行为规范的违反上不得不承认相对意义的行政从属性，所以刑事与行政不法在行为规范这个层面上便只能是量的差别，而在法益侵害上，量的区别则具有很大程度上的相对性，而质的不同则主要由来于两种法律在性质上的差异。

以环境监管失职罪为例，所谓对行为规范的违反程度不同，意在说明，一般的监管失职行为虽然也违反了相关法律法规等所赋予的监管义务，但还达不到"严重不负责任"的程度，正如前文所分析的该要素的数理逻辑中作的计算那样。而所谓法益侵害的本质性差异，则在以下几点：一来，行政不法意义上的监管失职行为当然也会造成环境污染以及人员伤亡和财产损失等结果，不过是作为刑事不法的结果程度或者范围更为深远而已，但是这种程度的区别并不形成二者的本质所在，否则便又回到量的区分说那里去了。二者，在笔者看来，作为刑事不法行为的法益侵害与行政不法行为的法益侵害之间，在根本性质上有所不同，这种不同正是源自上文所述的规范目的的差异。在刑事不法中，必须要求行为指向各罪保护的具体法益，而且，从自由主义的立场出发，还通常要求这种法益可被还原为个人利益。而在行政不法中，由于行政法与刑法的保护利益不同，行政法的主要目标在于维持行政秩序的安宁，甚至不必然要求具体的法益侵害结果的出现，只要有侵害行政秩序的行为即可，也正是在这个意义上，前述第一点的结果程度区分仅具有相对性。概言之，行政不法行为所侵害的乃是一种抽象的行政秩序利益，当然并不排斥这种侵害的现实化，但本质还在于行政秩序自身。总结来说，刑事不法指涉具象的人的生活利益，而行政不法则涉及抽象的行政秩序，两者本质不同。

从以上讨论，读者可以发现，笔者从不法二元论出发所讨论的质量区分说，既非单纯的量的差别，又非单纯的质的不同。或许会有读者质疑，如果根据前置法确定违反行为规范的程度不同，而根据刑法确定侵害法益的本质差异，则前述讨论在逻辑上可归纳为"前置法定量，刑法定性"。对这种可能的疑问，有必要做一点说明，对于"刑法定性"笔者不予否认，但是断然说本书的方案是"前置法定量"，还有待斟酌，正如笔者此前说的，在违反行为规范的问题上，笔者承认的是相对意义上行政从属性，是否存在例外情形，笔者并未完全断定。如果说非要归纳出一个总结式的话语，或许可以认为在本书这里：前置法原则定量，例外定性；刑法原则定性，兼及定量。

按照前述理论逻辑，实践中可通过这种具体的方法将刑事不法与行政不法作出划分：如果行为人只是一般意义上的环境监管失职行为，而主要侵害了抽象的安宁行政秩序的场合则应将其确定为通常的工作失误或者一般的行政不法，依照刚通过的《公职人员政务处分法》第三十九条作出相应的政纪处分即可，具备党员身份的当然亦可给予党纪处分，对此自然要具备相对应的党纪处分制度依据。① 倘若行为人违反了行政法等所确定的监管义务且按照本书此前确定的方法，达到了严重不负责任的程度，并侵害了可被还原为具象的人的生活利益的法益并达到一定量时，则应当认定其行为属于刑事不法，径直确定为环境监管失职罪，监察机关则得依照《监察法》第四十五条的规定移送司法机关追究刑事责任。

---

① 童德华、王一冰、史艺婕：《党纪处分的体系性研究》，中国法制出版社2020年版，第26页。

二、基础与例解：特别关系的处置方案抉择

在环境监管失职罪的司法适用中，除却外部刑行衔接问题外，还有内部相应的法条关系需要加以处理，这里说的法条关系是本来意义上的，即法条竞合。当然，这并不是说环境监管失职罪的适用中不存在想象竞合的问题，但一来想象竞合的发生主要源自案件事实的牵扯；二来对本罪目前的司法实践来说，解决其固有的法条间关系更具必要性和紧迫感。

法条竞合在学理上也被称之为"法律单数"，这主要是从最终的结论上观察认为只适用了一个法条，为突出此特征而命名的，基本内涵并无二致，都是"指针对属于行为单数的同一个行为，同时有数个该当而可以适用的不法构成要件，仅适用其中一个最妥适的不法构成要件，加以判断，即为已足，其余该当的不法构成要件，即被排斥而不适用；否则，在犯罪宣告和刑罚科处时，倘若对于具有重叠现象的不法构成要件，全部均予以适用，即会抵触重复评价禁止原则，造成一罪数罚的不当现象"。[①] 也正是因此，法条竞合的现象也多被称为本来的一罪。德国刑法学中，通常将法条竞合区分为三种具体类型，即特别关系、补充关系和吸收关系。而在日本则增加了一类择一关系，对其是否应当属于法条竞合，德日学界还存在激烈的争论。区分不同种类的目的在于其存在法条适用方法上的差异。张明楷教授提出，"法条竞合的基本类型是特别关系，补充关系虽然值得独立讨论，但只是特别关系的另一种表述；吸收关系要么属于包括的一罪，要么属于想象竞合，包容关系也只是特别关系的外在表现。"[②] 文献上，德国学者英格伯格·普珀和京特·雅各布斯也都将特别关系作为法条竞

---

① 林山田：《刑法通论（下）》，北京大学出版社2012年版，第208页。
② 张明楷：《刑法学》，法律出版社2016年版，第465页。

合的基础类型或者唯一表现形式，大体而言，对特别关系的这种定位基本符合我国当前的立法现状，本书这里对环境监管失职罪的讨论也主要是围绕特别关系展开的。

所谓特别关系，指的是"某项刑法条文在概念上必然也包容另一条文的所有特征，以至于实现了特别的犯罪构成要件的，也就必然是实现了进入考虑的一般构成要件。在加重或者特殊化变异与其基本构成要件之间的关系上，总是存在特别关系"。[①] 简单说来，特别关系的逻辑结构就是 A 法条同时包含了 B 法条的全部要素，此外还存在与 B 法条相区别的特殊要素。此时 A 法条便是特殊法条，B 法条便是普通法条。

对于特别关系的处理，我国刑法学界有以下几种意见。首先，通行的见解认为，"法律规定越严密，法条竞合就越难以避免，其适用原则应当坚持特别法优于普通法。而由于我国刑法中对某些特别法条款的法定刑低于普通法时，则应当适用重法优于轻法的原则"。[②] 其次，"除了刑法有明文规定应当适用重法时，应当严格根据特别法优于普通法的原则适用特别法。不能因为在某些情况下特别法轻于普通法，适用特别法时对行为人处刑较轻，难以实现罪刑均衡便选择适用重法，通过改变法律适用原则的方式追求所谓罪刑均衡，存在有悖罪刑法定主义的嫌疑"。[③] 简言之，在这种观点看来，除非法律有例外规定，对特别关系的处理应当严格坚持特别法优于普通法。最后，近年来有部分学者开始尝试放弃区分法条竞合与想象竞合的传统做法，认为"构成要件间的关系是归入法条竞合还是想象竞合，最终都是为了寻求一个合理的犯

[①] ［德］约翰内斯·韦塞尔斯：《德国刑法总论》，李昌珂译，法律出版社 2008 年版，第 478 页。

[②] 齐文远：《刑法学》，北京大学出版社 2011 年版，第 179 页。

[③] 陈兴良：《教义刑法学》，中国人民大学出版社 2010 年版，第 703—704 页。

罪宣告与刑罚。我国不存在类似国外刑法中所公认的具有减轻根据的特别法条，故无需严格区分法条竞合与想象竞合，而应提倡一种大竞合论，只要构成要件间存在'竞合'关系，从一重处罚即可"。① 按其见解，只要存在竞合关系，一律从一重罪处断即可，不存在特别法与普通法之间的特别选择适用方法问题。

梳理上述三种主张的争议点可以发现，其所争论的核心问题是，在具有特别关系的法条竞合中，当刑法没有规定必须适用特别法，而适用普通法所科处刑罚更重时，能否适用普通法。陈兴良教授梳理后指出，"在特别关系的法条竞合中，能否采用重法优于轻法原则，始终是我国刑法学界关于法条竞合理论关注的一个核心问题，而且争论时间持续达25年之长。至今仍然没有平息的迹象"。② 而今十年又过，35年来对该问题的论争依旧甚嚣尘上。传统观点认为作为重法的普通法可以补充适用。特别法严格说则认为既然法律没有特别规定，那么从罪刑法定的立场出发便只能适用特别法。大竞合论则认为不论是什么关系都可以适用作为重法条的普通法。对此有必要作出适当的解读。

首先，关于大竞合论的见解是难以为笔者所接受的。第一，应当承认有关想象竞合与法条竞合的区分陷入了多年间无休止的论战当中，"如何区分二者的争论之激烈、观点之多样，在刑法学王国中蔚为大观。不断推出的观点学说一方面繁荣了刑法学理论，另一方面也让相关理论与司法实务陷入了混乱。相同的犯罪情形，一些人视为法条竞合，另一些人则视为想象竞合"。③ 但即便如此，

---

① 陈洪兵：《不必严格区分法条竞合与想象竞合——大竞合论之提倡》，载《清华法学》，2012年第1期，第38页。
② 陈兴良：《法条竞合的学术演进——一个学术史的考察》，载《法律科学（西北政法大学学报）》，2011年第4期，第68页。
③ 左坚卫：《法条竞合与想象竞合的界分》，载赵秉志主编：《刑法论丛》，法律出版社2009年版，第181页。

仍然不能抹杀二者区分的意义，根本的原因仍在于它们的适用法律效果并不相同，特别是在大竞合论者也承认想象竞合具有明示功能的时候，更能说明这一点。简单地说，法条竞合不论适用的是重法条或者轻法条，其在最终的结局上都只是适用了一个法条，所以才被成为本来的一罪，也因此才会被认为禁止重复评价是其立论基础。而想象竞合则与之截然不同，在这里由于行为侵犯了数个法益，只单独适用一个法条是无法充分评价案件事实的，更遑论重复评价，因此在想象竞合中虽然最终没有对被告人数罪并罚，但是行为所触犯的数个法条同时都要得到适用，并体现在裁判文书当中，即"判决书必须载明其所触犯的数个具体犯罪以实现全面评价"①，这就是想象竞合的明示功能。只要承认这一点，就不得不认可法条竞合与想象竞合的区分意义。第二，持大竞合论者认为法条竞合与想象竞合最终都会指向适用重法的结局，由此两者的区分不过是具有形式意义而已。对此主张德国学者斯特拉腾韦特作了回应："如果将想象竞合与法条竞合的法律后果相比较，就会证实一个论断，即除了在法条竞合里也可能优先使用较轻的刑罚，它们的法律后果几乎没有差异。但是不应当由此得出结论认为，除了特别关系，法条竞合的其他情况都可以被当作想象竞合处理。只能说，法律对想象竞合的规定，即违反了数个法条这一事实对刑度基本上没有任何影响的做法是不正确的。"② 而且，在笔者看来，单纯以重法指向这种最终的科刑结论为依据去否定法条竞合和想象竞合的区分意义，未免过于简单化操作了。应当知道，在刑法条文的适用中，不只是最终的结论，其适用过程也是同样至关重要而起到评价作用的。第三，如果采取大竞合

---

① ［日］只木诚：《罪数论研究》，成文堂2009年补订版，第187页。
② ［德］冈特·施特拉腾韦特，洛塔尔·库伦：《刑法总论I——犯罪论》，杨萌译，法律出版社2006年版，第445—446页。

论的做法，一律适用重法的话，那么刑法中大量的特别法条可能都无法得到适用了，"从特别法条规定的目的来看，主要是两种情形：特别法规定的行为较普通法更为严重，规定特别法是为了使之受到更重的处罚，此时适用特别法便是适用了重法；第二种是特别法规定的行为较普通法更为轻微，规定特别法是为了使之受到更为轻微的处罚"。① 在第一种情形中或许大竞合论的做法与立法意图是一致的，但是于第二种情形而言，大竞合论显然是与之背道而驰的。由此还引申出来的一点质疑是，大竞合论者主张一律适用重法的做法是否真的能实现罪刑均衡呢？固然不存在绝对意义上的罪刑均衡，但是不分具体场合，不论特殊案情，不管法条关系一律从重的主张恐怕是不符合具体问题具体分析的基本科学态度的。

其次，关于特别法严格优先适用的主张近年来也受到不少学者的支持。其理由大致有以下几点：第一，周光权教授主张的立法者意思说："对于行为人以特别法条所规范的行为类型所实施的犯罪需要受特别法条的规制。特别法条的存在，意味着某种行为类型，从外观、形式上看，只要是属于立法上所预设的特别法条所规范的，就应该排斥普通法条的适用可能性。此时，选择普通法条并不符合犯罪竞合论的法理。法条竞合的基本法理显然不是为了尽可能地实现处罚，而是在行为具有处罚必要性时选择法条适用。在行为连按照特别法条都没有处罚必要性时，退而求其次，以普通法条定罪，是将没有处罚必要性的行为进行刑法处理，并不合适。"② 第二，车浩教授的理由之一是，"以刑法没有作禁止性规定或者没有禁止适用重法的理由适用重法模糊了刑罚权的性质。

---

① 陈兴良：《教义刑法学》，中国人民大学出版社 2010 年版，第 704 页。
② 周光权：《法条竞合的特别关系研究——兼与张明楷教授商榷》，载《中国法学》，2010 年第 3 期，第 165 页。

国家刑罚权只有在刑法条文明确允许的情况下才可以发动,罪刑法定原则意味着对司法者和普通公民有着截然相反的要求,国家刑罚权的发动逻辑应当遵循法无授权即禁止的逻辑,因此不能因为法律没有禁止便可以选择适用重法。"[1] 第三,车浩教授的理由之二是,"按照特别条款定罪不能做到罪刑相适应的说法则是将司法者等同于立法者,是解释权对立法权的僭越,更严厉地说,是一种类推思维的变身,二者的共同点在于,在某一行为明显不为罪或者明显符合轻罪的情况下,根据解释者心目中罪刑是否相适应的价值观念将行为人入罪或者入重罪,这在本质上是对罪刑法定原则的破坏。"[2] 第四,值得特别作出说明的是,张明楷教授早期是支持传统观点的,其明确指出,"对于特别关系,原则上采用特别法条优于普通法条的原则,但在一定条件下应当适用重法优于轻法的原则;某种行为没有达到司法解释确定的特别法条的定罪标准,但符合普通法条的定罪标准时,应当适用普通法条定罪量刑"。[3] 即"特别法优先,重法补充适用"的主张。不过在后续的研究中,他从法条竞合与想象竞合的区分角度上得出了与以往不同的结论,对于能否补充适用重法的问题,他说道:"为了处理结论的合理,实现刑法的正义理念,实现特殊预防与一般预防目的,要么有限适用重法条优于轻法条的原则,要么限缩法条竞合的范围,将需要适用重法条的情形排除在特别关系之外。笔者以前赞成有限适用重法条优于轻法条的原则,即前一路径。现在提出的法条竞合与想象竞合的重新区分,采取的是后一路径。虽然

---

[1] 车浩:《强奸罪与嫖宿幼女罪的关系》,载《法学研究》,2010年第2期,第141页。
[2] 同上。
[3] 张明楷:《法条竞合中特别关系的确定与处理》,载《法学家》,2011年第1期,第29页。

前后路径不同,但对具体案件的处理结论完全相同,可谓殊途同归吧。"① 也即是说,在他这里,通过限缩法条竞合的成立范围,而实现了特别法严格优先适用的结局。

对于否定重法补充适用的这几点理由,第一,周光权教授关于"立法者意思说"的见解实际上是借用了讨论是否处罚"片面对向犯"中的逻辑,既然立法者规定了特别法条,那么当行为符合特别法时就应当严格依照特别法,否则便是对立法者意思的违背。然而这样一来,有关立法者意思说的观点本身在片面对向犯中尚未能得到普遍认可,还存在着诸如"实质说和并用说"②等的争议,以此作为前提来论证法条竞合的特别关系处理未必可靠,而且周光权教授本人在另一篇研究片面对向犯的文章中也明确认为:"在解释刑法时,探究立法者的意思,容易陷入主观解释的窠臼"。③ 笔者这里并不是说立法者的意思并不重要,正如上文刚谈到那样,设置特别法条当然可能存在一定的立法意图,但是当严格适用特别法呈现出无端的畸轻时,很难说这是符合所谓立法者意图的,换言之,实现刑罚处罚的合理妥当难道不应当是立法者的应然意图吗,答案显然是肯定的。二来,退一步而言,即便认可立法者意思说的言说逻辑,但只要是在普通法条款中没有明确规定"本法另有规定的依照规定"这种明确指向特别法的用语,那就很难说立法者的意思就一定是适用特别法而不能适用普通法,我们不禁要问,即便牺牲量刑公正也要适用特别法的逻辑究竟是立法者的意思呢,抑或解释者本人的意思。在笔者看来,这不过是解释者借由一种形式

---

① 张明楷:《法条竞合与想象竞合的区分》,载《法学研究》,2016年第1期,第147页。
② 王彦强:《对向参与行为的处罚范围》,载《中外法学》,2017年第2期,第499页以下。
③ 周光权,叶建勋:《论对向犯的处罚范围——以构成要件观念为中心》,载《中国刑事法杂志》,2009年第10期,第26页。

化的理由将自己的观点包装为立法者意思的做法而已。

第二，车浩教授理由一的前提是正确的，即国家刑罚权只能在被授予时才能发动。而其后的论证则存在疑问，其核心意思在于适用了作为重法的普通法对行为人不利，所以违反了关于法无授权即禁止的刑罚权限制。然而，我们这里并不是在讨论刑罚权能不能发动的问题，即便适用特别法对行为人从宽处遇，也不能说明行为人可以实施特别法所禁止的行为，应当说这里并不涉及行为人是否可以实施此类行为的自由问题，所以刑罚权肯定是要发动的。那么问题就落在了怎么具体实现刑罚权，此时如果说适用了较重的普通法便侵入了行为人的自由领域，那无疑是说，在法律适用有疑问时一律适用对行为人有利的条款才能保证其自由，然而我们知道罪疑唯轻的原则是适用在案件事实的认定上的，而不是运用在法律解释中的，否则的话刑法解释学只要会提出对行为人最有利的疑惑就行了，这显然在逻辑上是荒谬的。

第三，车浩教授的理由二即补充适用普通法具有解释权取代立法权的嫌疑，是一种对行为人从重处罚的类推思维。对此说法，笔者看来均不能成立。首先，关于所谓适用普通法属于违背禁止类推的问题，这里值得我们深思的是，在法律适用中，类推是否绝对就不可行呢？现行刑法颁布以来，我国确立了罪刑法定的基本原则，相应的禁止不利于行为人的类推也成了法律适用的金科玉律，但凡有论者被指摘涉嫌类推，则立刻陷入自我省思。其实，"类推制度并非一些人所渲染的是一个能够关系到能否严格执法的大是大非的原则问题，而只是一个对方方面面的利弊进行权衡比较后的两难选择问题。就司法的原作过程而言，类推并非破坏罪刑法定原则的元凶，取消类推的一个真实而难以言说的理由就是它太麻烦——不但在理论上造成许多麻烦，而且在实际操作中更加麻烦。类推制度的存在作为一种从实体到程序自成体系的子系统,它反映出适合于更大系统状态的价值"。① 所以,德国刑法学者考夫曼才会谈道:"反对法律上类推的意义意味着什么呢?我们无法掌握类推真正的重点,只因为我们一直被实证主义的教条,即法仅存在于制定法中所迷惑,且因而过度高估制定法在法律认识之过程中所扮演的角色。"② 因而,从事物本质的模糊性上来说,一定程度的类推对法律发现乃是起着重要的帮助作用。反过来说,难道被公认为通过刑法解释所解决的案件就真的是我们所看到的那样,是与类推严格分割的吗?毋宁说,任何刑法适用都是刑法规范确定的构成要件所描述的典型案件类型与现实案件类型的比较,在这种比较中发现规范本质,因此"类型比较方法实际上是对有关规范明确所指的'基准案件类型'的变种进行'实验'。通过这种方式即能够更精确地确定对于某一法律规定或者某一法律原则的适用,哪些构成要件是起到决定性作用的,由此可以使得规范性的案例类型本身更加清晰准确,并使得对法律规范适用范围的确定更贴近生活现实"。③ 所以说,包括我们日常看到并接受的所谓刑法解释都存在着类推的身影,在这个意义上,彻底否定类推的方法论价值无疑是虚伪的、假善的。那么因此,在特别关系中,补充适用作为重法条的普通法即或是类推,又有何妨呢?只要能够实现法律适用结论的妥适,当然可以接受。其次,车浩教授认为适用普通法是解释权的僭越,因为补充适用的前提是我们认为"适用特别法不能实现罪刑均衡",而能否罪刑均衡只能立法者来决断。在笔者看来,情况恐怕并没有这么严重。一者,

---

① 冯亚东:《理性主义与刑法模式》,中国政法大学出版社 1999 年版,第 183—190 页。

② [德]亚图·考夫曼:《类推与事物本质——兼及类型理论》,新学林出版股份有限公司 1999 年版,第 17 页。

③ [德]奇佩利乌斯:《法学方法论》,金振豹译,法律出版社 2010 年版,第 108 页。

立法机关在设定法定刑的时候不可能将所有的未发生案件情形都考虑在内,而只能根据已有的典型案例并参考相关法条作出一般性的规定;当司法机关适用这种一般性规定发现无法实现妥当处罚的时候,寻求可能的合法出路并不是所谓的僭越,而不过是一种非常普通的法律适用的后果考察思维,"后果考察是对某种解释方法及其产生的利弊进行的客观评估,这有助于确保刑法解释的合理性,并形成一种结果取向的刑法解释"。① 二来,这种补充适用重法的思路不过是目前学界广为讨论的"以刑制罪"的思维方式的体现而已,论者当然还可以就以刑制罪涉嫌类推而违反罪刑法定进行质疑,不过对此笔者已经于上述分析中作了探讨。"犯罪与刑罚的关系是双向而非单向的,刑罚由犯罪所产生,并对犯罪的认定起到能动的反作用"。② 这才是符合辩证思维的应有逻辑。反过来说,如果不进行这种所谓"僭越"式思考,而将量刑畸轻的问题抛给立法者,这难说是负责任的刑法解释态度。

第四,张明楷教授关于能否适用普通法的立场转型问题,首先对从实质上看能否适用一个法条实现不法的全面充分评价而将法条竞合与想象竞合作出相对性区分的看法,笔者是认可的,这对解决纷繁争议的两者区分问题提供了思路。其次,把需要适用重法条的普通法的情形视为想象竞合时,将意味着特殊法条还要同时得到适用,这是想象竞合的明示功能所要求的,而其最终导向还是作了从严处遇。相比较此前补充适用重法条的方案来说,现在将其视作想象竞合的做法最起码在增加了明示的否定评价层面,法律效果是更为严厉的。最后,限缩法条竞合的成立范围,

---

① 姜涛:《后果考察与刑法目的解释》,载《政法论坛》,2014 年第 4 期,第 96 页。
② 付立庆:《以刑制罪观念的展开、补充与回应——兼与叶良芳教授等否定论者商榷》,载《东南大学学报(哲学社会科学版)》,2018 年第 4 期,第 80 页。

而将众多情形列入想象竞合不只是法律效果从严的问题，其能在很大程度上解决诸多案件法律适用的疑问。总体而言，正如他本人所说的，借鉴援引德国、日本有关法条竞合与想象竞合的文献观点提出的现有方案实际上与此前的补充适用的主张虽有不同，但也算是殊途同归。因此他的这种严格适用特别法的主张实际上与传统的补充适用重法的见解，在笔者看来并没有本质上的冲突之处，不过是在作出新的区分之后对传统观点的补充而已。

基于前述分析，读者可以轻易发现，关于在特别关系未作明确规定的场合，能否补充适用作为重法的普通法条的问题，笔者是持肯定说的，这也是我国一直以来较为主流的见解。"在特别关系的法条竞合中，既然行为同时符合特别法条与普通法条，故无论适用特别法条抑或普通法条，均不违背罪刑法定原则。我国刑法第五条规定了罪刑均衡原则，而罪刑均衡即意味着必须对行为的犯罪性做出完整的评价。故此，在特别关系法条竞合的场合，当出现'特别法条畸轻'现象时，理当允许适用普通法条，如此处理方可实现罪刑均衡原则与罪刑法定原则的高度统一。"① 总之，在不重复评价的基础上做到全面充分评价是整个竞合论课题所要实现的理论追求，原则上的特别法优先和重法条补充适用在处理特别关系问题上基本能够实现这种竞合论诉求。

以上对法条竞合中特别关系的处置方案作了相应的讨论。这是对环境监管失职罪的司法适用起到关键作用的一个基础理论问题。因为环境监管失职罪作为特殊种类的监管过失犯罪，其与《刑法》第三百九十七条玩忽职守罪之间是普通法与特殊法的竞合关系；而且其与第一百三十四条第一款重大责任事故罪，第二百三十三条过失致人死亡罪等都可能存在各自相应的竞合关系，只

---

① 胡东飞：《法条竞合特别关系及"特别法条畸轻"的适用》，载陈金钊、谢晖主编：《法律方法（第19卷）》，山东人民出版社2016年版，第274页。

有在内部解决了竞合论下的适用逻辑问题，才能为解决环境监管失职罪的司法现状问题奠定基础。以下试举三例，来再次说明环境监管失职罪在适用中被扭曲而需要加以纠正的现状。

案例一：王某滥用职权案。①

被告人王某原系南宁市兴宁区城管局副局长、城管综合执法大队大队长、城管监察大队大队长。经查，王某在担任上述职务期间，明知兴宁区望州路原客车厂、中兴大道等工地建筑垃圾处置活动未取得合法审批手续的情况下，仍然授意执法人员放弃履行查处职责，致使南宁市竹排冲上游植物园段流域治理PPP项目工地被非法倾倒大量建筑弃土，环境遭受严重破坏，不具备涵养水源、保持水土、净化大气、维护生态平衡等方面的功能，给国家造成巨额经济损失。检察机关以王某涉嫌滥用职权罪提起公诉。但是人民法院经审理后认为，王某在担任以上职务期间，其所分管的工作部门中，城管综合执法大队负有辖区内建筑垃圾处置，倾倒等相关违法行为查处、监管职责，王某因此是负有一定环境保护监督管理职责的国家机关工作人员，所以其负有环境监管失职的领导责任，因此其行为构成环境监管失职罪，公诉机关指控滥用职权的罪名不准确。

本案中主要涉及《刑法》第三百九十七条的滥用职权罪和第四百零八条的环境监管失职罪的关系问题。首先要说明的是，由于滥用职权是故意犯罪，而环境监管失职是过失犯罪，所以本案中王某的行为不可能同时符合两罪法条，因此有研究者认为"王

---

① 广西壮族自治区南宁市兴宁区人民法院（2017）桂0102刑初35号刑事判决书。

某的行为同时符合两罪构成要件"① 的主张并不能成立。由于王某的行为造成国家经济损失高达五千余万元，因此如果被论以滥用职权罪，则应当科处三年以上七年以下有期徒刑；如果被认定为环境监管失职罪则只能判处三年以下有期徒刑。公诉机关指控前者，而人民法院认定为后者，体现在文书中的核心理由是王某就其分管工作来看负有环境监督管理职责，但这种所谓纠正指控的理由并不能成立，因为查明的事实表明王某因受贿而放弃履行职责，其对于可能发生的环境污染事故便不再是过失的了，至少是放任的间接故意。其实，本案之所以纠正认定为环境监管失职罪，在笔者看来，并非仅源自于法律适用层面，而是有更深层次的考量：如果将王某认定为作为故意犯罪的滥用职权罪，而根据在案证据，王某实际上是向兴宁区政府作了请示且相关领导作了批示的，那么将意味着王某的超越或不正确行使职权乃是由于上级指示，因此则不得不追究相关领导的法律责任。为避免这种情形，则将其改为环境监管失职罪，如此，作为过失犯罪的监管失职则只是王某自己的责任了。同时，改变定性之后，对王某在量刑上还实现了从宽的处遇。实际上，本案中检察机关的指控并没有错误，不过是出于上述考虑而作了所谓的纠正。因此，我们发现，这已然不再是法律适用问题。

本案给我们的启示是，实践中存在将环境监管失职罪的过失犯罪性质和宽缓法定刑作为所谓的保护公职人员的工具，这种因案外因素而模糊本罪与滥用职权关系的做法有违以事实为根据、以法律为准绳的司法理念，需要加以纠正。

---

① 竺效：《环境刑事案例精编》，中国人民大学出版社 2020 年版，第 181 页。

案例二：林某玩忽职守案。①

被告人林某原任龙岩市新罗区环境保护局局长、党组副书记。经查，林某在任职期间，明知豪邦公司在未办理任何行政审批手续的情况下私设危化品强力胶生产线，因期间多次收受豪邦公司董事长林某乙、总经理林某丙共计人民币520000元现金和价值计16000元购物卡，被告人林某出于个人私利未按规定对豪邦公司违法生产强力胶行为予以制止、立案调查或提请人民法院强制执行，发现豪邦公司存在其他行政执法部门监管的违法行为，也未按照规定移送有权管辖行政监管部门处理，仅口头上告知豪邦公司自行停止私设危化品强力胶生产线的违法行为。被告人林某徇私舞弊，严重不负责任的行为纵容和默许了豪邦公司私设危化品强力胶的违法行为，致使豪邦公司于2014年5月3日在运输其生产的危化品强力胶过程中，发生强力胶泄露并燃烧事件，造成货车驾驶员成某死亡、两部货车及货物烧毁的严重后果并造成恶劣的社会影响。经闽西司法鉴定所鉴定，死者成某系因重度烧伤导致重度吸入性损伤、烧伤休克、代谢性酸中毒死亡。案发后，被告人林某和林某甲等人为逃避侦查，伪造龙岩市新罗区环境保护局监察大队部分日常巡查记录，掩盖其在日常巡查中已发现豪邦公司违法生产的事实。新罗区人民法院审判委员会讨论后认为：被告人林某在担任龙岩市新罗区劳动和社会保障局、龙岩市新罗区环境保护局局长期间，在履行职责过程中，不认真履行职责，徇私舞弊，最终导致一人死亡的严重后果，其行为已构成玩忽职守罪，公诉机关指控罪名成立。

---

① 福建省龙岩市新罗区人民法院（2015）龙新刑初字第870号刑事判决书。

本案中，公诉机关和审判机关都认为林某构成玩忽职守罪。笔者认为，本案涉及的主要是第三百九十七条的玩忽职守罪和四百零八条的环境监管失职罪。这两者存在法条竞合的关系是可以确定的，那么根据上述特别关系的处理方案，原则上应当适用特别法即环境监管失职罪，例外情况下才能补充适用重法。然而第三百九十七条明确表明"本法另有规定的，依照规定"，这就取消了补充适用重法的可能性，因此只要行为符合环境监管失职罪的构成要件，便应当论以本罪。现在再来看林某案，其作为环保局局长所实施的前述行为当然符合环境监管失职罪的要件，此时，即应当严格依照前述规定，排除玩忽职守罪的适用余地，因此本案定性是存在偏差的，其原因是忽视了行为人的特定职责，而只侧重于其国家机关工作人员的身份。此外，审判机关虽然认为其徇私舞弊犯玩忽职守罪，但却没有依照第三百九十七条第二款的规定加以量刑，这也是本案处理存在错误的地方。

总之，本案给我们的启示是，环境监管失职罪与玩忽职守罪作为特别法与普通法的关系，存在法条竞合，由于第三百九十七条明确指向了适用特别法，因此，实践中只要行为符合了第四百零八条的规定，即应当以环境监管失职罪论处。至于具体判定行为人是否在玩忽职守的基础上符合了特别法的构成，则应当依照本书前述的方法审查其是否负有环境保护监督管理职责，以及其行为是否触及第四百零八条的双重规范保护目的。

案例三：王某玩忽职守案[①]

被告人王某原任南召县板山坪镇政府农业服务中心主任兼林站站长。经查，王某在任期间，对本镇境内的林业资源负有保护、管理职责，对公益林护林员负有管理、监督职责，但其工作严重不负责任，不认真履行监

[①] 河南省南召县人民法院（2017）豫1321刑初第347号刑事判决书。

管职责，明知道该镇居民周某在该镇华西村公益林地建设工业园区，不对土地用途进行核实，不向镇政府汇报土地用途，不去查看土地施工情况，致使该宗土地自2013年元月至2015年3月被平整毁坏。经现场勘查并聘请林业技术人员计算，周某涉嫌非法占用农用地共105.9亩，挖掘后种植女贞树苗的林地计79.05亩，建设的60套房屋位于公益林范围内，占用公益林地26.85亩。对王某行为，检察机关指控构成环境监管失职罪。但是审判机关认为，本案中既没有发生重大环境污染事故，又没有依照司法解释的规定对林地功能进行鉴定的证据材料为依据。故指控王某犯环境监管失职罪的罪名不能成立。王某的主要职责是协助南召县林业行政部门管护辖区内的林业资源，对护林员进行监管，发现、制止林业违法行为并上报县林业主管部门。王某在建设后期发现周某非法占地的行为后，未认真履行职责的行为应当构成玩忽职守罪。

对本案的处理笔者尚存不同意见，笔者认为对王某的行为还是应当认定为环境监管失职罪更为妥当。主要是因为，第一，根据王某在本案中具体的行为来看更为符合监管过失犯罪的基本构造；第二，本案发生在环境资源这种特殊的领域中，不宜认定为一般意义的玩忽职守；第三，判决书认为本案中没有发生重大环境污染事故，这是将其认定为玩忽职守的关键。但是正如此前所分析的那样，由于环境监管失职罪的构成要件多年来未经变动，其至在此前相对应的重大环境污染事故罪都已经修改为污染环境罪的情况下，本罪构成要件依旧保持原有面貌。那么在当前的适用中，便应当作出同时代的解释，笔者认为，应当以修订后的包括第三百三十八条污染环境罪在内的其他破坏环境资源保护罪的现行罪刑规范为参照来具体理解环境监管失职罪的构成特征，如此才能实现环境资源类犯罪与相关联的该特定领域的失职犯罪的协调统一。正如有学者所说的："随着社会经济快速发展，生态环境保护被高度重视，重构本罪的定罪范围，以相应的污染型和破坏型犯罪为参照，类比其入罪标准，才能更好地实现环境刑法的价值目标。"① 因此本案中，王某的监管过失行为造成林业资源的损失当然可以被解释进"重大环境污染事故"当中来。

总而言之，本案给我们的启示是，由于《刑法》第四百零八条的规范构造多年未经变动，导致其本来作为规制环境资源领域失职犯罪的功能受到影响，实践中固守本条过去所对应的重大环境污染事故的观念，在不存在具体污染事故的情形下，便将案件转而定性为一般意义的玩忽职守罪，这也是一方面环境资源类犯罪案件高发，而另一方面环境监管失职罪却较少得到适用的原因之一。要扭转这种现象，我们应当以现有的破坏环境资源保护罪的罪刑规范为参照来具体解释环境监管失职罪的构成要件，这也是在本罪文本作出修改之前的妥适解决方案。

---

① 周娅：《环境监管失职罪入罪标准应重构》，载《环境经济》，2020年第12期，第59页。

后　　记

《中华人民共和国宪法》在序言中明确了推动生态文明协调发展，把我国建设成为富强、民主、文明、和谐、美丽的社会主义现代化强国是社会主义初级阶段的根本任务之一。党的十八大提出要建设生态文明的美丽中国，十九大则延续了这一伟大构想，明确要为建设美丽中国加快生态文明体制改革，为人民创造良好生产生活环境，为全球生态安全作出贡献；及至党的二十大指出人与自然是生命共同体，中国式现代化是人与自然和谐共生的现代化。这些闪耀着当代马克思主义理论光辉的科学论断集中彰显了中国共产党在领导国家和人民进行中国特色社会主义现代化建设的伟大征程中对人类与生态环境关系认识的跨越式发展，尤其体现了对以生态环境建设为视角的共产党执政规律、社会主义建设规律和人类社会发展规律的深邃把握。

国家以前所未有的力度推动生态文明建设，并将其纳入全面依法治国的框架内予以有效推进。刑法学理和刑事实践在生态环境法治的理论研究与现实关照中自然不应缺位。我国学术界多年来已取得较为丰硕的成果，本书在此基础上以"环境污染犯罪的刑事治理"为主线就若干疑难问题加以研讨，以期为我国环境刑法学的纵深发展提供可兹批判的资料。宏观上看本书以环境污染者和环境监管者的刑事责任为讨论重点，微观上说则包括环境犯罪的保护法益、污染环境罪的构成要件解释、环境行政违法与刑事犯罪治理中的行刑衔接以及环境监管失职等在理论与实践中颇具争议的若干具体议题。

自西方环境伦理学中的"本位论"思想折射入刑法学以来，我国知识界以人类和生态中心主义的法益观为议题展开了长久的论争，然而偏执于一方的论证模式既不符合辩证思维，亦有可能模糊人与环境的应然关系；从马克思主义的辩证唯物论出发，在对环境伦理学的这一哲学元问题进行反思性检讨的基础上，笔者结合我国自先秦以来的环境犯罪立法史，提出"去中心化"的理论倡议，并据此认为在新时代背景下，应当强化对人类与环境共同体利益的保护；此二者间的关系绝非彼此孤立与静止，而是联系和发展的，更是在矛盾运动中形成了统一体，由此生成的共同体利益构筑了当代环境犯罪的保护法益之哲学基石。致使生态系统最终崩溃的过程乃是逐步累积的，在现实的灾难发生以前则较少为人们所察觉。德国刑法学者库伦于1986年首倡的"累积犯"概念虽已拓展到有关自然环境和人为制度等集体法益的论域，但最初还是源于水污染犯罪。以污染环境罪为中心的我国环境刑事立法近年来呈现出显著的预防转向，这可视作对环境污染通常具备的累积性特质之因应。于此背景下的污染环境罪构成要件解释即应当妥善处理好源自古典刑法的慎罚思想和现代刑法在积极干预环境治理中所可能存在的理念矛盾。基于此种考虑，本书分别从行为模式、客体与结果三个维度探究了污染环境罪的基本构成行为。在事实因果层面提出适用经典的疫学四原则的同时附加补充性、有限性、精准有效性和反证许可的四重限定，而于结果归属层面则以客观归属理论为分析框架进行了全面展开。围绕污染环境罪主观归属的争议焦点，通过对过失说、混合罪过说和严格责任说等现有观点的综合评述，笔者对故意说进行了再度提倡。环境污染治理中的行刑衔接融合了实体与程序等多方面的问题，在区分认定环境行政违法与环境刑事犯罪的行为裁量中可考虑运用规范保护目的理论作为实质基准。二元治理模式下的事实审查环节，当前还呈现出部分证据种类衔接不畅、重新收集的转化方式被虚置、环境执法取证无法达到刑事指控的证明标准以及证据转化的审查流于形式等现实图景。有鉴于此，应在畅通衔接机制上着重发力；就跨越证据鸿沟而言，宜在建构证据的类型性转化规则与探索证据转化双向咨询的同时强化环境行政证据的审查力度；以搭建程序性工作机制来说，本书认为健全案件移送、试行联合调查、推动信息共享、完善检察监督这四项内容则是较为紧要的。环境问题的严峻复杂背后不可避免地存在着监管不力的责任。我国刑法所规定的环境监管失职罪，其立论基础乃是监管过失理论；从过失犯的本体结构出发并在科技时代与风险社会相叠加的现实背景下，以新过失论为立足点，笔者就监管过失的理论渊源、实行行为、注意义务以及因果关系等问题作了多维分析并结合本罪的立法流变与司法现状，对环境监管执法权的权能不足与纾困、规范迟滞与参照、因果难题与归属以及侦防障碍与跳脱等问题加以具体解读。在刑法解释学的知识论域中讨论环境监管失职罪的规范构造方能为解决监督不力问题提供坚实的理论方案，就如何确定作为本罪主体的真正身份犯的身份问题，本书提出三重维度和权责统一的具体观点；在将"严重不负责任"确定为主客观相统一的要素性质基础上对其运用数理逻辑的判断方法作了初步尝试。此外，在综合分析后提出基于规范目的之不法二元论的主张以具体判定行为人的失职行为是否构罪；最后，关于本罪与重大责任事故罪等其他犯罪之间的特别关系处理问题，在理论分析的基础上结合实践案例对现有的做法进行了客观评析。笔者深知任何问题的解决之策都可能由此产生新的问题，祈望学界师友与实务同仁对本书提出宝贵指正意见。

　　本书是笔者在中南财经政法大学攻读博士学位期间完成的一项研究，恩师齐文远教授在全书的选题斟酌确定、写作框架搭建、通读审校修改乃至协调联络出版等各方面都倾注了极大的心血。山高水长有时尽，唯我师恩日月长。齐老师以其爱生如子的育人情怀，求真务实的严谨学风，甘为人梯的奉献精神潜心培育着我的成长；多年来我所取得的点滴进步背后无不凝聚着老师的提点与帮助。拳拳师恩，谆谆教导；无论为人为学，唯有矢志不忘，踏实前行或可报答如海深似山重的恩情之万一。

  本书出版得到中南财经政法大学"互联网金融犯罪治理"项目（31712210702）的支持，特向项目建设管理单位以及中南刑法学科表示衷心的感谢；中南财经政法大学童德华教授在本书的写作修改和出版过程中提供诸多帮助，特向童教授表示由衷的谢意。华中科技大学出版社郭善珊老师和董晗老师为本书的编校出版作出辛勤工作，一并致以谢忱。

  今年恰逢中南刑法学科恢复研究生教育四十周年，四十载的风雨泥泞和薪火相传铸就了中南刑法学派今天的欣欣向荣；祝福年方不惑的中南刑法桃李芬芳，再续华章。谨以本书作为献礼敬奉给培养我的学科和培育我的恩师。

韦春发

2022 年 11 月 8 日

于晓南湖畔